U0582205

文化史学是什么？文化史研究的意义是什么？中国文化史研究走过了怎样的道路，问题和出路在哪里？总结和探讨中国文化史学的历史与理论，不仅有利于认识今日文化史学之由来和现状，而且可据以瞻望今后文化史研究之途程，测其趋向。

　　本书以问题为导向，通过学术史梳理和理论反思，解析梁启超、章太炎、柳诒徵、钱穆以来中国的文化史研究传统，寻绎中国文化史学的特色、风格和理路，并努力解答当下中国文化史研究所面临的困惑和问题，希望能为中国文化史学科建设和中国文化复兴提供一定的参考。

教育部重点基地北京师范大学史学理论与史学史研究中心成果之一

文化史丛书

张昭军 著

中国文化史学的历史与理论

人民出版社

　　张昭军,山东省淄博市人。历史学博士。现为北京师范大学历史学院教授、博士生导师,兼中国社会科学院大学研究生院博士生导师、教育部重点基地史学理论与史学史研究中心副主任、北京市历史学会常务理事。曾任日本学术振兴会外籍聘用研究员、东京大学客座教授,入选教育部新世纪人才支持计划。长期从事清代学术史、中国近现代文化史的教学和研究。成果曾荣获中国政府出版奖、教育部社会科学成果奖和北京市教学成果奖等。

　　主要著述:

　　《儒学近代之境:章太炎儒学思想研究》,社会科学文献出版社 2002 年版。

　　《传统的张力:儒学思想与近代文化嬗变》,吉林人民出版社 2004 年版。

　　《晚清民初的理学与经学》,商务印书馆 2007 年版。

　　《清代理学史》(晚清卷),广东教育出版社 2007 年版。

　　《清儒之道》,社会科学文献出版社 2017 年版。

　　《中国近代文化史》(主编之一),"十二五"国家级规划教材,中华书局 2012 年版。

　　《柳诒徵文集》12 卷(主编之一),商务印书馆 2018 年版。

目　录

上编　史学史

下编 史学理论

第十章 文化史学是什么?

Contents

绪　论

中华民族复兴,离不开中华文化复兴。而中国文化史,实为传承和发展中华文化最为重要的资源。"工欲善其事,必先利其器。"回顾和总结中国文化史研究的历史与理论,不仅有利于认识今日文化史学之由来和现状,而且可据以瞻望今后文化史研究之途程,测其趋向。

一、缘起与思路

本书以中国的文化史学为研究对象,重点考察和反思近 120 年来中国文化史研究的历史、理论和方法。

(一) 研究对象

何谓文化史学?这是本书不可回避的重要问题之一,在此暂从研究对象的角度予以简要说明。一如"历史"一词包括过去实际发生的事象和史家对过去事象的书写两层含义,"文化史"亦可作如是理解。我们认为,文化史学关注的是作为历史的文化史与作为史学的文化史,以及二者间的契合或阐释关系。它既研究过去的文化史,又探讨史学理论方法和概念体系。

其中,作为史学的文化史是本书的研究重点。作为史学的文化史可细分为以历史为直接研究对象的史学成果(诸如柳诒徵的《中国文化史》、钱穆的《中国文化史导论》等),及通过总结和反思史学成果而取得的理论性成果(诸如梁启超的《中国历史研究法》、王云五的《编纂中国文化史之研究》等）。

"文化史学"一词，有些学者习惯用"文化史研究"表示。严格说来，二者的语义有所不同，后者偏重于历史研究实践的层面。"文化史学"所要表达的是对文化史研究之研究。本书在不致产生歧解的语境下，根据论述的需要，也会使用"文化史研究"一词。

中国的文化史学滥觞于19世纪末20世纪初的"史界革命"，标志是梁启超的《新史学》。"中国向无文明史之体，至迩来东西新思想渐次输入，乃有著译文明史者。若饮冰子之《新史学》等，实可谓史界革命军也。"①尽管中国是一个史学大国，从《尚书》之典、谟、训、诰，《史记》之本纪、列传，《汉书》之艺文志，《隋书》之经籍志，到杜佑的《通典》、郑樵的《通志》、马端临的《文献通考》、黄宗羲的《明儒学案》等，虽程度不同地带有文化史色彩，但均称不上是完全意义的文化史学著作。

大约与中国人的近代文明/文化观念产生同步，19世纪后期，中国才出现对应于西文 civilization/culture 的近代意义上的专门用语"文明/文化"。②1879年，京师同文馆刊刻的黄遵宪《日本杂事诗》，内有一首《新闻纸》，使用了"文明"一词。诗云："一纸新闻出帝城，传来今甲更文明。曝檐父老私相语，未敢雌黄信口评。"并注有："新闻纸中述时政者，不曰文明，必曰开化。"③1896年，严复在译述《天演论》时，使用了近代含义的"文明"："大抵未有文字之先，草昧敦庞，是为游猎之世……文字既兴，斯为文明之世。文者以言其条理，明者所以别于草昧。"④1896—1898年，维新派所办《时务

---

① "中国少年"编译：《中国四千年开化史》第9章，成都书局1906年版，第15页。

② 19世纪30年代西方传教士郭士立（Karl Friedrich August Gützlaff，1803—1851年）所编《东西洋考每月统记传》即已用"文明"对译"civilization"，但当时未引起中国人重视。此后，传教士主导的英华词典或译著中，"civilization"有"文明""教化""文化"等不同译法。日本明治时期，日文"文明"一词广为流行，受此影响，中国人始将该词作为专门译词并加以广泛传播。

③ 黄遵宪：《日本杂事诗》，京师同文馆光绪年间刻本。该诗未收入定本。

④ 严复：《治功天演论》（手稿本），载汪征鲁等主编：《严复全集》第1卷，福建教育出版社2014年版，第38页。该引文在《天演论》各版本中不尽一致，但均保留有"文明"二字。

报》已多次出现"文明"一词。至于"文化"一词,1882 年,颜永京将斯宾塞(Herbert Spencer)的《教育论》(*Essays on Education Etc.*)第一部分译成《肄业要览》出版,该书使用了带有一定近代含义的"文化":"格致学较他学要紧十倍,惜乎吾国自诩为有学问之邦,竟未能着重。吾国之文化与国之昌炽,虽借格致学而来,惜今学塾中格致学但得其片解耳。"作者在文中将"文化"与"昌炽"联用,翻译 civilization(或 the civilized),并特意作了注解:"文化昌炽即国中士农工商兴旺之气象也。"①次年,同文馆总教习、美国传教士丁韪良在中国出版的《西学考略》,多次使用了近于 civilization 的、广义上的"文化"概念。② 19 世纪末 20 世纪初,留日学生广泛接受了日本人所使用的"文明"和"文化"概念,国内各报章也经常出现这两个概念,且不对二者作严格区分。从此以后,这一对概念的含义或有所变化,但一直被频繁地使用着。相比较而言,20 世纪之初,"文明"较"文化"使用频率为高;20 年代后,"文化"一词更为流行。到 1927 年,有人观察说:"近来最时常听到的新语,我想要算'文化'这一语了。的确'文化'是现在底流行语,犹之二三十年前所流行的'文明'一样,几乎是谁都会使这个语。"③

　　作为专门术语,"文明史"和"文化史"在汉语中出现稍晚。1896 年,梁启超撰写的《变法通议》一文较早对比了中西史学的不同特征:"中国之史,长于言事。西国之史,长于言政。言事者之所重,在一朝一姓兴亡之所由,谓之君史。言政者之所重,在一城一乡教养之所起,谓之民史。故外史中有农业史、商业史、工艺史、矿史、交际史、理学史等名,实史裁之正轨也。"④这里的"民史"显然就是文明史/文化史,但从文中"教养"一词看,他还不能完全

---

①　颜永京:《肄业要览》,光绪二十七年"各国政治艺学分类全书"本,第 11、15 页。清代初期,来华耶稣会士多用"教化"一词移译西方的"文化"概念。

②　关于"文明"与"文化"概念在近代中国的形成,参见黄兴涛:《晚清民初现代"文明"和"文化"概念的形成及其历史实践》,《近代史研究》2006 年第 6 期。

③　刘叔琴:《文化琐谈》,《民铎》第 8 卷第 4 号,1927 年 3 月。

④　梁启超:《变法通议》,载《饮冰室合集》文集之一,中华书局 1989 年版,第 70 页。

领会和确切表达"文明/文化"的近代内涵。东渡日本后,梁启超眼界大开,他对文明史学有了较深入的认识并表现出了浓厚兴趣,推许"文明史者,史体中最高尚者也"①。为此,他专门撰写了《东籍月旦》一文,介绍当时日本较流行的文明史著作,如永峰秀树译基梭(今译基佐)的《欧罗巴文明史》、家永丰吉的《文明史》、高山林次郎的《世界文明史》、白河次郎与国府种德合著的《支那文明史》。② 20世纪初,西方的文明史著作被译介到中国,"文明史"和"文化史"作为专有名词陆续出现在中文报章和书籍中。1900年冬出版的第2期《译书汇编》所附"已译待刊书目录",收有尼骚(今译基佐)著《欧洲文明史》。1902年,日本学者中西牛郎所著《支那文明史论》、田口卯吉所著《中国文明小史》的中文译本,分别由上海的普通学书室和广智书局出版。同一年,衮父(汪荣宝)所发表的《史学概论》一文已注意区分"政治史"和"文明史",认为"文化史"即狭义之"文明史"。③ "文明史"和"文化史"作为专有名词,从此被固定下来。民国以降,以"文化史"冠名的著作逐渐增多。1924年,《史地学报》报道学界消息说:"近来研究历史者,日新月异,内容大加刷新,多趋重文化史方面。"④

(二) 研究缘起

历经百余年的发展,如今中国的文化史研究堪称枝繁叶茂,硕果累累。不过,研究者长期以来主要是依赖外来的理论方法,且对于本国的成果缺少充分的总结、反思和讨论。著名学者何兆武曾指出,即便职业的历史学家们也总是缺乏对历史学的自我觉解,他们"习惯于不加任何批判和反思就迳直下手研究历史,从而漫不经心地忽略了要研究历史,首先要对自己的历史

---

① 梁启超:《东籍月旦》,载《饮冰室合集》文集之四,中华书局1989年版,第96页。
② 梁启超:《东籍月旦》,载《饮冰室合集》文集之四,中华书局1989年版,第97页。
③ 衮父:《史学概论》,《译书汇编》第2年第10期,1902年12月27日。
④ 《研求国史方法之倡导》(《史地界消息·历史类一》),《史地学报》第3卷第1、2合期,1924年4月。

认识进行一番批判的反思"①。这句话同样适用于中国的文化史研究者。就像黄兴涛所说,在中国文化史研究领域,"研究者们对于文化史的理论反思,却是始终不足的","对于文化史学理论的忽略及其认识的局限性,如今已是越来越成为制约文化史研究进一步深化的重要因素了"。② 文化史家可以径直去研究历史,积累经验,但长此以往,不及时从理论上对历史认识予以总结和提升,则极有可能事倍功半,制约学术发展。毕竟,一个民族总是援用外来的理论方法和话语体系来构建和书写本民族的文化史,这并非长久之计,何况中国还是一个文化历史悠久的大国。近年来,随着海外"新文化史"的传入,"一切历史皆成为文化史",从学术史角度对文化史学予以系统的研究变得愈加必要和迫切。当然,问题的复杂性和研究难度也相应地增加了。

文化史学是什么? 它与传统史学是什么关系? 研究文化史的意义和价值何在? 中国的文化史学从哪里来、到哪里去? 每位文化史研究者都会遇到诸如此类的问题。20 世纪末,就有学者在论文中写到,中国的文化史学存在不容忽视的缺陷,"文化史研究虽然声势盛大,却不太有人说得清文化史究竟是什么"③,而且,始终未能确立本学科的学科理论和研究方法。21世纪以来,这种状况并无根本性改善,以至于最近有学者尖锐地提出:中国在引入西方"新文化史"研究成果的时候,"我们的文化史研究却面临着既没有确立本学科的学术规范,又没有建立起学科体系,而且随时可能被消解的尴尬境地。甚至到现在我们还说不清什么是'文化',什么是'文化史'"④。作为文化史研究队伍中的一员,笔者也被这些问题长期困扰着,并希望能有一个比较满意的答案。

---

① 何兆武:《对历史的反思》(代译序),载[美]唐纳德·R.凯利:《多面的历史》,陈恒、宋立宏译,生活·读书·新知三联书店 2003 年版,第 1 页。
② 黄兴涛:《文化史的追寻:以近世中国为视域》,中国人民大学出版社 2011 年版,第 1 页。
③ 周积明:《中国文化史研究的反思》,《史学理论研究》1998 年第 3 期。
④ 王艺:《改革开放三十年的中国文化史研究》,载中国社会科学院历史研究所编:《改革开放三十年的中国古代史研究》,中国社会科学出版社 2010 年版,第 345 页。

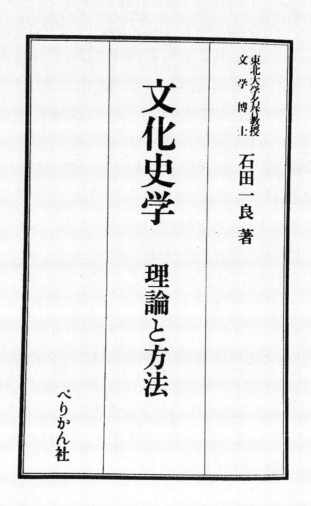

图 0-1　石田一良《文化史学:理论与方法》日文版扉页

（三）先行研究

应该说,近些年来中国学者对文化史学的理论问题有所重视,在译介和引入西方史学理论方面取得了较明显的进步。诸如日本学者石田一良(1913—2006 年)的《文化史学:理论与方法》(《文化史学:理論と方法》)、英国学者彼得·伯克(Peter Burke,1937——　)的《什么是文化史?》(*What is Cultural History?*)等著作的翻译和出版①,对于中国学者了解国外文化史学的历史、理论和研究现状,发挥了积极的作用。

中国学者对本土史学资源的发掘与研究,从整体上看,目前所取得的成果主要是关于文化史家和文化史著作的个案研究,尤其对梁启超、柳诒徵和钱穆等的研究较多,而综合性研究比较薄弱。值得指出的是,20 世纪 80 年代初,出于重新开展文化史研究的需要,学界曾对文化史学的基本问题有所讨论。20 世纪末,一些学者曾对 20 世纪特别是 1949 年后的文化史研究成果予以总结,并发表了数篇专题性论文。② 近些年来,一些中青年学者对海外新文化史学产生了兴趣,并尝试将其理论方法运用于中国文化史研究。③ 综合性的著作主要有常金仓的《穷变通久——文化史学的理论与实践

---

① 　[日]石田一良:《文化史学:理论与方法》,王勇译,浙江人民出版社 1989 年版;[英]彼得·伯克:《什么是文化史》,蔡玉辉译,北京大学出版社 2009 年版。
② 　与文化史学相关的文章散见各文集和期刊,较具代表性的如肖黎主编:《中国历史学四十年(1949—1989)》,书目文献出版社 1989 年版;周朝民、庄辉明、李向平编著:《中国史学四十年(1949—1989)》,广西人民出版社 1989 年版;周积明:《二十世纪的中国文化史研究》,《历史研究》1997 年第 6 期;曾业英主编:《五十年来的中国近代史研究》,上海书店出版社 2000 年版;罗志田主编:《20 世纪的中国:学术与社会(史学卷)》,山东人民出版社 2001 年版;中国史学会秘书处编:《中国史学会五十年》,海燕出版社 2004 年版;张海鹏主编:《中国历史学 30 年(1978—2008)》,中国社会科学出版社 2008 年版;姜义华等:《历史变迁与历史学》,上海人民出版社 2009 年版;中国社会科学院历史研究所编:《改革开放三十年的中国古代史研究》,中国社会科学出版社 2010 年版;曾业英主编:《当代中国近代史研究(1949—2009)》,中国社会科学出版社 2014 年版;李长莉、唐仕春主编:《社会文化史 30 年》,中国社会科学出版社 2017 年版;左玉河:《改革开放 40 年来的中国近代文化史研究》,《广东社会科学》2018 年第 6 期。
③ 　这方面以两本专题论文集较具代表性,即:黄兴涛主编《新史学(第三卷):文化史研究的再出发》(中华书局 2009 年版),复旦大学历史学系、复旦大学中外现代化进程研究中心编《新文化史与中国近代史研究》(上海古籍出版社 2009 年版)。

PETER BURKE

What is
Cultural History?

SECOND EDITION

图 0-2　彼得·伯克《什么是文化史》英文版书影

（辽宁人民出版社 1998 年版）和郑先兴的《文化史研究的理论与实践（1900—2000）》（中央编译出版社 2004 年版）。前者在绪论中以较长的篇幅阐述了文化史学的研究策略和方法，并尝试将其策略和方法贯彻到作者的先秦史研究实践；后者从史学史的角度梳理了 20 世纪中国文化史研究的历史。

（四）基本思路

本书以"文化史学"为核心范畴，以 20 世纪中国的文化史研究为主要对象，尝试对近 120 年来文化史学的历史、理论和实际成果予以较系统的总结和研究。全书凡 12 章，根据各章设定的任务和拟解决的问题，分为上、下两编。

上编侧重史学史。第一、二章，目标是考察 20 世纪中国的文化史研究历程及学术成就，理清文化史学兴起、发展、沉寂、重兴的历史脉络。第三、四、五、六、七章，结合时代思潮的变动，探讨文化史家的思想主张、史学观念、理论方法及其与历史研究实践的关系。其中，第三章以梁启超的"新史学"为研究对象，重点论述文明史与文化史、"大文化"与"小文化"、综合性的文化史与专门性的文化史之间的关系。第四章以胡适起草的《〈国学季刊〉发刊宣言》为切入点，检讨新文化运动时期"国故"整理成"文化史"的方案，从方法论的角度反思中国传统学术实现现代性转换特别是社会科学分科进程中产生的矛盾和问题。如果说梁启超、胡适的贡献主要表现在引进、吸收和倡导西方现代史学的理念和方法，将其运用于中国文化史研究，那么，章太炎、柳诒徵、钱穆等人的贡献则在固本创新，在反思现代性的基础上，阐扬中国文化的优势、特色和精神。第五章"经者古史，史即新经——章太炎对中国史学现代性转换的思考"，关注的是中国文化精神、学术传统与源自西方的史学观念之间的关系。第六章讨论作为首部比较系统完善的文化史，柳诒徵的《中国文化史》如何以礼为核心构建文化史的历史理论和史学理论。第七章以钱穆《国史大纲》为个案，分析他从中国史学传统出发，如何构建以文化为本位的新通史。第八章和第九章，从学术史和学科史角度，总结和反思改革开放 40 多年来中国文化史研究的历程、成就、理论方法及其存在的问题。

下编侧重史学理论。第十、十一、十二章抛砖引玉,尝试从理论层面思考中国文化史学的三个基本问题。第十章,从历史主体、研究对象、理论方法和社会功用等方面,试回答"文化史学是什么"。第十一章,总结前人的学术道路和历史经验,汲人所长,探索中国文化史研究的主要路径和方法。第十二章"中国文化史学的过去与未来",意在从文化史学的研究任务、学术领域和理论方法三个维度,回顾中国文化史学所走过的道路和取得的成绩,瞻望未来的前进方向。

恩格斯在1895年3月致康·施米特的信中说:"一个事物的概念和它的现实,就像两条渐近线一样,一齐向前延伸,彼此不断接近,但是永远不会相交。两者的这种差别正好是这样一种差别,由于这种差别,概念并不无条件地直接就是现实,而现实也不直接就是它自己的概念。"[1]这句话富有思辨性,很好地说明了认识与实践、理论认识与学术实践间的复杂关系。限于笔者的基础和能力,这本书难以完全反映中国文化史学的发展历程,但愿能够趋近事实,进而引发研究者对中国文化史学的些许思考。

二、古 史 资 源

文化史学是新史学家族的成员。中国古代虽然没有完全意义上的文化史学,但并不意味着没有相类似的史学资源。梁启超《中国历史研究法》称:"纪传体中有书志一门,盖导源于《尚书》,而旨趣在专纪文物制度,此又与吾侪所要求之新史较为接近者也。"[2]魏应麒《中国史学史》也指出:"吾国古代无文化史,而有政书一类,所述为国家之典章制度与国计民生、风俗土宜,其

---

① 《恩格斯致康·施米特》,载《马克思恩格斯选集》第4卷,人民出版社2012年版,第666页。
② 梁启超:《中国历史研究法》,上海古籍出版社1998年版,第21页。傅斯年有言:"《史记》八书即中国古代之文化史。"参见《中西史学观点之变迁》,载欧阳哲生主编:《傅斯年全集》第三卷,湖南教育出版社2003年版,第151页。

性质实同于文化史。"①古代史学中,与文化史比较接近的是书志类史书。

综合性的文化史书,可上溯至《尚书》《史记》《汉书》。《尚书》之典、谟、训、诰,《史记》之本纪、列传,《汉书》之艺文志,《隋书》之经籍志,都带有文化史色彩。唐代杜佑的《通典》以专书形式总汇历代书、志,呈现出综合性文化史的特点,"蔚为文化史之一体"②。

杜佑《通典》是中国古代典制体史书的典范。章学诚《文史通义·释通》称该书"统前史之书、志,而撰述取法乎官《礼》"③。《通典》一改此前断代体史书断而不通的缺陷,一方面继承并总汇历代纪传体史书之书、志,贯通历代典章制度,明其因革损益;另一方面借鉴了《周礼》《唐六典》的编纂体例和方法。全书凡200卷,分为食货、选举、职官、礼、乐、兵、刑、州郡、边防等九门。因采取分门别类的形式,又称"分门书"。职是之故,有学者称之为"中世纪的第一部百科全书"。④ 杜佑在自序中称其著述宗旨:"所纂《通典》,实采群言,征诸人事,施诸有政。理道之先,在乎行教化;教化之本,在乎足衣食……管子曰'仓廪实而知礼节,衣食足而知荣辱',夫子曰'既富而教',斯之谓也。夫行教化在乎设职官,设职官在乎审官才,审官才在乎精选举。制礼以端其俗,立乐以和其心。此皆先哲王致治之大方也。"该书虽是一部典章制度专书(政书),但镕铸群经诸史,分门别类,前后贯通,且以礼治教化为主旨,颇有广义文化史书之雏形。所以,被魏应麒称为文化史性质之政书的"不桃之宗"⑤。

《通典》之后,《通志》《通考》也有近于文化史之处。南宋郑樵所纂《通志》200卷,被视为先秦至宋代的纪传体通史,其体例由书、志演绎而来,其中最具代表性的是20篇略(简称《通志略》或"二十略")。略即该书的典

---

① 魏应麒:《中国史学史》,商务印书馆1944年版,第127页。
② 魏应麒:《中国史学史》,商务印书馆1944年版,第128页。
③ 章学诚:《释通》,载叶瑛校注《文史通义校注》上,中华书局1994年版,第373页。
④ 朱维铮:《中国史学史讲义稿》,复旦大学出版社2015年版,第215页。
⑤ 魏应麒:《中国史学史》,商务印书馆1944年版,第128页。

章、礼制和学术史部分,计有《礼》《职官》《选举》《刑法》《食货》《氏族》《六书》《七音》《天文》《地理》《都邑》《谥》《器服》《乐》《艺文》《校雠》《图谱》《金石》《灾祥》《昆虫草木》。"二十略",某种程度上近于 20 种文化专史之集成。宋末元初的马端临所撰《文献通考》348 卷,记事起自上古,讫于南宋宁宗嘉定年间,是继杜佑《通典》之后的又一部典制体通史巨著。该书把《通典》的 9 门发展为 24 门:田赋、钱币、户口、职役、征榷、市籴、土贡、国用、选举、学校、职官、郊社、宗庙、王礼、乐、兵、刑、经籍、帝系、封建、象纬、物异、舆地、四裔。每门再分子目。该书详于典章制度特别是宋代制度,重视对文化的介绍,并加以议论。

"三通"之后,又有"续三通""清三通",合称"九通"。20 世纪 30 年代,商务印书馆据乾隆间重刻的"九通",加上《清朝续文献通考》,汇编影印为"十通"。著名学者朱维铮说:"所谓会,就是要求综合天下一切文化;所谓通,就是要求找出全部历史变化的道理。"①"十通"以制度文化为核心,综合会通,可视为古人所作的、中国式的文化通史,在一定意义上体现了中国古代综合性文化史书的成就。

专门性文化史书,以学术史类较为发达。学术史在中国可追溯至先秦时期的《庄子·天下篇》《荀子·非十二子》《韩非子·显学》。汉代以降,《七略》《汉书·艺文志》《隋书·经籍志》等博稽政典,"辨章学术,考镜源流",已初具学术史的形态。学术史著作中,以学案体史书较为完备。著名者有朱熹的《伊洛渊源录》、黄宗羲等人的《宋元学案》和《明儒学案》、徐世昌主纂的《清儒学案》等。其中,黄宗羲编撰的《明儒学案》(62 卷)搜集有明一代学者的文集语录,分析宗派,列学案 19 目,叙学者 200 余人,是第一部有规模、成体系、高质量的中国学案体史书,最为梁启超、钱穆等文化史家和学术史家所重视。

带有文化史理论色彩的著作,以《文心雕龙》《史通》《文史通义》较具代表性。南朝刘勰的《文心雕龙》不限于文学理论,它的《原道》《徵圣》《宗

---

① 朱维铮:《中国史学史讲义稿》,复旦大学出版社 2015 年版,第 230 页。

经》《通变》等篇,文心通于史心,主张学本之于道,稽诸圣,宗经达变。唐刘知幾的《史通》和清章学诚的《文史通义》不仅仅是治史学史和学术史等文化专史者的必读书,其中关于"史法""史义""通识"的论述,关于经史观念、史家素养等的探讨,对于一般意义上的中国文化史研究极具启发性。

简言之,中国古代史学是新史学革新的对象,又是新史学得以建立的基础和凭借的资源。近代以来,新史家尽管对中国古代史学多有批判,但就实际而言,他们在编纂和研究文化史时,比较重视对古代史学资源的发掘和利用。章太炎、梁启超、柳诒徵、钱穆等人,除经学、子学著作外,他们对历代史书中的纪传、典志、学案、史论都下过很深的功夫。① 传统史学与作为新史学成员的文化史学具有一定连续性,这无论在史料资源还是理论方法上都有明显的表现。

三、西 史 参 照

无论中国文化,还是中国史学,均源远流长,丰富多彩,然而作为理论和范式的"文化史"却是来自西方。这一节拟对文化史学在西方的发展脉络作一梳理和交代。② 为方便理解文化史学的内涵和变化,同时分析三个较

① 1932 年秋,陈寅恪讲授"晋至唐文化史"时指出,旧派作中国文化史,其材料一般采自二十四史中的《儒林》《文苑传》及诸志,以及《文献通考》《玉海》等类书,"这类文化史,不过钞钞而已"。[参见卞僧慧:《"晋至唐文化史"开课笔记》,载《陈寅恪先生年谱长编(初稿)》,中华书局 2010 年版,第 361 页]这段话一定程度上反映了近代文化史家对古代史学继承的一面。

② 关于西方的文化史学,国内外学者已有较为系统的研究。专门性著作有美国学者温特劳布《文化的视野》(Karl J. Weintraub, *Visions of Culture: Guizot, Burckhardt, Lamprecht, Huizinga, Ortegay Gasset, Chicago 8L London*: The University of Chicago Press, 1966),英国学者彼得·伯克《什么是文化史》(蔡玉辉译,北京大学出版社 2009 年版),中国学者张广智和张广勇合著《史学,文化中的文化——文化视野中的西方史学》(浙江人民出版社 1990 年版)、傅琼《衔接与赓续:19 世纪西方文化史研究》(上海三联书店 2011 年版)、周兵《新文化史:历史学的文化转向》(复旦大学出版社 2012 年版)等。关于西方文化史学的起源,彼得·伯克主张从文艺复兴时期意大利学者、"文艺复兴之父"彼特拉克(Francesco Petrarca, 1304—1374 年)算起。彼特拉克一生用了大量时间研究古典文化,他把自己的文艺思想和学术思想称为"人学"或"人文学"。参见[英]彼得·伯克:《文化史的风景》,丰华琴、刘艳译,北京大学出版社 2013 年版,第 3 页。

具代表性的"文化"概念。

文化史学代表了一种不同于政治史学的传统。在西方,有学者把文化史学的传统追溯到古希腊的希罗多德(Herodotus,约前480—前425年),认为他所撰写的《历史》(Ἱστορίαι)一书开创了文化史的风格。与修昔底德所代表的政治史传统不同,希罗多德的研究对象不限于希波战争,而是扩大研究范围,探询诸如民族分布、经济状况、政治制度、风土人情、文物古迹、民间传说、法律、宗教等人类生活的历史,综合性地展现他当时所能认知的世界各地的人们的生活。

近代文化史学奠基于18世纪。法国著名的启蒙思想家伏尔泰(Voltaire,1694—1778年)被奉为"文化史之父"。他的著作《路易十四时代》(*Le Siècle de Louis XIV*,1751)和《风俗论》(*Essai sur les mœurs et l'esprit des nations*,1756)被认为开创了近代史学的一种新类型。英国历史学家乔治·皮博迪·古奇评价说:"包括文明之中各个非政治方面的著作,最好称之为文化史。它的创立人是伏尔泰;他的《路易十四时代》是一部描述一个民族的全面生活的著作。他的《论风尚》是第一部真正的文明史,这本书第一次企图把无数条线织成一幅单独的图案。伏尔泰开风气之先,其他历史家接踵追随。"①《路易十四时代》一改传统史书以政治和军事为主的写法,第一次以人类精神的进步作为历史主题,将财政、贸易、宗教、哲学、文艺、科学写入历史,开文化史学之先河。《风俗论》原名《论各民族的精神与风俗以及自查理曼至路易十三的历史》,重点阐述了从查理大帝到路易十三时代欧洲的社会、道德、经济、艺术与文学生活。该书尽管还没有使用法语culture或civilisation,但书中所用的mœurs et esprit(风俗和精神),大体涵盖了近代意义的"文化"范畴。

18世纪后期,对文化史学发展作出重大贡献的另一位学者是德国人赫尔德(J.G.Herder,1744—1803年)。赫尔德是近代浪漫主义哲学的奠基人。

① [英]乔治·皮博迪·古奇:《十九世纪历史学与历史学家》下册,耿淡如译,商务印书馆1989年版,第859页。

他继承维柯的思想,较早看到了启蒙理性的弊端,并予以修正和发展。他从文化史学的角度研究世界历史,注重不同民族、地区和时代的文化,并试图从中发现人类文化的发展规律。赫尔德在《关于人类教育的另一种历史哲学》(*Auch eine Philosophie der Geschichte zur Bildung der Menschheit*,1774)一书中,首先提出并集中使用了"民族"(Volk)、"民族特性"(National Charakter)、"民族精神"(Volksgeist)、"时代精神"(Zeitgeist)等术语,以表达他对人类文化的理解。他的四卷本著作《人类历史的哲学概要》(*Ideen zur Philosophie der Geschichte der Menschheit*,1784—1791)直接使用了近代意义的"文化"(Kultur)和"文化史"(Kulturgeschichte)概念。不同于伏尔泰从"纯粹理性"出发,视"文明"为高于"野蛮"的进步阶段,赫尔德主张使用复数形式的"文化",认为各民族、各时代的文化各有其独特精神和内在价值,人类文化发展的整体性和统一性正体现在各种不同文化的个性之中。在方法论上,赫尔德强调用包容的眼光看待不同民族、不同时代的文化,他是第一个主张历史研究应当诉诸直觉和"移情"(Empathy)的学者。

需要指出的是,直至18世纪末19世纪初,"文化"(Culture)才在法语和英语中作为独立名词比较多地用以指涉人类社会的发展历程及这一历程的产物,且常与"文明"(Civilisation/civilization)交叉使用。而在德语中,"文化"(先拼作Cultur,后拼作Kultur)一词的语义与"文明"(Zivilisation)有明显不同,"文化"为褒义,"文明"有时带有贬义。[①] 当代英国学者约翰·B.汤普森将这一时期的"文化"概念统称为"古典概念",并从广义上界定为:"文化是发展和提升人类才能的过程,这个过程通过吸收学术与艺术作品而得到推动,并与现时代的进步性有联系。"[②]这一定义反映了当时史学著作对"文化"概念的理解。作为专门术语的"文化史"(Kulturgeschichte),

---

① 与英、法不同,德语中"文化"一词比较强调个人的价值和民族的特性。参见[德]诺贝特·埃利亚斯:《文明的进程:文明的社会起源和心理起源的研究》第1卷第1章,王佩莉译,生活·读书·新知三联书店1998年版。

② [英]约翰·B.汤普森:《意识形态与现代文化》,高铦等译,译林出版社2005年版,第139页。

学界一般认为始于德国学者阿德朗(J.C.Adelung,1732—1806 年)1782 年出版的《人类文化史研究》(*Versuch einer Geschichte der Kultur des menschlichen Geschlechts*)一书。①

从 19 世纪中叶起,欧洲各国的历史研究先后取得独立地位,走上了科学化、专业化和学院化道路。历史科学化的主要代表,无疑是兰克及其提倡的政治史研究。文化史在原有基础上,也朝着科学化方向迈进。

法国人基佐(François Guizot,1787—1874 年)著有《欧洲文明史》(*General History of Civilisation in Europe*,1828)和《法国文明史》(*History of Civilisation in France*,1829—1833),强调用科学的方法来研究人类文明的进程和规律。他提出,历史研究要采用历史解剖学的方法来收集和分析史实,用历史生理学的方法来观察社会的组织和生活,从中发现支配社会发展的法则。② 英国学者托马斯·巴克尔(Henry Thomas Buckle,1821—1862 年)也是一位追求科学史学的文化史家。他深受孔德实证主义影响,主张用自然科学的方法来研究历史、寻找人类文明进步的规则。他的代表作《英国文明史》(*History of Civilization in England*,1857—1861)广泛借鉴和采纳了地理学、人种学、经济学和统计学等学科的方法。德国学者里尔(W.H.Riehl,1823—1897 年)所著《作为德意志社会和政治基础的人民自然史》(*Naturgeschichte des Volkes als Grundlage einer deutschen Social-Politik*,1855)把人民和社会作为文化史的主要考察对象,主张运用集团心理学的方法来探索人民和社会的发展规律。1856 年,德国学者还创办了专业刊物《德国文化史杂志》(*Zeitschrift für deutsche Kulturgeschichte*)。该刊物的编者之一卡尔·比德曼(Karl Bidermann,1812—1901 年)对文化史学给予了较明确的界

---

① [英]约翰·B.汤普森:《意识形态与现代文化》,高铦等译,第 138 页。1800 年之前,D.G. Herzog,J.F.Reitemeier,A.F.W.Crome,H.W.A.Marees,J.D.Hartmann,Fridrich Maier,J.G.Heynig 等德国学者都撰写过文化史方面的著作。参见 Donald R.Kelley,"The Old Cultural History",*History of the Human Sciences*,Vol.9,No.3,1996,p.119。

② [英]乔治·皮博迪·古奇:《十九世纪历史学与历史学家》上册,耿淡如译,商务印书馆 1989 年版,第 337 页。

定:文化史学以人民大众为主体,包括国家和大众生活,专门科学、艺术和大众生活的发展,下层群众的生活、思想和感受等三个层面。

在历史科学化过程中,文化史学对于兰克史学而言带有反思和反抗的性质。这一方面最著名的人物是瑞士学者布克哈特(Jacob Burchhardt,1818—1897 年)。布克哈特曾接受过兰克研讨班的专门训练,熟悉后者的研究方法和理论缺陷。他于 1860 年以德文形式出版的《意大利文艺复兴时期的文化:一本尝试之作》(*Die Kultur der Renaissance in Italien:Ein Versuch*),被英国阿克顿勋爵评论为"现有的关于文明史的著作中最深刻、最精微的"一部①。该书在历史主题、体例和表现形式等方面,均突破了传统史学的范畴。尽管自文艺复兴运动以来,人文主义史家在扫除中世纪基督教史学权威方面已取得很大成绩,但传统史学仍局限于政治和军事领域,该书第一次郑重地把学术、思想、文学、艺术、社交、节日等升入史学殿堂,从文化角度对文艺复兴运动作综合考察和系统说明。该书把政治制度(而不是政治事件)、个人主义和人的发现放在重要位置,以及对人文主义精神的张扬,均与政治史学大异其趣。在表现手法上,它改变传统史学按编年叙事的体例,采取了按专题分别论述的方法。该书不仅确立了文艺复兴这场文化运动在人类历史上的地位,而且树立了文化史研究的典范,为文化史学赢得了声誉。

随着资本主义社会经济的发展,文化史学的研究范围在不断拓展。赫尔瓦尔(Friedrich von Hellwald,1842—1892 年,又译"黑尔沃尔德")所撰《自然发展中的文化史》(*Kulturgeschichte in ihrer natüralichen Entwicklung bis zur Gegenwart*,1875)等,明确把原始文明和史前考古纳入文化史的考察范围。② 研究经济史的专家如德国的洛瑟、尼茨施等人,也把自己归属于文化

① [英]乔治·皮博迪·古奇:《十九世纪历史学与历史学家》下册,耿淡如译,商务印书馆 1989 年版,第 871 页。
② 参见[英]乔治·皮博迪·古奇:《十九世纪历史学与历史学家》下册,耿淡如译,商务印书馆 1989 年版,第 876、877 页;[美]费利亚斯·吉尔伯特:《历史学:政治还是文化》,齐耀春译,北京大学出版社 2012 年版,第 95 页。

史阵营。他们强调,人类文化是一个不可分割的整体,经济也像学术、宗教、文艺等一样,代表了人类的独特能力,是文化史研究的领域之一。文化史阵营的扩大,引发了戈泰因(Eberhard Gothein,1853—1923 年)与舍费尔(Dietrich Schäfer,1834—1896 年)的争论。1888 年,政治史家舍费尔发表《历史学原本的研究领域和范围》(Das eigentliche Arbeitsgebiet der Geschichte)一文,对文化史学提出尖锐批评:"如果历史要有统一性和科学性,它就必须集中注意力于国家方面",文化史学主张以民众为历史的中心、重点研究人类的习惯和生活情况,这是错误的。"如果他进入了宗教或法律、文学或艺术的领域,他就必须记住:他是走在岔路上了。""历史不是饲养槽",文化史学界限模糊,内容琐碎,不具备科学性,文化史只会削弱历史研究。① 戈泰因则反驳说:"对于日益增长的科学,我们无需急于限制其范围。国家只是人类社团的一种形式。它可能是最大的,但一切都是必不可少的。历史生活的各个方面——国家、宗教、艺术、法律、经济——包括并预先假定一个它们都是结合在一起的更高的统一体;那是一个统一体,它们是它的肢体。"② 他强调文化史学有资格取得与政治史学平等的地位,甚至认为文化史学有着政治史学不可替代的能力和作用:"人类发展的许多紧要时刻,主要关键都不在政治领域……在文艺复兴、宗教改革和反宗教改革时期,思想的力量捣毁了古代的模型,并改变了世界的面貌。关于这些时期,只有文化史家才能够从政治的混乱状态里找出条理来。"③19 世纪 90 年代,围绕兰普雷希特(Karl Gotthard Lamprecht,1856—1915 年)的《德意志史》(Deutsche Geschichte,1891—1909,该书凡 12 卷)而展开的"方法论之争"(Methodenstreit),进一步

---

① ［英］乔治·皮博迪·古奇:《十九世纪历史学与历史学家》下册,耿淡如译,商务印书馆 1989 年版,第 877、878 页。

② ［英］乔治·皮博迪·古奇:《十九世纪历史学与历史学家》下册,耿淡如译,商务印书馆 1989 年版,第 878 页。

③ ［英］乔治·皮博迪·古奇:《十九世纪历史学与历史学家》下册,耿淡如译,商务印书馆 1989 年版,第 878 页。相关著作还有戈泰因的《文化史的任务》(Die Aufgaben der Kulturgeschichte,Leipzig,1889)和舍费尔的《历史和文化史:一项回答》(Geschichte und Kulturgeschichte:Eine Erwideung,Jena,1891)。

扩大了文化史学的影响。《德意志史》是一部带有范式创新意义的德国文化史,该书一方面加重了经济在文化史研究中的权数,认为法律、宗教、文学、艺术等受经济等物质因素制约;另一方面又强调历史学是一门社会心理学,每种经济行为,同法律、宗教、文学、艺术等一样,受集体心理的支配。该书不仅大大拓展了历史研究的范围,而且用经济、心理和文化来解释政治和历史,从而引发了政治史家的不满。针对政治史家的批评,兰普雷希特在1894年出版的《德意志史》第一卷第二版导言中辩护说:以兰克为首的政治史家的任务是说明历史,追问"它实际是怎样的";文化史家的任务是解释历史,知道"它为何成为那样的"。政治史学采用叙述法,文化史学则必须采用发生学(genetic)方法,从物质方面和精神方面来论述事件所发生的整个情况。① 兰普雷希特与政治史家的争论,在一定程度上回答并明确了文化史研究的对象、范围、性质和方法,推动了文化史学的科学化和专业化。

分析这一时期"文化"的概念,有助于我们增进认识文化史学的内涵。1871年,英国文化人类学家泰勒(Edward Burnett Tylor,1832—1917年)在《原始文化》(Primitive Culture,1871)一书中给出了"文化"的描述性概念:"文化或文明,包括知识、信仰、艺术、道德、法律、习俗以及作为社会成员的人所掌握和接受的任何其他的才能和习惯的复合体。"②这一定义列举了文化事象的主要成分,认为它们组合而成的"复杂的整体"导致或规定了一种文化的存在,并有别于其他文化。根据这一定义,史家把整体性的文化历史分解为不同的部门文化史,分门别类地予以考察。泰勒的这一描述性概念为文化史的科学化提供了方法论支持,促进了文化史学的专业化分工,长期以来广为文化史研究者所引用。

到19世纪末,文化史学已由欧洲传播到美国、日本等地,真正成为世界

---

① ［英］乔治·皮博迪·古奇:《十九世纪历史学与历史学家》下册,耿淡如译,商务印书馆1989年版,第880页。
② ［英］爱德华·泰勒:《原始文化》,连树声译,广西师范大学出版社2005年版,第1页。

性的学术潮流。20世纪初,文化史学传入中国,从此开启了中国的文化史研究。

20世纪,世界的剧烈变动引发了史学的变革。两次世界大战严重挫伤了欧洲人对西方文明的乐观和自信,文化史家不同程度地对此前居于主导地位的"民族"、"文明"、"进步"和"科学"等概念予以了反思或批判。1919年,荷兰史家约翰·赫伊津哈(Johan Huizinga,1872—1945年)出版了《中世纪之秋》(*Herfsttij der Middel eeuwen*)一书。该书虽被视为继布克哈特《意大利文艺复兴时期的文化》之后又一部"经典文化史"的代表作,实则作者的历史观念与布克哈特有明显的不同。作者以一年的四季比喻历史的演变,以孕含着种子的秋天喻示中世纪,以及从意大利之外的法国北部和荷兰文化中发掘文艺复兴的萌芽,这些均与单线进步史观下所说"黑暗的中世纪"大不相同。在《文化史的任务》(The Task of Cultural History,1926)一文中,赫伊津哈自称要建立一种"文化形态学"(morphology of culture),即把文化视作生命有机体,构建一个涵盖文化各要素的总体史。他说:"文化史可以分为教会史、宗教史、艺术史、文学史、哲学、科学和技术等专门史",但这些专门史的研究并不能代替文化史学,因为"文化仅作为一个整体而存在",只有当历史学家用文化形态学的整体研究方法将生活、艺术和思想的模式综合在一起时,才真正称得上是文化史。①

较之赫伊津哈,在文化形态史学方面,德国学者奥斯瓦尔德·斯宾格勒(Oswald Spengler,1880—1936年)和英国学者汤因比(Arnold Joseph Toynbee,1889—1975年)的影响更大。斯宾格勒在《西方的没落》(*Der Untergang des Abendlandes*,第1卷完成于1918年,第2卷完成于1922年)一书中提出,研究世界历史就是研究各个文化的历史,而研究各个文化的历史,就必须采用"文化形态学"的方法。他认为,所谓文化形态学即研究"把一

---

① Johan Huizinga,"The Task of Cultural History",*Men and Ideas:History,the Middle Ages,the Renaissance*(*Essays by Johan Huizinga*),trans. by James S. Holmes and Hans van Marle,New York:Meridian Books,1959,p.65.

种文化的各个部门的表现形式内在地联系起来的形态关系"①,进而凭"直觉"和"本能"去把握其背后的形而上学和象征意义。斯宾格勒把文化视作是一个有生命周期的有机体,每个周期包括青春、生长、成熟、衰落等阶段。在他看来,世界上八个文化中七个已死亡,剩存的西方文化也已走向没落。汤因比的《历史研究》(*A Study of History*,1934—1961)提出,历史研究的基本单位应该是比国家更大的文明,而文明自身又包含政治、经济、文化三个方面,其中文化构成了一个文明社会的精髓。通过分析和归纳已知的二十余种文明,汤因比指出,每个文明都会经历起源、成长、衰落和解体四个阶段,文明兴衰的基本秘诀是挑战和应战。一个文明,如果能够成功地应对挑战,那么它就会诞生和成长起来;反之,就会走向衰落和解体。简言之,文化形态史学一改传统史学局限于欧洲中心,而放眼世界其他地区的文化和文明,从单线直进的时间观变为了复数的时间观,强调文化的整体性和文明的多样性,从而显示了文化史学不同于既往的特点。

20世纪30年代,《年鉴》学派和马克思主义史学崛起。这两个派别虽不以文化史学见长,却对文化史学产生了极其深远的影响。两派均认为文化的运作离不开社会关系和生产关系,文化不是空中楼阁,强调从经济基础和社会结构等方面来解释文化历史。布罗代尔说:"忽视下层基础和忽视上层建筑将同样是荒唐的。""我最后坚信,政治、社会和经济的结构左右着道德生活、精神生活和宗教生活的方向(不论是好的方向或坏的方向),缺少这样一个强有力的结构,文明也就不能存在。""所以我认为布克哈特的书应该重写,至少有一条理由:必须让意大利文艺复兴找回其物质躯壳。"②注重从社会和经济角度分析文化史,关注历史上普通民众的文化,构成了这两个学术派别的显著特色。文化史与社会史的交叉融合,还

---

① [德]奥斯瓦尔德·斯宾格勒:《西方的没落》上册,齐世荣等译,商务印书馆1991年版,第18页。
② [法]费尔南·布罗代尔:《文明史:过去解释现时》,载《资本主义论丛》,顾良、张慧君译,中央编译出版社1997年版,第157、158页。

产生了心态史、大众文化史等分支。爱德华·汤普森（Edward Palmer Thompson, 1924—1993 年）1963 年出版的《英国工人阶级的形成》（*The Making of The English Working Class*）把阶级看作是一种社会意识和文化观念的认同，注重从文化和社会双重维度阐释工人阶级社会身份的形成过程，就是该学术潮流的体现。

新文化史学的兴起是文化史学史上的标志性事件。"新文化史"一词源自美国学者林恩·亨特（Lynn Hunt, 1945—　）主编的会议论文集《新文化史》（*The New Cultural History*, 1989）。该词是对 20 世纪 70 年代以来西方出现的社会文化史、人类学史学、表象史学等的统称，其主旨在于强调历史学的取向由此前的社会史学（社会科学史学）转向文化的阐释。在理论方法上，新文化史借鉴了人类学、语言学、"文化研究"理论乃至一些后现代主义的学说，主张通过对符号、话语、表象、仪式等的文化解释来解读历史的内涵和意义。在史学观念上，史家将文化因素和文化解释放在历史研究的首要位置，从而迥异于此前社会史学的经济基础或社会结构决定论。在新文化史学中，文化的边界和内涵发生了巨大变化，文化不仅用以指上层文化，更重视下层和弱势群体的文化，而且还包括习俗、价值观和生活方式等日常文化。研究的对象则转向物质文化、身体史、阅读史、微观史、性别史、言语史、旅行史、收藏史、表演史等领域，核心概念变为文化的"实践"（practice）、"表象"（representation）、"建构"（construction）、"制造"（fabrication）和"发明"（invention）等主体色彩鲜明的语词。这一方面的代表性成果，彼得·伯克在《什么是文化史》（2004）一书中枚举了罗歇·夏蒂埃（Roger Chartie, 1945—　）的《法国大革命的文化起源》（*Les origines culturelles de la Révolution française*, 2000）、罗伯特·达恩顿（Robert Darnton, 1939—　）的《屠猫记》（*The Great Cat Massacre*, 1984）、埃曼纽尔·勒华拉杜里（Emmanuel Le Roy Ladurie, 1919—　）的《蒙塔尤》（*Montaillou*, 1982）、卡洛·金兹堡（Carlo Ginzburg, 1939—　）的《乳酪与蛆虫》（*Il formaggio e i vermi*, 1976; *The Cheese and the Worms*, 1980）、萨义德（Edward Wadie Said,

1935—2003 年）的《东方主义》（*Orientalism*，1978）等著作。此外，如林恩·亨特的《法国大革命时期的家庭罗曼史》（*The Family Romance of the French Revolution*，1992）、彼得·伯克的《制造路易十四》（*The Fabrication of Louis XIV*，1992）和《文化史的多样性》（*Varieties of Cultural history*，1997）等，也是该方面的重要作品。

在新文化史阶段，以美国学者克利福德·格尔茨（Clifford Geertz，1926—2006 年）所提出的"文化"概念最具影响力。格尔茨主张从符号学和象征性上来理解和使用"文化"的概念。他说："所谓文化就是这样一些由人自己编织的意义之网，因此，对文化的分析不是一种寻求规律的实验科学，而是一种探求意义的解释科学。""它表示的是从历史上留下来的存在于符号中的意义模式，是以符号形式表达的前后相袭的概念系统，借此人们交流、保存和发展对生命的知识和态度。"[1]在他看来，文化是一种意义结构的分层等级，包括行动、象征和符号等方面。文化解释，就是解开一层层的意义，对人们在日常生活过程中产生、领会和解释的那些对他们已经具有意义的行动和表述进行的描述和再描述。对于史家而言，流动易逝的事件就转变为了可持久阅读的文本。这样，文化解释就与系统地论述经验规律或科学分类没有了多大关系，而更像是解说一篇文学材料。[2] 正如彼得·伯克所指出，自 20 世纪 70 年代以来，格尔茨所提出的"文化解释"理论已在文化史研究领域产生了广泛影响，至今仍为众多文化史研究者所重视。

从总体上看，20 世纪以来的文化史研究在变化中表现出一定共性。文化史家多使用复数的"文化"概念，弱化以西欧为中心、以精英为中心、以男性为中心的观念，研究对象趋于丰富多样，研究范围更为广泛。他们对于文化史学的理解前期侧重于研究对象，后期偏于研究视角和方法，近些年来开始注意主体观念与客观对象的统一。文化史学与政治史学、社会史学乃至

---

[1] ［美］克利福德·格尔茨：《文化的解释》，韩莉译，译林出版社 1999 年版，第 5、109 页。

[2] ［英］约翰·B.汤普森：《意识形态与现代文化》，高铦等译，译林出版社 2005 年版，第 145、146 页。

人类学、语言学、社会学等相邻学科的关系，一反 19 世纪强调科学分工，转而趋于相互融会整合，包容性增强。

"所谓新史学及新史，即用近代最新之方法，以改造旧史之谓也。"①一方面，西方的文化史学为中国的文化史学提供了理论资源。中国的文化史学，正是通过不断借鉴和吸收西方文化史学的理论成果和研究方法，以西学为利器，在发掘和改造旧史基础上形成的。另一方面，中国的文化史学又相对独立，其研究者乃至研究对象与西方的文化史学明显不同，二者构成了一种平行关系。"自他之耀，回照故林。"西方的文化史学为我们较客观地认识中国的文化史学提供了重要的参照系统，兼具方法论意义。

---

① 金毓黻：《中国史学史》，河北教育出版社 2003 年版，第 320 页。

上编　史学史

第 一 章
文化史学在中国的历程

　　作为新史学家族的成员,文化史学诞生于西方。20 世纪初以来,中国的文化史学从无到有,异军突起。世纪之初,梁启超等发起"史界革命",传播文明史观念,初步回答了什么是文明史。他们将欧洲、日本等地的文明史和文化史著作翻译和介绍到中国,中国人从此有了比较明确的文明史和文化史观念。20 年代,在新文化运动和"整理国故"运动中,胡适、梁启超等回答的是如何研究文化史。他们着力引进西方科学方法,改造中国史学,提出了建设中国文化史的方案和方法。三四十年代,柳诒徵、陈登原、陈安仁、钱穆等撰写的综合性文化史著作出版,将理论方法付诸学术实践,形成了中国文化史研究的第一个高潮。此后,因政治原因,中国的文化史研究基本陷入停滞状态。80 年代以来,学术环境大为改观,中国的文化史研究再次活跃起来,并取得了丰硕的成果,进而形成了第二个高潮。

　　120 年来,中国的文化史学由激切地引进异质的西方理论,到消化、吸收,与中国史学传统相融合,走了一条跌宕起伏的史学现代化之路。

一、"史界革命"与 20 世纪初文明史
观念在中国的确立

　　"呜呼! 史界革命不起,则吾国遂不可救。悠悠万事,惟此为大。"①

———————————

① 梁启超:《新史学》,载《饮冰室合集》文集之九,中华书局 1989 年版,第 7 页。

1902 年，梁启超高擎"史界革命"的大纛，以"新史氏"之名在《新民丛报》连载长文《新史学》，开启了中国史学的新时代。被梁启超及其同代人视作革命利器的"新史学"，实即文明史学。当时的教科书称："史体有二，曰古体，曰新体。古体者，国家之政策，王侯将相之业，交战之胜败，事无大小，一切谨而书之，是叙事史体之类也。新体者，叙述为实录，又上下议论其得失，何为原因，何为结果，尤重讲文明风教之要，是文明史体之类也。"①

"史界革命"主要通过三种途径向国人宣传新的文明史观念。一是翻译和介绍欧洲和日本的文明史著作。英国巴克尔的《英国文明史》、法国基佐的《欧洲文明史》、日本田口卯吉的《中国文明小史》等，在 1902 年、1903 年前后被译介到中国。二是梁启超等人对"新史学"的理论宣传。梁启超的《中国史叙论》和《新史学》、邓实的《史学通论》、汪荣宝的《史学概论》等，向国人有力地传播了文明史学的理念。三是清季新编历史教科书。清季新式学堂所使用的历史教科书，如那珂通世的《支那通史》（柳诒徵据此改编有《历代史略》）、市村瓒次郎的《支那史要》（陈毅译）、桑原骘藏的《东洋史要》（樊炳清译），以及刘师培、夏曾佑等编写的中国历史教科书等，采用"文明史体"，也传播了文明史观念。

20 世纪初宣传并确立的新史学观念，也就是文明史观念，其荦荦大者有四。

（一）文明史是"进化史"

新史学以"进化"为标准来确定研究范围和历史主题。"新史氏"们普遍地认为："历史者，叙述进化之现象也。""进化者往而不返者也，进而无极者也。凡学问之属于此类者，谓之历史学。""此界说既定，则知凡百事物，有生长有发达有进步者，则属于历史之范围。反是者则不能属于历史之范

---

① ［日］元良勇次郎、家永丰吉：《万国史纲》绪论，邵希雍译述，商务印书馆 1906 年版，第 1 页。该书系清末中学历史教科书。

围。"①值得注意的是,这里所说的"进化"含有价值判断,它与"生长"、"发达"和"进步"相联系。在他们看来,历史上具有"生长"、"发达"和"进步"属性的,唯有与野蛮相对待的"文明"。由此,也可以这样说:人类社会的进化史实质上就是文明进步的历史,简称"文明史"。"文明史"具有进步性和进化特征,这不仅能从梁启超等人对"史学"的界说中找到依据,而且还可从"文明"这一概念的内涵中得到解释。与后人的理解有所差别,在 20 世纪初的学者看来,进化或进步是"文明"的应有之义。已经有学者指出,1900 年后,在唐才常、张之洞等人的表述中,"文明"含有不断发展进化的那种时代新意。② 从时人的惯用语"文明进步""文明开化"等也不难看出,"文明"与其毗邻词之间,存在一定的同义重复。"文明"与"进步""进化"的这种内在关联,强化并说明了文明史必然是一个"进步""进化"的动态过程。这一点从当时所编的几套明显带有"文明史"风格的历史教科书,诸如横阳翼天氏(即曾鲲化)的《中国历史》、涉园主人(即张元济)的《中国历史教科书》、刘师培的《中国历史教科书》、夏曾佑的《最新中学中国历史教科书》等,可得以验证。横阳翼天氏在其所作《中国历史》序言《中国历史出世辞》中写道:"夫历史之天职,记录过去、现在人群所表现于社会之生活运动,与其起原、发达、变迁之大势,而纪念国民之美德,指点评判帝王官吏之罪恶,使后人龟鉴之、圭臬之,而损益、而破坏、而改造、而进化者也。"③实际上,横向观察,这也恰是梁启超等所仪型的西欧、日本文明史学的重要特征。

(二) 文明史是"民史"

文明史以民众而非朝廷、君主或英雄为叙述的主体和中心。1902 年,

① 梁启超:《新史学》,载《饮冰室合集》文集之九,中华书局 1989 年版,第 7、8 页。
② 黄兴涛:《晚清民初现代"文明"和"文化"概念的形成及其历史实践》,《近代史研究》2006 年第 6 期。
③ 横阳翼天氏:《中国历史出世辞》,载《中国历史》卷首,东新译社 1963 年版。

陈黻宸在《新世界学报》发表《独史》,明确主张:"史者民之史也,而非君与臣与学人词客所能专也。"①同年,梁启超在《新史学》等文中提出"民有统而君无统",强调史学以"民"为正统;同时指出统"在国非在君","在众人非在一人"。② 他以进化论为据,声称"人类进化云者,一群之进也,非一人之进也",历史所最当注意者,"在一群,非在一人也",从而得出论断:"历史者,叙述人群进化之现象也。"③这里作为历史主体的"民",指群体的国民,具体表现为民族、种族、社会、国家等不同形式。受梁启超启发,邓实先后作《史学通论》《民史》等文,宣扬"民史"观念。他认为,人类社会的进化历经神权、君权、民权三个时代,史学也必然要由神史、君史进化到民史。④ 民史的内容是什么呢?"则一群之进退也,一国之文野也,一种之存灭也,一社会之沿革也,一世界之变迁也。"⑤简言之,"民史"就是一个种族、民族、社会或国家之民众文明进步的历史。

值得注意的是,"民史"大幅调整并扩大了研究范围。不同于"朝史""君史""贵族史"等"旧史"以政治史为主要叙述对象,梁启超《新史学》提出:从"民史"出发,"中国文学史可作也,中国种族史可作也,中国财富史可作也,中国宗教史可作也,诸类此者,其数何限?"⑥仿照西史记叙民事"种别为书"的方法,邓实在《民史》中提出了具体编撰方案。他把"民史"的主要内容分列为十二项:种族史、言语文字史、风俗史、宗教史、学术史、教育史、

---

① 陈黻宸:《独史》,载《陈黻宸集》上册,陈德溥编,中华书局 1995 年版,第 574 页。顺便说明,早在 1896 年,梁启超在《变法通议》一文中就已明确使用"民史"一词。参见梁启超:《变法通议》,载《饮冰室合集》文集之一,中华书局 1989 年版,第 70 页。

② 梁启超:《新史学》,载《饮冰室合集》文集之九,第 21、25 页。值得注意的是,梁启超在 1896 年《变法通议·论译书》中就使用过"民史"概念。他在比较中西史学的特征时说:"中国之史,长于言事,西国之史,长于言政。言事者之所重,在一朝一姓兴亡之所由,谓之君史。言政者之所重,在一城一乡教养之所起,谓之民史。故外史中有农业史、商业史、工艺史、矿史、交际史、理学史等名,实史裁之正轨也。"(载《饮冰室合集》文集之一,中华书局 1989 年版,第 70 页)他在接下来发表的《续译列国岁计政要叙》等文中,进一步肯定了西方的民史。

③ 梁启超:《新史学》,载《饮冰室合集》文集之九,中华书局 1989 年版,第 9、10 页。

④ 邓实:《史学通论》(二),《政艺通报》壬寅第 12 期,1902 年 8 月。

⑤ 邓实:《史学通论》(四),《政艺通报》壬寅第 13 期,1902 年 9 月。

⑥ 梁启超:《新史学》,载《饮冰室合集》文集之九,中华书局 1989 年版,第 6 页。

地理史、户口史、实业史、人物史、民政史、交通史。① 凡与民众生活相关的重要事项,均在研究之列。

(三) 文明史是"理性的历史"

与政治史学相比较,20 世纪初年的文明史学带有浓厚的理性主义色彩。《世界文明史》(日本高山樗牛著,上海作新社译)在中国传播较广,被时人视作文明史之"善本",曾对梁启超等产生过深刻影响。该书序言说:政治史以国家生活为中心,重在考察各大政治事件之经过和真相;"文明史则不然,其目的在由精神方面上观察人类社会之一切发达,而对于其外部所表发之政治、经济、宗教、文艺及其他各种文物,而说明其成立变迁者也"②。易言之,政治史与文明史的最大不同,不是局部与整体之关系,而在于认知目标和性质的差异——政治史知其然,而文明史则在知其所以然。③ 针对于此,梁启超专门指出文明史研究之不易:"文明史者,史体中最高尚者也。然著者颇不易,盖必能将数千年之事实,网罗于胸中,食而化之,而以特别之眼光,超象外以下论断,然后为完全之文明史。"④从认识论的角度,梁启超把"新史学"界定为"叙述人群进化之现象而求得其公理公例者也"⑤,邓实则表述为"史学者,所以详究人群之兴亡盛衰隆替荣枯之天则者也"⑥,二人均注意到了文明史的理性特征。鉴于文明史的理论思辨性,所以,也有人把文明史认作"历史哲学"。例如上海广智书局 1903 年印行的《历史哲学》(威尔逊著,罗伯雅译),从实际内容看,就是一部地道的文明史著作。总之,无论是求得"公理公例""天则"还是"历史哲学",均意味着文明史家以

---

① 邓实:《民史总叙》,《政艺通报》甲辰第 17 期,1904 年 10 月。
② [日]高山林次郎:《世界文明史》,上海作新社译,北京武学书馆印行 1903 年版,第 1、2 页。
③ 梁启超《新史学》称为"所界"或"能界"。见梁启超:《新史学》,载《饮冰室合集》文集之九,中华书局 1989 年版,第 10 页。
④ 梁启超:《东籍月旦》,载《饮冰室合集》文集之四,中华书局 1989 年版,第 96、97 页。
⑤ 梁启超:《新史学》,载《饮冰室合集》文集之九,中华书局 1989 年版,第 10 页。
⑥ 邓实:《史学通论》(四),《政艺通报》壬寅第 13 期,1902 年 9 月。

寻求人类社会的理性法则为最高目标,甚至于有史家以人类的理性精神为决定历史的力量。

(四) 文明史是"启蒙史学"

文明史观念在中国的产生与 19 世纪末 20 世纪初的文明化运动紧密相关。甲午战争后,现代义的"文明"概念已频频出现在一些进步知识人和士大夫的言论中,用以指人类社会一切财富(含物质与精神)的总和,一种不断进化的社会状态,或一种较高的发展水平。戊戌变法时期,维新人士提出"文明之运会"的说法,认为文明进步是沛然莫之能御的世界潮流,中国自莫能外。进化、合群、民权、科学、富国强兵、教育普及、新闻出版等现代性因素,均被视作文明进步的内涵。文明史观念即兴起于戊戌变法以来中国文明近代化的运动过程中。它既以现实社会为基础,属于文明化潮流的一部分,反过来又启蒙民众,引领现实社会的发展方向。[①] 梁启超等人在论述文明史学的目标和用途时,充分认识到史学对于推进文明的现实意义。梁启超在《新史学》中指出:"列国所以日进文明,史学之功居其半焉",新史学求得历史进化之公理公例,目标是使后人循其理、率其例,"继续此文明,增长此文明,挛殖此文明"。[②] 邓实也认为文明史有推动中国文明进步的作用。他说:"既往之文明现象,惟历史能留之;未来之文明影响,惟历史能胎之。"[③]在他的理想中,文明史"一面以发明既往社会政治进化之原理,一面以启导未来人类光华美满之文明,使后之人食群之幸福,享群之公利,爱其群尤爱其群之文

---

① 从词源上考察,"文明"一词本身就含带启蒙之义。据日本学者研究,明治前期,福泽谕吉等人较多地使用"文明""开化""文明开化"三词对译 Civilization。值得注意的是,永峰秀树、中村敬宇等人在翻译西方文明史著作时,有时以"文化"来略称"文明开化",当时对"文明"与"文化"并无明确区分。例如,日本辞书《哲学字汇》明治 17 年版以"文化"对译 Enlightenment,明治 20 年版以"文化"对译 Civilization,明治 44 年版才对译 Culture。我们知道,无论"文明""文化",中国人在清末使用这对词汇的现代意义时,所接受的主要是日文汉字的含义。由此可见,"启蒙""开化"系"文明"的含义之一。若完全按照今人的定义对号入座,难免会生望文生义之误。

② 梁启超:《新史学》,载《饮冰室合集》文集之九,中华书局 1989 年版,第 1、11 页。

③ 邓实:《史学通论》(四),《政艺通报》壬寅第 12 期,1902 年 8 月。

明,爱其群之文明,尤思继长增高其文明、孳殖铸酿其文明"①。马叙伦也撰文呼吁:"达史之用,可以促开化,可以进文明"②;"中人而有志兴国也,诚宜于历史之学人人辟新而讲求之,盖历史固文明之嚆矢也"③。当时,新知识界译介文明史著,看中的也是其启蒙价值。杨度《游学译编叙》专门述及设立史学栏目的考量:"欲一洗数千年之昏暗,而为民族历史生未有之光荣,于世界历史占最优之地位,亦在我国民考求他国文明所自来,而发其歆羡之心,嫉妒之心,以与争荣于二十世纪之文明史而已。"④梁启超推崇田口卯吉的《中国文明小史》,用意同样在针砭社会现实,唤醒国人:"其论则目光如炬,善能以欧美之大势,抉中国之病源,诚非吾帮詹詹小儒所能梦也。"⑤

综合起来看,梁启超、邓实等人的史学主张与他们的启蒙思想是统一的。如果说旧的政治史侧重于精英人物和政治事件,文明史则以"民"为中心,把目光集中在国民身上,注重从文化上剖析和改造中国的国民性。梁启超在《新史学》中提倡用进化、合群、理性等观念改造中国史学,根本目的在于"新民",造就新国民,宣扬民族主义,"使我四万万同胞强立于此优胜劣败之世界"⑥。这与他在《新民说》等文中把"新民"当作"今日中国第一急务"的观点一致。邓实撰写《民史》,也是出于启蒙民众的需要。他在《鸡鸣风雨楼民书》等论著中,一再强调"国之强弱视乎其民之贫富而已,民之贫富视乎其种之智愚而已",认为民智未开、民力不强、民德不高是国家贫弱的主因。⑦ 他在《民史》中大力提倡开民智、新民德,无疑配合了其启蒙思想。关于新史学与启蒙的关系,还有人干脆以《论中国亟宜编辑民史以开民智》为题,明确地标示出编纂民史对于开启民智的正面意义。⑧

---

① 邓实:《史学通论》(四),《政艺通报》壬寅第 13 期,1902 年 9 月。
② 马叙伦:《史界大同说》,《政艺通报》癸卯第 15 期,1903 年 9 月。
③ 马叙伦:《史学总论》,《新世界学报》1902 年第 1 期。
④ 杨度:《游学译编叙》,《游学译编》1902 年第 1 册。
⑤ 梁启超:《东籍月旦》,载《饮冰室合集》文集之四,中华书局 1989 年版,第 100 页。
⑥ 梁启超:《新史学》,载《饮冰室合集》文集之九,中华书局 1989 年版,第 7 页。
⑦ 邓实:《鸡鸣风雨楼民书》民智第一、民德第二,《政艺通报》甲辰第 6 期,1904 年 5 月。
⑧ 樵隐:《论中国亟宜编辑民史以开民智》,《政艺通报》壬寅第 17 期,1902 年 10 月。

实际上,从源头上看,文明史学在西欧产生时就带有启蒙的性质,文明史学的兴起与启蒙运动相辅相成。"理性""进步""民众""文明"是西方近代启蒙运动的主题词,也是早期文明史著着力表彰的对象。伏尔泰认为,文明是人的而非神的创造,是人类社会经过长期积累和集体努力的结晶。他的《风俗论》用文明史学取代之前占据史坛长达千年的基督教史学,高扬人的理性,书写人类精神和文明的进步,以至于有人指责史学沦为思想启蒙的工具。20 世纪初,中国的文明史学继承了这种改造社会、启蒙民众的传统,并深刻影响了此后较长一段时间中国的文化史研究风格。

二、科学化与专业化:20 年代文化史学的发轫

1902 年,衮父(汪荣宝)在其所发表的《史学概论》一文中称:"研究各社会之起原、发达、变迁、进化者,是名'文明史'。"因"文明"之意味稍为复杂,"凡今日所谓商业史、工艺史、学术史、美术史、宗教史、教育史、文学史之属",即狭义的文明史,与其称为"文明史",不如称为"文化史"。① 作为专门术语,"文化史"在清末已经出现,但并不常用。1917 年以后,"文化"渐渐成为热词,约在 20 世纪 20 年代取代"文明"而居于优势。相应地,"文化史"的使用频率也超过了"文明史"。②

20 世纪 20 年代,中国史学初步实现现代转型。特别是在胡适、顾颉刚、傅斯年等的领导下,掀起了"整理国故"运动和"古史辨"运动。科学史学蔚成潮流,国家最高科学研究机构中央研究院专门建立了历史语言研究所,一些知名大学相继设立了历史系,并创办了史学期刊。在此进程中,文化史逐步走上了科学化和专业化道路。这在史学观念、理论方法和学科体制等方面有明确表现。

---

① 衮父:《史学概论》,《译书汇编》第 2 年第 10 期,1902 年 12 月 27 日。
② 黄克武:《从"文明"论述到"文化"论述——清末民初中国思想界的一个重要转折》,《南京大学学报》2017 年第 1 期。

（一）文化史观念继长增高

20 世纪初,中国的史学还谈不上专业化,梁启超等宣传"新史学",志趣并不在史学本身,政治诉求强烈。至五四时期,中国高等教育初具规模,学界对西方新史学的追求首先是出于学术需要。

按齐思和的说法,"新史学"运动实际上是一场文化史运动,于 19 世纪后期发端于西欧,后传入美国。① 这场运动的代表人物如基佐、巴克尔、兰普雷希特、麦克马斯特、鲁滨逊、比尔德、巴恩斯、桑戴克、韦尔斯等,或是文化史(或文明史)方面的专家,或主张从文化的视角看历史。欧战后,综合性地考察人类文化历史,以改进人类之前途,代表了新史学的重要趋向。20 世纪 20 年代,以德国和美国的新史学较受中国学者关注。兰普雷希特和鲁滨逊等在前人基础上,从职业史家的角度质疑和批评传统史学专注政治、军事和外交史,研究对象过于狭隘。他们主张以"人类进化"为准则,举凡一切"人类的问题",大到民族的兴亡,小到个人的性情,均可纳入历史研究的范围。他们对文化史的科学性作出了新的论证,强调"历史解释"的重要性,倡导史学与人类学、古物学、宗教学、社会学和心理学等各种新科学结成同盟。因他们较为重视社会文化心理因素分析,也有人称之为"综合心理学派"。该派的观点契合了中国史学的需要,在中国产生了广泛影响。

兹以鲁滨逊的《新史学》为例。何炳松等人将该书引介到中国后,北大、北高师等校把它作为讲授"历史研究法"的课本,梁启超、李大钊、胡适、李泰棻、陈衡哲、陈训慈、徐则陵、陶孟和、杨鸿烈等曾引用或介绍过该书,不少学者采纳了鲁滨逊的新史学观点。陆懋德、陈训慈在定义"历史"或"文化史"时,接受新史学的说法,把群体心理作为其核心要素。陆懋德在《中国文化史》中说:"余谓文化者,乃一国人学术、政治、风俗、礼教、美术、工作、嗜好、思想等所发现之特征,亦即一国人心理活动之成绩,亦即一国人生

① 参见齐思和:《中译本序言》,载鲁滨逊:《新史学》,齐思和等译,商务印书馆 1964 年版,第 6 页。

活进步之结果,亦即一国人之生活。"①陈训慈在论述史家的观念时,主张史家应"思以广大之精神,综合各方之长,而纳之于群体之心理,以解释历史"②。南高师所办《史地学报》对《新史学》极为推崇,认为该书顺应了"近今史学之趋势,大变政治史观之旧","实研究历史者不可不读之书也"。③何炳松曾负责北高师《史地丛刊》的编辑工作,该刊多次刊发评介文章,声称《新史学》"很可以做我们中国研究史学的人的针砭"④。鲁滨逊《心理的改造》(*Mind in the Making*,1921)英文版出版不久,即有中国学者予以介绍,称该书"可谓文化史中之文化史,综合史中之最综合者矣",其主旨在"欲根本创造文化,须自由发展智识,盖智识能自由发展,即改造人心之根本解决也"。⑤ 该书提出的"智识史观"(Intellectual of interpretation of history),在中国学界有一定影响。新史学派其他成员的文化史著作,如比尔德的《美国文明的兴起》(*The Rise of American Civilization*)、巴恩斯的《西洋文化史》(*History of Western Civilization*)、桑戴克的《世界文化史》(*A Short History of Civilization*)等,也吸引了中国学者的目光,有中文译本或书评发表。

就个体而言,梁启超的史学观念变化最为显著。梁启超这一时期吸收鲁滨逊、瑟诺博司、李凯尔特、韦尔斯等人的学术思想,加以自己的治学体验,著成《中国历史研究法》(《中国文化史稿》第一编)系列,其体系化和科学性均超越了世纪初所著的《新史学》。对此,学界已研究较多,兹仅举他1922年冬的演讲《研究文化史的几个重要问题》为例稍作说明。他在演讲中提出了三个问题:第一,史学应用归纳研究法的最大效率如何? 第二,历史里

---

① 陆懋德:《中国文化史》,《学衡》第 41 期,1925 年 5 月。

② 陈训慈:《史学观念之变迁及其趋势》,《史地学报》第 1 卷第 1 期,1921 年 11 月。

③ 《新史学译本出版》,《史地学报》第 1 卷第 2 期"史学界新闻"栏目,1922 年 4 月。

④ 何炳松:《新史学导言》,《史地丛刊》第 2 卷第 1 期,1922 年 6 月。

⑤ 高宝寿:《学术书籍之介绍与批评》,《国立北京大学社会科学季刊》第 1 卷第 4 号,1923 年 10 月。该文重点介绍了欧战后美国的文化史研究趋向,特别是新近出版的四部综合性的文化史著作,即韦尔斯的《世界史纲》(*The Outline of History*,1920)、房龙的《人类的故事》(*The short of Mankind*,1921)、鲁滨逊的《建设中之人心》(*Mind in The Making*,商务印书馆 1934 年版译作《心理的改造》)、麦克勃的《文明之进化》(*The Evolution of Civilzation*,1922)。

头是否有因果律？第三,历史现象是否为进化的？归纳法、因果律和进化观念,曾是梁启超此前极力提倡的东西,现在却成了他质疑的对象。从演讲的内容看,他并没有完全否定这三种要素,而是缩小和限定了它们在史学研究中的适用范围。他认为,与自然科学不同,历史受人类自由意志的支配,并不是严格意义上的科学;历史由人类活动所造成,人类活动有两种,一种是属于自然系,一种是属于文化系,上述三要素仅适用于研究自然系,而不适于文化系。[1] "文化者,人类心能所开积出来之有价值的共业也",文化系受自由意志的支配。[2] 由此可见,与世纪初追摹西史相比,梁启超此期对史学现代性的认知更为丰富,且表现出一定批判力。

当然,在此过程中,新文化运动的作用不容忽视。五四时期的文化论争极大地深化了国人对文化史诸范畴的认知。论争中,许多学者曾就"文明"与"文化"的概念提出了自己的看法。梁漱溟有关中西文化的演讲及其记录《东西文化及其哲学》对文化问题作了系统阐述,他提出,文化是"一民族生活的样法",总括起来可从精神生活、社会生活、物质生活等三方面予以观察。[3] 陈嘉异、张东荪等人认为,"文化"一词指一民族精神方面之发展为多,文明多指物质现象。[4] 胡适提出,"文明(civilization)是一个民族应付他的环境的总成绩";"文化(culture)是一种文明所形成的生活的方式";"凡一种文明的造成,必有两个因子:一是物质的(material),包括种种自然界的势力与质料;一是精神的(spiritual),包括一个民族的聪明才智、感情和理想。凡文明都是人的心思智力运用自然界的质与力的作品;没有一种文明是精神的,也没有一种文明单是物质的"。[5] 胡适关于"文明"和"文化"的定义在当时很具代表性。新文化运动后期,泛化的"文化"概念不能满足时代需要,较为明确的狭义"文化"随之产生。陈独秀于 1920 年在《新青年》

---

[1]　梁启超:《研究文化史的几个重要问题》,载《饮冰室合集》文集之四十,中华书局 1989 年版。
[2]　梁启超:《什么是文化》,载《饮冰室合集》文集之三十九,中华书局 1989 年版,第 98—99 页。
[3]　梁漱溟:《东西文化及其哲学》,载《梁漱溟全集》第 1 卷,山东人民出版社 1989 年版,第352 页。
[4]　陈嘉异:《东方文化与吾人之大任》,《东方杂志》第 18 卷第 1、2 号,1921 年 1 月。
[5]　胡适:《我们对于西洋近代文明的态度》,《现代评论》第 4 卷第 83 期,1926 年 7 月。

撰文指出："要问'新文化'是什么,先要问'文化'是什么。文化是对军事、政治(是指实际政治而言,至于政治哲学仍应该归到文化)、产业而言,新文化是对旧文化而言。文化底内容,是包含着科学、宗教、道德、美术、文学、音乐这几样。"①新文化运动关于文化问题的讨论,内容相当丰富,涉及中西文化的源流、构成、特点、性质等方方面面,并不限于"文化"的概念。这些讨论深化了人们对文化和文化史的理解,为文化史学的成长提供了沃土。

(二)科学方法的提倡

科学的理论方法是衡量史学专业化的重要指标。20世纪20年代,新史家积极倡导运用科学的方法改造中国史学,在专业化道路上迈出了实质性的一步。这方面,以梁启超、胡适的贡献最为突出。当然,首先要知道,他们所致力建设的新史学是一种总体史,即与政治史相对的广义文化史。他们所要求的是史学全部领域的更新。就像梁启超在国史教本改造方案中所主张的那样:"以文化史代政治史",建立为一般国民服务的历史学。②

梁启超在《中国历史研究法》第三章"史之改造"中,集中阐述了他的改造方案。在此仅分析第二条:重新厘定史学范围,"以收缩为扩充也"。针对中国古代史外无学、大而无章的弊端,他主张根据现代学术分科,将旧史中凡论内在学理的内容划到各科学门下,凡述渊源流变、时代背景、相互影响等外在"活动之相"者,依科设立专史。这样,"今后史家,一面宜将其旧领土——划归各科学之专门,使为自治的发展,勿侵其权限;一面则以总神经系——总政府自居,凡各活动之相,悉摄取而论列之。乃至前此亘古未入版图之事项——例如吾前章所举隋唐佛教、元明小说等,悉吞纳焉以扩吾疆宇,无所让也"。由此,通过学术分工,重定疆界,使史学得以解脱,独立成科。史学一科,再分为专门史与普遍史两种。"专门史如法制史、文学史、

---

① 陈独秀:《新文化运动是什么》,《新青年》第7卷第5号,1920年4月。
② 梁启超:《中学国史教本改造案并目录》,载《饮冰室合集》文集之三十八,中华书局1989年版,第26页。

哲学史、美术史……普遍史即一般之文化史也。"专门史由各该专门学素养的专家任之,普通史由别具通识的史家据专门史写成。如是,分途以赴,通力合作,"则数年之后,吾侪之理想的新史,或可望出现"。①

梁启超在《中国历史研究法补编》中对专史的研究方法阐述尤详。《中国历史研究法补编》对广义文化史与狭义文化史的界定,在现代学术史上具有典范意义。他提出:"文化这个名词有广义、狭义二种,广义的包括政治、经济,狭义的仅指语言、文字、宗教、文学、美术、科学、史学、哲学而言。"②包括政治、经济、文化在内的广义文化是人类社会成立的基本要素,狭义的文化尤其是人生活动的要项。据此,文物专史(即广义文化史)非划分为政治专史、经济专史、文化专史等互相联络的三大类不可,各大类再分为小类。其中,他把文化专史又细分为语言史、文字史、神话史、宗教史、学术思想史、文学史、美术史等次级专史,并一一讲解其具体研究方法。如是,广义文化史和狭义文化史便有了切实可行的操作方案。狭义文化史,正是史学科学化和专门化的结晶。

胡适以倡导科学方法著称,1923 年,他为《国学季刊》所作《发刊宣言》,借助于"国故学"概念,提出了一套整理和研究文化史的方案。他说:"中国的一切过去的文化历史,都是我们的'国故';研究这一切过去的历史文化的学问,就是'国故学',省称为'国学'。"可见,国学研究的对象与中国文化史所涵摄的范围是重合的。他主张:第一步要扩大国学研究的范围,把"中国的一切过去的文化历史"都纳入考察范围;第二步要注意系统的整理,经过索引式、结账式、专史式整理,形成系统的中国文化史。系统的文化史包括十种文化专史:民族史、语言文字史、经济史、政治史、国际交通史、思想学术史、宗教史、文艺史、风俗史、制度史。在专史之

---

① 以上引文参见梁启超:《中国历史研究法》,载《饮冰室合集》专集之七十三,中华书局 1989 年版,第 29—31、35、36 页。

② 梁启超:《中国历史研究法补编》,载《饮冰室合集》专集之九十九,中华书局 1989 年版,第 124 页。

下,再分子目,以子目作为通向专史和通史的源头。① 这里,胡适提倡以中国文化史作为国学的系统,实际上是以现代学科意义的"文化史"来演绎国学。对于当时的学人而言,"整理国故"就是"研究历史",包括经、史、子、集在内的旧学,都属于"国故",都成了研究历史的"材料"。诸文化专史的划分,依据的是现代学术分科。据此,中国文化历史材料与现代民族学、语言学、经济学、政治学、宗教学等学科建立起一种联姻关系,形成文化专史。这样,文化专史就拥有了相对稳定的学科边界和研究对象,具有了可操作性。按照胡适等人的设计,先专门后综合,以专史和专题研究作基础,最后总汇成一部综合性的或整体性的文化史。对比梁启超、胡适二人的方案,具有相似性。到 30 年代,随着北大、清华、厦大等校国学研究机构的解体或改名,国学研究渐趋消沉,现代学科意义的"中国文化史"则广为学界所接受。

与梁启超、胡适有所不同,李大钊主张把文化史作为特殊历史学。他在讲授"史学要论"时提出,历史学的研究对象"就是人类的生活并为其产物的文化"②。据此,他把历史学分为以人类生活为研究对象的普通历史学和以人类生活产物的文化为研究对象的特殊历史学两大系统。其中,特殊历史学系统下"记述之部"包括政治史、经济史、法律史、伦理史、宗教史、文学史、哲学史、美术史、教育史,他把这一部分明确称作"人文史"或"文化史"。③ 也就是说,李大钊主张文化史是历史学科下相对独立的一个门类。李大钊的主张与前述陈独秀关于狭义"文化"的解释颇为一致,而与梁启超、胡适的主张——将以政治史为中心的旧史学改造为以文化史为中心的新史学,思路明显不同。

简言之,五四新文化运动时期,以梁启超、胡适等为代表的一批学者借助现代学科观念和科学方法,创造性地提出了研究文化史的方案和方法,从

---

① 《发刊宣言》,《国学季刊》第 1 卷第 1 号,1923 年 1 月。
② 李大钊:《史学要论》,载《李大钊全集》第 4 卷,人民出版社 2006 年版,第 400 页。
③ 李大钊:《史学要论》,载《李大钊全集》第 4 卷,人民出版社 2006 年版,第 425 页。

而使中国史学转型和开展文化史研究成为可能。

（三）文化史学的学院化

这一时期,高等院校历史系的设立及改革,从体制上促进了史学的专业化。兹以北大为例。1917 年,北大成立中国史学门,为中国史学的学院化跨出了重要一步。中国史学门有协助国史编纂处之责,国史编纂处的纂辑方向直接影响到中国史学门的学术方向。国史编纂处的首要任务是编纂通史与民国史长编,而这两种长编又分为政治史和文明史两种。政治史部分以年表、大事记、志为主,文明史则划分为经济、风俗、宗教、科学、哲学、文学、美术等类。① 除通史外,中国史学门开设的课程如法制史、经济史、学术史等文化专史,明显带有迁就和对应各类纂辑项目的倾向。叶瀚在解释学术史的范围时说:"学术史者,在通史中,属别史类。若以新史学例之,则又为文明史之一。按本处纂辑条例,学术史分文学史、哲学史、科学史、美术史四种。"②文学史、哲学史、科学史、美术史既是纂辑文明史的项目,又属中国史学门所开的课程。1919 年,国史编纂处从北大独立出去,北大的中国史学门易名史学系,与中国文学系、哲学系分途。1920 年,朱希祖任系主任后,大幅度地调整课程,"将文学的史学,改为科学的史学",倡导用社会科学治史,要求学生选修政治学、经济学、社会学、生物学、人类学、心理学等课程,并增设西洋美术史、欧洲文明史等专门史科目。从北大史学系的课程改革不难看到史学分科化和专门化的缩影:各文化专史逐渐从整体的文明史中分离出去,初步具备独立的学术形态。北大历史系的改革,对其他大学历史科系的学科定位和建设起到了示范作用。

教学相长,当时较知名的文化史著作,如梁启超的《中国历史研究法》（《中国文化史稿》第一编,1921）和《中国文化史·社会组织篇》（1925）、顾

---

① 《呈送国史编纂略例》,《北京大学日刊》1918 年 3 月 5 日。
② 《纂辑员叶瀚报告书》,《北京大学日刊》1919 年 3 月 22 日。

史化文國中

編伯康顧

1928

图 1-1　顾康伯《中国文化史》书影

康伯的《中国文化史》(1924)、柳诒徵的《中国文化史》(1925 年起在《学衡》等杂志刊载)①、陆懋德的《中国文化史》(刊于《学衡》第 41 期,1925 年 5 月;第 55 期,1926 年 7 月)等,多为作者当时上课的讲义。1928 年,南京国民政府将"中国文化史"列为大学一年级各院系必修课程。到 30 年代初,全国已有 18 所大学创立了历史科系,胡适在《〈国学季刊〉发刊宣言》中所列十门文化专史,多数被增设为课程,搬上了课堂,进而培养出新一代文化史研究人才。

顺便指出,中等学校也加强了文化史课程建设。壬戌学制颁布后,中等学校建立起了较为规范的文化史课程体系。1923 年,全国教育联合会颁布了由徐则陵起草的《高级中学公共必修的文化史学纲要》。② 按照《新学制课程标准纲要》,文化史学成为高级中学普通科第一组(侧重文科)和师范科的必修学科。梁启超所提出的用文化史代政治史的国史改造方案,变成了现实。历史教育的改革,深刻地改变了人们对历史学内涵的理解。1928 年,有学者发表《中国文化史研究法》一文称:"所谓历史,也就是专为着记载人类在文化上活动所遗留的一切痕迹和映象而产生的,我觉得'历史'这个名称,还不如'文化史'这个名称容易使人明白,所以就决意把他改称'文化史'了。"③

综上,五四时期中国文化史学的发轫,是史学史上值得重视的学术事件。它初步确立了文化史研究的理念和方法,开启了治史的新门径,建立起了自己的课程体系。可以说,文化史学从此在中国具有了库恩在《科学革命的结构》一书中所说的学术"范式"(Paradigm)的意义。此后,中国的文化史学不断发展壮大,乃至成为近百年来最为活跃的学术增长

① 柳诒徵的《中国文化史》撰写于 1919—1921 年。最初作为南京高等师范学校讲义,随编随印,1921 年印行合订本。其后稍有修改,1925 年起在《学衡》等杂志刊载,1932 年由钟山书局正式出版。

② 全国教育会联合会新学制课程标准起草委员会编:《新学制课程标准纲要》,商务印书馆 1925 年版。

③ 余牧人:《中国文化史研究法》,《培正青年》第 2 卷第 1 期,1928 年 10 月。

点之一。

三、实践与成就：三四十年代的文化史研究

20世纪30年代后，中国的文化史研究进入一个相对快速的发展期。这一是由于历史学的科学化和专业化水平得到提高，新理论新方法被广泛引入，具有重要价值的新史料被陆续发现，积极推动了中国文化史研究；二是由于许多重大社会现实问题亟须从中国历史和文化的高度予以回答。1937年，日本全面发动侵华战争，亡国危机空前地激发了中国人的民族意识，一大批史家不畏艰难，宵旰忧劳，固执民族大义，发表了系列振起民族精神的文化史论著。

笔者初步统计，三四十年代共出版综合性文化史著作约40部、发表论文近400篇，出版区域文化史、民族文化史、文化交流史以及文学史、艺术史等各类专题和部门文化史书籍260余种。① 其中，较知名的综合性文化史专书有杨东莼的《本国文化史大纲》（1931）、陈国强的《物观中国文化史》（1931）、柳诒徵的《中国文化史》（1932）、陈登原的《中国文化史》（1935）、文公直的《中国文化史》（1936）、王德华的《中国文化史略》（1936）、陈安仁的《中国近世文化史》（1936）和《中国上古中古文化史》（1938）、王云五和傅纬平主编的《中国文化史丛书》（1936—1944）、陈竺同的《中国文化史略》（1943）、王治心的《中国文化史类编》（1943）、钱穆的《中国文化史导论》（1948）等。根据历史观念、理论方法和学术风格的不同，大体可分为科学派、新人文派和史观派三种类型。

（一）科　学　派

该派以陈登原的《中国文化史》、王云五和傅纬平主编的《中国文化史

---

① 据中国近代文化史丛书编委会、北京市历史学会编：《中国文化史书　文目录汇编稿》，1984年铅印本。

丛书》等为代表。他们延续了五四时期史学科学化和专门化的发展方向，强调科学性和客观性，偏重从知识论角度治史。在文化观念上，推崇西洋近代新文化，对中国传统的人伦道德持批评态度。

从知识论角度治史，严格意义上说始于胡适，他的代表作是成书于1918年的《中国哲学史大纲》（卷上）。该书尽可能采取科学的态度和方法，把中国哲学史视作认识的客观对象。胡适在导言中所论列的内容，诸如哲学的定义，哲学史的分类和目的，中国哲学在世界哲学史上的位置，中国哲学史的分期，哲学史史料的界定、分类及其审定整理的方法等，既是哲学史学科基本理论的系统化，又是现身说法，志在提倡科学的方法。蔡元培在序中所总结的四条长处——"证明的方法""扼要的手段""平等的眼光""系统的研究"，表彰的正是该书的研究方法。从文化史的角度看，胡适的《中国哲学史大纲》（卷上）可视作运用科学方法写成的文化专史。用余英时的话说，该书建立了史学革命的"典范"。① 正是受胡适等人的影响，陈登原撰写了《中国文化史》。

陈登原的《中国文化史》凡上下两册，撰写于1931—1936年。此时，胡适、梁启超等倡导的科学观念和历史研究法已得以较广泛的传播。陈著《中国文化史》自觉站在知识论的立场上，积极运用新史学方法。陈登原在《中国文化史》卷首，设立《叙意》三章，遵循知识论的路线，集中阐述中国文化史的定义，中国文化史资料的特点、类型和利用方法，治文化史所应具备的态度和观念，以及治中国文化史的目的和意义。他提出："所谓文化，乃系创造而变通，变通而进步，彰明昭著之美迹焉。""所谓中国文化者，盖指吾民族创变穷通之事。而所以记载此创变穷通之迹者"，即是中国文化史。② "欲成其为信史，须有赖于广取"各种史料，但取材又非兼收并蓄、细大不捐，而是要分别主料、副料，综合运用推理和校雠之法。欲成良史，还须

---

① ［美］余英时：《〈中国哲学史大纲〉与史学革命》，载《重寻胡适历程》，广西师范大学出版社2004年版。
② 陈登原：《中国文化史》上册，世界书局1935年版，第10页。

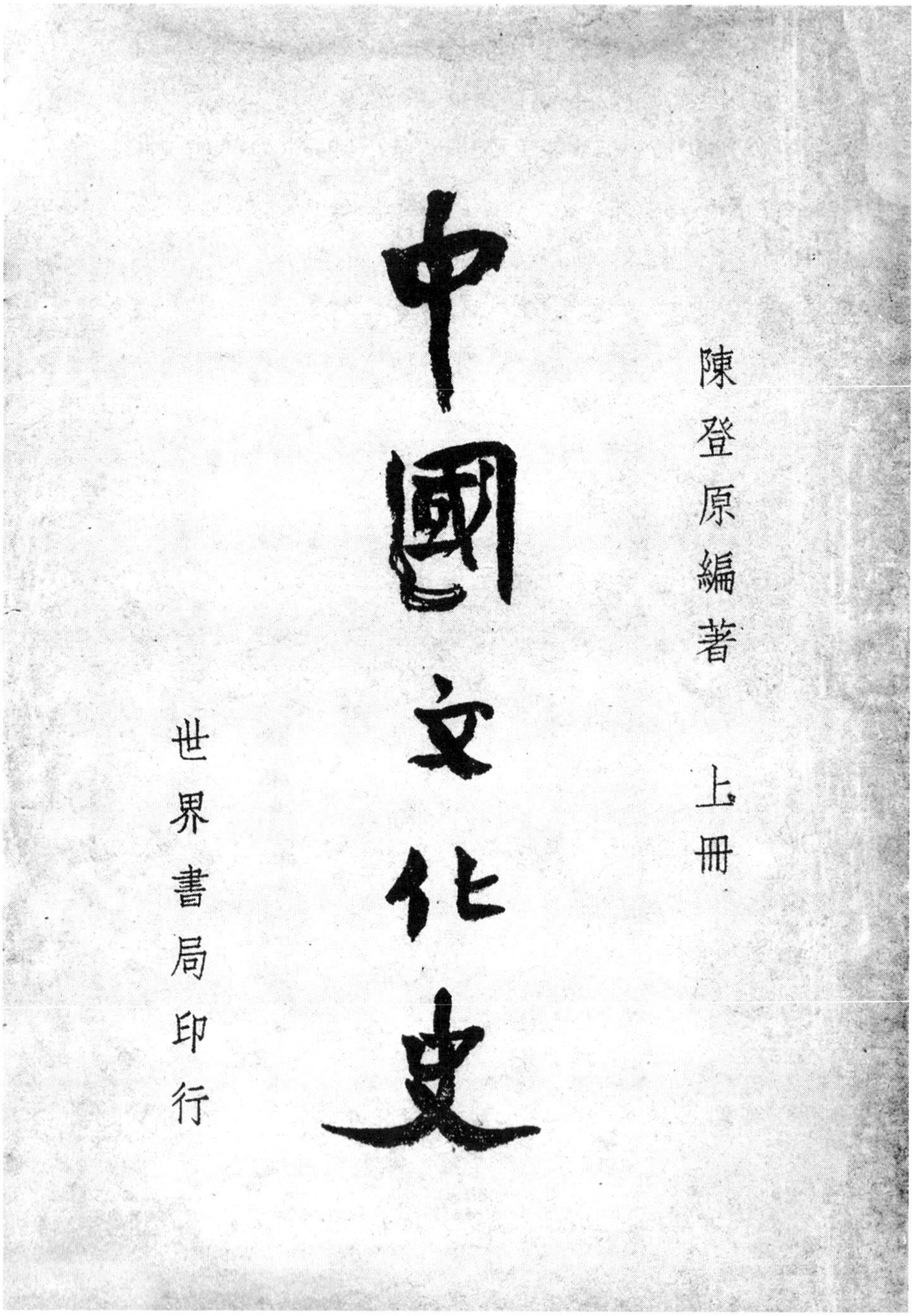

中國文化史

陳登原編著　上冊

世界書局印行

图 1-2　陈登原《中国文化史》上册书影

具备因果、进步和影响等方面的观念和见解。他认为,中国文化在世界和东亚历史上"终有令人可以式仰者",处国力陵夷、声势迫蹙之世,正当反躬自省,力图振作,发扬光大。① 《叙意》洋洋数万言,简言之,其旨趣在于提倡如何把中国文化史立于客观的位置,求真、考信,予以科学的研究。与胡适《中国哲学史大纲·导言》对照不难发现,二者的立意和风格十分近似,笔者认为后者参照和模仿前者的可能性很大。

我们再将陈著《中国文化史》与柳诒徵的同名作稍作比较。柳著《中国文化史》的核心在弘扬儒家的人伦道德和礼治精神,表彰周礼、孔子以及历代大儒的道德节操。柳著在材料选择和史实组织上,亦以此为原则。当时,《周礼》被一些学者视作伪书,而柳著却以之为重要史料,并占用大量篇幅叙述周代礼制,以致遭到胡适的严厉批评。② 与柳著形成鲜明对比的是,陈著论夏商文明极为简略,且不提周代礼制;论孔、孟、荀的内容只有一节,仅谈救世之术与政治哲学,而不涉及人伦道德;对宋明理学的阐述简之又简。全书内容偏重于社会政治制度的变迁和各阶层社会生活的进步等历史知识。换一个角度说,该书知识性强,类于文化史知识的集成;思想性弱,缺乏像柳诒徵、钱穆那样个性鲜明的人文情怀。

王云五和傅纬平主编的大型《中国文化史丛书》,可视作胡适和梁启超等在 20 年代提出的文化专史编纂方案的学术实践。

1937 年出版的《张菊生先生七十生日纪念论文集》,收有王云五撰写的《编纂中国文化史之研究》一文。该文实即《中国文化史丛书》的编纂说明,曾单独印行。王云五在文中系统阐述了文化的定义及编纂中国文化史的必要性,详细梳理和总结了各类中国文化史料,提出了编纂中国文化史的原则和方法。择其要者而言,王云五鉴于国内学人所编分科文化史,成书甚少,

---

① 陈登原:《叙意》,载《中国文化史》上册,世界书局 1935 年版。
② 胡适:《书籍评论:〈中国文化史〉》,《清华学报》第 8 卷第 2 期,1933 年 6 月。

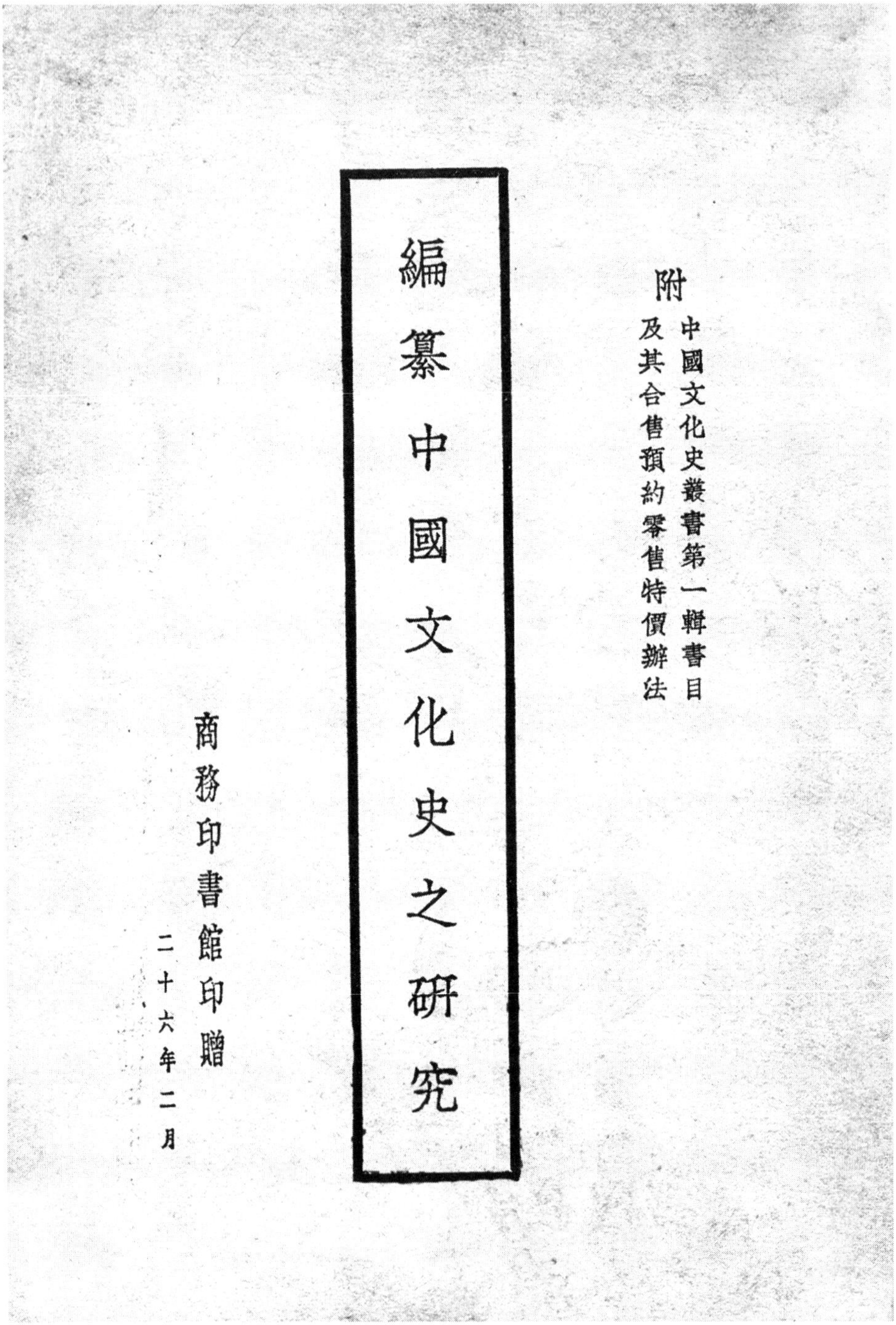

編纂中國文化史之研究

附 中國文化史叢書第一輯書目
及其合售預約零售特價辦法

商務印書館印贈

二十六年二月

图 1-3　王云五《编纂中国文化史之研究》书影

所以发愿"就文化之全范围,区为八十科目,广延通人从事编纂"①。"中国文化史丛书"原计划编 80 种,采用现代西方科学体系予以分科。就其大者而言,包罗学术、宗教、风俗、政治、经济、社会、思想、道德、法律、教育、语言、文艺、地理、民族、科技等,基本囊括了当时所能认知的中国文化史的方方面面。因战争等原因,该丛书实际仅出版了 41 种。作为专史方案首次较大规模地付诸实践,该丛书集中展示了 20 世纪前期文化专史研究的成果,反映了中国文化史研究的科学化水平。其中的一些著作,如白寿彝的《中国交通史》、冯承钧的《中国南洋交通史》、李俨的《中国算学史》、郑振铎的《中国俗文学史》、王庸的《中国地理学史》、姚名达的《中国目录学史》等,学术价值为顾颉刚等著名学者所肯定。② 由于此前的文化史书多源自教科或讲义,且以概述为主,而这套丛书采取专题形式,因此,它对于中国文化史研究的专门化和分支学科的创建具有重要意义。

（二） 新人文派

这一派以柳诒徵的《中国文化史》和钱穆的《中国文化史导论》为代表,以传承和发扬中国人文精神、维护民族主体地位为使命。他们高擎人文主义(Neo-humanism)旗帜,从人文人本的角度来研究文化史,方法上注重综合贯通,态度上抱持"温情与敬意"。客观地说,柳诒徵、钱穆等人并不排斥西学,甚至可以说,他们的思想学说是在融会了科学、民主以及人文主义传统的基础上形成的,故称之为"新人文主义派"。他们认为科学派偏重知识论,既远离了现实,又抹杀了中国人文精神;史观派虽注意联系现实,但却割裂甚至歪曲了历史。由于他们极其重视中国自身的文化传统,较科学派和史观派具有保守性,过去曾被一些新史家视为"守旧派"或"儒教史观派"。

---

① 王云五:《编纂中国文化史之研究》,载胡适、蔡元培、王云五主编:《张菊生先生七十生日纪念论文集》,商务印书馆 1937 年版,第 603、607 页。

② 顾颉刚:《当代中国史学》,上海古籍出版社 2002 年版,第 82 页。

与胡适等提倡的先分后合、循序渐进的治史程序不同,柳著强调"先立其大","惟就民族全体之精神所表现者,广搜而列举之"。① "先立其大"不但表现为知识论意义上综合方法的运用,而且要求史家能整体性地把握民族全体的人文精神。换言之,在他看来,《中国文化史》本身即人文精神的一种表达。故此,他在《中国文化史·弁言》中明确指出:"学者必先大其心量以治吾史,进而求圣哲、立人极、参天地者何在,是为认识中国文化之正轨。"② 钱穆也主张,"治史者当先务大体",寻得和确立国史之魂,不必为局部问题耗尽全力。③ 这里的"大体",具体说就是民族精神。他在《国史大纲·引论》中明确指出:"治国史之第一任务,在能于国家民族之内部自身,求得其独特精神之所在。"④ 求得民族独特之精神,不是要批判,而是要发扬光大,故此,在态度和方法上,他反复强调,对待本国史必须持有"温情与敬意"。1939 年,他发表长文《国史漫话》,提出国民对于本国史必具的四条信念,后又将这四条信念作为读《国史大纲》的前提置于该书卷首。其中第二条明确写道:"所谓对其本国已往历史略有所知者,尤必附随一种对其本国已往历史之温情与敬意。否则只算知道了一些外国史,不得云对本国史有知识。"⑤ 从中不难看出,他们的治史理念与科学派大异其趣。

由于成书时代和环境不同,问题意识不同,柳著和钱著所表彰的中国人文精神各有侧重。20 年代,新文化派反儒家、反礼教、反理学,不承认本国的文化和历史有何优长。胡适等人主张"整理国故,再造文明",究其实质,是否定中国的儒家伦理和人文传统。与他们不同,柳诒徵鲜明地站在中国文化的立场,高调维护儒家人伦道德的价值。通过对中国文化内容的检视和外

---

① 柳诒徵:《绪论》,载《中国文化史》上册,上海古籍出版社 2001 年版,第 7 页。
② 柳诒徵:《弁言》,载《中国文化史》上册,上海古籍出版社 2001 年版,第 3 页。
③ 钱穆:《略论治史方法》,载《中国历史研究法》,《钱宾四先生全集》第 31 册,台北联经出版事业公司 1998 年版,第 159 页。
④ 钱穆:《引论》,载《国史大纲》卷首,商务印书馆 1996 年版,第 10、11 页。
⑤ 钱穆:《凡读本书请先具下列诸信念》,载《国史大纲》卷首,商务印书馆 1996 年版。

部文化类型的比较,柳诒徵断定:"西方立国以宗教,震旦立国以人伦。"①"中国文化的根本,便是就天性出发的人伦,本乎至诚,这种精神方能造就中国这么大的国家,有过去几千年光荣的历史。"②在他看来,中国文化史就是人伦道德在中国生成、发展和蜕变的历史。相应地,柳著《中国文化史》以人伦道德为表彰主题,以《周礼》为重点论述的内容,以孔子为中国文化的中心,大力颂扬宋明诸儒的人格和节操。钱穆《国史大纲》和《中国文化史导论》成书于日本侵华的大背景下,民族危机空前严峻,所以他重在表彰中国文化的"大一统"精神和士人的民族气节。同时,针对中国古代"专制黑暗"说,他极力为中国文化辩护,旨在强调中国文化精神的烂漫向上、中国社会和政治的不断平等化和民主化。他认为,中国历史就是一个不断实现"天下太平""世界大同"(内无阶级对立,外无民族相争)文化理想的过程。虽然其间不乏政治斗争、社会变乱、朝代更迭,但这些不过如江上风起,水面波兴,并没有改变中国文化大传统的光明前程。③抗战时期,钱著对坚定中国人的文化自信和民族认同发挥了重要作用。由此亦可见,新人文派继承了中国文化的经世传统,密切关注现实,通史致用。这与科学派重在"求真"的治史风格很不一样。

(三) 史 观 派

周予同曾把近代史学分为"史观"与"史料"两派,根据观点,又把史观派分为"儒教史观派"与"超儒教史观派"。④本书在此特指"超儒教史观派",具体说是指唯物史观和民生史观。这两种史观就其思维方式和方法论而言,都是在吸收了近代科学历史观的基础上形成的,尽管程度有所不

---

① 柳诒徵:《中国文化西被之商榷》,载柳曾符、柳定生选编:《柳诒徵史学论文续集》,上海古籍出版社 1991 年版,第 228 页。
② 柳诒徵演讲,柳定生笔记:《对于中国文化之管见》,《国风》第 4 卷第 7 期,1934 年 4 月。
③ 参见钱穆:《中国文化史导论》第 10 章,载《钱宾四先生全集》第 29 册,台北联经出版事业公司 1998 年版。
④ 周予同:《五十年来中国之新史学》,载《周予同经学史论著选集》,上海人民出版社 1983 年版,第 521—523 页。

同。就此而言,他们有近于科学派的方面,而与新人文派差别较大。但该派具有强烈的致用意识,在理论联系现实方面,又近于新人文派。

30 年代,杨东莼所著《本国文化史大纲》、陈安仁所著《中国文化史全书》分别代表了以唯物史观和民生史观为指导研究文化史的两种类型。

以唯物史观为指导来观察和研究文化史始于五四时期。1920 年,李大钊发表《唯物史观在现代史学上的价值》,认为历史的神学的解释、精神的解释和政治的解释都是唯心的解释,只有唯物的解释才是科学的解释。[1]同年,他在北大讲授"唯物史观研究"课程,以及发表的《原人社会于文字书契上之唯物的反映》《由经济上解释中国近代思想变动的原因》《中国古代经济思想之特点》等文,已开始运用唯物史观来研究和解释中国文化史。1923 年,他在上海大学演讲时指出,唯物史观顺应了科学研究由重分类和解析转向重关系和综合的趋向,历史学虽以人类的生活及作为其产物的整体的文化为研究对象,但必须从经济方面寻找解释。他说:"文化是以经济作基础","有了这样的经济关系,才会产生这样的政治、宗教、伦理、美术等等的生活"。[2] 从此,唯物史观的基本范畴如"唯物"与"唯心"、"经济基础"与"上层建筑"被广泛运用于文化史研究。

1931 年,杨东莼的《本国文化史大纲》由上海北新书局出版。该书反映了当时以唯物史观为指导研究文化史的水平。作者在学生时代曾参加北京大学马克思学说研究会,1923 年加入中国共产党,长期从事马克思主义的宣传工作。该书明显受到五四时期文化论争的影响,书中对文化和文化史的理解,以李大钊和陈独秀的相关说法为基础而加以系统化。作者说:文化并不局限于学术思想,文化也并非崇高而特殊的东西;文化是"代表人类各方面的生活之总称",是"表现人类生活的东西",简言之,"文化就是生活";文化具有普遍性,不拘文明民族与野蛮民族,各有其自身的文化。关于文化与经济基础的关系,他解释说:各民族的文化取决于各自的生活方式,"只要生活方

---

[1]　李大钊:《唯物史观在现代史学上的价值》,《新青年》第 8 卷第 4 期,1920 年 12 月。

[2]　李大钊:《史学概论》,载《李大钊全集》第 4 卷,人民出版社 2006 年版,第 358 页。

式一有变动,则文化随着变动"。而"生活方式是由社会的生产关系而决定的","社会的生产关系,是由生产方法而决定的,而后者,又是由生产工具而决定的"。由于"生产工具是经济基础之基础",所以也就是说,文化是由经济基础决定的。什么是文化史呢? 他说:"文化既然就是生活",相应地,"文化史乃是叙述人类生活各方面的活动之记录"。具体到每一个民族,因其经济基础之不同,所以其生活方式就不同,其文化就不同,其文化史就不同。"如果经济的基础是资本主义的,则其文化也必然是资本主义的;如果经济的基础是封建的,则其文化也必然是封建的。中国的经济的基础,从来就是手工业的农业的经济,带着很浓厚的封建的色彩;故此,中国文化之特征,就是农业经济之下的山林文化。"①运用所能掌握的唯物史观,杨东莼在此从经济角度对中国文化的特征予以了解释。

该书在体例上采取专题方式,分为三个部分。依据上述对"文化"和"文化史"的理解,作者一改梁启超、柳诒徵等以学术思想作为中国文化史核心内容的做法,而以"经济生活之部"居首,"社会政治生活之部"次之,"智慧生活之部"(以学术和思想为主)置后。这一时期,中国学者运用唯物史观研究文化史尚不成熟,该书对中国文化史的解释暴露出了一些问题,所以招致了严厉的批评。有人评论说:"盖杨先生亦与我国的其他普罗史家一样,除常以唯物史观公式向本国史料上套圈子以外,实未尝用其所谓'经济的解释'也。"②

民生史观建立于三民主义学说之上。三四十年代,三民主义不仅被民国政府奉为抗战建国的理论纲领,而且被一些学人作为指导思想。以三民主义为指导,有人提出了民生史观,并用以从事历史研究。

陈安仁曾长期追随孙中山从事革命活动,后由政转学,文化史著述丰富。其中,《中国近世文化史》(1936)和《中国上古中古文化史》(1938)原为他在中山大学史学系的讲义,后商务印书馆将二者合刊,取名《中国文化

---

① 以上引文参见杨东莼:《本国文化史大纲》,北新书局 1931 年版,第 1—4 页。
② 应普汉:《评〈本国文化史大纲〉》,《学艺》第 14 卷第 5 期,1935 年 6 月。

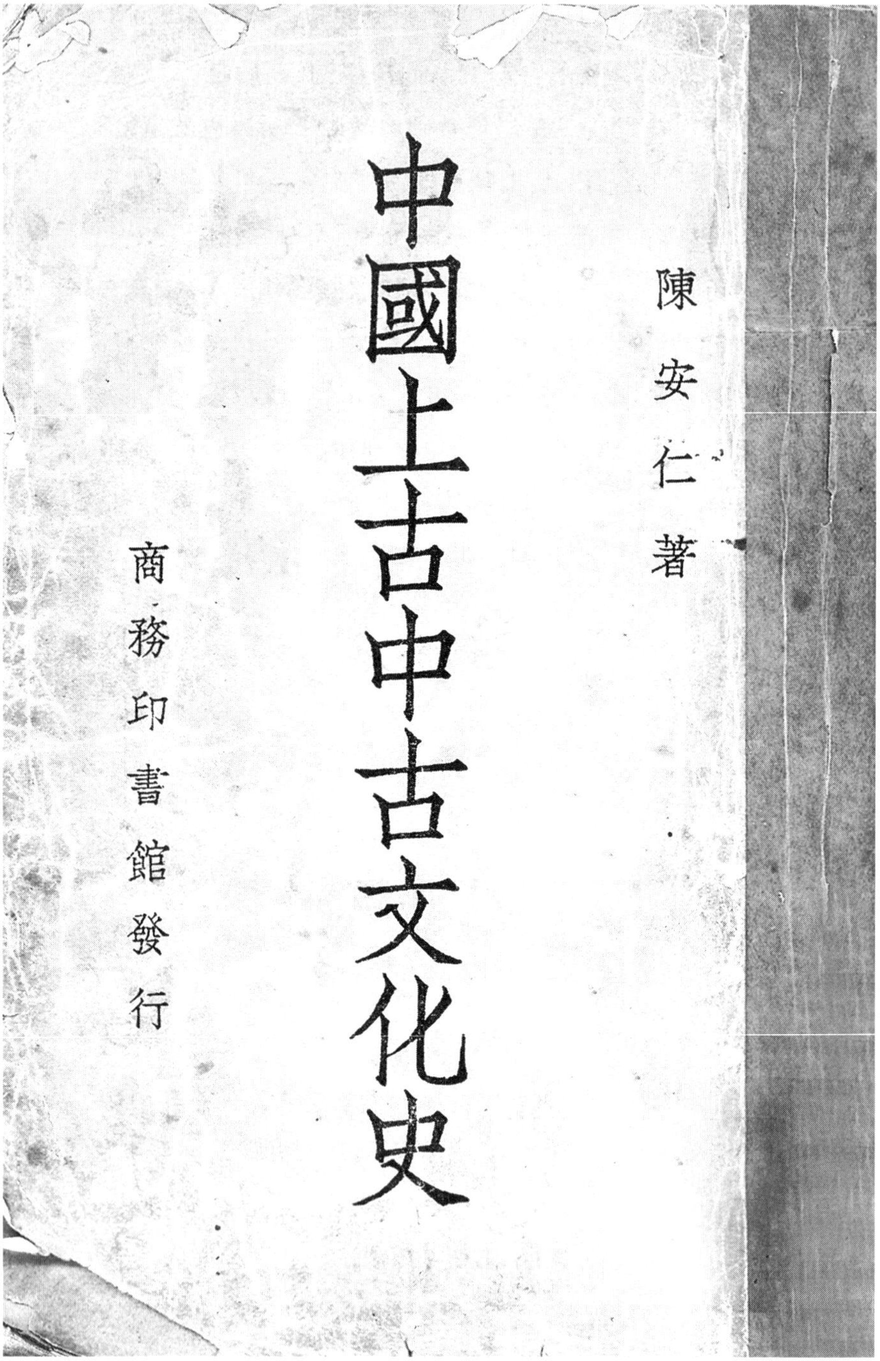

中國上古中古文化史

陳安仁著

商務印書館發行

图 1-4　陈安仁《中国上古中古文化史》书影

史全书》。一定意义上说,《中国文化史全书》是国民党官方哲学与中国文化史研究实践相结合的产物。

该书继承和发挥孙中山的社会历史观念,主张物质、精神二元论,从民生史观的角度解释文化和中国文化史。陈安仁在《中国上古中古文化史》自序中说:"文化,是人类社会创造之产物,又是社会进化之产物","中国数千年来之文化如何,吾人须从物质与精神二方面之探讨,只从物质方面而弃其精神方面,抑只从精神方面而弃其物质方面,则文化之实质,未能明悉也"。① 他在分析历史动因以及决定文化的力量时,反对仅采取"唯物"或"唯心"的态度,主张二元论或多元论。在《中国唯心派的政治思想与唯物派的政治思想》一文中,他引述官方说法:孙中山是重视唯心的,但也不轻视唯物的。他还借孙中山的语录来表达他的历史观点,认为唯物、唯心二说均有道理,可以并存。② 在他看来,地理环境决定说、心理偶然模仿说、本能习惯环境说、心理社会说等各有片面的道理,只有物质、精神二元论最为全面。③

陈安仁认为文化是人类求生存的产物:"文化的进化,社会的进化,是由于人类求生存的努力,人类不努力则不能得到生存的要素,他因为要得到生存的要素,不能不准备生存需要的方法和工具。生存的方法和工具有的是属于物质的,是维持人类的生活,保护个人生命所必需的;有的是属于精神的,即是关于社会的组织、构造、风俗、制度、文物、典章、政治、法律、宗教等,为精神生活的基础。物质生活和精神生活,是人类生活的两面,在文明的世界里,物质生活和精神生活平衡进行;在上古文化没有发展的社会里,物质生活重于精神生活,精神生活是受物质生活所影响的。"④黄文山在《唯生论的历史观》一书中曾总结说:持民生史观的学者认为文化是人类为生

---

① 陈安仁:《序言》,载《中国上古中古文化史》,商务印书馆1938年版。
② 参见陈安仁:《中国唯心派的政治思想与唯物派的政治思想》,载《中国上古中古文化史》附录,商务印书馆1938年版,第488页。
③ 参见陈安仁:《中国上古中古文化史》,商务印书馆1938年版,第10、11页。
④ 陈安仁:《中国上古中古文化史》,商务印书馆1938年版,第3、4页。

存的需求,在交互作用中产生出来的伟大的"社会丛体"(Social Complex)。"人类求生存,并非为着物质,也不是单为着精神,而是为着心和物合一的生命或生活。"①由上述看,陈安仁对于文化的理解,并不出黄文山所总结的范围。

民生史观,或者说物质与精神的二元论,既是陈安仁解释文化历史的理论,又是他据以编纂《中国文化史全书》的原则,决定着他对文化史实的取舍和安排。该书所论列的内容从"民生"出发,重视攸关国计民生的政治、官制、兵制、税制、法制、农业、工商业等方面的事项。而且,对文学、艺术、学术等狭义文化,也主要是从"民生"的角度阐述。全书把中国文化史横断为上古、中古、近世三大时期,对于其下每一时期及每一朝代的文化事象,都是从物质文化和精神文化两个维度展开。与同期其他文化史著作比较,重视对经济因素特别是农业和工商业的阐述,是该书的特色。

民族主义是民生史观的重要方面。30 年代,中国民族危机日见加重。陈安仁撰写的文化史著作,努力振起民族精神,推动文化复兴与民族复兴。他希望借助文化和历史的力量,激发民众的爱国热情,由文化复兴进而实现民族的独立和复兴。《中国上古中古文化史》一书开宗明义:"民族之本质价值,与文化价值,固互相表里者也。""文化衰落之国家,民族欲谈复兴,是犹缘木而求鱼者也。"他所著两部文化史书就在于揭示中国文化的演进形态,探寻"中国文化之本质的价值,与中国民族创造文化力量之本质的价值",为民族复兴树立基石。② 关于文化复兴与民族复兴的关系,他在该书附录中提出了两个"定律":"第一,民族中兴当以文化中兴为条件。"民族意识赖民族文化之培育,文化衰落,则民族精神与民族意识无所寄托。"第二,文化中兴当以民族中兴为目的。"倘中国吸收欧美各国之文化,而失却

---

① 黄文山:《唯生论的历史观》,正中书局 1935 年版,第 79 页。
② 参见陈安仁:《序言》,载《中国上古中古文化史》,商务印书馆 1938 年版。

民族的立场,则民族之意识观念不能保存,民族之中兴独立亦必无希望。①全书在阐述中国文化形态的演变时,始终贯穿着一条线索,即不断总结文化兴衰与民族兴衰的交互关系,努力探索中国文化进步的方法和民族复兴之路。

总体看来,陈安仁的文化史著作,其主要特点在立足现实,服务政治,教化民众。在学理上,与前述杨东莼的《本国文化史大纲》类似,陈安仁的文化史著作在史实、史料等方面多有疏谬之处。②

四、复兴与转进:改革开放以来对 文化史的研究

1949 年新中国成立后的 70 年,中国文化史研究经历了两次大转折。第一次大转折发生在五六十年代。知识界经过思想改造运动,马克思主义史学占据主流,文化史不再是关注重点,相关研究迅速衰落。第二次大转折发生在 70 年代末 80 年代初,中国实行改革开放,文化史研究走出低谷,走向复兴。

(一) 文化史学科的复兴与重建

新中国成立后,儒家学说完全丧失了统治地位,马克思主义成为官方哲学和社会主流意识形态。到 50 年代中期,绝大多数史家经过思想改造,接受了唯物史观。他们在分析中国历史文化时,较普遍地引用毛泽东《新民主主义论》等相关论述,取狭义的也就是观念形态的文化定义,将文化与政治、经济并列,在理论上强调一定的文化是一定社会的政治和经济的反映,又反作用于政治和经济。不过,这一理论落实到历史研究领域,出现了较大

---

① 参见陈安仁:《民族中兴与文化中兴之两个定律》,载《中国上古中古文化史》附录六,商务印书馆 1938 年版,第 505、506 页。

② 参见聂崇岐:《书评:陈安仁著〈中国近世文化史〉》,《燕京学报》第 30 期,1946 年 6 月。

偏差。其一,在历史教学和研究中,文化史变得无足轻重。尽管在通史教材和著作中有所谓的政治史、经济史和文化史"三大块"之说,实际上文化史部分与政治史、经济史不成比例,更遑论有综合性的文化史著作问世。其二,在历史论述中过分夸大思想文化意识的作用,过高估计统治阶级意识形态的负面作用。60 年代以后,学界片面强调"任何一个时代的统治思想始终都不过是统治阶级的思想",将古代的思想文化归为统治阶级的文化,也就是腐朽、落后、有害的文化,而加以否定和批判。这样,传统文化除去"异端"思想和被压迫阶级的文化,基本丧失了研究的价值。"文化大革命"时期,历史研究的政治化和泛意识形态化走上了极端,中国数千年的文明史沦为阶级斗争史,历史上的思想文化多被贴上唯心主义标签,受到批判。在一个文化成为革命对象的年代,文化史学不可能有生存空间,中国文化史研究堕入了低谷。

1978 年中共十一届三中全会后,中国实行改革开放,文化史研究再度焕发生机。

改革开放之初,哲学界、史学界相继对唯物史观展开讨论,要求重新理解唯物主义、唯心主义及其与学术研究的关系。1979 年,中国哲学史学界在山西太原召开会议,从理论方法上集中反思前 30 年的中国哲学研究,重新评价唯物主义和唯心主义的关系。与会者认为,将中国哲学视作是唯物主义和唯心主义的斗争史是一种公式化的标签式的错误做法,将哲学观点和政治观点混同,所作出的"政治进步,哲学唯物;政治反动,哲学唯心"论断也是一种教条化的错误认识。历史学界重新讨论唯物史观与历史科学的关系,强调要尊重历史科学的发展规律,不能以唯物史观取代史学理论。这些讨论解放了思想,人们不再认为从事文化史研究与坚持唯物史观存在冲突,客观上为文化史研究再出发创造了条件。

1978 年冬,复旦大学历史系在蔡尚思的带动下,设立中国思想文化史研究室。1980 年春,中国社会科学院近代史研究所组建文化史研究室。同年,中国史学界第二次全国代表大会召开,胡乔木、刘大年等在会上呼吁:要开阔研究视野,重视文化史研究。① 1982 年 12 月,上海召开中国文化史研究学者座谈会,来自复旦大学、中国社会科学院、北京大学、北京师范大学、南开大学等学术重镇文、史、哲、艺等专业的数十名学者,就如何开展中国文化史研究建言献策,交换意见。这是新中国成立以来召开的第一次文化史研讨会,对文化史研究起了重要的动员作用。

从 1983 年起,文化史学科建设明显加快。1983 年 5 月,全国历史学科"六五"规划会议在长沙召开。会议专门就中国文化史和中国近代文化史研究问题作了讨论和规划,议定成立两个编辑委员会,分别编辑出版"中国文化史丛书"和"中华近代文化史丛书"。1984 年,这两套大型丛书由上海人民出版社和中华书局先后付样。同年,《中国文化研究集刊》问世,文化史专论、专栏纷纷涌现各大报纸和专业期刊,学术会议、学术团体蓬勃兴起。同年 10 月,中国文化书院在北京大学成立。书院在性质上属于民间学术机构,通过讲座、著述、会议等形式,有力地推进了中国文化研究,在海内外产生了巨大影响。11 月,"中华近代文化史丛书"编委会联合河南省社会科学院历史所等单位,在河南郑州召开了首届全国中国近代文化史学术讨论会。这次会议就近代文化史研究的基本问题作了较为系统、深入的讨论,初步确立了中国近代文化史的学科地位,是近代文化史研究在全国兴起的重要标志。

到 1986 年,中国文化史研究已成为文、史、哲等学科共同参与的学术热点。1 月,复旦大学主办了首届国际中国文化学术讨论会。出席会议的中外学者 70 余名,分别来自国内外 21 所大学、10 多个研究所以及其他文化学术机构,代表了与中国文化和文化史研究密切相关的近 20 个学科。这次会议显示,中国文化史研究已实现复苏。著名学者庞朴在形容当时的中国文化研究热潮时说:"一个文化研究热潮在中华大地上回荡。文学、史学、哲学、社会学、心理学、伦理学以至自然科学界的一些学者们,从四面八方涌来,汇聚到这块荒芜已久的田野里,披荆斩棘,凿渠修堰,耕耘播布,疏理芽

---

① 参见《胡乔木在中国史学会代表大会上的讲话》,载《中国史学会五十年》,海燕出版社 2004 年版,第 41、42 页。

苗,仅仅三五年的时间,一方方嫩绿的垄亩,便已在我们眼底先后展现。"①
文化史研究成规模、有计划地开展了起来。

至 80 年代末 90 年代初,北京、上海、武汉等地的重点高校和科研机构
相继组建起文化史研究团队,新时期中国文化史学的学术格局基本确立。
北京大学在张岱年、汤一介、阴法鲁、袁行霈等的带领下,先后筹建了中国文
化书院、中国传统文化研究中心、国学院等机构,他们的研究从哲学、文学角
度切入,长于古代文化史。北京师范大学在钟敬文、龚书铎的带领下,分别
开展民间文化研究和中国近代文化史,处于全国领先地位。清华大学组
建有思想文化史研究所,带头人是张岂之、刘桂生。中国社会科学院的思
想史研究先后以侯外庐、李学勤、耿云志为主帅,文化史研究以沈从文的
中国古代服饰文化史和刘志琴倡导的社会文化史在学界影响较大。复旦
大学先后以周谷城、蔡尚思、朱维铮、姜义华等为带头人,研究重点是思想
文化史。华东师范大学的冯契在近现代哲学和思想文化史方面造诣深厚,
并培养了一批学术人才,该校后来成立有中国现代思想文化研究所。湖北
大学和武汉大学是华中地区文化史研究的重镇,拥有萧萐父、冯天瑜、郭齐
勇等著名学者。这些机构既注重综合性文化史研究,又在专史领域建树颇
丰,并形成了各自的学术传统、特色和优势,至今仍是文化史研究最为核心
的力量。

(二) 文化史研究的转进与发展

改革开放 40 多年来,中国文化史研究实现了持续性发展,其研究领域
之广、主题之多、成果之丰富,均超过了此前任何一个历史时期。从学术发
展脉络看,文化史学历经 80 年代、90 年代和新世纪初期三个历史阶段,阶
段性进步显著。从其主体结构看,目前已呈现出以思想文化史为主干,学术

---

① 庞朴:《文化研究的热潮在回荡》,原载《理论信息报》1986 年 3 月 24 日,今据氏著《文化的民
族性与时代性》,中国和平出版社 1988 年版,第 60 页。

文化史和社会文化史为主枝,新文化史为生力军的局面。

思想文化史是改革开放 40 多年来文化史研究的主干。与欧美学界从社会层面或从哲学层面研究文化的学术传统有所不同,中国的文化史学自民国起,即以思想文化史为中心。80 年代初,学界在讨论文化史学的研究对象时,蔡尚思继承梁启超等人的观点,明确反对把思想史与文化史割裂开来。① 冯天瑜著文强调:“在中国古代,哲学思想、政治思想、道德伦理思想、文艺思想、科技思想以及社会风尚等精神文化的诸多侧面,往往杂糅于学术著作之中,因此我们可以把思想学术史作为狭义文化史的主干看待。”②这些观点具有很强的代表性。在 80 年代的文化史研究中,精英思想和经典文化占据了绝对主导地位。90 年代以后,学界对于文化和文化史的理解趋于多样,但思想文化史仍居于主流。当时较有影响的著作,如冯天瑜、何晓明、周积明合著的《中华文化史》(上海人民出版社 1990 年版),张岱年、方克立主编的《中国文化概论》(北京师范大学出版社 1994 年版),龚书铎主编的《中国近代文化概论》(中华书局 1997 年版),郑师渠主编的《中国文化通史》(中共中央党校出版社 1999 年版)等,所阐述的主要是精神领域创造的文化(也就是观念形态的文化),这些著作都是比较典型的以思想文化史为主干的文化史。2000 年以后,文化史学的类别增多,许多学者对此已有学术自觉,一些著作明确标橥“思想文化史”,以示区分。张岂之主编的《中国思想文化史》(高等教育出版社 2006 年版)、张锡勤所著的《中国近代思想文化史稿》(上下册,黑龙江教育出版社 2004 年版),是这方面的代表作。有感于 21 世纪以来文化史学类型的多样化,2017 年 4 月,河南大学等单位联合举办了“中国思想文化史研究:理论与方法”学术研讨会,就思想文化史学的研究对象、主题、特点等理论方法问题予以专门总结和讨论,彰显了中国文化史研究的传统和特色。

---

① 蔡尚思:《论中国文化的几个重大问题》,《中国文化研究集刊》第 1 辑,第 59 页。
② 冯天瑜:《文化、文化史、明清文化史》,载向仍旦编:《中国古代文化史论》,北京大学出版社 1986 年版,第 48 页。

图1-5 郑师渠主编《中国文化通史》书影

学术文化史和社会文化史是改革开放40多年来文化史研究的两大主枝。90年代,学术文化史和社会文化史研究兴起,扩大了文化史研究的领域。

学术史研究的兴起可视作"国学热"在知识界的表现。90年代初,"反传统"和"西化"思潮逐渐减退,对中国传统文化认同和肯定的声音趋于高涨,"国学热"兴起。一些人文学者在反思五四以来中国的文化传统特别是80年代的文化思潮基础上,主张重新认识中国传统文化和文化传统,"弘扬优秀传统文化""振奋中华民族精神"成为主旋律。以此为背景,儒学、经学、国学研究持续升温,一些高校开始设立儒学院、国学院等研究机构,学术史研究随之兴起。学术史以经、儒之学为核心,尽管它始于清末,但却深契于中国史学传统,比较接近于古代的书志体和学案体。作为一种具有中国文化特色的学术形态,它在一定程度上满足了学界"以中释中"、反对西方中心论、重建中国话语体系的需要,故受到了一些学者的青睐。学界出现了"回到乾嘉""走出疑古时代""重写学术史"等说法。90年代,学界出版的专门性学术史刊物和学术史丛书,较知名者有:王元化主编的《学术集林》、袁行霈主编的《国学研究》,以及同人刊物《原学》《学人》《学术思想评论》等;张岱年主编,辽宁教育出版社出版的"国学丛书";百花洲文艺出版社出版的"国学大师丛书";刘梦溪主编,河北教育出版社出版的"中国现代学术经典丛书";陈平原主编,北京大学出版社出版的"学术史丛书"等。2000年以后,学术史研究继续推进。李学勤、张立文分别主编了多卷本的《中国学术通史》,姜广辉主编了多卷本《中国经学思想史》,刘东主持创办了集刊《中国学术》,大型文献整理项目"儒藏""子藏"相继启动。这些成果从不同方面展示了学术史研究的成就,又为此后的研究奠定了较为扎实的基础。

社会文化史可视作文化史和社会史的交叉学科,是中国的文化史学和社会史学发展到一定阶段的产物。它主张贴近社会基层,从文化的角度考察人类的衣、食、住、行等生活方式。中国的社会文化史正式定名前,以社会风俗史研究为主。例如,严昌洪所著的《中国近代社会风俗史》(浙江人民出版社1992年版)就是这方面较有影响的作品。90年代,社会文化史研究开始形成团队。中国社会科学院历史所以沈从文创建的中国古代服饰史研究室为基础,组建文化史研究室,该室侧重从物质文化角度研究古代中国人的社会生活。中国社会科学院近代史研究所文化史室在刘志琴的主持下,提出以社会文化史为主攻方向。1998 年,由刘志琴主编,李长莉、闵杰、罗检秋分别执笔的 3 卷本《近代中国社会文化变迁录》在浙江人民出版社出版。2000 年以后,该方面的研究成果增长迅速。梁景和主编的《中国社会文化史的理论与实践》及其《续编》(社会科学文献出版社 2010 年版、2015 年版),刘永华主编的《中国社会文化史读本》(北京大学出版社 2011 年版)等著作,汇集了该领域的一些代表性论文,基本展现了目前中国社会文化史的学术水准。

新文化史是改革开放 40 多年来文化史研究的生力军。步入 21 世纪后,通过输入西学和学科交叉等方式,文化史学继续开枝散叶,衍生出政治文化史、物质文化史、大众文化史、媒介文化史等学术分支。其中,影响较大的无疑是新文化史。

"新文化史"(New Cultural History,简称 NCH)一词,源于 1989 年美国学者林恩·亨特主编的论文集《新文化史》①。新文化史是欧美学界一些社会史研究者"文化转向"的产物。它借鉴语言学、人类学、后现代主义、后结构主义、"文化研究"理论等相关学科的理论方法,反映了信息时代历史研究的特点。2000 年左右,新文化史为中国史研究者所认识。约在 2005 年以后,有学者尝试借鉴西方新文化史学的理论方法研究中国文化史。截至 2018 年,在中国文化史研究领域,新文化史已广受研究者关注,中青年学者程度不同地受到了其理论方法的影响。

严格意义上说,新文化史并不是一个规范的学术范畴,研究者对其理解也存在一定差异。大体言之,目前中国学者主要在以下方面表现了新文化史的特点。第一,讨论过去不受重视或未受关注的领域或课题,诸如概念

---

① Lynn Hunt(ed.), *The New Cultural History*, Berkeley:The University of California Press,1989.

史、观念史、阅读史、书籍史、印刷史、生态史、身体史、感情史、性别史、记忆史、物质文化史、政治文化史、大众文化史等。其中,以概念史研究成就较为突出,冯天瑜、黄兴涛、方维规、孙江等在这方面做了大量组织工作,并出版了《亚洲概念史研究》等专刊和系列学术著作。第二,重置文化在历史中的位置,程度不同地带有文化主义和文化建构主义色彩。例如,辛德勇的《制造汉武帝》(生活·读书·新知三联书店 2015 年版)考掘汉武帝形象是如何经由司马光等史家之笔书写和建构而成的,杨念群的《再造"病人"》(中国人民大学出版社 2006 年版)探讨晚清以来的中国人被当作"病人"来加以观察、改造和治疗的历史,陈蕴茜的《崇拜与记忆:孙中山政治符号的建构与传播》(南京大学出版社 2009 年版)从政治符号的角度解读孙中山形象的形成过程,均带有鲜明的文化建构论。这与此前从政治或社会经济角度解释文化史,显然不同。第三,在书写方式上,汲纳了叙述史学、人类学和文学的表现方法,重视历史叙述和文化解释(故有人称之为"讲故事的文化史")。王笛的《茶馆》(社会科学文献出版社 2010 年版)采纳西方新文化史和微观史学的叙事方式,以文、史相长的"大文学"笔法,生动再现了成都公共生活的微观世界,堪称该方面的典范。

简言之,40 多年来的中国文化史研究在学科建设的组织化和规模化、科学研究的广度和深度、学术成果的种类和数量等方面,较以前均有大幅度提升。就此而言,改革开放 40 多年完全可以称得上是继民国时期之后的又一个文化史研究高潮期。本书第八章和第九章,将对改革开放 40 多年来的文化史研究做进一步探讨。

本 章 小 结

文化史学在中国已有 120 年的历史。本章以时间为序,分四节简要勾勒了中国文化史学在中国发生、发展、沉寂、复兴、转进的历史。

中国的文化史学脱胎于文明史学。20 世纪初,梁启超等发起"史界革命",初步回答了什么是文明史的问题,从此中国人有了比较明确的文明史和文化史观念。

20年代,文化史研究正式兴起。在新文化运动和"整理国故"运动中,胡适、梁启超等发表了系列论述历史研究法的著作,探索如何研究文化史,从而使研究有法可循。顾康伯编著的《中国文化史》、柳诒徵所著的《中国文化史》等相继问世。一些高等院校相继开设了文化史课程。中国的文化史学初步实现了专业化。

三四十年代,柳诒徵、陈登原、陈安仁、钱穆等撰写的综合性文化史著作出版,代表了中国文化史研究的第一次高潮。根据其历史观念和学术风格,大体上可以分为以社会科学理论方法见长的科学派、以中国人文传统为特色的新人文派和注重联系实际的史观派。

此后30年,文化史研究几近停滞。

改革开放后,文化史研究再度活跃起来,形成了中国文化史研究的第二次高潮。全国成建制地设立了各种专门的研究机构,组建了科研团队,创办了系列学术专刊,而且培养了大批学术人才。文化史的研究方向,80年代以思想文化史研究为主,90年代后学术文化史和社会文化史研究兴起,2000年以后趋于多样化。文化史在理论方法上先后受到现代化理论、后现代化主义、新文化史学等的影响。

第 二 章

文明史学的传入与变异

——兼与日本比较

进入 20 世纪,中国的历史研究以"新史学"而别开生面。1902 年,梁启超在《新民丛报》刊载长文《新史学》,标榜新史,鼓吹"史界革命",夏曾佑、邓实等一批俊彦应声相和,蔚成风气。自此,"新史学"俨然成为中国史学的强势话语,屡屡被后来者加以张扬和利用,尽管所赋予的内涵有相当大的差异。因筚路蓝缕,20 世纪初梁启超等提倡的"新史学"备受学界关注。①

近代中国学术已超出一国限制,"新史学"自不例外。考察 20 世纪初年中国的"新史学",不仅要考察中国"史界革命"和思想启蒙的社会历史环境,还需要上溯史学母题,梳理西史东渐的学术脉络,分析"新史学"与欧、日史学的渊源及流变。笔者认为,20 世纪初年之"新史学"的主体是文明史

---

① 不过,为数众多的论著往往强调梁启超等人辟旧开新之功,关注史学新、旧之别,而对各色新史学间的差异性则研究不足。桑兵《近代中国的新史学及其流变》(《史学月刊》2007 年第 11 期)已注意到,"新史学"已成近代历史界普遍认同的集合概念,各种"新史学"主张实则千差万别。学界甚至连一些基本问题,譬如关于 20 世纪初"新史学"的类型、特质等,也没有形成共识。其中,关于梁启超"新史学"的性质,近年来就有民族主义史学、启蒙史学、科学史学、实证主义史学等诸多称谓。王晴佳《台湾史学 50 年》(台北麦田出版股份有限公司 2002 年版)指出,梁启超的新史学在本质上是科学史学。唐小兵《全球空间与民族主义者论述:梁启超史学思想》(*Global Space and the Nationalist Discourse of Modernity: The Historical Thinking of Liang Qichao*, Stanford: Stanford University Press, 1996)、汪荣祖《论梁启超史学的前后期》(载李喜所主编:《梁启超与中国近代社会文化》,天津古籍出版社 2005 年版)、杜赞奇《从民族国家拯救历史》(社会科学文献出版社 2003 年版)等则以梁启超的新史学为民族主义史学。汪荣祖同文指出:"论者辄谓:梁氏之《新史学》具'启蒙'与'实证'精神,甚至是在提倡科学的史学,殊与事实相违。"

学,与西欧、日本的文明史学一脉相承,但又表现出不同的民族特性。中、日早期文明史家对于历史科学性的理解,对待历史传统的态度,以及对民族国家近代化道路的设计,各异其趣。尽管眼下"文明史"已是众说纷纭的概念,但若落诸具体的历史语境,仍可揭示出其内涵和特点。① 本章拟从文明史学在中、日两国的译介、创作和变容等三个方面展开。

一、西方文明史著的译介

20 世纪初中国的新史学主要借径日本明治时期的文明史学,而日本的文明史学则源自 19 世纪的西欧。西欧、日本、中国文明史学的发生,虽然时空错落,但又一以系之,形成了清晰的学术链条。

日本译介西方文明史学始自 19 世纪 70 年代初。以文明史为名输入的著作,当时以基佐的《欧洲文明史》与巴克尔的《英国文明史》最受欢迎。日本史家称:"这两种书如旋风一般在当时思想界甚为流行,开启了日本史学史上的文明史时代。"②

基佐是法国著名的社会活动家和历史学家。《欧洲文明史》一书(1832

① 从西史东渐的视角来探讨 20 世纪初年的"新史学",学界已有一些成果。王晴佳所著《科学史学在近代日本和中国的兴起及其异同》(载《中华文史论丛》第 77 辑,上海古籍出版社 2004年版)、《中国近代"新史学"的日本背景》(《台大历史学报》2003 年 12 月第 32 期)与本论题最为接近。不过,前文重在从科学史学的角度描述日本近代史学的演化,而对中国近代史学着墨较少,对相互者间的异同及交往仅有简略介绍。后文虽从文明史学切入,但重点仍在探讨科学史学在中国的起源,大量篇幅用以观察中日学者历史观的变化,这或许与作者把"新史学"理解为科学史学有关。李孝迁《西方史学在中国的传播(1882—1949)》(华东师范大学出版社 2007 年版)就 20 世纪初欧、日文明史著在中国的译介特别是版本做了考察。日本方面,小泽荣一《近代日本史学史的研究:明治篇》(東京:吉川弘文館,昭和 43 年)、大久保利謙《日本近代史学史》(東京:白揚社,昭和 15 年)、坂本太郎《日本の修史と史学》(東京:至文堂,昭和 31 年)、家永三郎《日本の近代史学》(東京:日本評論社,昭和 32 年)也涉及文明史学问题,但他们多强调日本文明史学的自由主义史观,不谈与国家主义的内在关系。在这一问题上,中国学者也遵循日本学者的说法,从而忽视中日史学同源而异流,忽视中日文明史学的差异性。

② [日]小野寿人:《〈日本开化小史〉とその時代》,载史学会编:《本邦史学史論叢》下卷,東京:冨山房,昭和 14 年,第 1308—1309 页。

年）系他根据在巴黎大学的讲义整理而成,法文原版题为 *Histoire de la civili-zation en Europe depuis la chute de l'Empire Romain jusqu'à la Révolution française*,于 1872 年（明治 5 年）输入日本。该书的英译本 *General History of Civilization in Europe*（C. S. Henry 译,New York,1842）、*The History of Civilization*（W. Hazlitt 译,London,1846）在此前后也传入日本,其中,1842 年 Henry 的译本传阅较广。福泽谕吉、西村茂树等早在明治初年已读过该书英译本。而且,该书法文版及英文译本在东京师范学校、中江兆民的法学塾等中等学校,被作为教材使用。明治前期,基佐的《欧洲文明史》有三种日文译本①。第一种题名《西洋开化史》（2 册）,1872 年（明治 5 年）由太政官翻译局室田充美据法文版译出,1875 年由印书局出版。基佐原书 14 讲,室田分为 5 卷,前 4 卷每卷各 3 课,第 5 卷 2 课外附译者"总论"。正文中,译者时加以小字评注。该版本当时流传不广。第二种题名《泰西开化史》（上卷）,1874 年（明治 7 年）9 月,荒木卓尔与白井政夫以 Henry 译本 1842 年版为底本译成,该书仅出版上卷。第三种题名《欧罗巴文明史》（14 卷）,1874—1877 年（明治 7—10 年）,永峰秀树据 Henry 译本 1873 年版译成,分14 卷由奎章阁刊刻发行②。其中,永峰译本根据日本人的阅读习惯,采用汉文风格,对一些冗长的句式予以压缩,并加以调整和修饰,深受欢迎。

　　《英国文明史》（*History of Civilization in England*）是英国实证主义史学家巴克尔（Henry Thomas Buckle,1821—1862 年）的代表性著作。该书第 1 卷出版于 1857 年,第 2 卷出版于 1861 年,在欧洲"一时风行"③。1871 年英文版把第 1 卷分作两卷,以后的版本也多为 3 卷本。自 1874 年（明治 7 年）起,该书部分章节开始在日本《明六杂志》和《民间杂志》抄译发表。明治时

---

① 有学者认为《欧洲文明史》在 19 世纪后半期先后出现两种日译本,此说有误。参见李孝迁:《西方史学在中国的传播（1882—1949）》,华东师范大学出版社 2007 年版,第 54 页。

② 第 1—4 卷,明治 7 年出版;第 5—6 卷,明治 8 年出版;第 7—10 卷,明治 9 年出版;第 11—14卷,明治 10 年出版。

③ "英国有拔可尔者,尝著《文明史》一书,一时风行。"（参见严复编译:《政治讲义》,载《严复集》第 5 册,中华书局 1986 年版,第 1249 页）

HISTORY

OF

CIVILIZATION IN ENGLAND

BY

HENRY THOMAS BUCKLE

IN THREE VOLUMES

VOL. I.

NEW IMPRESSION

LONGMANS, GREEN, AND CO.

39 PATERNOSTER ROW, LONDON

NEW YORK AND BOMBAY

1902

图 2-1　巴克尔《英国文明史》英文版书影

期公刊的译书,主要有三种①。一是《英国开化史总论》(卷一),1875 年(明治 8 年)由翻译局译述、印书局印行,实际译者为大岛贞益。卷首有《伯克尔小传》《凡例》,目前仅见第一卷四章,底本采用 1871 年刊三卷本。二是《英国文明史》,前 6 编由土居光华、萱生奉三合译,1879 年(明治 12 年)由宝文阁分编出版,1884 年(明治 17 年)日本出版会社出版合编本,书前刊有土居光华所撰译序和《伯克尔先生小传》;后 6 编由土居光华独译,第 7、8 编于 1883 年(明治 16 年)由日本出版会社分册出版②。三是《文明要论》,辰巳小次郎译述,1887 年(明治 20 年)东京哲学书院刊行。《文明要论》采取编译形式,对原书有较大调整与补充,并加以评语。该书凡 20 章,其中第八章"十九世纪的英国形势"、第十四章"十九世纪的法国形势",以及后 3 章"日耳曼国的形势""美利坚合众国的形势""全书概要",系译者增补。

西洋文明史著在中国的传播明显晚于日本,直到 20 世纪初,依靠留学生的转译,才渐成规模。1900 年,留学生在日本创办的《译书汇编》第 2 期所附"已译待刊书目录",录有尼骚著《欧洲文明史》,"尼骚"即基佐。1902 年,梁启超在《东籍月旦》中对《欧洲文明史》有所介绍:"基氏为文明史学家第一人,此书(指《欧洲文明史》)在欧洲,其声价几与孟德斯鸠之《万法精理》、卢梭之《民约论》相埒。近世作者大率取材于彼者居多。"③同年 10 月,述译自日本的《泰西政治学者列传》内有《基率特传》一篇,把《欧洲文明史》比之《春秋》《左传》,称此书"始以为欧洲文明,其渊源启自日耳曼之封建政体与圣会,及罗马自由市邑之三者,而各种政道因而并立,互相竞争,是即为欧洲文明之精神,而欧洲人民,此后乃得以知文明之原因焉"④。1903

---

① 俞旦初《二十世纪初年的新史学》(载《爱国主义与中国近代史学》,中国社会科学出版社 1986 年版,第 58 页)认为日本最早由田口卯吉于 1878 年把《英国文明史》译为日文,此说有误。笔者查阅《鼎轩田口卯吉全集》及田口年谱,未见此译著。

② 据土居光华译《校订英国文明史》(明治 17 年版)书后附日本出版会社售书目录有:第 9—12 编"近日出版",料已出版,但笔者未能访见原书。

③ 梁启超:《东籍月旦》,载《饮冰室合集》文集之四,中华书局 1989 年版,第 97 页。

④ [日]杉山藤次郎编纂,"中国广东青年"述译:《泰西政治学者列传》,广智书局 1902 年版,第 11 页。该书据东京鹤声社 1882 年版译出。

年11月,日本学者家永丰吉编译的《文明史》由王师尘译为中文,改名《西洋文明史之沿革》①,书中专门介绍了《欧洲文明史》各讲之要义,并对基佐的学术成就做了评价。

相较而言,巴克尔著《英国文明史》在中国的传播更为广泛。1902年所译《泰西政治学者列传》内有一篇《邂克尔传》,称巴克尔文明史著的价值远在基佐《欧洲文明史》之上,堪与《资治通鉴》比拟:"邂克尔《总论》二卷,已倍于基率特《文明史》全书,使天假以年,则全卷落成,不几如涑水《通鉴》之大著哉。"②该书在清末的译本,至少有四种之多。一是1903年南洋公学译书院译刊的《英国文明史》,署"英伦勃克鲁原本",内容仅有原著第一卷概论部分的前五章。③ 二是林廷玉译《文明史论》,上海新民译书局1903年印行。该书直接译自辰巳小次郎的《文明要论》,题名稍有更动④。三是王建祖译《英国文明史》,1904年作新社《美洲留学报告》对此有报道。四是魏易译《文明史》,自1906年起刊载于清政府的《学部官报》⑤。

尤其值得关注的是,20世纪初年,由日本学者编纂的中国文明史著作在中国新知识界的传播。除《译书汇编》《游学译编》等报刊的短篇译介,篇幅较长的文明史著作也陆续被译为中文。

(1)中西牛郎著《支那文明史论》,1902年1月(光绪二十七年十二月)由上海普通学书室翻译、发行。该译本以东京博文馆1896年版为底本,内容稍有减削。译者十分推崇该书,称:"是编系日人论我国学理之最新警、

---

① 日文版《文明史》原系东京专门学校讲义,署家永丰吉述,山泽俊夫编,是据英国学者罗伯特·弗林特(Robert Flint,1838—1910年)所著《欧洲历史哲学》(*Philosophy of History in Europe*,1874)抄译而成。中文版《西洋文明史之沿革》于1903年由上海文明书局印行。

② [日]杉山藤次郎编纂,"中国广东青年"述译:《泰西政治学者列传》,广智书局1902年版,第17页。

③ 笔者未见原书,此处据俞旦初《爱国主义与中国近代史学》第96页注释。

④ 1896年,康有为编《日本书目志》所列《文明要论》,当是此书。一些学者推测为福泽谕吉《文明论之概略》,或有误。

⑤ 自光绪三十二年(1906年)九月起,《文明史》分别刊于《学部官报》第3、5、7、9、11、12、13、17、18、20、25、28期"选译书报"栏目,继以《欧罗巴文明史》之名载于第155、156、158、160期。

切当者,读之令人识见超迈,思想开展。"①《普通学报》广告说:"此书推论支那人思想性质、风俗政法变迁之理由,巨眼炯炯,上下千古,语语搔着痒处,令读者有如梦初觉之感。"②

(2)田口卯吉著《中国文明小史》,刘陶译,上海广智书局1902年出版线装、平装两种。该书是田口文明史学的代表作之一。日文版原名《支那开化小史》,5卷,从1883年(明治16年)开始撰写,历时5年完成,分册出版;合订本1888年由东京秀英舍出版。日文版所录末广重恭、岛田三郎、小池靖一等三人的评语,以及书末所附中根淑、田口本人的跋语,译本均未收入。梁启超对此书大加赞扬,曾在《新民丛报》为之宣传:"彼以其新学说、新眼光,观察吾中国数千年治乱兴亡之由","读之可辟一新境界"。③

(3)白河次郎、国府种德合著《支那文明史》,有上海竞化书局、东新译社、会文学社、普通学书室等多种译本,均出版于1903年。此书底本为东京博文馆1900年版,竞化书局译本删去了卷首的序言。会文学社版为线装,仅译原书前三章,改名《帝国文明史》,由范迪吉等翻译。④ 东新译社本题名《中国文明发达史》,"黑风氏"译,前有"横阳翼天氏"(即曾鲲化)序言。该书在当时流传较广,《游学译编》《中外日报》《浙江潮》等都曾予以积极推荐,被认为是"历史界中之珍本"。⑤

(4)市村瓒次郎、泷川龟太郎合著《支那史》,有多种编译本。除1903年教育世界社同名译本外,以"支那少年"译《支那四千年开化史》(上海支那翻译社1903年版)流传较广,该书第四版曾入选中学历史教科书⑥。1906年,

---

① [日]中西牛郎:《支那文明史论》,译者"凡例",普通学书室,光绪二十七年(1901年)十二月印本。
② 《支那文明史论》出版广告,《普通学报》第4期,1902年4月。
③ 《中国文明小史》出书广告,《新民丛报》第1号,1902年2月8日。
④ 《帝国文明史》为普通学百科全书之一种,由《支那文明史》前三章与坂本健一所著《日本风俗史》共同组成。
⑤ 参见《浙江潮》第7期"介绍新著",1903年9月11日。
⑥ 据郑逸梅《黄炎培的著作》,"支那少年"为黄炎培、邵力子、张伯初三人。载《艺坛百影》,中州书画社1983年版。

帝國百科全書

第五十二編

文學士白河次郎

國府種德 合著

支那文明史

明治卅三年六月出版

東京博文館藏版

图 2-2　白河次郎、国府种德合著《支那文明史》日文版书影

成都书局所刊《中国四千年开化史》，把该本的"支那"改为了"中国"。因该书对中国民族问题的阐述有失偏颇，故译者做了删节。《中外日报》广告称：是书"喝破四千余年之昏雾，放出一线之旭光"，"诚教科之要籍，学界之奇观"。①

当时，无论在日本还是中国，文明史译著的种类都相当可观，以上不过是抽取数种较具影响者而已，但足以看出学术渊源。

二、中日文明史学的产生及其共有特征

西史东渐直接催生了日本、中国两国本土的文明史学。其中，日本的文明史学以田口卯吉的《日本开化小史》为嚆矢，中国则始自梁启超的《新史学》。下面，以田口卯吉和梁启超为代表，具体分析中日文明学的兴起过程、历史渊源及共同特征。

日本的文明史著作以田口卯吉《日本开化小史》为开端，而在此以前，福泽谕吉的《文明论之概略》已在史观上做了准备。福泽谕吉《文明论之概略》成书于1875年（明治8年），严格意义上说，该书并不是一部史学专著，但却带有较浓厚的文明史色彩。福泽谕吉对基佐《欧洲文明史》、巴克尔《英国文明史》非常熟悉，在被译为日文之前，他就曾阅读过英文版，并在庆应义塾开设过"基佐的文明史""巴克尔的文明史"等课程。《文明论之概略》大量吸收了西洋文明史家的观点，"西洋文明的由来"一章甚至直接编译自基佐的《欧洲文明史》。为增强表达效果，《文明论之概略》经常借助历史叙述；"日本文明的由来"一章，则被视作日本文明史的雏形。福泽谕吉在阐发文明理论的过程中，客观上也以全新的观念解读了"历史"的内涵。诸如以一国人民的风气为研究对象，以文明进步为历史认识的趋势与目标，以智德为历史进步的动因和标准等，是福泽谕吉从历史中总结出来的，进而

---

① 《支那四千年开化史》出版广告，《中外日报》1903年5月25日。

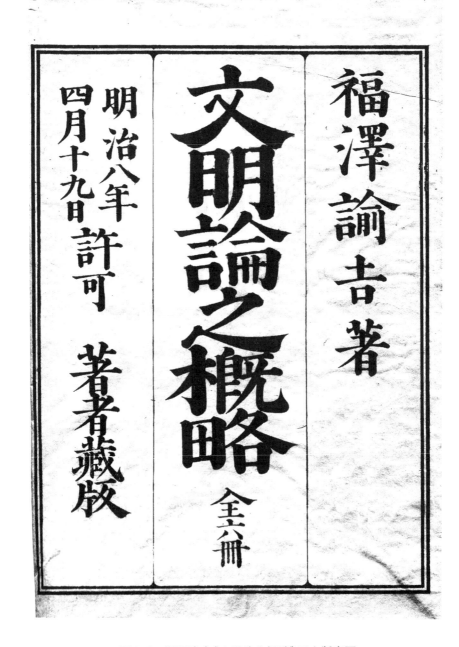

图 2-3　福泽谕吉《文明论之概略》日文版扉页

又改变了人们的历史观念。

田口卯吉从学术上奠定了日本文明史研究的基础。田口卯吉是日本著名的经济学家、历史学家和社会活动家，文明史著作以《日本开化小史》《支那开化小史》为代表。《日本开化小史》（6 卷）首卷刊行于 1877 年（明治 10 年），末卷刊行于 1882 年（明治 15 年）。该书借鉴基佐、巴克尔的文明史著作，并参考了新井白石《读史余论》等日本史学著作。①《支那开化小史》（5 卷）是前者的姊妹篇，始撰于 1883 年（明治 16 年），历时 5 年完成。日本学者小野寿人指出："田口卯吉博士的《日本开化小史》，无论形式还是内容，都称得上是日本文明史体的嚆矢。如果再加上倾向相近的《日本开化之性质》《支那开化史》，凭这些，田口足以在日本史学领域大放光辉。"②福泽谕吉止于用文明论改造历史观，田口卯吉则提出了较为系统的史学理论与方法。

福泽谕吉的《文明论之概略》虽提出以天下众人的精神作为文明史的论述对象，但在史学方面并没有提供范本。田口卯吉的《日本开化小史》一书开创了日本的文明史学类型。该书的论述主题，不再以帝王将相为中心，不再是治乱兴亡的政治史，而是包含政府与人民在内的"社会"的历史，是社会状态、人心状态的历史，涉及政治、经济、制度、风俗、宗教、文学、艺术等诸多方面。全书凡 13 章，第一章讲述神道的滥觞与佛教的兴起，第二章讲述汉学的东来、唐代制度的模仿与和歌的兴起，第三章讲述伦理、政制、兵变、风俗、文学、法律、史学等的变迁……大大拓宽了史学研究的范围。该书运用斯宾塞的社会进化理论，认为日本文明从神代到明治，是一个不断向上发展的过程。在日本史学史上，田口卯吉的《日本开化小史》第一次把"文明进步"导入史学的中心，并成功地予以落实与展开。日本人从歆羡西欧文明转而重视自身文明的历史，是从这本书开始的。

---

① 关于该书的理论来源，日本学界有过激烈讨论，可参见黑板胜美于大正 5 年为该书再版所作序言、福田德三为《鼎轩田口卯吉全集》第 2 卷所作解说，以及小沢荣一《近代日本史学史の研究：明治篇》第 2 章第 2 节，兹不赘述。

② ［日］小野寿人：《〈日本开化小史〉とその时代》，载史学会编：《本邦史学史論叢》下卷，東京：冨山房，昭和 14 年，第 1309 页。

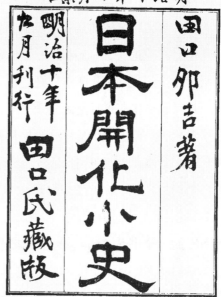

图 2-4 田口卯吉《日本开化小史》日文版扉页

　　田口卯吉指出,文明史学并不是把历史上的文明诸样态简单地排列在一起,而是以作为整体的社会的历史为研究对象,探讨其发展变化的规律:"一些论者想当然地认为,《开化小史》是对文学、技艺、风俗、器物、衣服、饮食、住宅、婚仪、歌舞、雅乐、俗乐等的沿革的详细记述。然而在我看来,这不是社会的历史,也就是说,不是开化史。以人作喻,社会学如同人的生理学,开化史记载的是人一生中所出现的生理规律。一些论者把历史视同五脏六腑等器官的集合,实际上,这一类史书自古就有,诸如中国的《文献通考》、日本的《制度通》《嬉游笑览》以及西洋的《百科全书》之类,人们不会把他们称作开化史。这些书为什么不能称作开化史呢? 因为他们没有记载社会发展变化的规律。如果不关注事实与事实之间的关系,即便把一个个事实集合起来,也不能展现充满生息的社会有机体的全部面貌。"①他认为,一般的编写历史的方法是止于详尽地说明一个时代的状况,记载某某年代有什么风俗、政变、美术之类的东西;开化史则不然,记载的是为什么那一个年代出现了这一现象,并分析其原因。他进而指出,要分析历史的因果和规律,必须对历史作全面研究,但全面研究并不意味着要详细阐述每一个细节:"任何一种社会现象的出现都不是偶然的,如欲详细说明一国美术的消长盛衰,就不得不调查研究当时的政治、社会以及外国的情况。如果关于政治、社会方面的大势记载无误,那么就基本能够想象到当时美术的盛衰。不仅仅是美术,其他的诸如学术、技艺、器物、衣服等的盛衰,也基本可以想象到。因此,开化史并不是要求详细叙述每一件事。有人以为开化史应当全面详尽地记载社会的各种细节,这实际上是一种错误的认识,令人担心。真正称得上是开化史的,以运用卓识来观察和研究社会的理路和规律为己任,而不以沉湎于古纸杂书、搜罗遗事逸事为乐趣。后者只会让开化史研究退步。"②显然,较之

---

① ［日］田口卯吉:《社会に大理あり》,转引自黑板胜美:《鼎轩田口卯吉全集》第1卷"解说",東京:大島秀雄刊行,昭和3年,第14页。
② ［日］田口卯吉:《社会に大理あり》,转引自黑板胜美:《鼎轩田口卯吉全集》第1卷"解说",東京:大島秀雄刊行,昭和3年,第14页。

図 2-5　田口卯吉《支那开化小史》日文版扉页

于福泽谕吉,田口卯吉对文明史学的分析前进了一大步。文明史不是历史上文明诸现象的集合体,而是以整个社会的样态为研究对象。文明史并不满足于详细叙述社会的状况,而是研究作为社会有机体的事实与事实之间的因果关系,说明人类社会进步的大理与规律。

值得指出的是,田口卯吉强调文明史的整体性,并不意味着见林不见木,否定个体在历史中的作用。《支那开化小史》把秦之苛政归于始皇帝个人身上,小池靖一提出质疑:"盖开化史者,所以穷历代兴废之由而详时势变迁之迹也,而一代之制度治法,有时势使之然而非一人之力所能致者矣。则若秦之苛政,虽因于始皇无含弘之量也,然亦有势使其然者矣……"①田口回答说:"盖开化史者社会之史也,社会之史不当涉一人之私事也,不俟论焉。虽然英雄豪杰之士,往往有搅乱事机、动摇时势者,当此时,其一举一动,方合于社会,故欲记社会之事,不得不涉一人之事也。"②同样,开化史以社会大势为研究目标,也不意味着置政治兴衰于不顾。岛田三郎提出,《支那开化小史》以政治史为中心,实违于开化史之名:"然所记特在政治上,而不涉一般社会之事,称曰开化小史,恐名过其实,改为'政纲小史'如何?"③田口解释说,要从历史实际出发,不能以名害实:"开化史者记社会大事者也,当时之大事,盖非如此者乎?"④他在跋语中进一步指出:"开化史是社会的历史,讨论的是人类社会的大理大势……在西洋此大势含有诸多的文物进步因素,在支那则主要表现在政治权力方面,开化史在东西方呈现出两种不同的面相,因此,不能错误地认为,人类开化史是专门记叙文物变迁的历史。"⑤ 文明史以探求

① 小池靖一评语,参见[日]田口卯吉:《支那开化小史》,载《鼎軒田口卯吉全集》第 2 卷,東京:大島秀雄刊行,昭和 2 年,第 223 页。
② [日]田口卯吉:《支那开化小史》,载《鼎軒田口卯吉全集》第 2 卷,東京:大島秀雄刊行,昭和 2 年,第 224 页。
③ 岛田三郎评语,参见[日]田口卯吉:《支那开化小史》,载《鼎軒田口卯吉全集》第 2 卷,東京:大島秀雄刊行,昭和 2 年,第 266 页。
④ [日]田口卯吉:《支那开化小史》,载《鼎軒田口卯吉全集》第 2 卷,東京:大島秀雄刊行,昭和 2 年,第 266 页。
⑤ [日]田口卯吉:《支那开化小史》,载《鼎軒田口卯吉全集》第 2 卷,東京:大島秀雄刊行,昭和 2 年,第 291 页。

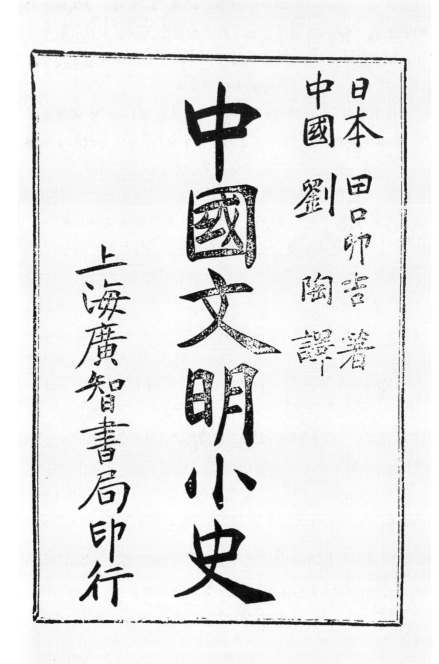

日本 田口卯吉 著
中國 劉陶 譯

中國文明小史

上海廣智書局印行

图 2-6　田口卯吉《中国文明小史》中文版书影

社会的大理大势为目标，并不排斥政治或个人因素，这是田口卯吉的思考。

田口卯吉在《支那开化小史》《历史概论》等著作中，就史学特别是文明史学的体例作了专门讨论。他把有史以来的历史记述分为"编年""纪事""史论"三种类型。他认为，编年体史书不讲逻辑与法则，如同"疯癫白痴者的呓语"；纪事体至多是记述了个人荣枯盛衰的历史，并不能说明社会全体推移发展的轨迹；史论体有两种：第一种是以正闰曲直为标准评判历史事件，第二种则是通过穿插议论来说明事件与事件之间的关系。第一种如日本以南朝为正统、北朝为闰统，以新田为忠臣、以足利为叛贼，如中国三国时魏、蜀争正统，是以著者的观点取代对历史事件本身的评论，这不是真正的史论体。第二种史论体，如新井白石的《读史余论》、赖襄的《日本外史》、贾谊的《过秦论》、柳宗元的《封建论》、赵翼的《廿二史札记》等史书中的朴素议论，可视作其胚胎。但真正的史论体不止于此，还要说明事件与事件之间的关系。在他看来，真正称得上史论体的，只有文明史或者说开化史。为何把史论体也就是开化史称作最进步的史体呢？田口卯吉说："攸关社会全体的事件，诸如政府的兴废、社会组织的变迁"，是从编年体、纪事体史书中根本无法了解到的，而需要从开化史中寻找答案。开化史并不是简单地记载文化繁荣与进步的大势，还要说明一个社会是如何从野蛮时代实现开化，进入文明状态，也可以说，社会的历史即开化史。换言之，开化史是说明事关社会全体的事件与事件之间的因果关系的一门学问，与通常所说的历史哲学异名同体。因此，开化史并不是基佐、巴克尔等人的专有物，"只要史理明晰的史体，都可以称作开化史体"①。此处所说的"史理"是什么呢？按照田口卯吉开化史即社会史的说法，史理即社会的大理，也就是支配整个社会的理法。他认为，社会的生息兴衰都不是孤立的偶然现象，而是紧密联系在一起的。社会现象的背后有一共因，即"社会的大理"。支配历史的史理，也就是决定社会历史的因果法则。把文明史上升到历史哲学层面来阐

---

① ［日］田口卯吉：《历史概論》，载《鼎軒田口卯吉全集》第 1 卷，東京：大島秀雄刊行，昭和 3 年，第 4—6 页。

述,甚至等同于历史哲学,这是田口卯吉文明史学的重要特色。

具体说来,田口卯吉的"社会的大理",即历史的文明进步法则。过去人们用尚古意识来看待历史,田口卯吉则把欧洲文明史著中的进步意识与斯宾塞进化论中的功利主义伦理学说结合在一起,重视因果关系的叙述,把"文明进步"视作历史的根本法则。在他看来,历史的社会进步之理是必然存在的,社会之理与外物之理没有本质的区别。而且,文明进步既是历史演化的过程,也是评价历史的标准。《日本开化小史》对日本文明进步过程的展示,《支那开化小史》对中国专制政治的批评,都是以此为权衡。岛田三郎曾评论《支那开化小史》说:"从来东洋人之见,以古为文明,以今为野蛮,尚古复古、浇季季世之辞,可以征也。本编作者征之事实,明世代改进之理,于是乎古野今文之理昭昭矣,可以破东洋人之陋见。"①既然历史上之事实,因果相继,那么决定历史进步性的因素是什么呢? 田口卯吉把历史进步的动力归为人心的进步与货财的进步两个方面。他说:"社会的开化有赖于货财与人心同时进步。如果内在的人心不能提高,外在的货财也难以独自增加。如果外在的货财不衰退,内在的人心也不会独自衰弱。无论怎么样,智力的发展离不开货财做基础,货财的增殖离不开智力的支持。"②又说:"人心的开化与货财的进步并行不悖,现在货财不能进步而想让文学繁荣,无异于让车的两轮一进一退,其目的根本不可能实现。"③这种人心与货财共同进步的思想可以说贯穿《日本开化小史》全篇。福泽谕吉把历史的动力归为智德的进步,经济学出身的田口卯吉则提出物心二元论,重视从货财分配看历史的进展,在史观上迈出了新的一步。

经由田口卯吉的努力,源自西洋的文明史学在日本立下根基。田口卯吉不仅通过《日本开化小史》等著作为日本文明史写作提供了范例,而且就文明

---

① 岛田三郎评语,参见《支那开化小史》,载《鼎軒田口卯吉全集》第 2 卷,東京:大島秀雄刊行,昭和 2 年,第 214 页。

② [日]田口卯吉:《日本开化小史》,载《鼎軒田口卯吉全集》第 2 卷,東京:大島秀雄刊行,昭和 3 年,第 83 页。

③ [日]田口卯吉:《日本开化小史》,载《鼎軒田口卯吉全集》第 2 卷,東京:大島秀雄刊行,昭和 3 年,第 61 页。

史学的理论方法作了较系统的阐述,呈现出全新的历史意识与思维方式。以此为端绪,日本在短短 10 余年间涌现出一批文明史著作,如北川藤太的《日本文明史》(明治 11 年)、渡边修次郎的《明治开化史》(明治 13 年)、藤田茂吉的《文明东渐史》(明治 17 年)、室田充美的《大日本文明史》(明治 17 年)、物集高见的《日本文明史略》(明治 18 年)、羽山尚德的《大日本开化史》(明治 21 年)、福山久松的《大日本文明史略》(明治 24 年),等等。

田口卯吉的《日本开化小史》发表 20 余年后,梁启超流亡日本,撰写了《中国史叙论》(1901 年)和《新史学》(1902 年)。无论是对旧史学的批判,对新史学的倡导,还是对后世的影响,梁著在时人著作中均具有相当代表性。梁启超以"新史氏"自命,揭橥"史界革命"大旗,尽管并未标明文明史体,但拿《中国史叙论》《新史学》与福泽谕吉、田口卯吉等人的著作加以比照,其性质、宗旨一目了然。梁启超的"新史学"实即文明史学。

戊戌政变后,梁启超东走日本,得以大量接触和阅读日本的文明史著。1899 年,他写成《东籍月旦》一文,向国人引介日本各学科的著述状况,对文明史学极为推崇,称赞"文明史者,史体中最高尚者也"[1]。该文还就当时日本较流行的文明史著作,诸如永峰秀树译基梭(即基佐)的《欧罗巴文明史》、家永丰吉的《文明史》、高山林次郎的《世界文明史》、白河次郎与国府种德合著的《支那文明史》等,予以评点。从该文看,梁启超对当时日本的文明史学比较熟悉,并流露出不满之意。他说:完全之文明史者,"日本今日尚无一焉"[2]。

梁启超于 20 世纪初年在日本所写的不少著作都带有文明史学的烙印,当然,最为典型的,还是《中国史叙论》和《新史学》。这两篇文章的学理逻辑一秉于日本的文明史学,而且言简意赅,切中主旨。《中国史叙论》"史之界说"如此概括"前者史家"与"近世史家"的差异:"前者史家,不过记载事实;近世史家,必说明其事实之关系,与其原因结果。前者史家,不过记述人间一二有权力者兴亡隆替之事,虽名为史,实不过一人一家之谱牒;近世史家,必探察人间全体之

---

① 梁启超:《东籍月旦》,载《饮冰室合集》文集之四,中华书局 1989 年版,第 96 页。
② 梁启超:《东籍月旦》,载《饮冰室合集》文集之四,中华书局 1989 年版,第 97 页。

运动进步,即国民全部之经历,及其相互之关系。以此论之,虽谓中国前者未尝有史,殆非为过。"①史学应当说明事实之关系及其原因结果,探察人类全体的运动进步,梁启超对史学研究任务和对象的认识,与田口卯吉的观点相同。

《新史学》较《中国史叙论》又提升一步,理论表述更为系统。该文第一部分对中国旧史学"四蔽""二病"的诊断,以文明史观为标准。"四蔽"直指史学研究的对象和目标:"一曰知有朝廷而不知有国家","二曰知有个人而不知有群体","三曰知有陈迹而不知有今务","四曰知有事实而不知有理想"。"二病"侧重于史学研究方法:"其一能铺叙而不能别裁,其二能因袭而不能创作。"尽管梁启超大量借鉴了明治后期文明史著的成果,但就学理而言,仍与福泽谕吉、田口卯吉等人保持了较高的一致性。梁启超把朝廷、个人、陈迹、事实等作为旧史著的要素,把国家、群体、今务、理想(可视作理论与思想的合称)作为文明史学的研究对象和目标,②把"别裁"与"铺叙"、"创作"与"因袭"视作新旧史学相互对立的研究方法,在田口卯吉那里已有类似表述。③

---

① 梁启超:《中国史叙论》,载《饮冰室合集》文集之六,中华书局1989年版,第1页。

② 如梁启超"知有事实而不知有理想"一条,与前引田口卯吉之文的主张表现出惊人相似。为便于检校,赘录梁文于此:"人身者,合四十余种原质而成者也,合眼耳鼻舌手足脏腑皮毛筋络骨节血轮精管而成者也。然使采集四十余种原质,作为眼耳鼻舌手足脏腑皮毛筋络骨节血轮精管无一不备,若是者可谓之人乎? 必不可。何则? 无其精神也。史之精神维何? 曰理想是已。大群之中有小群,大时代之中有小时代,而群与群之相际,时代与时代之相续,其间有消息焉,有原理焉,作史者苟能勘破之,知其以若彼之因,故生若此之果,鉴既往之大例,示将来之风潮,然后其书乃有益于世界。今中国之史,但呆然曰,某日有甲事,某日有乙事,至此事之何以生,其远因何在,近因何在,莫能言也;其事之影响于他事或他日者若何,当得善果,当得恶果,莫能言也。故汗牛充栋之史书,皆如蜡人院之偶像,毫无生气,读之徒费脑力,是中国之史,非益民智之具,而耗民智之具也。"参见《新史学》,载《饮冰室合集》文集之九,第4页。

③ 田口卯吉《日本开化小史》说:"自1300年到1600年间,能看到的史书中,最引人注目的莫过于详密的岁月时日、祭祀神祇、赤雪白雉的发现之类的东西,除此之外,至多也不过是记载了时人对祥瑞妖孽等事件的看法,而看不出史家对事件轻重的识别、看不到史家取舍笔削的智慧。因此,后世史家不再重视编史的法则,不再关心事件与事件之间的关系。在支那,很多史书记载的是个人的品行,而没有记载那些对公众广有影响的事件。史家所做的不过是把呈现在表面的东西尽可能详细记载下来而已,至于事件的来龙去脉,并不追究。社会上事件众多,当然不能不记载重要的事件。但当时史家,不知取舍,每出现一事件,即便与人事无关者,也加以记载,唯以卷帙浩瀚为功,殊无心得,实在可惜。要之,这样的史书,只能算作年表,而不能称为历史。"参见[日]田口卯吉:《日本开化小史》,载《鼎轩田口卯吉全集》第2卷,東京:大岛秀雄刊行,昭和3年,第57页。

《新史学》第二部分"史学之界说"是全文核心。"史学之界说"采用排比句式，分三层展开，层层递进。

"第一，历史者，叙述进化之现象也。"以进步意识取代旧史的循环论和尚古论，这对于文明史学具有决定性意义，自基佐、巴克尔到福泽谕吉、田口卯吉，无不以此为追求。日本学者小泽荣一曾以福泽谕吉的《文明论之概略》、田口卯吉的《日本开化小史》为例指出："将历史研究的对象扩大到'人民'、'社会'、'人心'，以进步意识作为历史研究的目标，这是启蒙期文明开化史的第一特征。"①梁启超吸收了当时在中日影响甚巨的进化观念，认为："进化者，往而不返者也，进而无极者也。""凡百事物，有生长有发达有进步者，则属于历史之范围，反是则不能属于历史之范围。"②从他所用该词的语境看，"进化"合"演化"与"进步"为一，进步主义是题中之义。进化史观较之进步史观，内涵更为丰富。

"第二，历史者，叙述人群进化之现象也。"梁启超承继社会进化论的观点，认为"盖人类进化云者，一群之进也，非一人之进也"，运用于历史，"历史所最当注意者，惟人群之事，苟其事不关系人群者，虽奇言异行，而必不足以入历史之范围也"。③"人群"既是历史研究的唯一对象，也是历史现象的考察要素。以此，他衡断中国史学："畴昔史家，往往视历史如人物传者然。夫人物之关系于历史固也，然所以关系者，亦谓其于一群有影响云尔。所重者在一群，非在一人也。而中国作史者，全反于此目的，动辄以立佳传为其人之光宠，驯至连篇累牍胪列无关世运之人之言论行事，使读者欲卧欲呕，虽尽数千卷，犹不能于本群之大势有所知焉。"④治史范围从个人扩大到群体，主张考察历史大势，为民众写史，是文明史学的一大进步，梁启超继承了这一传统。

---

① ［日］小泽荣一：《近代日本史学史の研究：明治篇》，東京：吉川弘文館，昭和43年，第199页。
② 梁启超：《新史学》，载《饮冰室合集》文集之九，中华书局1989年版，第7、8页。
③ 梁启超：《新史学》，载《饮冰室合集》文集之九，中华书局1989年版，第9页。
④ 梁启超：《新史学》，载《饮冰室合集》文集之九，中华书局1989年版，第9页。

"第三,历史者,叙述人群进化之现象而求得其公理公例者也。"在近代史学门类中,文明史学较之于考证史学,理论思辨色彩浓厚。巴克尔力图寻找文明史的规则和规律,开实证主义史学之先河。田口卯吉也不满足于说明事实本身,而以史论体自许,甚至认为文明史学即历史哲学。梁启超进一步突出了文明史学的这一特点,提出治史以求得公理公例为理想。他说:"善为史者,必研究人群进化之现象,而求其公理公例之所在,于是有所谓历史哲学出焉。历史与历史哲学虽殊科,要之,苟无哲学之理想者,必不能为良史,有断然也。"①他进而指出,史学之求公理公例,与自然科学有别,但方法则有共通之处,皆由现象之繁赜入手,全面占有材料,然后才能达其终点。因此,治史需尽可能扩大视野,不能泥于"局部之史","而不知自有人类以来全体之史":"夫欲求人群进化之真相,必当合人类全体而比较之,通古今文野之界而观察之,内自乡邑之法团,外至五洲之全局,上自穹古之石史,下至昨今之新闻,何一而非客观所当取材者,综是焉以求其公理公例,虽未完备,而所得必已多矣。"②同时,还要不断提高理论素养,明了"史学与他学之关系",取哲学、社会科学乃至自然科学的公理公例,"而参伍钩距之"。③ 梁启超对于这一问题的阐述从历史观、方法论入手,已触及历史研究的客观性、科学性等论题,对文明史学的理解又有所深化。

以梁启超为主帅,20世纪初年中国出现的"新史学"思潮实以文明史学为旨趣。邓实、马叙伦、汪荣宝、夏曾佑等人的"新史学"著作莫不如此。梁启超《新史学》甫一发表,邓实即在《政艺通报》撰文响应:"盖史必有史之精神焉。异哉,中国三千年而无一精神史也。"④邓实所著的《史学通论》以文明进化为理论基石,尤贵"民史":"所贵乎民史者何?贵其能叙述一群人所以相触接相交通相竞争相团结之道,一面以发明既往社会政治进化之原理,一面以

---

① 梁启超:《新史学》,载《饮冰室合集》文集之九,中华书局1989年版,第10页。
② 梁启超:《新史学》,载《饮冰室合集》文集之九,中华书局1989年版,第10页。
③ 以上引文未注明出处者,均出自梁启超:《新史学》,载《饮冰室合集》文集之九,中华书局1989年版。
④ 邓实:《史学通论》(一),《政艺通报》壬寅第12期,1902年8月。

启导未来人类光华美满之文明。"①马叙伦著有《史学总论》《史界大同说》等多篇新史论文,他认为:"史之名立于文明开化之世,史之实建鼓于宇宙发育之朕。推史之体,大以经纬宇宙,小以纲纪一人一物一事一艺。达史之用,可以促进化,可以进文明。"②这里的"史",实际上也是"文明史"。当时出版的一些深受文明史学影响的教科书,诸如"横阳翼天氏"(即曾鲲化)的《中国历史》(1903 年)、涉园主人(即张元济)的《中国历史教科书》(1904 年)、刘师培的《中国历史教科书》(1905 年)、夏曾佑的《最新中学中国历史教科书》(1904—1906 年)、吕瑞廷与赵澂璧合编的《新体中国历史》(1907 年)、徐念慈的《中国历史讲义》(1908 年)等,也不以"文明史"冠名,而径称"历史"。1906年出版的《西国新史》总结说,"史体有二":"古体者,以详述君王之兴废、战争之胜败为主,即叙述史体是也";"新体者,以考究事之得失,论断其是非,详核原因结果之迹,叙述文物风教为主,即文明史体是也"。③ 唯文明史独新,这在很大程度上代表了当时中国学人的认识。

至此,我们不难理解中国新史学的文明史性质,也不难看出中、日早期文明史学共有的理论内涵。

三、文明史学在中日两国的变化及差异

文明史学由西欧传至日本、中国,既有明显的承继关系,又因时移世易,发生变异。兹就其大者,略举三端。

(一) 对历史科学的理解不同

19 世纪上半叶的西欧,近代自然科学已取得长足进展。基佐、巴克尔明

---

① 邓实:《史学通论》(四),《政艺通报》壬寅第 12 期,1902 年 8 月。
② 马叙伦:《史界大同说》,《政艺通报》癸卯第 15 期,1903 年 9 月。
③ 《西国新史》,泰东同文书局 1906 年版,第 2 页;转引自李孝迁:《西方史学在中国的传播(1882—1949)》,华东师范大学出版社 2007 年版,第 78 页。

显受到科学思想的浸润,力求从科学角度探求文明史的规则。基佐认为:"历史事件的发生总是有其原因和规律。"①他对历史的规律性和确定性是如此肯定,以至于受到评论家圣伯夫的质疑:"基佐的著作构成一条一环扣一环、一个环节也不能缺少的链子。他的目的,像支配和组织现在那样支配和组织过去……古人干的蠢事、他们的野心和那些组成历史的千百件怪事都消失了。每个偶然事件都成了必然会发生的事。基佐的历史由于太合乎逻辑而失去真实性。"②巴克尔把自然科学的因果论和决定论引入历史领域,明确指出:历史"受精神规律和自然规律的支配,因此必须对这些规律予以研究。如果不借助于自然科学,历史学便不能成立"③。"史学家的责任就是显示一切民族的活动都是有规律的","只有通过揭示因果关系,才能把历史上升为科学"。④ 他认为历史学同自然科学一样,有着可以说明的法则,他的《英国文明史》致力于确立历史叙述的科学地位,把历史学建设成同自然科学一样的实证主义科学。

　　日本、中国的早期文明史家面对的则是迥然不同的社会环境。当时,日、中两国不仅近代史学无从谈起,科学尚在蹒跚学步,而且民族危机重重。他们倡导文明史学,肩负着思想启蒙与史学改造的双重任务。土居光华在《英国文明史》序言中说:文明史学能"改革和汉之史乘","洗读史之眼目,破千年之旧习","造今日文明之社会"。⑤ 邓实则称:"中国史界革命之风潮不起则中国永无史矣,无史则无国矣。"⑥"新史氏乎,其扬旗树帜放一大光明于二十世纪中国史学界上以照耀东洋大陆乎? 鸡既鸣而天将曙乎? 吾

---

① 　Karl J. Weintraub, *Visions of culture: Voltaire, Guizot, Burckhardt, Lamprecht, Huizinga, Ortega Y Gasset*, Chicago & London, The University of Chicago Press, 1966, p.93.

② 　参见[英]乔治·皮博迪·古奇:《十九世纪历史学与历史学家》上册,耿淡如译,商务印书馆1989年版,第337—338页。

③ 　Henry Thomas Buckle, *History of Civilization in England*, Vol.1, New York and Bombay, Longman, Green and Co., 1902, p.1.

④ 　转引自谭英华:《试论博克尔的史学》,《历史研究》1980年第6期,第172页。

⑤ 　[日]土居光华:《序言》,参见伯克尔:《英国文明史》,土居光华、萱生奉三訳,東京:日本出版会社,1879年。

⑥ 　邓实:《史学通论》(四),《政艺通报》壬寅第13期,1902年9月。

民幸福其来乎？可以兴乎？"①这些言论反映了当时中、日文明史家的心声。

　　而且,随着西方社会科学知识的传入,日本、中国学者对历史科学性的理解也有所变化。从学理上说,日本、中国的文明史家广泛吸收了斯宾塞的社会学特别是社会进化学说,因此,他们在文明史学的内涵上反复强调"进化"之公理公例,在性质上强调从社会科学的角度来理解历史学的科学性。田口卯吉曾说,历史的法则与自然科学的法则不同,它是在社会特殊性基础上结成的复杂的因果关系。福田德三指出:"巴克尔是从科学的角度来探求文明史上的因果规则,这与从政治上寻求最终原因的田口是不一样的。"②梁启超则运用进化学说把历史学与自然科学的性质作了明确区分:"宇宙间之现象有二种,一曰为循环之状者,二曰为进化之状者……循环者去而复来者也,止而不进者也,凡学问之属于此类者,谓之天然学。进化者往而不返者也,进而无极者也,凡学问之属于此类者,谓之历史学。"③不难看出,他们对历史科学性的理解与基佐、巴克尔有较大差异。

　　值得指出的是,田口卯吉后来否定了巴克尔等人的说法,主张历史不是科学。他接受西方的不可知论,认为人的智识与大千世界相比微不足道,不可能真正感知和认识外部世界,所谓的法则和规律是人们的一种想象,并不能加以验证。他说,科学法则的成立要具备三个条件:第一,法则要具有普遍性;第二,法则要具备逻辑顺序;第三,法则要具有必然性,不受外在条件限制。以此衡量,社会纷繁复杂,历史存在很大偶然性,含有大量未知成分,由于时空的限制,史学既难以说清过去,也难以预测未来。因此,历史自历史,科学自科学,二者没有必然联系。④ 梁启超在 20 年代受到李凯尔特等人思想影响,也发表过类似言论。

---

① 邓实:《史学通论》(一),《政艺通报》壬寅第 12 期,1902 年 8 月。

② ［日］福田德三:《鼎軒田口卯吉全集》第 2 卷"解说",東京:大島秀雄刊行,昭和 2 年,第 28 页。

③ 梁启超:《新史学》,载《饮冰室合集》文集之九,中华书局 1989 年版,第 7 页。

④ ［日］田口卯吉:《歴史は科学に非ず》,载《鼎軒田口卯吉全集》第 1 卷,東京:大島秀雄刊行,昭和 3 年,第 7—14 页。

（二）对待历史传统的态度不同

19世纪上半叶,英、法等国已走上近代化道路,且居于世界前列。因此,基佐、巴克尔在写作文明史著作的过程中,传统与现代的矛盾并不突出。中、日两国境况则不同,为摆脱民族落后现状,被迫师法西方,因此,两国的早期文明史家在如何对待传统问题上均存在着自我否定的可能。如何对待本民族的历史传统? 中、日两国史家表现出了不同的思想倾向。

田口卯吉等日本学者通过文明史著述,确立民族自信和自豪感。幕末以来,日本出现一股欧化风气,知识人即便关心历史,也是一味地醉心于欧美历史,而不正视本国的历史。在此背景下,日本的有识之士开始由译介西方史著转向编写本国文明的历史,确立民族的主体地位。福泽谕吉的《文明论之概略》明确宣称为日本皇室"万世一系"的国体感到自豪,认为这是日本的优秀传统:"我国的皇统与国体相互依存,连绵不断,非外国所能比……维持皇统与国体不断,是保护我政权、推进我文明的宝贵财富。"①田口卯吉的《日本开化小史》着力论述日本的历史是文明进步的历史,鼓起日本人的信心。正如黑板胜美所说:"当时学术界的风气完全模仿欧美,不过将彼之所有者移植于日本而已,并未加以分析研究,不顾其能否消化,而盲目地欲适用于日本。在此种环境之中,博士特撰著此书,首先阐明日本固有之学术精神,使世人知所自重。就这一点而论,我们不能不推重博士为明治时代之先觉者。""他把日本的历史纵横地批判解剖,阐明了日本文化有何种的特长,将来如何发展。""因此,不仅日本国民由此书始知日本建国以来之文明有何特质,将来如何发展;而且间接地,或者无意识地,学习博士对于学问的态度,由此而唤起一大自觉心,从来治学问的态度从此一变,大家觉悟日本有可夸的历史,可夸的文明,未必在欧美诸国之下,除翻译模仿之外,还有树立日本新文明之觉悟与决心。这种启发时代国民思想的功绩,亦应

---

① ［日］福沢諭吉:《文明論之概略》,松沢弘陽枝注,東京:岩波書店,1995年,第55页。

归于这本《日本开化小史》"。①

　　与此相对,日本的文明史家在反思自身落后的原因时,却往往归结到儒教身上,进而通过否定中国文明来为自己解脱,以此避免历史认同危机。在他们看来,因长期以来师法中国,故造成了日本的落后。当时的日本文明史家把中国历史文化视作野蛮与落后的象征。福泽谕吉为日本"万世一系"的天皇制而自豪,却怒斥中国自秦以来的专制独裁。田口卯吉把日本的历史塑造成不断进步的历史,却把中国描绘成停滞的文明:"支那自秦汉以后是停滞的状态。"②与《日本开化小史》相反,田口卯吉著《支那开化小史》意在以中国为例说明专制政治之害,为日本人树立负面形象。该书第十五章"总评"如此总结中国的历史:"考以上之事实,可详中国人民常苦于专制政治之弊害。从周以前,数千年间,埋没于封建乱离之祸害时代也。从秦以后,二千余年,沉沦于专制政治之腐败时代也。而中国之人,又未尝预防此弊害,别发一制度,故于封建离乱之祸害,不可耐,乃一扫之,而为专制政治。及专制政治之弊害不可耐,乃一扫之,而归于叛乱,分裂反复,中国人民历史,不过此数事而已。"末广铁肠指出:"专制政治,决无维持百年之良法,盖鼎轩著作之意,专在于此。"③福泽谕吉、田口卯吉等人的文明史研究由批判儒教史观,演绎为丑化中国形象,甚至为军事扩张提供理论工具。

　　与日本相比,中国的文明史论者反传统倾向较为明显。他们对于中国数千年的古史,简单搬用外人的说法,客观上造成了中国传统整体形象负面化。《游学译编》称:白河次郎、国府种德合著之《支那文明史》,"其尤有特色者,看破中国专制政治、奴隶学术之真相,屡发议痛诋,诚救中国之良药也"④。曾鲲

---

① 　[日]黑板勝美:《日本开化小史》大正 5 年再版序,载《鼎軒田口卯吉全集》第 2 卷,東京:大島秀雄刊行,昭和 2 年,第 6 页。
② 　[日]田口卯吉:《歷史概論》,载《鼎軒田口卯吉全集》第 1 卷,東京:大島秀雄刊行,昭和 3 年,第 5 页。
③ 　[日]末广鐵膓:《支那开化小史》评语,载《鼎軒田口卯吉全集》第 2 卷,東京:大島秀雄刊行,昭和 2 年,第 240 页。
④ 　《游学译编》1903 年第 9 册,书后所附《〈中国文明发达史〉出书广告》,据《中华民国史料丛编》,台北"中央"文物供应社 1968 年版。

化也说:《支那文明史》"令读者频浮大白,视专制政治、奴隶学术诸毒恶物,如不
共戴天之仇。救中国之神妙药料,兴中国之主动机关,于斯为最"①。柳亚子年
轻时读到田口卯吉《中国文明小史》,看中的也是该书对中国专制的抨击,认
为"诚近今历史界上一杰作","茫茫禹域鼻息如露,而全岛策士为我国民作借
箸之谋,我同胞其愧也未"。②诸如此类的观点在当时甚为流行。他山之石,
原为针膏肓而起废疾,不料却走上极端,以瑕掩瑜。"夫专制政体者,吾支那
民族之所自构造也。"③"其所有则朝史耳而非国史,君史耳而非民史,贵族史
耳而非社会史,统而言之,则一历朝之专制政治史耳。"④经梁启超、邓实等人
的宣传,以"政治专制""奴隶学术"来概括中国历史传统的说法,流传甚广。

中国停滞论和专制论原是欧洲人的发明,经日本史家大肆宣传,一些中
国的文明史家不加分析即接受过来,由此,提出中国"无史"之说也就不足
为奇。梁启超说:"遍览乙库中数十万卷之著录,其资格可以养吾所欲、给
吾所求者,殆无一也。"⑤"中国少年"断然声称,二十四史非史,中国没有史
学:"恫哉我国无史,恫哉我国无史。"⑥自此以后,古史的合法性几被颠覆,
中国人的历史认同长期处于危险之中。

(三) 民族主义取向不同

文明史学标榜以人类的文明进步为追求,但从其实践看,无一不植根于
各自的历史传统,带有鲜明的民族性格。基佐、巴克尔的文明史著具有明确
的西欧中心主义。巴克尔将人类的文明分为"欧洲文明"和"非欧洲文明",
把"欧洲文明"纳入知识规律支配的范围,"非欧洲文明"则从属于自然规律
的支配。他说:"只有在欧洲,我们才能研究真正文明的兴起和人类思想克

① 曾鲲化:《中国文明发达史·叙论》,东新译社 1903 年版。

② 柳亚子:《磨剑室读书记》,载《柳亚子先生文集》,上海人民出版社 1993 年版,第 103 页。

③ 《国家学上之支那民族观》,《游学译编》第 11 册,1903 年 10 月。

④ 邓实:《史学通论》(一),《政艺通报》壬寅第 12 期,1902 年 8 月。

⑤ 梁启超:《新史学》,载《饮冰室合集》文集之九,中华书局 1989 年版,第 7 页。

⑥ "中国少年"编译:《弁言》,载《中国四千年开化史》,成都书局 1906 年版。

服自然力量的过程。"①在世界各国中，只有英国政治最安定，公民最自由，称得上人类文明进化的"最高"境界。② 基佐认为，欧洲以外的国家的历史，只有庄严的静止或是没有结果的周而复始；而在法国，"精神的发展和社会的发展彼此从未相失过。那里的人们和社会总是在进展和改善着，我不说两者并驾齐驱，但彼此差距是很小的"③。他们的文明史著以西欧为中心，带有偏见，常用"野蛮""停滞""愚昧""自夸"等词语来描述中国、印度、埃及等东方民族。不过，就其整体而言，还称不上民族沙文主义，确如有人所说：基佐"对独一无二的法国性格的探寻，主要是为满足对民族自我肯定（national self-assertion）的浪漫需要而非贬低其他民族，因而远离了民族沙文主义的狂热……基佐尊重德国人、喜欢英国人，他赞扬法国人是欧洲文明的领袖，但又视之为凯尔特人、罗马人和日耳曼人种族融合的结果"④。

日本早期的文明史学则具有狭隘的民族主义色彩。长期以来，学界多强调日本文明史学的自由主义史观，不谈与大日本主义的内在关系。⑤ 实际上，从福泽谕吉的《文明论之概略》开始，日本的文明史学就与日本的对外侵略存有瓜葛。福泽谕吉在《文明论之概略》中提出的文明开化两大要项"一身之独立"与"一国之独立"并不是对等关系，"一身之独立"是置于"一国之独立"之下的。《文明论之概略》第十章说："今天要求日本人走向文明，是为了确保国家的独立。因此也可以说，国家的独立是根本目的，国民的文明是达成此目的的手段。"⑥与"一国之独立"相比，个人的自由处于次要地位，所谓的文明开化，不过是实现"一国之独立"的条件，正如富田正文所指出，此乃该书的要旨所在。⑦ 日本在文明开化过程中，出于民族忧患

①　Henry Thomas Buckle, *History of Civilization in England*, Vol. 1, London, New York 8L Bombay: Longmans, Green and Co., 1902, pp.152-153.

②　参见谭英华：《试论博克尔的史学》，《历史研究》1980 年第 6 期，第 169 页。

③　Guizot, *History of Civilization in France*, Lecture1: Vo.1, George Bell an Sons, 1908, p.279.

④　Ernst Breisach, *Historiography*, Chicago: the University of Chicago Press, 1994, p.244.

⑤　［日］坂本太郎《日本の修史と史学》、小沢栄一《近代日本史学史の研究》等均如此。

⑥　［日］福沢諭吉：《文明論之概略》，松沢弘陽校注，東京：岩波書店，1995 年，第 297 页。

⑦　参见［日］富田正文：《考証福沢諭吉》上巻，東京：岩波書店，1992 年，第 407 页。

意识,存有一种强化国权的强烈欲望,本无可厚非,但在福泽谕吉那里,文明史观却演化成了国家主义和殖民主义的理论基石。福泽谕吉说:"从当今世界来看,各地无不建立国家,国家无不成立政府。如果政府善于保护人民,人民勤于经商,政府善于作战,人民不断盈利,这就叫做'富国强兵'。不仅本国人引以为自豪,外国人也会因羡慕而争相仿效其富国强兵之策。这是什么道理呢?这尽管违背宗教教义,但由于世界大势所趋,不得不然。因此,从今天的文明来看世界各国间的相互关系⋯⋯则只有两条:一条是平时进行贸易相互争利,另一条就是一旦开战,则拿起武器相互厮杀。换句话说,现今的世界,可以叫做贸易与战争的世界。"①福泽谕吉以文明为手段所达成的"一国之独立"的文明论,也就是他为日本近代化设计的方案——脱亚入欧。从福泽谕吉所说"这尽管违背宗教教义,但由于世界大势所趋,不得不然"来看,他当时已察觉到其理论中"文明"与"战争"的悖论。《文明论之概略》主张人类历史发展要经历"野蛮"→"未开"→"文明"的过程,他从这一史观出发,力图美化日本对亚洲诸国的歧视与侵略。后来的历史实践也表明,福泽谕吉的文明理论为日本富国强兵路线提供了理论支持。1881年,他在《时事小言》中明确提出,亚洲大国支那数千年来溺于阴阳五行妄说,为改进文明而"进入"该国不是对该国的侮蔑,文明国日本应当承担东亚保护者的角色。自此以后,福泽谕吉的文明论不再重视"一身之独立"的民权论,转而把国权确立与国权扩张结合在一起,强烈主张天皇制的国家主义。朝鲜"壬午事变""甲申政变"之际,福泽谕吉发表了大量侮蔑和歧视中、朝两国的文字,辩称日本的侵略政策是为了"增进朝鲜的幸福,推进朝鲜的文明"。发表于1885年的《脱亚论》,与他的文明史观一脉相承:"我们日本的邻国走向文明之路遥遥无期,不能指望与他们一起振兴亚洲,为今日之日本考虑,宁可脱离亚洲,与西洋文明共进退。对待邻国中国、朝鲜,丢掉以前的政策采取西洋人的方法。"②甲午中日战争期间,他更是从"文明史观"出发,以"文明"作为战争合理化的护符,把战

---

① [日]福泽谕吉:《文明论之概略》,松泽弘陽校注,東京:岩波書店,1995年,第273页。
② [日]福泽谕吉:《脱亜論》,《福沢諭吉全集》第10卷,東京:岩波書店,1960年,第240页。

争说成是"文野明暗之战"。安川寿之辅在《福泽谕吉的亚洲认识》一书中指出,"近代日本最大的伟人"福泽谕吉是日本在形成侵略亚洲思想与蔑视亚洲观念过程中所起作用最大的人,他对亚洲的蔑视及殖民思想源自文明史观。①

田口卯吉也是日本对外侵略战争的支持者,他的这一立场与其文明史观同样有密切联系。他不仅在《支那开化小史》中整体性否定中国的历史,而且撰写了一系列论著,极力贬低中国人种,宣扬日本人种的优越性。田口卯吉在《日本人种论》中提出:日本人种与支那不同,日本人乃天孙人种的后代,智力发达,勇猛善战,是土耳其人、匈牙利人的同胞。② 他在《破黄祸论》(一名《日本人种的真相》)一书中,一方面自诩为东亚的"盟主",另一方面又极力撇清与黄种人的干系,认为把日本人与支那人视为相同的人种是欧洲人的误解。③ 该书声称:"日本人是世界第一等的国民",是从白种人演化过来的,相当优秀。④ 他于1902年(明治35年)结集的《古代研究》,从历史、语言、宗教、习惯、遗传等方面来论证日本人种与朝鲜、中国人种的不同,重申日本人种优越论。当然,田口卯吉的日本人种优越论并非孤立的学说,而是与19世纪末20世纪初文明史学的发展紧紧结合在一起的。随着进化论和人种学的传播,种族主义在日本活跃起来,以种族为基础来解释文明的兴衰受到史学界重视。当时编著的文明史著多把"人种"作为史学的要项,例如,高山林次郎认为,"历史的活动从某一方面看就是人种的活动"⑤,"人种是历史上的一大现象,人文的差别在多方面源于人种的不同。

---

① 参见[日]安川寿之辅:《福沢諭吉のアジア認識——日本近代史像をとらえ返す》,東京:高文研,2000年,第120页。

② 参见[日]田口卯吉:《日本人種論》,载《鼎軒田口卯吉全集》第2卷,東京:大島秀雄刊行,昭和2年,第482页。

③ 参见[日]田口卯吉:《破黄禍論》自序,载《鼎軒田口卯吉全集》第2卷,東京:大島秀雄刊行,昭和2年。

④ 参见[日]田口卯吉:《破黄禍論》,载《鼎軒田口卯吉全集》第2卷,東京:大島秀雄刊行,昭和2年,第502、496页。

⑤ [日]高山林次郎著,姉崎正治、笹川種郎編:《歴史と人種》,载《樗牛全集》第5卷,東京:博文館,昭和5年,第337页。

各人种在生理与精神方面的先天特性,尽管受到后天环境的多方面影响,但仍不失其特质"①。作为文明史论的一部分,田口卯吉的日本人种优越论在某种程度上迎合了日本政府日益膨胀的大日本主义。

　　毋庸讳言,上述思想对中国的文明史家产生了一定影响,但由于中国所面临的国内外环境及文化传统不同,最终并没有选择国家主义与殖民主义。梁启超一度受到日本功利主义学说的影响,但对世界大势及其残酷性保持了较清醒的认识:"凡他民族文明之劣弱者,必被破坏于高等之民族而缩小其范围,或被消灭于高等之民族而失亡其根本。"②"今日之欧美,则民族主义与民族帝国主义相嬗之时代也。今日之亚洲,则帝国主义与民族主义相嬗之时代也。"③"民族帝国主义者何? 团结同一民族、组织同一国家之谓也。更进言之,则吸收本族,同化异族,使成一大国家是也。今世界列强,莫不持此主义。"④民族帝国主义、殖民主义的盛行,加上《天演论》"优生劣汰"的警示,对中国而言,保国、保种是最迫切的任务。不过,与日本的国家扩张策略不同,同样是为寻求"一国之独立",梁启超等人强调的是民族团结,共御外侮:"民族主义者,世界最光明正大公平之主义也。不使他族侵我之自由,我亦毋侵他族之自由。其在于本国也,人之独立;其在于世界也,国之独立。使能率由此主义,各明其界限以及于未来永劫,岂非天地间一大快事!"⑤梁启超《新史学》反复强调史学对于民族主义的意义:"史学者学问之最博大而最切要者也,国民之明镜也,爱国心之源泉也。今日欧洲民族主义所以发达,列国所以日进文明,史学之功居其半焉。然则但患其国之无兹学耳;苟其有之,则国民安有不团结,群治安有不进化者。"该书专列"历史与人种之关系"一节,把人种作为史学核心的因素加以考察:"历史者何? 叙人种之

①　[日]高山林次郎著,姊崎正治、笹川種郎编:《人種競争としてたる極東問題》,载《樗牛全集》
　　第5卷,東京:博文館,昭和5年,第339页。
②　《国家学上之支那民族观》,《游学译编》第11册,1903年10月。
③　梁启超:《国家思想变迁异同论》,载《饮冰室合集》文集之六,中华书局1989年版,第19页。
④　酣癸:《新名词释义》,《浙江潮》第6期,1903年8月12日。
⑤　梁启超:《国家思想变迁异同论》,载《饮冰室合集》文集之六,中华书局1989年版,第20页。

发达与其竞争而已,舍人种则无历史。"①在人种激烈竞争的背景下,种族不能"自结"就有被他种所吞食的危险。1903 年,刘成禺著《史学广义篇》,也把人种列为史学的要项:"史学者,考究人种进化之顺序及法则之学也,非属形势上之证迹,而为社会中之生活。史学于社会,舍人种进化之顺序及法则,别无可言也。"②同年,曾鲲化编著《中国历史》,也有类似看法:"历史之起源,变文言之,即记人种竞争之演剧也。故其相关之紧切,如肉体之与精魂。今特发挥种族团结之大义,严本族外族之鸿沟,使爱种保种尊种之念油然而生,以养成种族主义之特质。"③面对民族危机,中国的文明史家所求的是本民族的团结与自救,而非对他族的觊觎与侵略。

四、一种史学传统的开启

外源性的文明史学理论与本土的历史经验,经由田口卯吉、梁启超等人的学术实践,产生了中、日早期文明史学。田口卯吉的《日本开化小史》为日本文明史学提供了范例,梁启超的《新史学》也具有率先垂范的意义。

文明史学从史学观念和理论方法上为中、日两国史学的近代转化奠立了基石。中、日早期的文明史学,以"人民""社会""人心"为历史研究的对象,以"文明进步"为历史认识的目标,以"智德""货财"为历史前进的动力,重视理性的因果关系叙述,这些既构成了现代性史学的核心元素,又体现了史学现代性的理论特征。自此,中、日史学走出固有的传统,以与西方共同的理论来理解历史、解释历史。与旧史学相比较,这是中、日早期文明史学的显著特征。

中、日早期文明史家在接受和传播西欧文明史学现代性理念的同时,又因应时势,结合各自民族的需要,予以改造与发挥。由此我们看到,中、日早

①　梁启超:《新史学》,载《饮冰室合集》文集之九,中华书局 1989 年版,第 1、11 页。
②　刘成禺:《历史广义内篇:人种第一》,《湖北学生界》第 1 期,1903 年 1 月。
③　横阳翼天氏:《中国历史重点内容》,载《中国历史》上,东新译社 1903 年版。

期文明史家对历史科学性的理解、对待各自历史传统的态度,以及与民族国家主义的关系上,不仅与西方不同,而且相互间也存有较大差异。这在某种程度上可视作史学现代性的多样性展开。

当然,中、日早期的文明史学也有不足之处。其中最大的问题,不在于叙述较为简单,甚至存在抄译现象,而是他们的历史价值观念。为现实所左右,他们对域外的文明史学缺乏足够的批判意识,对白种人的文明钦羡不已,自觉不自觉中接受了欧洲中心史观:"夫以狭义言之,欧罗巴文明实为今日全世界一切文明之母,此有识者所同认也。"①进而,为功利主义所诱惑,历史沦为现实的工具,某种程度上把本民族的历史当成了论证走西方必由之路的注脚。日本的近代化道路,与福泽谕吉、田口卯吉等人的文明史论有着密不可分的关联。中国的文明史学也含有一种说教的色彩,西方史家特别是日本史家对中国历史的评价,带有很大的民族偏见,甚至不乏污蔑,而中国学者往往不加甄别,采取"拿来主义"。从长远看来,这种做法一定程度上传播了错误的历史知识,损害了中国的形象,甚至造成了中国历史的整体负面化,埋下了激进反传统的隐患。

本 章 小 结

文明史学是中国文化史学的母体。文明史学起源于西欧,19 世纪 70 年代传至日本。20 世纪初,它由欧、日两条途径传入中国,其中又以日本对中国的影响为大。文明史学在中、日两国传播、译介和形成的过程中,不可避免地会有所调整和变化。

比较中、日文明史学的兴起过程,两国的文明史学既有密切关联,又各具特点。一方面,中、日早期的文明史学拥有共同的理论特征,主张以进化史观取代传统的历史观念,以民众心理、社会风俗等为研究重点,以历史的

---

①　梁启超:《新史学》,载《饮冰室合集》文集之九,中华书局 1989 年版,第 15 页。

因果关系、演化规律及公理公例为追求目标，以文明之精神为历史进步的决定性力量；另一方面，中、日早期文明史家在接受和传播西欧文明史学现代性理念的同时，又因应时势，予以改造与发挥。西方史家强调文明史学要合于自然科学，中、日史家则主要是从社会科学角度来理解文明史学；日本史家通过文明史学来确立民族自信，中国则出现了否定民族文化传统的倾向；日本早期的文明史学带有较严重的国家主义色彩，中国的文明史学则强调本民族的团结与自救。

20 世纪初的文明史学孕育了中国的文化史学，并在一定程度上决定了后者的性格。

第 三 章

从文明史、普遍史到文化专史

——梁启超"新史学"的演进理路

梁启超是 20 世纪中国著名的文化大师和史学巨擘。郑振铎指出:"梁氏的事业,除了政论家外,便始终是一位历史家。"①林志钧说:"知任公者,则知其为学虽数变,而固有其坚密自守者在,即百变不离于史。"②长期以来,梁启超所留下的史学遗产及所提出的史学问题,一直是学界关注的焦点。③

① 郑振铎:《梁任公先生》,载《小说月报》第 20 卷第 2 号,1929 年 2 月;兹据夏晓虹编:《追忆梁启超》,中国广播电视出版社 1997 年版,第 72 页。
② 林志钧:《饮冰室合集·序》,中华书局 1989 年版。
③ 比如,关于梁启超"新史学"的性质,就有民族主义史学、启蒙史学、科学史学、实证主义史学等诸多称谓。关于梁启超"新史学"的演变过程,尤其是前后期问题,学界也有截然不同的看法。日本学者神谷正男《梁啓超の歴史学》(《歴史学研究》1942 年第 12 號)将梁启超的史学划分为前后两个阶段:从戊戌到辛亥为前期,民国以后为后期。他认为,前后期虽都以文化史为研究主题,但在史观与方法上,前后两期绝异。此后,许多学者都以两个阶段立说。美国学者唐小兵《全球空间与民族主义者论述:梁启超史学思想》(*Global Space and the Nationalist Discourse of Modernity:The Historical Thinking of Liang Qichao*,Stanford:Stanford University Press,1996)则以 1920 年为界,称此前梁启超所追寻的是现代史学,此后则成为后现代主义的同道,批判理性、启蒙以及东方主义。对此,汪荣祖《论梁启超史学的前后期》持批评意见:"从变的角度看梁氏的史学,很容易将之分为截然不同的前后两期。事实上,所谓前后两期绝对不能一刀切割,前后有其承袭,后期实乃前期的进一步发展。"关于梁启超后期史学变化的原因,学者看法也不一致。黄进兴《中国近代史学上的双重危机:试论"新史学"的诞生及其所面临的困境》(《中国文化研究所学报》第 6 期,香港中文大学出版社 1997 年版)认为,梁启超的史学虽时有变化,唯总缘西学而发。他因接触亨里希·李凯尔特(Heinrich Rickert,1863—1936 年)的哲学,开始怀疑"历史里头是否有因果律",反而相信历史判断得自"直觉"。德国学者施耐德(Axel Schneider 在美国 AAS 年会上所发表的论文 World History and the Problem of Historical Relativism—Liang Ch'i-ch'ao's Historiography after 1919,后收入氏著《真理与历史——傅斯年、陈寅恪的史学思想与民族认同》,社会科学文献出版社

笔者重点关注梁启超"新史学"与文化史的关系问题。

这一问题,此前已有学者论及。神谷正男认为,梁启超的史学前后两期在史观与方法上绝异,但都以文化史为主题。① 葛志毅也认为,梁启超心目中的历史,乃是包括社会文化各方面内容的广义文化史概念。② 石川祯浩的《梁启超与文明的视点》重在阐明亚洲汇入近代西方"文明"体系过程中梁启超所扮演的角色,着眼点并不在史学,但注意到梁启超所受博克尔文明史学的影响。③ 鲍绍霖、王晴佳在论述中国现代新史学的渊源时,也述及梁启超与欧、日文明史学的联系。鲍绍霖还明确指出:"梁的'新史学'实在是文明或文化史学。"④邬国义对梁启超新史学所援用的文献作了翔实考据,认为主要是源自日本的《史学原论》等文明史著作。⑤ 总体看来,这些论著多侧重于史源的考察,而从本体上对梁启超文化史理论的研究较为薄弱,对于梁启超如何理解和建构文化史缺乏专门性讨论。

笔者以为,梁启超"新史学"的主干是文化史。从 20 世纪初年的《中国史叙论》《新史学》到 20 年代的《中国历史研究法》及补编,其间有发展变化,也有矛盾冲突,但总体上是一个逻辑展开的过程。梁启超所建构的"新史学"理论体系,从文化史角度看,它以文明史立根基,以普遍史致广大,以专门史为核心,以文化为历史的决定性力量。梁启超的文化史研究既体现了中国现代学术建立过程中由博到专、分工趋细的特点,又可看出文明史—广义文化史—狭义文化史—文化史观之间的逻辑关联。

2008 年版)则认为,梁启超后期史学著作中虽然提到一些新康德哲学家的名字及他们所用的语汇,但两者的哲学基础却有明显的不同,其后期史学思想的转变不能归于新康德主义史学的影响。

① ［日］神谷正男:《梁启超の历史学》,《历史学研究》1942 年第 12 号,第 65—92 页。
② 葛志毅:《谭史斋论稿》,黑龙江人民出版社 2001 年版,第 220 页。
③ ［日］石川祯浩:《梁启超与文明的视点》,载［日］狭间直树编:《梁启超·明治日本·西方》,社会科学文献出版社 2001 年版。
④ 鲍绍霖编:《西方史学的东方回响》,社会科学文献出版社 2001 年版,第 69 页。王晴佳:《中国近代"新史学"的日本背景——清末的"史界革命"和日本的"文明史学"》,《台大历史学报》第 32 期,2003 年 12 月。
⑤ 参见［日］浮田和民讲述:《史学通论四种合刊》代序言,李浩生等译,邬国义编校,华东师范大学出版社 2006 年版。

一、文明史学的旨趣

文明史是一个广阔的历史领域。它的界限不断变更,时至今日,仍在继续演变。① 不同的时代和国家,不同的史家,对文明史的理解各有不同。前已述及,中国的文明史学是欧、日史学汇入的结果。20 世纪初,梁启超流亡日本,完成《中国史叙论》(1901 年)、《新史学》(1902 年)、《论中国学术思想变迁之大势》(1902 年)、《中国专制政治进化史论》(1902 年)、《中国民族外竞史》(1904 年)等系列历史著作,奠定"史界革命"巨子的地位。梁启超的这些新史学著作主要源自日本文明史学的影响。本章主要是从义理、史观上探察梁启超新史学的文明史旨趣及其对于文化史的意义。

欲明梁启超史学的旨趣,先要了解 20 世纪初中国的文明开化之风。当是时,"文明""开化"已成不可抗拒的"运会"、潮流,被赋予优先价值。概言之,凡是标新于中国传统,尤其是源自西方的事事物物,都可冠以"文明"名义。在时人眼中,轮船、铁路、电线、报馆、学堂、政治民主、思想自由、社会进步、男女平等、国民教育……无一不是文明。进而,"文明"变成合理、正义的化身。新派人士结社,标以"推广支那未来之文明进化"②;清政府推行"新政",也以"文明"相号召:"诚以处物竞之时代,求战胜于人群,非有所约束之督迫之,无以日即于文明。"③针对文明崇拜之风,章太炎简赅地指出:"盖文明即时尚之异名,崇拜文明,即趣时之别语。"④不管是出于道义,还是虚荣,文明开化已靡然成风,它因应时势,挟制人心。"文明脚""文明装""文明棍""文明戏""文明结婚"……较之这些俗相,"文明史"虽属阳春白雪,但对"文明"的憧憬则别无二致。

---

① [法]费尔南·布罗代尔:《文明史:过去解释现时》,载《资本主义论丛》,顾良、张慧君译,中央编译出版社 1997 年版,第 122 页。

② 孙宝瑄:《日益斋日记》稿本,上海图书馆藏。

③ 朱有瓛主编:《中国近代学制史料》第 2 辑上册,华东师范大学出版社 1987 年版,第 898 页。

④ 太炎:《定复仇之是非》,《民报》第 16 期,1907 年 9 月。

内在地看，梁启超的文明史学与他的文明论同气连枝。作为引领潮流的思想家，从 1899 年起，梁启超对文明的理解陡转深沉。短短数年间，他先后发表《论中国人种之将来》《自由书》《国民十大元气论》（一名"文明之精神"）《呵旁观者文》《中国积弱溯源论》《十种德性相反相成义》《新民说》《近世文明初祖二大家之学说》《论学术之势力左右世界》《地理与文明之关系》等上百篇文章，影响之大，为同时代其他思想家所不及。这些文章涉及面极广，就其核心而言，多是围绕"文明"及其相关问题展开。① 《自由书》据文明开化程度，分人类社会为"野蛮之人""半开之人""文明之人"三级，并以"文明之人"为最高理想。② 《新民说》以文明程度确立国民、民族的标准。③ 《国民十大元气论》承袭福泽谕吉的观点，区分"形质之文明"与"精神之文明"，强调"精神之文明"的优先性："文明者，有形质焉，有精神焉。求形质之文明易，求精神之文明难。精神既具，则形质自生。精神不存，则形质无附。然则真文明者，只有精神而已。"④ 根据对文明的理解，他认为，多年来国人热衷的"变旧法，兴民权"等政治活动，不过是"治近因之法"、求"形质之文明"。⑤ 这种精神至上的思维方式，在梁启超著作中俯拾即是，其史学思想深受濡染。《论中国学术思想变迁之大势》说："学术思想之在一国，犹人之有精神也。而政事、法律、风俗及历史上种种之现象，则其形质也。故欲觇其国文野强弱之程度如何，必于学术思想焉求之。"⑥《新民说》声称：学术之势力左右世界，"凡一国之进步，必以学术思想为之母，而风俗、政治皆其子孙也"⑦。

"泰西者文明之国也，欲进吾国，使与泰西各国相等，必先求进吾国之

① ［日］石川祯浩：《梁启超与文明的视点》，载［日］狭间直树编：《梁启超・明治日本・西方》，社会科学文献出版社 2001 年版。

② 梁启超：《自由书》，载《饮冰室合集》专集之二，中华书局 1989 年版，第 8 页。

③ 梁启超：《新民说》，载《饮冰室合集》文集之四，中华书局 1989 年版，第 2 页。

④ 梁启超：《国民十大元气论》，载《饮冰室合集》文集之三，中华书局 1989 年版，第 61 页。

⑤ 梁启超：《自由书》，载《饮冰室合集》专集之二，中华书局 1989 年版，第 11 页。

⑥ 梁启超：《论中国学术思想变迁之大势》，载《饮冰室合集》文集之七，中华书局 1989 年版，第 1 页。

⑦ 梁启超：《新民说》，载《饮冰室合集》文集之四，中华书局 1989 年版，第 59 页。

文明,使与泰西文明相等。"①国家平等取决于文明平等,而为探求文明不等的原因,梁启超向历史寻找答案。他说:"以今日论之,中国与欧洲之文明,相去不啻霄壤。然取两域数千年之历史比较而观之,可以见其异同之故与变迁之迹;而察其原因,可以知今日现状之所由来,寻其影响,可以知将来形势之所必至。"②"列国所以日进文明,史学之功居其半焉。"③对现实问题的思考求索于历史,进而追踪史学。

20世纪初,梁启超史著的文明史意味相当浓厚,这既是一种历史必然,也是一种文化自觉。从知识脉络看,梁启超前期的新史著作如《中国史叙论》《新史学》等,对欧、日文明史家巴克尔、基佐、浮田和民、田口卯吉等人所著文明史多有引纳,某种程度上可视作"文明史"的跨语际旅行。④ 但从学理逻辑看,梁启超这些新史著作显然是其文明论的深入和延展,或者说,新史学本身即文明论的一部分。

《中国史叙论》和《新史学》各有"史(学)之界说"一节,点明了梁启超文明史学的旨趣。前文说:"史也者,记述人间过去之事实者也……近世史家之本分,与前者史家有异。前者史家,不过记载事实;近世史家,必说明其事实之关系,与其原因结果。前者史家,不过记述人间一二有权力者兴亡隆替之事,虽名为史,实不过一人一家之谱牒;近世史家,必探察人间全体之运

---

① 梁启超:《国民十大元气论》,载《饮冰室合集》文集之三,中华书局1989年版,第61页。
② 梁启超:《论中国与欧洲国体异同》,载《饮冰室合集》文集之四,中华书局1989年版,第61页。
③ 梁启超:《新史学》,载《饮冰室合集》文集之九,中华书局1989年版,第1页。
④ 《中国史叙论》第一节取材于坪内雄藏的《世界上古史》(东京专门学校出版部1889年版)、第二节"中国史之范围"取材于本多浅治郎的《西洋史教科书》,第四节"地势"和第五节"人种"采自桑原骘藏的《中等东洋史·总论》(1899年东文学社樊炳清译本题名《东洋史要》),第六节"纪年"、第七节"史之前之时代"则有浮田和民《西史通释·综论》(吴启孙译,上海文明书局发行,原名《西洋上古史》,东京专门学校出版部1889年版)的影响,第八节"时代之区分"受《东洋史要》影响。《新史学》第二节"史学之界说"参考浮田和民《史学原论》,第三节"历史与人种之关系"则取材于高山林次郎《世界文明史》。此外,还吸收福泽谕吉《文明论之概略》、坪井九马三《史学研究法》、田口卯吉《支那开化小史》与《日本开化小史》等著作的内容。《自由书·英雄与时势》《地理与文明之关系》明显源自浮田和民《史学原论》第五章"历史与地理"。参见李孝迁:《西方史学在中国的传播(1882—1949)》第四章"梁启超新史学思想之考源",华东师范大学出版社2007年版。

动进步,即国民全部之经历,及其相互之关系。"①后文分为三层,逻辑更为清楚:"第一,历史者,叙述进化之现象也。""第二,历史者,叙述人群进化之现象也。""第三,历史者,叙述人群进化之现象而求得其公理公例者也。"②梁启超强调,治史以国家、民族、群体为对象,写民史,叙述人群进化之现象。相对于中国旧史来说,这些都是划时代的革命。不过,"说明事实之关系,与其原因结果""求得其公理公例"等语,尤其值得关注。因为,在梁启超看来,"人群进化之现象"固然重要,然而这不过是史之客体,有客体而无主体,"则其史有魄而无魂,谓之非史焉可也"。"是故善为史者,必研究人群进化之现象,而求其公理公例之所在,于是有所谓历史哲学者出焉。历史与历史哲学虽殊科,要之,苟无哲学之理想者,必不能为良史,有断然也。"③只有这样,才能由现象之繁赜而达终点,求得人群进化之真相,施诸实用,贻诸来者,"使后人循其理、率其例,以增幸福于无疆也"。只有这样,才能"继续此文明,增长此文明,孳殖此文明"④,满足中国文明进步的需要。

　　比而观之,梁启超的治史目标与西方文明史家基佐、巴克尔等人一致。文明史家的目标之一,就是要建立使人们能鉴往知来的社会通则。巴克尔认为,历史学不能止于描述已然发生了的客观事实,还必须对历史进程的因果关系进行探索,阐明人类文明进步的规律性。⑤ 为梁启超所汲取,也是他本人所要倡导的,不只是"记载事实",而且要"说明事实之关系,与其原因结果"。或者说,他是要探求"文明之精神"及其前因后果。显然,梁启超所主张的不是当时在欧、日影响甚巨的考证史学,而是文明史家的理性主义史学。

　　这样,一方面出于治史效果的考虑,在研究对象上,梁启超不以政治史、

①　梁启超:《中国史叙论》,载《饮冰室合集》文集之六,中华书局 1989 年版,第 1 页。

②　梁启超:《新史学》,载《饮冰室合集》文集之九,中华书局 1989 年版,第 7—11 页。

③　梁启超:《新史学》,载《饮冰室合集》文集之九,中华书局 1989 年版,第 10 页。按:20 世纪初,不少学者并不把"历史哲学"与"文明史"概念予以严格区分,混用现象时常有之。梁启超也不例外。

④　梁启超:《新史学》,载《饮冰室合集》文集之九,中华书局 1989 年版,第 11 页。

⑤　巴克尔:《英国文明史》,南洋公学译书院 1903 年版,第 90 页。

"局部之史"为满足,追求"全体之史",尽可能扩大范围。他说:"夫欲求人群进化之真相,必当合人类全体而比较之,通古今文野之界而观察之……以求其公理公例。"在理论上,他重视史学与其他学科之间的关系。举凡与史学有关的天文学、地理学、人种学、宗教学、心理学、论理学等,"取诸学之公理公例,而参伍钩距之",以助寻得中国文明进化迟缓之原因。①

另一方面,与他的文明论一致,"公理""智识""理想"(即理论与思想的合称)在他的史学思想中占据核心地位,甚至是主导地位。"进化""进步""文明""自由"被他作为普遍观念经常拿来解释人类历史进程。而且,与西方文明史家一样②,梁启超把知识、智慧看成人类历史进步的动力:"天下必先有理论然后有事实。理论者,事实之母也。凡理论皆所以造事实。""理论之理论者,又为事实之理论之母也。"③他反复强调,学术之势力左右世界:"自天地初辟以迄今日,凡我人类所栖息之世界,于其中而求一势力之最广被而最经久者,何物也……曰:智慧而已,学术而已矣!"④由此不难理解,梁启超何以穷其一生把文化史、学术史作为他治史的主要方向。

先于"文化史",在梁启超的文明论和文明史学中,已形成一种思维方式和逻辑结构:国之强弱有赖于文明开化,文明散落于形质,收摄于精神,并决定于精神;同理,文明史也不能停滞于叙述事实,还要"将数千年之事实,网络于胸中,食而化之,而以特别之眼光,超象外以下论断",探寻公理公例。⑤ 这种思维方式和史学理念在很大程度上影响了梁启超的文化史研究。

① 梁启超:《新史学》,载《饮冰室合集》文集之九,中华书局 1989 年版,第 11 页。
② 巴克尔《英国文明史》强调,自然环境通过人的思想才能发生作用,人的心理状态、智力和知识才是决定性因素:"知识是支配文明的唯一力量。"(巴克尔:《英国文明史》,南洋公学译书院 1903 年版,第 90 页)
③ 梁启超:《新民议》,载《饮冰室合集》文集之七,中华书局 1989 年版,第 104 页。
④ 梁启超:《论学术之势力左右世界》,载《饮冰室合集》文集之六,中华书局 1989 年版,第 110 页。
⑤ 梁启超:《东籍月旦》,载《饮冰室合集》文集之四,中华书局 1989 年版,第 96 页。

二、"普遍史即一般之文化史也"

梁启超的文化史研究集中在"第二期的著述时代",也就是从 1918 年起,至他去世的这段时间。[1] 这方面的重要著作,有《中国历史研究法》(1921 年)、《什么是文化》(1922 年)、《研究文化史的几个重要问题》(1922年)、《治国学的两条大路》(1923 年)、《五千年史势鸟瞰》(1922 年)、《中国文化史——社会组织篇》(1925 年)、《中国历史研究法补编》(1926 年)等,其中涉及问题众多,这里主要就文化史与普遍史、专门史的关系予以分析。[2]

梁启超在《中国历史研究法》中曾明确区分史学为专门史与普遍史两类:"今日所需之史,当分为专门史与普遍史之两途。专门史如法制史、文学史、哲学史、美术史……等等;普遍史即一般之文化史也。"[3]在《中国历史研究法补编》中,他又提出"文化专史"的概念。那么,在梁启超的学术世界里,文化史是属于普遍史,还是专门史呢? 先看文化史与普遍史的关系。

"普遍史即一般之文化史也。"按照梁启超的规划,《中国历史研究法》是他构想中的《中国文化史》的首卷,此书初版时,题名副署"中国文化史稿第一编"。从梁启超所列《中学国史教本目录》《原拟中国通史目录》《原拟中国文化史目录》《中国文化史目录》[4],以及《中国历史研究法》第一章所列中国史之重要项目、《中国历史研究法补编》关于中国全部文化的构想看,研究对象基本一致,文化史包括政治、经济、社会诸部门。用今人的眼光

---

① 郑振铎:《梁任公先生》,载夏晓虹编:《追忆梁启超》,中国广播电视出版社 1997 年版,第 81、86 页。
② 刘家和《关于通史》一文曾就 General history、Universal history、Ecumenical history、Total history 等与普遍史有关的概念予以辩证。参见《史学、经学与思想》,北京师范大学出版社 2005 年版。
③ 梁启超:《中国历史研究法》,商务印书馆 1928 年版,第 62 页。
④ 梁启超:《中学国史教本目录》,载《饮冰室合集》文集之三十八;《原拟中国通史目录》《原拟中国文化史目录》,载《饮冰室合集》专集之四十八;《中国文化史目录》,载《中国文化史》卷首,北京师范大学讲义。

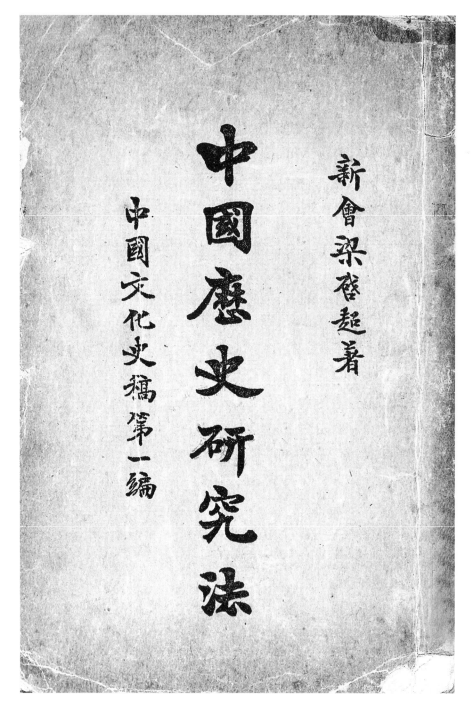

图 3-1　梁启超《中国历史研究法》书影

看来,梁启超的普遍史似乎就是"广义的文化史"。不过,历史地看,梁启超所理解的文化史与今人从唯物史观出发所理解的文化史有异。梁启超的文化史,除具有Universal History 与 General History 的一些特性外,尤其值得注意的是,文化观念在其史学中带有普遍性、一般性法则的意义。

梁启超以文化史为普遍史,表现在研究对象上,文化史是历史的本体,或者说,历史就是文化的历史。他的"文化"内涵极其广泛:"文化是包括人类物质、精神两面的业种业果而言。"①旧史偏重政治史,梁启超则对文化史表现出空前的重视和偏爱。他说:"政治的动乱不过一时的冲动,全部文化才是人类活动的成绩。"②1922 年,他在讨论中学国史教本时,明确指出,"现行教科书全属政治史性质,其实政治史不能赅历史之全部",主张"以文化史代政治史"。③

梁启超以文化史为普遍史,还表现在内部结构和叙述方式方面。横向地看,他的文化史构成并不排除政治、经济要素。例如,他的文物专史分为政治专史、经济专史、文化专史。《中国文化史目录》把"政制""法律""军政""财政"列在显要位置。《中学国史教本目录》也把政治、社会、经济列入六大部类。纵向地看,他的文化史采用纵贯古今的通史体。他多次说过,文化史研究不能拿断代体来做。他的文化史,在体例上多采用纵剖的方式,细化为文化部门的专史。

表面上看,梁启超既"以文化史代政治史",又将政治史纳入文化史之中,似乎矛盾,实则不然。因为,较之政治史、经济史等专史,他的"一般之文化史"不仅范围不同,而且层次不等。按照《中国历史研究法》的说法,"史者何? 记述人类社会赓续活动之体相,校其总成绩,求得其因果关系,以为现代一般人活动之资鉴者也"。"史也者,则所以叙累代人相续作业之情状者也……其在空际有周遍性,在时际有连续性者,乃史的范围也。""其

---

① 梁启超:《什么是文化》,载《饮冰室合集》文集之三十九,中华书局 1989 年版,第 102 页。
② 梁启超:《中国历史研究法补编》,商务印书馆 1934 年版,第 13 页。
③ 梁启超:《中学国史教本改造案并目录》,载《饮冰室合集》文集之三十八,中华书局 1989 年版,第 26 页。

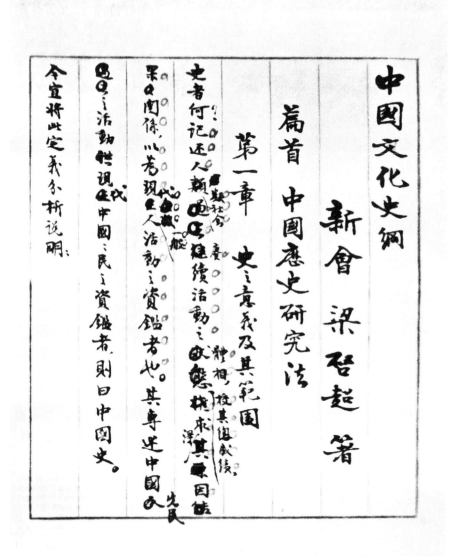

图 3-2 梁启超《中国文化史纲》手稿

性质为整个的,为成套的,为有生命的,为有机能的,为有方向的……所叙事项虽千差万别,而各有其凑笋之处。书虽累百万言,而筋摇脉注,如一结构精悍之短札也。"可见,梁启超观念中的史学是周遍的、连续的、统一的,是因果相连、含有普世法则的"总成绩"。在学术分科的背景下,相对于各科专史而言,史学要"以总神经系——总政府自居,凡各活动之相,悉摄取而论列之"。① 梁启超心目中的史学,不是无所不包的,但又涵摄万象,即超越于专史之上的普遍的、一般的文化史。文化的普遍史与诸专史既不是并立,也不是丛集关系。"普遍史并非由专门史丛集而成。作普遍史者须别具一种通识,超出各专门事项之外,而贯穴乎其间。夫然后甲部分与乙部分之关系见,而整个的文化,始得而理会也。"② 显然,梁启超的"一般之文化史"决不是政治、经济以及文化诸专史的拼贴叠加,而是有其超出象外、贯穴其间的通识、统帅、灵魂。他的通识、统帅、灵魂,即文化的观念和文化史观。

前已述及,神谷正男、唐小兵等不少学者认为,1920 年以后梁启超在史观与史法上与前期绝异。但在笔者看来,此期梁启超的史学思想,实与他的文明史著一脉相通,均以精神文化为历史的决定性因素,所不同者,形式而已。具体归为两种:

一种以《中国历史研究法》为代表,主张共同心理决定历史,史学家的主要职责在探索历史因果律及其背后的精神心理因素。与他的文明史著一致,《中国历史研究法》依然把探寻史实之间的因果关系作为史学的根本任务。他说:"不谈因果,则无量数繁赜变幻之史迹,不能寻出一系统,而整理之术穷;不谈因果,则无以为鉴往知来之资,而史学之目的消灭。故吾侪常须以炯眼观察因果关系。"③ 梁启超还指出,历史学与自然科学的因果律表现不同:历史之结果,受人的意识、群众的人格、民族的心理(或社会心理)所支配。"史家最要之职务,在觑出此社会心理之实体,观其若何而蕴积,若何

---

① 梁启超:《中国历史研究法》,商务印书馆 1928 年版,第 1、3、61、62、55 页。
② 梁启超:《中国历史研究法》,商务印书馆 1928 年版,第 63 页。
③ 梁启超:《中国历史研究法》,商务印书馆 1928 年版,第 200 页。

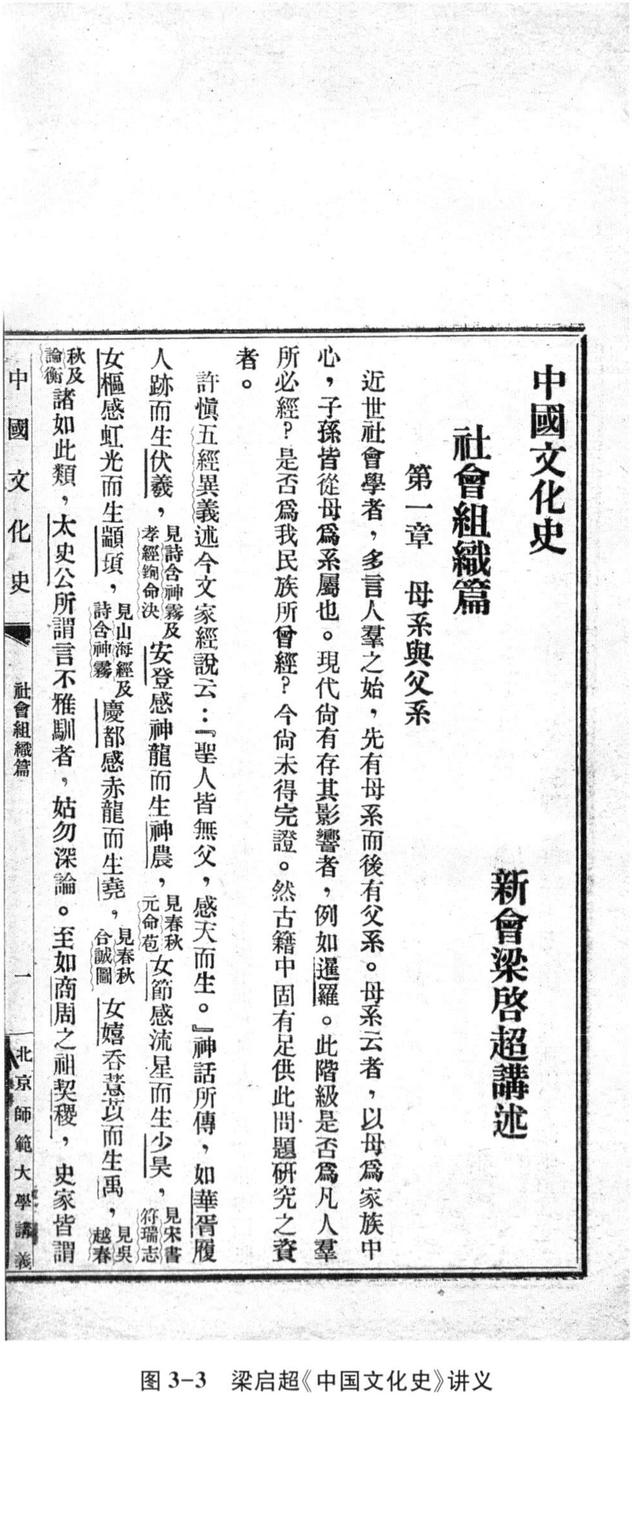
中國文化史

新會梁啓超講述

社會組織篇

第一章　母系與父系

近世社會學者，多言人羣之始，先有母系而後有父系。母系云者，以母爲家族中心，子孫皆從母爲系屬也。現代尚有存其影響者，例如暹羅。此階級是否爲凡人羣所必經？是否爲我民族所曾經？今尚未得完證。然古籍中固有足供此問題研究之資者。

許慎五經異義述今文家經說云：『聖人皆無父，感天而生。』神話所傳，如華胥履人跡而生伏羲，（見詩含神霧及孝經鉤命決）安登感神龍而生神農，（見春秋元命苞）女節感流星而生少昊，（見宋書符瑞志）女樞感虹光而生顓頊，（見山海經及詩含神霧）慶都感赤龍而生堯，（見春秋合誠圖）女嬉吞薏苡而生禹，（見吳越春秋及論衡）諸如此類，太史公所謂言不雅馴者，姑勿深論。至如商周之祖契稷，史家皆謂

中國文化史　社會組織篇　一　北京師範大學講義

图 3–3　梁启超《中国文化史》讲义

而发动，若何而变化，而更精察夫个人心理之所以作成之、表出之者，其道何由。能致力于此，则史的因果之秘密藏，其可以略睹矣。"①此处，梁启超的史观明显表现为社会心理决定论。既然全部历史问题归结为社会心理，反过来，凡与社会心理攸关的现象都可纳入其文化史考察范围。"凡史迹皆人类心理所构成"，"无论何种政治、何种思想，皆建设在当时此地之社会心理的基础之上"，②政治史、经济史理所当然属于文化史范畴。

顺便指出，不少论者认为梁启超的精神心理决定论源于欧游后西方思想的影响，因为，李凯尔特、兰普雷希特、詹姆士、柏格森等人的理论以心理学说为基础。H.李凯尔特明确主张，只有借助于心理学的普遍概念来分析历史个别性的意义时，"历史学才能成为科学"，"因此，关于历史学家，我们习惯于说，他们必须是优秀的'心理学家'"。③ 兰普雷希特也认为，历史学是一种社会心理学，主张从社会群体的心理角度去研究历史。④ 但需注意的是，此种思想早在 1904 年梁启超所著《余之死生观》中就已有直观表述："全世界者，全世界人类心理所造成；一社会者，一社会人之心理所造成；个人者，又个人之心理所造成也。"⑤而且，该文还注明，这一观点来自佛教。

另一种是《什么是文化》《研究文化史的几个重要问题》《中国历史研究法补编》等文提出的人类自由意志决定论。实际上，梁启超在《中国历史研究法》中宣讲以科学方法研究历史时，对因果律已有所怀疑。他说："严格论之，若欲以因果律绝对的适用于历史，或竟为不可能的而且有害的，亦未可知。何则？ 历史为人类心力所造成，而人类心力之动，乃极自由而不可方物。心力既非物理的或数理的因果律所能完全支配，则其所产生之历史，自

---

① 梁启超：《中国历史研究法》，商务印书馆 1928 年版，第 206 页。
② 梁启超：《中国历史研究法》，商务印书馆 1928 年版，第 15、207 页。
③ ［德］H.李凯尔特：《文化科学和自然科学》，涂纪亮译，商务印书馆 1986 年版，第 56、60 页。
④ 20 世纪 20 年代初，经何炳松、朱希祖等人提倡，中国学界对于兰普雷希特一派的史学思想已不陌生。
⑤ 梁启超：《余之死生观》，载《饮冰室合集》文集之十七，中华书局 1989 年版，第 2 页。

亦与之同一性质。"①但这里的"心力",介于心理与意志之间,意思尚较模糊。1922 年,梁启超在南京演说《什么是文化》,明确提出文化的概念:"文化者,人类心能所开积出来之有价值的共业也。"②其间,专门谈到自由意志与文化的关系:"文化非文化,当以有无价值为断","必须人类自由意志选择,且创造出来的东西才算有价值";"文化系是自由意志所支配的领土"。③按照梁启超的解释,"文化是包含人类物质、精神两面的业种业果而言"④。文化总量两大部门中,文化种(业种)是创造活力,纯属自由意志的领域;文化果(业果)是创造力的结晶,是"心能"的"环境化"。⑤ 衣、食、住及其他工具等物质的文化,言语、伦理、政治、学术、美感、宗教等精神的文化,都是业种产出的业果,是自由意志"环境化"的结晶。梁启超将这一文化的观念运用于历史,发表《研究文化史的几个重要问题》,对《中国历史研究法》的观点予以修补订正。他声称:"史迹是人类自由意志的反影","我们既承认历史为人类自由意志的创造品,当然不能又认他受因果必然法则的支配,其理甚明"。⑥ 由此,我们便不难理解,梁启超何以将政制、法律、军政、外交、社会组织、农事、田制等纳入其文化史;也不难看出,他凭借什么将诸多事项融为一体,从而建构其普遍的历史。

梁启超在宣扬自由意志创造历史时,并没有完全否定因果律,而是认为各有其适用范围。这一点多为以往研究者所忽略,从而夸大梁启超史学思想的变化。他在《研究文化史的几个重要问题》中说:文化两大部门中,文化种"纯属自由意志的领域,当然一点不受因果律束缚";文化果"成了环境化之后,便和自然系事物同类,入到因果律的领域了,这部分史料我们尽可

---

① 梁启超:《中国历史研究法》,商务印书馆 1928 年版,第 199、200 页。
② 梁启超:《什么是文化》,载《饮冰室合集》文集之三十九,中华书局 1989 年版,第 98 页。
③ 梁启超:《什么是文化》,载《饮冰室合集》文集之三十九,中华书局 1989 年版,第 98—99 页。
④ 梁启超:《什么是文化》,载《饮冰室合集》文集之三十九,中华书局 1989 年版,第 102 页。
⑤ 梁启超:《研究文化史的几个重要问题》,载《饮冰室合集》文集之四十,中华书局 1989 年版,第 5 页。
⑥ 梁启超:《研究文化史的几个重要问题》,载《饮冰室合集》文集之四十,中华书局 1989 年版,第 2、5 页。

以拿因果律驾驭他"。① 《中国历史研究法补编》把环境决定论与自由意志决定论对等看待："历史所以演成,有二种不同的解释:一种是人物由环境产生,一种是人类的自由意志创造环境……我们主张折衷两说,人物固然不能脱离环境的关系,而历史也未必不是人类自由意志所创造。"② 《治国学的两条大路》则把科学方法与直觉方法并举:"文献的学问,应该用客观的科学方法去研究";"德性的学问,应该用内省的和躬行的方法去研究"。③ 联系历史可知,五四新文化运动前后,理性主义思潮与非理性主义思潮在国内外广泛传播,梁启超的文化决定论和文化史观念,正是这种状况的反映。一方面,他受胡适等人的影响,赞同用科学的方法"整理国故",研究历史,改造国民心理;另一方面,他对西方思想家的言论又缺乏足够的批判精神和辩证态度,认为柏格森、詹姆士、杜里舒、李凯尔特等人的学说也有道理。何况,他还长期受到阳明心学、佛教哲学等本土固有文化观念的熏染。

至此,我们可以看到,梁启超文化史的普遍性不仅表现为研究对象包罗宏富,叙事结构纵横通贯,而且文化观念浸脑入髓,摄魂夺魄,超越政治、经济等因素而上升为决定历史的根本力量。

当然,梁启超以文化史为普遍史的做法并非他个人所独有,而是那一时代史学的缩影。由胡适执笔的《〈国学季刊〉发刊宣言》,曾把撰写一部系统的中国文化史作为国学研究的理想。从他所列简目看,与梁启超相当接近,计有民族史、语言文字史、经济史、政治史、国际交通史、思想学术史、宗教史、文艺史、风俗史、制度史等十种专史。④ 在很大程度上,该文也代表了北大研究所国学门的意见。吴宓在检讨清华国学研究院发展方向时,规划撰成的中国文化史,明确标榜梁启超《中国文化史》所采用的体例。⑤ 顾康伯

---

① 梁启超:《研究文化史的几个重要问题》,载《饮冰室合集》文集之四十,中华书局1989年版,第2、3页。
② 梁启超:《中国历史研究法补编》,商务印书馆1928年版,第129页。
③ 梁启超:《治国学的两条大路》,载《饮冰室合集》文集之三十九,中华书局1989年版,第110页。
④ 胡适:《〈国学季刊〉发刊宣言》,载《胡适文存》第2集,黄山书社1996年版,第10页。
⑤ 吴宓:《研究院发展计划意见书》,《清华周刊》第25卷第4号,1926年3月19日。

编著的《中国文化史》初版于 1924 年,是当时广有影响的中等师范教材。他在自序中给"文化"的定义是:"夫所谓文化者,包罗极广,举凡政治、地理、风俗、宗教、军事、经济、学术、思想,及其他一切有关于人生之事项,无不毕具。"同样采取文化史的广义。

梁启超以文化史为普遍史,与西方文化史家也多有暗合之处。启蒙运动后,编撰包罗万象的"普遍史"(universal history)成为潮流。众多史家的关注点从军事、政治事件转向具有相对持续稳定性的社会习俗、法律制度、语言、宗教等文化现象,以期发现内在的决定时代或民族精神生活总体走向的法则。维柯、伏尔泰和孟德斯鸠等人相信,人类具有共同的理性,"普遍史"就是要以文化的历史叙事,揭示人类理性发展的规律。布克哈特认为,人类历史就是人类文化的新陈代谢。他在一次演讲中说:"在一般情况下,文化史(Kulturgeschichte)即是从总体上来考察的世界史,而历史则意味着事件的发展及其相互间的联系……对我们来说,这个标准包含:是什么推动世界,什么具有贯穿始终的影响。"①德国学者戈泰因也十分强调文化的重要性。他指出:"在人类发展的许多紧要时刻,主要关键都不在政治领域……在文艺复兴、宗教改革和反宗教改革时期,思想的力量捣毁了古代的模型,并改变了世界的面貌。关于这些时期,只有文化史家才能够从政治的混乱状态里找出条理来。"②梁启超对于普遍史、一般史的理解,隐约带有他们的影子。

三、文化专史的提出

在梁启超的史学世界里,既以文化史为普遍史,又把文化史归入专史范畴。较之于《中国历史研究法》说明普遍史如何作法,短短几年后的《补

---

① 参见 Karl J.Weintraub, *Visions of culture: Voltaire, Guizot, Burckhardt, Lamprecht, Huizinga, Ortega Y Gasset*, Chicago & London: The University of Chicago Press, 1966, p.138。

② [英]乔治·皮博迪·古奇:《十九世纪历史学与历史学家》下册,耿淡如译,商务印书馆 1989 年版,第878 页。

编》，已然把文化的专史作为演讲重点。他说："文物专史是专史中最重要的部分，包括政教典章、社会生活、学术文化种种情况。"他把文化分为广、狭二义，尤其强调狭义文化的意义："人所以能组织社会，所以能自别于禽兽，就是因为有精神的生活，或叫狭义的文化。文化这个名词有广义、狭义二种，广义的包括政治、经济，狭义的仅指语言、文字、宗教、文学、美术、科学、史学、哲学而言。狭义的文化尤其是人生活动的要项。"①《补编》中的"文物专史"实即广义的文化史，而"文化专史"则对应狭义的文化概念。

文化史由普遍到专门，其间的历史变化与逻辑关系值得关注。20 世纪20 年代，梁启超史学思想的变化一方面受外国史家与史著的影响②，另一方面，时代思潮、文化环境的变动也不应忽视。

五四新文化运动时期，强调从思想文化上寻找解决问题的出路，几乎成为知识界的共识。在此过程中，"文化"这一概念逐渐突显出来，进而超越"文明"，大为流行。③ 受此熏染，1919 年，梁启超著《欧游心影录》，以今日之我与昨日之我宣战，一改此前对西方"文明"的崇拜④，满怀忧虑地说："他们有句话叫做'世纪末'，这句话的意味……从广义解释，就是世界末日，文明灭绝的时刻快到了。"⑤他重新审视"文明"的内涵，反躬自省，专注董理"吾家旧物"，努力钻研中国文化史。

梁启超的狭义文化概念也非自家独创。随着文化运动的深入开展，泛化的"文化"概念不能满足时代需要，狭义的"文化"随之产生。例如，陈独秀于 1920 年在《新青年》撰文指出："要问'新文化'是什么，先要问'文化'是什么。文化是对军事、政治（是指实际政治而言，至于政治哲学

---

① 梁启超：《中国历史研究法补编》，商务印书馆 1934 年版，第 176、178 页。

② 杜维运《梁著〈中国历史研究法〉探原》等文已对《中国历史研究法》与朗格诺瓦、瑟诺博斯的《史学原论》，伯伦汉的《史学方法论》以及坪井九马三《史学研究法》的渊源作了探讨。

③ 这一问题，可参见黄兴涛：《晚清民初现代"文明"和"文化"概念的形成及其历史实践》，《近代史研究》2006 年第 6 期。

④ 此前对文明的崇拜，如梁启超《新史学》说："吾辈食今日文明之福……而继续此文明，增长此文明，孳殖此文明，又是我们对于后人不可不尽之义务也。"

⑤ 梁启超：《欧游心影录》，载《饮冰室合集》专集之二十三，中华书局 1989 年版，第 15 页。

仍应该归到文化)、产业而言,新文化是对旧文化而言。文化底内容,是包含着科学、宗教、道德、美术、文学、音乐这几样;新文化运动,是觉得旧的文化还有不足的地方,更加上新的科学、宗教、道德、美术、文学、音乐等运动。"① 比而观之,梁启超对狭义文化的解释与陈独秀相当接近。尽管并不见得梁启超受到陈的直接影响,但却足以说明,梁启超对于文化的理解与时代思潮相关。

文化专史的提出与现代史学制度的建设密切关联。20 世纪 20 年代,中国史学正朝着学院化与专业化迈进。在学科建置上,北京大学于 1917 年设置中国史学门,1919 年废门改系,与文学系、哲学系分途,跨出了现代中国史学学院化与独立化的重要一步。同时,改革课程设置,除开设社会科学和史学理论等课程外,重点讲授通史、断代史和专门史。其中,专门史设有本国哲学史、宗教史、欧洲文化史、本国经济史、外国经济史、中国文学史,等等。② 正如有学者指出:"专史的提出既代表了传统知识结构中'学科'界域的成形,另一方面也说明了史学研究开始逐渐走向分科专门之途。传统中国史的范围在专史的分化下,形成一支支独立的专业学科。"③ 梁启超所在的清华学校虽然到 1929 年才改制为大学,但 1925 年已开始招收大学部学生,并成立历史系。从 1926 年清华国学院风潮看,梁启超、吴宓等人在当时已经面对并思考学科专业化和学术专门化问题。④ 他的《中国历史研究法补编》等文化史著作,正是在该时段完成的。同时,知识分类的变化也要求梁启超对其博通的文化史作出调整,以增强可操作性和适用性:"史学范围,当重新规定,以收缩为扩充也。学术愈发达则分科愈精密,前此本为某学附庸,而今则蔚然成一独立科学者,比比然矣。中国古代,史外无学,举凡人类智识之记录,无不丛纳于史,厥后经二千年分化之结果,各科次第析出,

① 陈独秀:《新文化运动是什么》,《新青年》第 7 卷第 5 号,1920 年 4 月。
② 罗志田主编:《20 世纪的中国:学术与社会》(史学卷下),山东人民出版社 2001 年版,第 561 页。
③ 罗志田主编:《20 世纪的中国:学术与社会》(史学卷下),山东人民出版社 2001 年版,第 562 页。
④ 罗志田主编:《20 世纪的中国:学术与社会》(史学卷下),山东人民出版社 2001 年版,第 575 页。

例如天文、历法、官制、典礼、乐律、刑法等,畴昔认为史中重要部分,其后则渐渐与史分离矣。"①显然,在知识分类和学术分科观念的影响下,梁启超逐渐接受了以分科专门的形态来研究历史的方式,而他的"文化专史"在某种程度上正是这一方面的学术实践。

一门学科欲独立,必先厘清学科所涵摄的范围。狭义的文化专史构成如何? 按照梁启超的理解,"文化非文化,当以有无价值为断"。据此,他把宇宙事物分为两系,一是自然系,二是文化系。文化系又包括人类物质、精神两面。狭义的文化史,简言之,即精神层面文化的历史。② 梁启超《中国历史研究法补编》辟有专章阐述"文化专史及其做法"。他说:"狭义的文化譬如人体的精神,可依精神系发展的次第以求分类的方法。文化是人类思想的结晶。思想的发表,最初靠语言,次靠神话,又次才靠文字。思想的表现有宗教、哲学、史学、科学、文学、美术等。"③从这里看,狭义的文化,接近于今人常用的"思想文化"。《中国历史研究法补编》列举出七种文化专史,即语言史、文字史、神话史、宗教史、学术思想史、文学史、美术史。之所以以此七种为主,梁启超认为,前三种是思想发表的工具,后四种是思想的载体和表现。其中,学术思想史又分为四部:道术史(哲学史)、史学史、自然科学史、社会科学史。这七种文化专史多与现代学术科目对应,对象明确,界限清晰,明显反映出现代分科观念的影响。布罗代尔说:"所谓结构,实际上就是那些不受急风暴雨的影响而长期存在的东西。"④在梁启超看来,较之于政治、经济,这七种专史结构起来的狭义文化史"最是人生的要项",能够反映人类心理、意志和思想。对比前述《中国通史目录》《中国文化史目录》及《中学国史教本目录》,可以看出,狭义的文化专史实即其中"文化"部分的独立化、专门化。

---

① 梁启超:《中国历史研究法》,商务印书馆 1928 年版,第 53 页。
② 梁启超:《什么是文化》,载《饮冰室合集》文集之三十九,中华书局 1989 年版,第 98、102 页。
③ 梁启超:《中国历史研究法补编》,商务印书馆 1934 年版,第 192 页。
④ [法]费尔南·布罗代尔:《文明史:过去解释现时》,载《资本主义论丛》,顾良、张慧君译,中央编译出版社 1997 年版,第 161 页。

　　最后说明一点，梁启超的狭义文化史虽源于五四新文化运动时期，但其文化史观念与陈独秀、胡适等人有很大不同。梁启超以文化为决定历史的力量，在他看来，狭义文化史较广义文化史，尤为重要。唯物史观信奉者推动了文化的广、狭义之分，认为政治、经济、社会不属于狭义的文化，文化不仅不能决定于这些事象，反而依附于这些事象。陈独秀说："有一班人并且把政治、实业、交通都拉到文化里面了。我不知道他们因为何种心理看得文化如此广泛至于无所不包……政治、实业、交通都是我们生活所必需，文化是跟着他们发达而发生的，不能说政治、实业、交通就是文化。"[1]李大钊认为："凡一时代，经济上若发生了变动，思想上也必发生变动。换句话说，就是经济的变动，是思想变动的重要原因。"[2]可见，文化观念在陈独秀、李大钊那里并不具有决定性、普遍性地位。从学术实践看，新文化运动时期，"整理国故"与中国文化史研究实为一体，梁启超与胡适、顾颉刚等人整理国故，均以撰成《中国文化史》为目标和理想，但他们的文化史观念却不一样。胡适等人主张用科学的方法来研究历史，重新估定中国文化的价值，而不是认同其历史价值。胡适说："整理国故只是研究历史而已，只是为学术而作工夫，所谓实事求是是也，从无发扬民族精神感情的作用。"[3]顾颉刚也说："我们看国学是中国的历史，是科学中的一部分，所以我们研究的主旨在于用了科学方法去驾驭中国历史的材料，不是要做成国粹论者。"[4]傅斯年说得更为直截："国故的研究是学术上的事，不是文学上的事；国故是材料，不是主义。"[5]梁启超也主张用科学方法研究历史，但与胡适等人有很大不同。他提出《治国学的两条大路》：第一条大路，便是近人所讲的"整理国

① 独秀：《文化运动与社会运动》，《新青年》第 9 卷第 1 号，1921 年 5 月。
② 李大钊：《由经济上解释中国近代思想变动的原因》，《新青年》第 7 卷第 2 号，1920 年 1 月。
③ 胡适：《胡适致胡朴安》，载《胡适来往书信选》上册，中华书局 1979 年版，第 497 页。
④ 顾颉刚：《1926 年始刊词》，《北京大学研究所国学门周刊》第 2 卷第 13 期，1926 年 1 月 6 日。
⑤ 傅斯年：《毛子水〈国故和科学的精神〉识语》，载欧阳哲生主编：《傅斯年全集》第 1 卷，湖南教育出版社 2003 年版，第 262 页。

故";而治国学最特出之点,仍不在"整理国故",其学为何? 即用内省的和躬行的方法去研究人生哲学,也就是第二条大路。① 梁启超的《中国历史研究法补编》在论述中国史学传统时,专门列出"史与道"的关系,强调指出:"这种以史明道的学术之发达及变迁,为研究中国史学史所不可不注重之点,在外国是没有的。"②梁启超学术研究中对中国文化史所表现出的敬重,是胡适等人所没有的。

本 章 小 结

本章以中国新史学的领军人物梁启超为个案,探讨文化史学生成过程中如何由一般意义上的文明史,转变为广义上的文化史,进而缩小范围至狭义上的文化专史。

20 世纪初年,梁启超所著的《中国史叙论》和《新史学》采用的是文明史范畴,20 年代初的《中国历史研究法》采用的是广义的文化史范畴,稍后的《中国历史研究法补编》则聚焦到了狭义的文化史。这一转变过程,与中国史学的现代化特别是学科化步调一致。从文化史学的角度看,它符合学术发展的内在逻辑。梁启超所建构的"新史学"理论体系,以文明史立根基,以普遍史致广大,以专门史为核心,以文化为历史的决定性力量。

简言之,这一个案既体现了中国现代史学由博到专、分工趋细的特点,又可看出文明史—广义文化史—狭义文化史—文化史观之间的逻辑关联。

---

① 梁启超:《治国学的两条大路》,载《饮冰室合集》文集之三十九,中华书局 1989 年版,第114 页。

② 梁启超:《中国历史研究法补编》,商务印书馆 1928 年版,第 239 页。

第 四 章

"国故"如何整理成"文化史"

——以胡适《〈国学季刊〉发刊宣言》为中心的讨论

　　1923 年,北京大学创办《国学季刊》,揭开了"整理国故"运动的大幕。由胡适执笔的《〈国学季刊〉发刊宣言》,被奉为这场运动兴起的标志。对于"整理国故"运动,学界此前已发表了较多成果,并有学者从五四新派学人纷繁复杂的思想论争中寻绎出一条内在理路:"从正名到打鬼。"①值得关注的是,这一理路的得出,主要依据"政治式的整理国故论"②,也就是时人对"国故"之"用"的不同认识。笔者在此拟聚焦"科学的整理国故",以《〈国学季刊〉发刊宣言》为中心,从学术史角度检视"整理国故"的理论方法,辨析"国学"与"文化史"的关系,反思传统学术现代转型所带来的问题。③

---

① 罗志田:《国家与学术:清季民初关于"国学"的思想论争》,生活・读书・新知三联书店 2003 年版,第 307 页。与本论题关系较为密切的著作还有陈以爱:《中国现代学术研究机构的兴起——以北大研究所国学门为中心的探讨》,江西教育出版社 2002 年版;徐雁平:《胡适与整理国故考论——以中国文学史研究为中心》,安徽教育出版社 2003 年版;卢毅:《整理国故运动与中国现代学术转型》,中共中央党校出版社 2008 年版。

② 语出吴文祺:《重新估定国故学之价值》,载许啸天辑:《国故学讨论集》上,群学社 1927 年版,第 31 页。

③ 关于"整理国故"运动何时式微,学界有不同认识。[美]施耐德《顾颉刚与中国新史学》(梅寅生译,台北华世出版社 1984 年版,第 88 页)、罗志田《民国趋新学者区分国学与国故学的努力》(《社会科学研究》2001 年第 4 期)等定在 20 年代末期,笔者遵从此说。因为,《国学季刊》因经费支绌,1925 年被迫中断;1927 年,北大国学门被勒令改为国学研究馆,学术工作实际陷入停顿;1927 年 2 月,厦大国学院宣布停办;清华国学院因王国维、梁启超先后谢世而趋于瘫痪。综合这些现象,至 20 年代末,"整理国故"可以说告一段落,尽管在 30 年代中期仍有不少国学研究成果问世。胡适晚年曾以中国文化史上的"哥白尼革命"比喻当年的"整理国故"。(见胡适:

一、《〈国学季刊〉发刊宣言》:建立新范式的宣言书

胡适在 1922 年 11 月 9—15 日的日记中合写道:"这一星期之中……作《〈国学季刊〉序言》,约一万多字,颇费周折;这是代表全体的,不由我自由说话,故笔下颇费商量。我做的文章之中,要算这篇最慢了。"[①]18 日的日记,又有:"晚上修改《季刊》序》。此序给玄同看过,他有信来,指出几点,故引起我的更动。"[②]胡适颇费心思撰写的这篇序言即《〈国学季刊〉发刊宣言》。

《国学季刊》由北京大学研究所国学门主办。1923 年 1 月,由胡适执笔的《发刊宣言》先是以不具名的方式刊发于《国学季刊》创刊号,后在《北京大学日刊》连载三天,翌年全文收入《胡适文存》出版。该文反映了"整理国故"运动的总规划,在中国现代学术史上极具影响力。胡适晚年作口述自传,自称为"主张以新的原则和方法来研究国学的'宣言'"[③]。余英时论史学革命时,视之为建立新范式的正式宣言。[④] 但他们并未将这一问题展开予以具体阐述。笔者以为,该宣言对于认识 20 世纪二三十年代的文化史研究,特别是"国学"与"文化史"之间的复杂关系,具有重要意义。

《发刊宣言》所讨论的内容较为广泛,从学术史角度观察,其核心是设计了一套通过"整理国故"、实现传统学术现代转型的指导性方案。 这里拟

《胡适口述自传》,唐德刚整理,《胡适全集》第 18 卷,安徽教育出版社 2003 年版,第 420 页)笔者认为,他所说的"哥白尼革命"契合库恩"科学革命"的含义,即"一种范式通过革命向一种范式的过渡"。(见[美]托马斯·库恩:《科学革命的结构》,金吾伦、胡新和译,北京大学出版社 2003 年版,第 11 页)故此,为方便论述,本书选择了"范式"作为概念工具。

① 胡适:《日记》,载《胡适全集》第 29 卷,安徽教育出版社 2003 年版(2007 年第 2 次印刷),第 833 页。

② 胡适:《日记》,载《胡适全集》第 29 卷,安徽教育出版社 2003 年版(2007 年第 2 次印刷),第 834 页。

③ 胡适:《胡适口述自传》,唐德刚整理,载《胡适全集》第 18 卷,安徽教育出版社 2003 年版(2007 年第 2 次印刷),第 375 页。

④ 参见[美]余英时:《〈中国哲学史大纲〉与史学革命》,载《重寻胡适历程——胡适生平与思想再认识》,广西师范大学出版社 2004 年版,第 232 页。

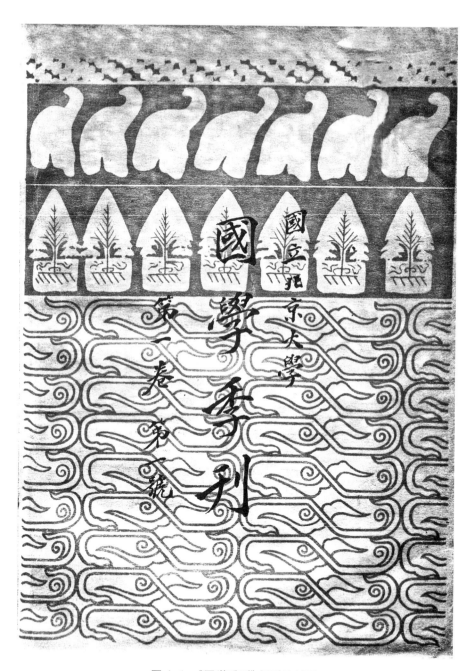

图 4-1 《国学季刊》创刊号封面

借范式为概念工具,着重分析其从"国学"走向"文化史"的学术脉络。

综览全文,该宣言紧密围绕三个核心概念"古学"、"国学"与"文化史"展开。胡适用这三个概念分别指代不同时段的学术形态(或者说"范式"):"古学"指代过去,"国学"代表当下,"文化史"则是未来的目标和方向。通过"整理国故",中国学术将实现现代转化,由"古学""国学"过渡到"文化史"。

第一,宣言总结了"古学"的成绩与不足,指出"国学"不同于"古学"。

"古学"一词并非胡适新创,20世纪初年,邓实、许守微、梁启超等人已多次使用过该词。值得注意的是,胡适虽接承了"古学"之名,但在指涉对象和用法上却有显著差异。邓实等所言"古学"主要指先秦学术,例如他们所说的"古学复兴",所"复兴"的就是先秦学术;胡适则将"古学"从先秦扩展至清代,即整个中国传统学术。邓实等所使用的"古学"与"国学"存在一种极为密切的关系,可以说"古学"即"国学"①;胡适则力图就二者做严格界分,突出二者的不同性质。

在宣言开篇,胡适如此描述古学界的状况:"近年来,古学的大师渐渐死完了,新起的学者还不曾有什么大成绩表现出来。在这个青黄不接的时期,只有三五个老辈还在那里支撑门面。"他认为古学的衰落,并不能代表国学的式微。"有些人还以为孔教可以完全代表中国的古文化,所以他们至今还梦想孔教的复兴,甚至于有人竟想抄袭基督教的制度来光复孔教。有些人还以为占文古诗的保存就是古学的保存了,所以他们至今还想压语休文字的提倡与传播。至于那些静坐扶乩,逃向迷信里去自寻安慰的,更不用说了。在我们看来,这些反动都只是旧式学者破产的铁证……如果这些举动可以代表国学,国学还是沦亡了更好!"他强调,不同于古学,国学非但不会沦亡,反而充满希望。"我们不但不抱悲观,并且还抱无穷的乐观。我们深信,国学的将来,定能远胜国学的过去,过去的成绩虽然未可厚非,但将来的成绩一定还要更好无数倍。"②

《发刊宣言》一方面总结了古学近三百年来在"整理古书""发现古书"

---

① 参见郑师渠:《晚清国粹派:文化思想研究》,北京师范大学出版社1997年版,第123页。
② 《发刊宣言》,《国学季刊》第1卷第1号,1923年1月。

"发现古物"等方面取得的成绩；另一方面，着重指出古学研究的缺点：（1）研究的范围太狭窄了；（2）太注重功力而忽略了理解；（3）缺乏参考比较的材料。宣言所列"古学"所缺的三点，实际上正是"国学"的新异之处，或者说今后努力的方向。他说："我们借鉴于前辈学者的成功与失败，然后可以决定我们现在和将来研究国学的方针。""（1）扩大研究的范围。（2）注意系统的整理。③博采参考比较的资料。"

《发刊宣言》提出以"国学"区分"古学"，得到一批学者的响应。许啸天专门编辑了《国故学讨论集》，他认为，"从前老前辈嘴里常常标榜的什么'经史之学''文献之学''汉学''宋学'"，"那班穷秀才"所附庸的"烂调的时文诗赋"，乃过时的古学，实质上并不具备国故学的资格。① 吴文祺也把"乾嘉大师""老秀才"的学问排除在国故学之外，他说："乾嘉大帅［师］不遗余力地提倡国故学，但是终还不过'桐城谬种''选学妖孽'及'乌龟八股'的势力！前清的科举余孽，能有几个懂国故学的？虽然不能说他们个个不懂，但据我所知道的，十个秀才有九个不懂。"②顾颉刚也认为北大所治的国学与"老学究们"异趣，反对把"国学"一名送给后者。③

第二，宣言提出要打破成见，扩充国学研究领域，把"一切过去的历史文化"都作为有待考证的资料。

从扩大研究范围的角度，胡适提出了他的"国学"概念："'国学'在我们的心眼里，只是'国故学'的缩写。中国的一切过去的文化历史，都是我们的'国故'；研究这一切过去的历史文化的学问，就是'国故学'，省称为'国学'。"④"古学"的研究范围集中在经学⑤；"国学"则要破除古学的门户界限，脱离经学的羁绊，拓展研究的范围。"我们现在要扩充国学的领域，包括上下三四千年的过去

---

① 许啸天：《国故学讨论集·新序》，群学社 1927 年版，第 3、4 页。
② 吴文祺：《重新估定国故学之价值》，载许啸天辑：《国故学讨论集》上，群学社 1927 年版，第 48 页。
③ 顾颉刚：《一九二六年始刊词》，《北京大学研究所国学门周刊》第 2 卷第 13 期，1926 年 1 月。
④ 《发刊宣言》，《国学季刊》第 1 卷第 1 号，1923 年 1 月。
⑤ 《发刊宣言》说："这三百年的古学，虽然也有整治史书的，虽然也有研究子书的，但大家的眼光与心力注射的焦点，究竟只在儒家的几部经书。"

文化,打破一切的门户成见:拿历史的眼光来整统一切,认清了'国故学'的使命是整理中国一切文化历史,便可以把一切狭陋的门户之见都扫空了。"①

"历史的眼光",即实验主义所说"历史的态度"(The Genetic Method)。按照胡适的说法,"这就是要研究事务如何发生,怎样来的,怎样变到现在的样子"②。换言之,"把一切学理不看作天经地义,但看作研究问题的参考材料"③。这实际上是一个"祛魅",或者说解构的过程:脱了"儒书一尊"的成见,经学既不是"经",也不成为"学",而是与佛藏、道藏一样——不管是正统还是邪门,处于同等的位置,变成了有待审订的文化历史资料。④

胡适关于"国学"的解释,对中国传统学术而言,无疑是一场革命。包括经学在内的"古学"变成了国学研究的文化历史资料,这绝不仅是形式的改变。正如林毓生所说,新的范式的突破性的发现,除了与旧的范式具有辩证的关系以外,乃是"内在理性"(internal rationality)的突破。⑤ 扼要而言,《发刊宣言》在"内在理性"上的突破,除"历史的眼光"外,还源自胡适一贯倡导的"评判的态度"⑥。他在《新思潮的意义》一文中曾明确指出,"对于中国旧有的学术思想","也是评判的态度"。并用尼采的话解释说:"'重新估定一切价值'八个字便是评判的态度的最好解释。"⑦而这种"评判的态

---

① 《发刊宣言》,《国学季刊》第 1 卷第 1 号,1923 年 1 月。
② 胡适:《实验主义》,载《胡适文存》第 1 集,黄山书社 1996 年版,第 216 页。
③ 胡适:《新思潮的意义》,载《胡适文存》第 1 集,黄山书社 1996 年版,第 531 页。
④ 胡适:《胡适口述自传》,唐德刚整理,载《胡适全集》第 18 卷,安徽教育出版社 2003 年版(2007 年第 2 次印刷),第 373 页。
⑤ 林毓生:《平心静气论胡适》,载欧阳哲生选编:《解析胡适》,社会科学文献出版社 2000 年版,第 23 页。
⑥ 顺便说明,1921 年 7 月底,胡适应东南大学及南京高等师范暑假学校之邀,以"研究国故的方法"为题作了一次专题演讲。翌年 10 月,胡适同题又在北京高等师范学校讲了一遍。在这两次演讲中,胡适格外强调研究国故"总要有疑古的态度才好"!但在撰写《发刊宣言》时,胡适为减少与国学门同人学术观点的分歧,避免不必要的争议,有意回避了"大胆的疑古"。(可参见陈以爱:《中国现代学术研究机构的兴起——以北大研究所国学门为中心的探讨》,第 180—185 页)因此,本章未把疑古问题列入讨论范围。
⑦ 胡适:《新思潮的意义》,载《胡适文存》第 1 集,安徽教育出版社 2003 年版(2007 年第 2 次印刷),第 528、532 页。

度"又以"科学的精神"为基础。《发刊宣言》表示:"整治国故,必须……各还他一个本来面目,然后评判各代各家各人的义理的是非。不还他们的本来面目,则多诬古人。不评判他们的是非,则多误今人。但不先明了他们的本来面目,我们决不配评判他们的是非。"祛除先见,追求真相,成为国学研究的内在要求和学术自觉。以历史的眼光、评判的态度、科学的精神重新审视,"过去种种,上自思想学术之大,下至一个字、一只山歌之细,都是历史,都属于国学研究的范围"①。由此,不仅子学、史学摆脱经学而得解放,戏曲、小说和歌谣也受到前所未有的重视。正如吴文祺所说:"在科学家事事求真的意义底下,无论国故是神模也好,是化石也好,都有研究的价值。"②这就从学术理念和研究对象上为整理和研究文化史做了准备。

第三,宣言提出国学的总目标是要做成文化史,"整理国故"就是整理本国的文化史,国学研究由此与现代(西方)学术接轨。

《发刊宣言》指出:"学问的进步不单靠积聚材料,还须有系统的整理。"在历史的眼光下,"国故"原不过是无系统、无组织的材料。胡适多次说:"中国底国故书籍,实在太没有系统了。历史书,一本有系统的也找不到。"③"二千四百多卷的《清经解》,除了极少数之外,都只是一堆'流水'烂账,没有条理,没有系统。"④仅把"古学"还原为历史资料,根本不能称作科学。时人称:"自来诠科学者,家各异说,人各异辞,要皆认为有系统之知识。"⑤早在20世纪初,王国维的老师藤田丰八就跟他说过:"自近世历史为一科学,故事实之间不可无系统,抑无论何学,苟无系统之智识者,不可谓之科学。"王国维以此衡量中国旧史,发现旧史没有系统,"单可称史料而已,不得云历史"⑥。到五四

① 《发刊宣言》,《国学季刊》第1卷第1号,1923年1月。
② 吴文祺:《重新估定国故学之价值》,载许啸天辑:《国故学讨论集》上,群学社1927年版,第36页。
③ 胡适:《"研究国故"的方法》,载《胡适全集》第13卷,安徽教育出版社2003年版(2007年第2次印刷),第43页。
④ 《发刊宣言》,《国学季刊》第1卷第1号,1923年1月。
⑤ 宫廷璋:《以科学方法整理国故其步骤若何》,《民铎》第4卷第3号,1923年8月。
⑥ 王国维:《东洋史要序》,见桑原骘藏:《东洋史要》,樊炳清译,东文学社1899年版。

时期,"无科学则史学不能立"已然成为共识。① 按照科学的原则和方法,对国故予以系统的整理,成为"整理国故"的必然要求。《发刊宣言》提出,系统的整理可分为三部:(甲)索引式的整理;(乙)结账式的整理;(丙)专史式的整理。② "索引式的整理是要使古书人人能用,结账式的整理是要使古书人人能读,这两项都只是提倡国学的设备";最终的目标和方向则是整理成系统的中国文化史。

"国学的使命是要使大家懂得中国的过去的文化史;国学的方法是要用历史的眼光来整理一切过去文化的历史。国学的目的,是要做成中国文化史。国学的系统的研究,要以此为归宿。一切国学的研究,无论时代古今,无论问题大小,都要朝着这一个大方向走。只有这个目的可以整统一切材料;只有这个任务可以容纳一切努力;只有这种眼光可以破除一切门户畛域。

我们理想中的国学研究,至少有这样的一个系统——中国文化史:1.民族史,2.语言文字史,3.经济史,4.政治史,5.国际交通史,6.思想学术史,7.宗教史,8.文艺史,9.风俗史,10.制度史。这是一个总系统。"③

第四,宣言具体提出了整理成系统的文化史的态度、步骤和方法。

"整理"即英文之 Systematize,④意思是说把"国故"即文化史资料形塑成科学的系统。胡适在国学门恳亲会上专门解释说:"我们所提倡的'整理国故',重在'整理'(两)个字。'国故'是'过去的'文物,是历史,是文化史;'整理'是用无成见的态度,精密的科学方法,去寻求那已往的文化变迁

---

① 如李泰棻认为:"史学者,以史为一种科学对于古人著作除整理取舍外,尤须阐明其因果变迁之由。"萧一山说:"史学者,钩稽史实之真象,为有组织有系统之研究,以阐明其事变演进之迹,并推求其因果相互之关系者也。"郑鹤声说:"无史学则科学不能成,无科学则史学不能立。"(参见郑鹤声:《汉隋间之史学》,《学衡》第33期,1924年9月)

② 1924年1月,胡适在东南大学国学研究会以"再谈谈整理国故"为题发表演讲,简要阐述了《发刊宣言》的主要观点。值得指出的是,在这次演讲中,他在"索引式的整理"之前,加入了"读本式的整理",从而出现四种整理方式。

③ 《发刊宣言》,《国学季刊》第1卷第1号,1923年1月。

④ 胡适:《留学日记》,载《胡适全集》第28卷,安徽教育出版社2003年版(2007年第2次印刷),第582页。

沿革的条理线索,去组成局部的或全部的中国文化史。不论国粹国渣,都是
'国故'。我们不存什么'卫道'的态度,也不想从国故里求得什么天经地义
来供我们安身立命。北大研究所的态度可以代表这副精神,决不会是误解
成'保存国粹''发扬国光'。"①简言之,"整理国故"所要采取的是一种科学
的客观的态度。

除索引式整理、结账式整理,胡适重点讲解了专史式整理的步骤和
方法。

倡导以中国文化史为国学之系统,实际上是以现代学科意义的"文化
史"来演绎国学。鉴于国故的材料太纷繁了,初学者无从下手,无从入门,
《发刊宣言》主张先做一番专史式的整理工夫。

"第一,用现在力所能搜集考定的材料,因陋就简的先做成各种专史,如
经济史、文学史、哲学史、数学史、宗教史……之类。这是一些大间架,他们的
用处只是要使现在和将来的材料有一个附丽的地方。第二,专史之中,自然
还可分子目,如经济史可分时代,又可分区域;如文学史、哲学史可分时代,又
可分宗派,又可专治一人;如宗教史可分时代,可专治一教,或一宗派,或一派
中的一人。"②文化史分为各种文化专史,各种文化专史再细分为各种子目。

如此,"整理国故"转换成了"研究历史",包括经、史、子、集在内的旧
学,都属于"国故",都成了研究历史的"材料"。"国学"担当了新旧转换的
变压器,输入的是旧学"材料",输出的是新式"专史"。经此"整理",中国
传统学术体系被分解,然后被归入现代西式学术系统。在此过程中,"文化
史"既扮演了概念工具的角色,又代表了国学的新形式和新范式。③

---

① 《研究所国学门第四次恳亲会纪事》,《北京大学研究所国学门月刊》第 1 卷第 1 号,1926 年 10
月,第 143、144 页。
② 《发刊宣言》,《国学季刊》第 1 卷第 1 号,1923 年 1 月。
③ 毛子水说:"有国故必有'国新','国新'就是现在我们中国人的学术思想。"也就是"国故
学"。又说:"古人的学术思想是国故,我们现在研究古人的学术思想,这个学问亦就是我们
的'国新'了。这个学问,应该叫做'国故学':他自己并不是国故,他的材料是国故。"(见毛子
水:《国故和科学的精神》,《新潮》第 1 卷第 5 号,1919 年 5 月)借用毛子水的说法,"文化史"
实际上是"国新"的一部分。

在现代分科观念的作用下,用科学部勒国学研究的资料,"一个囫囵的国故学"便变成了切实可做的民族史、语言文字史、经济史、文学史、哲学史、宗教史等文化专史。有感于此,1925年,尚在留学的刘复说:"我们只须一看北京大学研究所国学门中所做的工,就可以断定此后的中国国学界必定能另辟一新天地:即使是一时还不能希望得到多大的成绩,总至少能开出许许多多古人所梦想不到的好法门。"①各文化专史就是有待开辟的"新天地""好法门"。范式转换对于学术革命的意义由此可见一斑。到30年代,随着北大、清华、厦大等国学研究机关的解体或改名,国学研究渐趋消沉,"中国文化史"则广为人们所接受。

"整理国故的呼声倡始于太炎先生,而上轨道的进行则发轫于适之先生的具体的计划。"②顾颉刚较客观地点出了胡适所作出的贡献。"整理国故"的想法虽非胡适首创,但他因势利导,在"国故之学"与"中国文化史"之间建立起密切的递接关系,的确表现了学界领袖的睿智。由他执笔的《发刊宣言》高屋建瓴地说明了国学研究的原则和方法,开启了新的学术范式,引领了学术潮流。

继北京大学之后,东南大学、清华大学、厦门大学等高校也分别成立了专门性的国学研究机构,创办了学术刊物。这些机构(或刊物)的宗旨或存有出入,但主张以中国的文化历史作为国学研究的对象、把"国故"整理成为"文化史",则与《〈国学季刊〉发刊宣言》基本一致。由东南大学和南京高等师范学校国学研究会同人创办的《国学丛刊》(1923年3月),其《编辑略例》明确表示:该刊以"整理国学,增进文化"为宗旨。东南大学国学院设立于1924年,该院由顾实起草的《整理国学计划书》不仅赞同"以科学理董国故",而且具体列出了《中国民族史》《中国语言文字史》《中国思想学术史》《中国文学史》《中国诗史》《中国词史》等20余种计划整理的学术长编

---

① 刘复:《〈敦煌掇琐叙目〉叙》,《北京大学研究所国学门周刊》第1卷第3期,1925年10月28日。
② 顾颉刚:《古史辨自序》,河北教育出版社2003年版,第74页。

目录。① 这些长编,正是《〈国学季刊〉发刊宣言》所列 10 种文化专史的扩展,学术目标大同小异。学衡派与北大新文化派思想对立,但为贯彻"昌明国粹,融化新知"的宗旨,所实行的也是通过研究国学而撰成《中国文化史》的路径。清华国学研究院仿旧日书院及英国大学制度而设,在组织办法、学术精神等方面与北大国学门颇有不同,然观《研究院章程》及吴宓的《清华开办研究院之旨趣及经过》,他们对于"国学"的理解与《〈国学季刊〉发刊宣言》也无实质性差异。② 所聘四大导师王国维、梁启超、赵元任、陈寅恪不仅是用科学方法研究国学的著名学者,而且,梁启超还是中国最早倡导"文化史"理论方法并身体力行者。

　　总之,《〈国学季刊〉发刊宣言》所提出的"整理国故"方案,在传统学术与现代学术、在"古学"与"文化史"之间搭建了一座桥梁。从历史学角度说,这也可称作一份文化史学的研究方案。

二、"整理国故"与文化史研究间的紧张

　　《〈国学季刊〉发刊宣言》指出了"整理国故"的目标、方向、步骤和方法,推动了中国历史文化研究。但从"整理国故"运动中胡适等人治学的态度和方法看,"科学的整理国故"又与文化史研究存有内在紧张,一定程度上影响了其目标的实现。

(一)"东方学"的态度

　　从性质上归属,"国故学"("国学")对应的是海外的"东方学""中国

---

① 顾实:《国立东南大学国学院整理国学计画[划]书》,《国学丛刊》第 1 卷第 4 期,1923 年 12 月。
② 如吴宓说:"兹所谓国学者,乃指中国学术文化之全体而言,而研究之道,尤注重正确精密之方法(即时人所谓科学方法),并取材于欧美学者研究东方语言及中国文化之成绩。"与《〈国学季刊〉发刊宣言》比较,精神旨趣并无二致。(见吴宓:《清华开办研究院之旨趣及经过》,《清华周刊》第 24 卷第 2 号,1925 年 9 月 18 日)

学"或"支那学"。1922 年 9 月,沈兼士如此向同人说明国学门的研究任务:"窃以为东方文化自古以中国为中心,所以整理东方学以贡献于世界,实为中国人今日一种责无旁贷之任务。"①更准确地说,国学门所致力的是"中国学"。这从《国学季刊》和北大国学门的译名可清晰看出。《国学季刊》每期封底附有该刊的英文译名"The Journal of Sinological Studies"和北大国学门的译名"The School of Sinological Research at the National University of Peking","Sinological Studies""Sinological Research"即海外的"中国学"或"汉学"。《国学季刊》封三"编辑略例"则直接使用了"中国学"一词,明确宣称该刊主旨是发表国内外学者研究"中国学"的成果。《史地学报》在介绍北大《国学季刊》时也说:"国学之为名,本难确定其义。在世界地位言之,即中国学。"②有人注意到,胡适提倡"整理国故",实际上就是"要照着西方'汉学家'与受西方'汉学家'影响的日本'支那学家'的研究方法和范围去作研究"③。1932 年,北大国文系课程指导书对此也有总结说明:"近数十年来,各国多有所谓 Sinologist 者,用其新眼光来研究我国的学问,贡献甚大。日本以文字、历史、地理的关系,其所谓'支那学'的成绩,最近二三十年,尤多可观。老实说,近年提倡国故整理,多少是受了这种 Sinologist 或'支那学'的刺激而发的。"④

我们知道,"东方学"(Oriental Study)原是西方学者用以指 19 世纪以来欧洲兴起的以亚洲地区历史文化为研究对象的一种学问,就大方向划分,在西方隶属于"古典学"范畴。这种学问伴随欧洲国家到东方进行殖民扩张而兴起。其中一些专注于中国历史文化研究的,形成"中国学"或"汉学",在日本则称之为"支那学"。中国学者对这种学问加以效仿,在摆脱自身成

---

① 沈兼士:《筹划北京大学研究所国学门经费建议书》,载《沈兼士学术论文集》,中华书局 1986 年版,第 362 页。
② 《史地界消息》,《史地学报》第 2 卷第 4 号,1923 年 5 月。
③ 牟润孙:《北京大学研究所国学门》,(香港)《大公报》1977 年 2 月 9 日;转引自桑兵:《晚清民国的国学研究》,上海古籍出版社 2001 年版,第 275 页。
④ 《国立北京大学中国文学系课程指导书》(1932 年 9 月),北京大学档案全宗号 1,案卷号 274。

见、吸收先进成果、引进科学方法等方面自有其重大意义，不可否认。但是，"东方学"带有贬低中国和中国历史的性质，中国学者把自己民族的历史文化视作他者，把"五四"以前的历史等同于"古典学"，明显有简单化之嫌。从毛子水宣称"国故是过去的已死的东西"①，钱玄同认为"研究中国的学术等于解剖尸体"②，到胡适向国故"打鬼""捉妖"，曹聚仁、吴文祺强调"国故学"不能省掉"故"字③，都存在戴着有色眼镜看中国的倾向。

对于采取"东方学"的态度和立场，即便认为科学无国界、主张引进科学以整理国故的何炳松、郑振铎等人，也认为不妥。何炳松说："欧洲学者将'中国学'（Sinology）与埃及学、巴比仑学、阿速学并视等观，本已十分侮蔑了我们，我们又何必'过而效之'呢？""我们试再想一想：我们有所谓'埃及学'，因为埃及早已亡国了，古代埃及人早已死完了。""我们中国现在依然是中国，中国民族依然是中国的民族。为什么我们自己不能明白自己学术的内容？不能估定他的价值？不能明定他在世界学术上的地位？这不是我们读书人的奇耻大辱吗？现在我们假使还要仿西洋学者对待埃及、亚述的学术的办法，厚起脸皮用国学两个字来对待本国的学术，掩饰自己的没出息，这不但是盲从，简直是毫无心肝了。"④用"国故"取代"国粹"，已经与传统保持了距离；以"国故之学"对应于"中国学"，意味着至少在主观上不再认同中国历史文化的生命活力和主流价值。张东荪、熊十力等对此问题表现得更为敏感。张东荪批评说："我以为'整理国故'所负的使命实在很大，而可怜一班整理国故的人们完全见不及此。我们把国故当作欧洲学者研究

---

① 毛子水：《国故和科学的精神》，《新潮》第 1 卷第 5 号，1919 年 5 月。
② 钱玄同：《敬答穆木天先生》，载《钱玄同文集》第 2 卷，中国人民大学出版社 1999 年版，第 188 页。
③ 曹聚仁说："'国故'二字之重心在'故'，于'故'乃知所研究之对象为过去文化思想之僵石，乃知此研究之对象，已考终于'五四运动'之际，乃知此研究之对象与化学室之标本同其状态……故愚以为国故学，必当称为'国故学'，决无可省之理。"他对"故"的强调，实际上是从研究对象上对"国故学"性质的限定。参见《春雷初动中之国故学》，载许啸天辑：《国故学讨论集》上，群学社 1927 年版，第 90、91 页。
④ 参见何炳松《论所谓"国学"》及郑振铎的"引子"，《小说月报》第 20 卷第 1 号，1929 年 1 月。

埃及文字与巴比伦宗教一样看待,简直把中国文化当作已亡了数千年的骨董来看。所谓国学直是考古学。外国人研究中国学术取这样的态度原不足怪。最可笑的是中国人因为外国人如此,所以亦必来仿效一下,而美其名曰科学方法。我愿说一句过激的话:就是先打倒目下流行的整理国故的态度,然后方可有真正的整理,有了真正的整理方可言有所谓国故。不然全是骨董,我们今天救死不遑,那里有闲暇去玩弄骨董呢!"①熊十力则以"剥死体"来形容"整理国故",他说:"六经本弃置已久,至此又剥死体……自兹以后,学子视六经,殆如古代之器物。而其考核及之者,亦如西洋考古家,考察灭亡蕃族之遗物已耳。"②针对胡适等人的偏颇,美国学者白璧德也发出警告:"须知中国在力求进步时,万不宜效欧西之将盆中小儿随浴水而倾弃之。简言之,虽可力攻形式主义之非,同时必须谨慎,保存其伟大之旧文明之精魂也。"③

"文化史"则不同于"国故"。无论在时人还是后人眼中,文化史都理应是文化进化和进步的历史。轻视、排斥和否定本民族文化精神,根本不可能写出真正的文化史。换言之,不存在脱离本民族文化精神的文化史。若照着西方人的路数下去,"整理国故"走到极端,必然会得出中国没有文化、没有历史的结论,根本不可能实现整理成系统的"文化史"的目标。退一步说,即便写出了文化史,也不是完全意义上的文化史。胡适等人要求祛除"古学"的家派成见,但他们在"整理国故"时的"洋学"成见,对于编纂中国文化史而言,同样是一种障碍。如何把死的"国故"整理成活的"文化史",的确是一项难题。

沿着"东方学"的思路,曹聚仁就曾一再申述"国故"自"国故"、"文化"自"文化","国故之学"自"国故之学"、"文化史"自"文化史",各不相侔。他说:"愚之私意则以为国故与东方文化之不相同,固较然易知,即'中国文

---

① 张东荪:《现代的中国怎样要孔子》,《正风半月刊》第 1 卷第 2 期,1935 年 1 月。

② 熊十力:《读经示要》,中国人民大学出版社 2006 年版,第 8 页。

③ 胡先骕:《白璧德中西人文教育说》,《学衡》第 3 期,1922 年 3 月。

化'亦未可与'国故'相提并论也。文化一语,原义实指一民族精神方面之发展为多,即威尔曼教授(Willmann)所谓言语、文学、信仰、礼拜、艺术、工艺、经济之创作之全体。中国文化则指中国之言语、文学……等创作之全体而言,若'国故'则仅指其以文字表现于纸片者而言,两者决不可混而为一。"①进而,他又指出,尽管胡适以"国故"为过去之文化历史,但不可把"国故学"理解为"中国文化史"。"国故学之对象限于国故,国故之质有限制,其时间性亦有限制。与中国文化史、中国学术史虽有相关涉之处,其职务其断限,则各不相侔。如叙述中国文学之因果流变,文学史之职责也;若以探究中国过去文学之特殊色彩,及特殊构造为职志者,则为国故学之一部分。"②由此看,"整理国故"与文化史研究之间,尚有一段距离。

（二）文献学的方法

"苟不采科学上之方法,则整治国故之一语,殆属毫无意义。"③所谓的"科学的整理国故",主要是就方法而言。而他们所采用的方法,主要是以考据为代表的古典文献学方法。众所周知,胡适一生治学嗜好考据。20世纪二三十年代,他先后发表《"研究国故"的方法》《再谈谈"整理国故"》《校勘学的方法》等文,专门介绍"整理国故"的方法。从这些文章看,他所讲的主要还是古文献的整理方法。唐德刚认为,胡适的治学方法"始终没有跳出中国'乾嘉学派'和西洋中古僧侣所搞的'圣经学'(Biblical Scholarship)的窠臼"。具体说,"训诂学、校勘学和考据学——也就是'整理国故'之学"。④ 胡适求学时期,曾受过杜威、赫胥黎、浦斯格等人的熏陶,他的治学方法自非乾嘉考据学所能限,不过,文献考证方法在

---

① 曹聚仁:《国故学之意义与价值》,《东方杂志》第22卷第4号,1925年2月。

② 曹聚仁:《春雷初动中之国故学》,载许啸天辑:《国学讨论集》上,群学社1927年版,第91页。

③ 叶恭绰:《北京大学国学研究馆开学演说词》,载《遐庵汇稿》,参见"近代中国史料丛刊"正编第16辑第158册,台北文海出版社1968年版,第763页。

④ 唐德刚语,见胡适:《胡适口述自传》,唐德刚整理,载《胡适全集》第18卷,安徽教育出版社2003年版,第292、287页。

胡适的学术研究中的确处于极其重要的地位,余英时就说:"胡适的学术基地自始即在中国的考证学。"①"整理国故"的其他几位代表人物,如钱玄同、顾颉刚、傅斯年等,也是以考证见长。顾颉刚乃至用"考据"来代表北大研究所国学门的生命。他说:"考据的工作原是我们这个学术机关的生命,只要我们这个机关有一天的存在就该做一天的本分的工作。"②作为《发刊宣言》的学术实践,《国学季刊》1923—1927年所发表的37篇论文,研究方法以考证为主。

吴文祺等人论证国故学是一门专门的科学,所依据的也正是"整理国故"的文献学方法。他认为,只有考订学、文字学、校勘学、训诂学这几种学问,才是"纯粹的国故学"③。曹聚仁则以胡适、俞平伯之小说的考证,梁启超、顾颉刚之史的考证,陆侃如、吴小模之诗歌的考证成绩说明:"纯粹的国故学"以"新考证学"为中心。④ 郑振铎的说法更为绝对,他认为"国学家"其实是除了古书的训诂之外一无所知的专门学者。⑤ 简言之,就方法论而言,国故学即是以考证为核心的历史文献学。

"无史料斯无历史矣。"⑥法国学者朗格诺瓦的这句名言,20年代的中国学者对此并不陌生。"整理国故"所提倡的以考证为代表的科学方法不仅直接推动了现代学术转型,⑦而且在文献考订等方面为建设中国文化史奠定了重要基础。这些成绩值得肯定。但反过来说,史料仅是构成史学的要件,绝非史学本身;文献考订仅是通向文化史的一步,而不是全部。正如日本著名文化史家石田一良所指出,史料的编辑,即便是史料的编年或类

① [美]余英时:《〈中国哲学史大纲〉与史学革命》,《重寻胡适历程——胡适生平与思想再认识》,广西师范大学出版社2004年版,第231页。
② 顾颉刚:《一九二六年始刊词》,《北京大学研究所国学门周刊》第2卷第13期,1926年1月。
③ 吴文祺:《重新估定国故学之价值》,载许啸天辑:《国故学讨论集》上,群学社1927年版,第42页。
④ 曹聚仁:《春雷初动中之国故学》,载许啸天辑:《国故学讨论集》上,群学社1927年版,第95页。
⑤ 郑振铎:《且慢谈所谓"国学"》,《小说月报》第20卷第1号,1929年1月。
⑥ [法]朗格诺瓦、瑟诺博司:《史学原论》,李思纯译,商务印书馆1926年版,第1页。
⑦ 如曹聚仁指出:"此方法于现代学术影响綦多,现代学术之曙光,皆造端于斯。"参见《春雷初动中之国故学》,载许啸天辑:《国故学讨论集》上,群学社1927年版,第96页。

聚,"也绝对称不上历史,是历史学以前的东西"①。过于依赖考证学方法,"整理国故"实难以完成向"文化史"的转型。

第一,文献考证学方法不能解决文化史所要求的人文精神问题。对此,时人已有认识。1923 年 1 月,梁启超在东南大学国学研究所发表演讲时指出,治国学有两条大路,仅凭文献考证方法并不能走通:"一、文献的学问,应该用客观的科学方法去研究。二、德性的学问,应该用内省的和躬行的方法去研究。第一条路,便是近人所讲的'整理国故'这部分事业。"必须第一条路走通了才能走到第二条路上去,但第二条路与第一条绝不相同,"这可说是国学里头最重要的一部分,人人应当领会"。② 学衡派以新人文主义为宗旨,认为研究古人古史在方法上离不开了解与同情、综贯与会通,仅凭考据难以识得中国文化的精神。该学派的代表人物柳诒徵指出,国故有可整理者,亦有无俟整理者;中国文化的精神,则惟待后人之继续进行。"孜孜考据者,虽日出而不穷,而前人之精神,乃徒留于纸面,不复见于今日之中国矣。故余谓今日学者第一要务,在继续前人之精神,不可徒骛于考据校勘之事,奉考据校勘片文只字之书,为中国无上之学,而于圣哲所言大经大法,反而视若无睹。"③1926 年,钱基博在为《国学文选类纂》作序时也说:仅凭科学方法并不能究明"人之所以为人之道",胡适等人整理国故"舍'人文主义'而言国学,是遗其精华而拾其糟粕,祛其神明而袭其貌焉也"。④

第二,文献考证学方法难以构建起文化史的系统。梁启超、钱穆等既在国学研究领域富有建树,又是较为成熟地运用文化史范式开展学术研究的代表性人物,他们对"科学的整理国故"的局限性有清醒的认识。梁启超在清华学校授课,讲到最近中国史学的趋势时,对"科学的整理国故"不无针

---

① [日]石田一良:《文化史学:理论与方法》,王勇译,浙江人民出版社 1989 年版,第 42 页。
② 梁启超:《治国学的两条大路》,载《饮冰室合集》文集之三十九,中华书局 1989 年版,第 110、114 页。
③ 柳诒徵:《论大学生之责任》,《学衡》第 6 期,1922 年 6 月。
④ 钱基博:《总叙》,载《国学文选类纂》,傅宏星校注,华中师范大学出版社 2013 年版,第 113、118 页。

对性地批评说:"最近几年来时髦的史学,一般所注重的是别择资料……发现前人的错误而去校正他,自然是很好的工作。但流弊乃专在琐碎的地方努力,专向可疑的史料注意,忘了还有许多许多的真史料不去整理。""真想治中国史,应该大刀阔斧,跟着从前大史家的作法,用心做出大部的整个的历史来,才可使中国史学有光明发展的希望。"[①]钱穆《国史大纲》对此也有反思,他尖锐地指出:"考订派""震于'科学方法'之美名,往往割裂史实,为局部窄狭之追究。以活的人事,换回死的材料。治史譬如治岩矿,治电力,既无以见前人整段之活动,亦于先民文化精神,漠然无所用其情。彼惟尚实证,夸创获,号客观,既无意于成体之全史,亦不论自己民族国家之文化成绩也"[②]。吴宓的《文学研究法》一文并不以中国为研究对象,文中对"考据"也有类似看法:"该派之人于学问不事博通而能专精,但流于干枯狭隘。盖皆熟悉文字之源流、语音之变迁,其于文章,惟以训诂之法研究之。一字一句之来源,一事一物之确义,类能知之。而于文章之义理、结构、词藻,精神美质之所在,以及有关人心风俗之大者,则漠然视之。"[③]依赖考据,可能会获得一些专门知识,但难以打通义理,形成系统,看清大体。推而言之,不可能产生系统的文化史。

实际上,随着"整理国故"运动的进行,科学派对自身方法上的弊端已有察觉。1930年,傅斯年在《考古学的新方法》一文中指出:"古代史的材料,完全是属于文化方面,不比现代材料,多可注意于人事方面,因为文化史,特别是古代史的着意点,不是单靠零碎的物件,一件一件的去研究,必定有全部的概念方可。用一件一件的东西去研究,固然有相当的结果,所得究竟有限,况其物的本身,间有可怀疑之处,所以应当注重整个的观念……同属一物,在各处所表现的意义,就各不相同;如后来不以全体的

---

① 梁启超:《中国历史研究法补编》,载《饮冰室合集》专集之九十九,中华书局1989年版,第167、168页。
② 钱穆:《引论》,《国史大纲》上册,商务印书馆1996年版,第4页。
③ 吴宓:《文学研究法》,《学衡》第2期,1922年2月。

观念去研究,就不能得到很多的意义,和普遍的知识。所以要用整个的文化观念去看,才可以不致于误解。"①他已注意到具体史实考证无法解决文化史学所要求的整体观念问题。

"整理国故"与文化史目标间的这种紧张,一定层面上也可以说是中国人文传统与现代西方科学理论间的隔阂所致。下面,再从学术实践层面,以胡适的《中国哲学史大纲》(卷上)为例,具体分析他是如何处理这种紧张关系的。

三、作为文化专史的《中国哲学史大纲》

胡适之所以能够执笔《发刊宣言》,其重要原因在于他在中国哲学史研究方面的成就和声誉。特别是他的《中国哲学史大纲》(卷上),被不少人推奉为文化专史的典范。值得追问的是,既然国学研究与整理成系统的中国文化史之间存在紧张关系,那么,胡适本人是如何撰成文化专史——《中国哲学史大纲》(卷上)的呢?为形成清楚的认识,笔者拟结合他的哲学史和思想史研究成果,来探讨这一问题。②

按照梁启超"新史学"的说法,文化史之成立,"必说明其事实之关系,与其原因结果",并"叙述人群进化之现象而求得其公理公例"③。柳诒徵《中国文化史·绪论》也指出:"治历史者,职在综合人类过去时代复杂之事实,推求其因果而为之解析,以诏示来兹,舍此无所谓史学也。"④也就是说,通过对历史事实的综合和贯通,解释和说明历史的因果联系、进化现象和公

---

① 傅斯年:《考古学的新方法》,载欧阳哲生主编:《傅斯年全集》第 3 卷,湖南教育出版社 2003 年版,第 89 页。

② 胡适后来喜欢把"中国哲学史"叫作"中国思想史",他在口述自传中说:"我个人所从事的批判性的整理国故的工作,至少也有两大目标:一个便是中国文学史;另一个便是中国哲学史。后来我总喜欢把'中国哲学史'改称为'中国思想史'。"(胡适:《胡适口述自传》,唐德刚整理,载《胡适全集》第 18 卷,安徽教育出版社 2003 年版,第 420、421 页)

③ 梁启超:《中国史叙论》,载《饮冰室合集》文集之六,第 1 页;《新史学》,载《饮冰室合集》文集之九,中华书局 1989 年版,第 10 页。

④ 柳诒徵:《中国文化史》上册,上海古籍出版社 2001 年版,第 1 页。

理公例,乃构造"文化史"必不可少的程序。具体到中国哲学史也不例外,陈寅恪说:"今日所得见之古代材料,或散佚而仅存,或晦涩而难解,非经过解释及排比之程序,绝无哲学史之可言。"①

胡适的治学实践以考证学为特色,但并不意味着他在思想上轻视解释和贯通。他曾多次强调后者的重要性。1921 年 10 月,他与顾颉刚会谈时说:"整理史料固重要,解释(interpret)史料也极为重要。中国止有史料——无数史料,——而无有历史,正因为史家缺欠解释的能力。"②他在《发刊宣言》中专门批评清儒"太注重功力而忽略了理解",并强调指出:"学问的进步有两个重要方面:一是材料的积聚与剖解,一是材料的组织与贯通。前者须靠精勤的功力,后者全靠综合的理解。"③《中国哲学史大纲》(卷上)径把"贯通"列为整理哲学史料不可或缺的重要方法,胡适在导言中说:"没有校勘,我们定读误书;没有训诂,我们便不能懂得书的真意义。这两层虽极重要,但是作哲学史还须有第三层整理的方法。这第三层,可叫做'贯通'。贯通便是把每一部书的内容要旨融会贯串,寻出一个脉络条理,演成一家有头绪有条理的学说。"④胡适所寻出的,便是名学方法。名学方法,如同一条金线,将中国哲学史料贯通串联起来,形成系统。

《中国哲学史大纲》(卷上)把中国哲学史划分为三个时代:自老子至韩非,为古代哲学,又称诸子哲学;自汉代至北宋,为中世哲学;宋代以后,为近世哲学。该书讲述的主要是老子、孔子至荀卿、韩非时代的古代哲学,作者以名学方法和知识论为主线,不仅用以考察和评判诸子哲学的异同,⑤而且以此把诸子学说组织起来,形成哲学史体系。他认为,中国古代的知识论发

---

① 陈寅恪:《审查报告一》,载冯友兰:《中国哲学史》下册,华东师范大学出版社 2000 年版,第432 页。
② 胡适:《日记》,载《胡适全集》第 29 卷,安徽教育出版社 2003 年版,第 416 页。
③ 《发刊宣言》,《国学季刊》第 1 卷第 1 号,1923 年 1 月。
④ 胡适:《中国哲学史》,载《胡适全集》第 5 卷,安徽教育出版社 2003 年版,第 219 页。
⑤ 如该书一改圣学道统,而以名学方法为区分儒墨的标准:"儒墨两家根本上不同之处,在于两家哲学的方法不同,在于两家的'逻辑'不同。"(见胡适:《中国哲学史》,载《胡适全集》第 5卷,安徽教育出版社 2003 年版,第 324 页)

端于老子、孔子,中经墨子,到《墨辩》方臻精密。40 年后,胡适为该书台北版作记,依然把这一点作为其独步之处。他说:"我这本书的特别立场是要抓住每一位哲人或每一个学派的'名学方法'(逻辑方法,即是知识思考的方法),认为这是哲学史的中心问题。"①作为《中国哲学史大纲》(卷上)的基石,胡适 1917 年完成的博士学位论文"A Study of the Development of Logical Method in Ancient China"(胡适译为《中国古代哲学方法之进化史》,1982 年学林出版社出版时译为《先秦名学史》),以及同年发表的《先秦诸子进化论》,更为显著地体现了这一特色。《先秦名学史》直接以先秦诸子的逻辑方法及其进化为论述主题,认为"哲学的发展是决定于逻辑方法的发展的",中国哲学的未来,大有赖于恢复先秦诸子那丰富的逻辑理论和方法。② 他把老子的"道"、孔子的思想、《易经》以及《墨子》等都从逻辑方法的角度加以讨论。

中古哲学部分,胡适的《中国哲学史大纲》(卷中)仅给后人留下了残篇《汉之哲学》。该篇与上卷一脉相承,重点阐述了《淮南子》的知识论和董仲舒的名学。不过,结合相关论著,仍可看出胡适中古哲学的主脉和特点。自20 年代初至 30 年代中期,他发表了十几万字的中国佛教史论著,以及多篇论述儒教和道教的文章。他认为,中古期是宗教化时代,佛教、儒教、道教同时流行,思想的特色是"思想的宗教化""人生观的印度化"及"中国思想与印度思想的暗斗"。③ 他对道教持严厉的批评态度,认为道教的圣书《道藏》"是一大套从头至尾,认真作假的伪书","其中充满了惊人的迷信,极少学术价值"。④ 他"对佛家的宗教、哲学两方面皆没有好感",认为"禅宗佛教里百分之九十,甚或百分之九十五,都是一团胡说、伪造、诈骗、矫饰和装腔作势","佛教在全中国自东汉到北宋千年的传播,对中国的国民生活是有

---

① 胡适:《〈中国古代哲学史〉台北版自记》,载《胡适全集》第 5 卷,安徽教育出版社 2003 年版,第 537 页。
② 胡适:《先秦名学史》,载《胡适全集》第 5 卷,安徽教育出版社 2003 年版,第 6、12 页。
③ 胡适:《中国中古思想小史》,载《胡适全集》第 6 卷,安徽教育出版社 2003 年版,第 282 页。
④ 胡适:《胡适口述自传》,唐德刚整理,载《胡适全集》第 18 卷,安徽教育出版社 2003 年版,第421 页。

害无益,而且为害至深且巨"。① 胡适晚年甚至以"耙粪工作"比喻他的中古哲学史研究:"我只是坦白地招认,我的任务之一,便是这种'耙粪工作'(muckraking)[把这种中国文化里的垃圾耙出来]罢了。"②正如唐德刚所说:"胡先生的'科学',常常领着他去骂和尚,说'个个和尚都说谎!'"③显然,胡适研究中古宗教,采取的仍是知识论的立场。

近世时期,胡适有时喜欢用"现代"这个范畴来表示。他认为,自宋以后,中国进入"现代的中国文艺复兴阶段"。这一阶段的目标是"反抗中古的宗教,和打倒那支配中国思想历时千年之久的佛教和一切洋教","把倒转的东西再倒转过来,他们披心沥血的来恢复佛教东传以前的中国文化、思想和制度"。④ 宋儒从《大学》里找寻到了探寻古文明的新工具和科学方法——"格物"⑤。"格物的科学方法"举足轻重,它是胡适论述近世哲学的总枢纽。他在《先秦名学史》中说:"总之,中国近代哲学的全部历史,从11世纪到现在,都集中在这作者不明的一千七百五十字的小书(指《大学》——引者注)的解释上。确实可以这样说,宋学与明学之间的全部争论,就是关于'格物'两字应作'穷究事物'或'正心致良知'的解释问题的争论。"⑥胡适所谓的"中国文艺复兴",简单说,就是复兴先秦诸子的逻辑方法。他认为,在"中国文艺复兴"阶段,宋儒、清儒都表现出了前所未有的科学精神和方法。他在批评梁漱溟《东西文化及其哲学》时指出:"一千年的黑暗时代逐渐过去之后,方才有两宋的中兴。宋学是从中古宗教里滚出来的。程颐、朱熹一派认定格物致知的基本方法,大胆的疑古,小心的考证,十分明显的表示一种'严刻的理智态度,走科学的路'。这个风气一开,中间

---

① 胡适:《胡适口述自传》,唐德刚整理,载《胡适全集》第18卷,安徽教育出版社2003年版,第421、422页。

② 胡适:《胡适口述自传》,唐德刚整理,载《胡适全集》第18卷,安徽教育出版社2003年版,第423页。

③ 胡适:《胡适口述自传》,唐德刚整理,载《胡适全集》第18卷,安徽教育出版社2003年版,第396页。

④ 胡适:《胡适口述自传》,唐德刚整理,载《胡适全集》第18卷,安徽教育出版社2003年版,第440页。

⑤ 胡适:《先秦名学史》,载《胡适全集》第5卷,安徽教育出版社2003年版,第6页。

⑥ 胡适:《先秦名学史》,载《胡适全集》第5卷,安徽教育出版社2003年版,第8页。

图 4-2　胡适《中国哲学史大纲》扉页

虽有陆、王的反科学的有力运动,终不能阻止这个科学的路重现而大盛于最近的三百年。这三百年的学术,自顾炎武、阎若璩以至戴震、崔述、王念孙、王引之,以至孙诒让、章炳麟,我们决不能不说是'严刻的理智态度,走科学的路'。"①他的《清代思想史》《清代学者的治学方法》《戴东原的哲学》《几个反理学的思想家》等文,都极其推崇清儒的治学方法,认定他们富有科学的眼光和实证的精神。②

胡适透过"创造性的"古典时代→宗教化(反科学)的中古时代→"中国文艺复兴"的近世时代,凿出了一条中国哲学的进化之路。胡适以知识论和科学方法为主线,实现了中国哲学史的系统化。

值得关注的是,约与此同期,柳诒徵编撰了第一部规模较大的《中国文化史》。该书并不采知识论的立场,而是以儒家的人伦道德为宗主,极力表彰周孔、程朱及明清诸儒的儒家人格和士人精神,与胡适的提法存在很大差异。由此追问的是,胡适何以选择以知识论和科学方法作为中国哲学史的线索,依据何在?

胡适晚年曾对这一问题有过认真总结。他说:"我治中国思想与中国历史的各种著作,都是围绕着'方法'这一观念打转的。'方法'实在主宰了我四十多年来所有的著作。从基本上说,我这一点实在得益于杜威的影响。"③在对方法的重视这一点上,胡适所受杜威实验主义的影响无疑是巨大的。具体地说,杜威的实验主义方法——"历史的方法"和"实验的方法"(胡适有时称之为"重新估定一切价值"和"大胆的假设,小心的求证"),在

---

① 胡适:《读梁漱溟先生的〈东西文化及其哲学〉》,载《胡适文存》第2集,安徽教育出版社2003年版,第178、179页。

② 顺便指出,胡适晚年修正了《清代学者的治学方法》等文中对朱熹的指责,反复强调朱子"格物"方法的科学性,还说汉学家治学能用"假设"。参见罗尔纲:《胡适晚年对〈清代学者的治学方法〉的修正》,载《师门五年记·胡适琐记》,生活·读书·新知三联书店1998年版,第226—232页;又参见胡适:《胡适口述自传》,唐德刚整理,载《胡适全集》第18卷,安徽教育出版社2003年版,第443页。

③ 胡适:《胡适口述自传》,唐德刚整理,载《胡适全集》第18卷,安徽教育出版社2003年版,第249页。

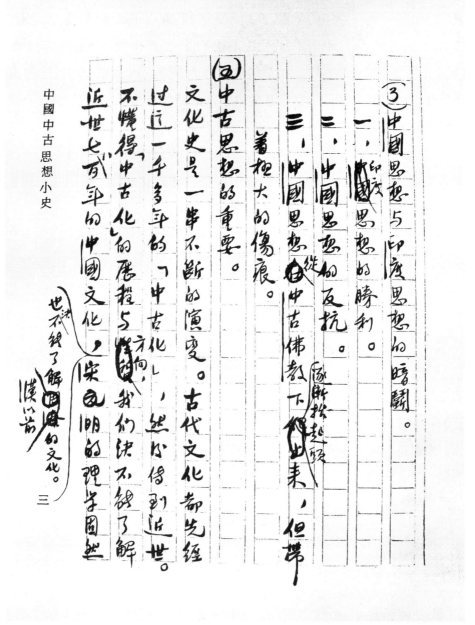

（３）中國思想与印度思想的暗鬪。

一、印度思想的勝利。

二、中國思想的反抗。

三、中國思想在中古佛教下逐漸抬起頭出来，但帶

着极大的傷痕。

（二）中古思想的重要。

文化史是一串不断的演變。古代文化都先经

过这一千多年的「中古化」，然後傳到近世。

不懂得中古化的展程与方向，我们决不能了解

近世七八百年的中國文化，〔实宋明的理学固然

世不能了解 漢以前 的文化。

三

图4-3　胡适《中国中古思想小史》手稿

帮助胡适"打破枷锁,吐弃国渣"、"打倒名教"、突破旧的哲学范式等方面,①确实发挥了威力,就像胡适所说,这是"最公平""最厉害""最带有革命性质的"方法。② 不过,实验主义方法在处理大题目大问题方面先天不足,胡适所尊奉的"小心的求证"的科学方法与中国哲学史所要求的综合贯通存在冲突。因为按照胡适的理解,"实验主义只是一个方法,只是一个研究问题的方法。他的方法是:细心搜求事实,大胆提出假设,再细心求实证。一切主义,一切学理,都只是参考的材料,暗示的材料,待证的假设,绝不是天经地义的信条"③。"实验主义只承认那一点一滴做到的进步"④,对于实验主义者来说,建构中国哲学史绝对称得上是一项无比硕大的工程,短期内绝难完成。那么,胡适写作《中国哲学史大纲》的秘诀在哪里呢?

原来,尽管胡适标榜"处处想撇开一切先入的成见,处处存一个搜求证据的目的,处处尊重证据,让证据做向导,引我到相当的结论上去"⑤,但在走向历史,特别是在哲学史和思想史研究中,并没有严格遵循实验主义的步骤,而是取了"捷径"。他不自觉地放弃了一切学理都是待证的假设这一实验主义的信念,在衡论中国哲学历史时,有意无意中借用了西方的价值观念和历史经验,目的论色彩十分突出。⑥ 胡适自称他的方法是"历史的方法",实际上是以西方的进化史观来解释中国历史。他的中国历史三段论,与西方的古典文明时代、中世教会时代、近世的文艺复兴时代 对应。就像实物写生,胡适构建中国哲学史系统时,始终在仿照现成的西方模型。他以《诗经》比附《圣经》,以文言比附西方的拉丁文,以儒比附犹太教士,从宋儒

---

① 胡适自认为:"'打破枷锁,吐弃国渣'当然是我的最大功绩。"(见胡适:《致汤尔和》1936 年 1 月 2 日,载耿云志、欧阳哲生编:《胡适书信集》中册,北京大学出版社 1995 年版,第 679 页)又:他在《跋〈白屋文话〉》一文中说:"我是个实验主义者,向来反对'名教';因为我深信'名'是最可以给人们用做欺骗的工具的。"(见《胡适文存》第 3 集,安徽教育出版社 2003 年版,第 524 页)

② 胡适:《杜威先生与中国》,载《胡适文存》第 1 集,安徽教育出版社 2003 年版,第 278 页。

③ 胡适:《我的歧路》,载《胡适文存》第 2 集,安徽教育出版社 2003 年版,第 332 页。

④ 胡适:《杜威先生与中国》,载《胡适文存》第 1 集,安徽教育出版社 2003 年版,第 278 页。

⑤ 胡适:《介绍我自己的思想》,载《胡适文存》第 4 集,安徽教育出版社 2003 年版,第 462 页。

⑥ 实际上,胡适对杜威实验主义的理解有较大偏差。参见[日]中岛隆博:《"中国哲学史"的谱系学——杜威的发生学方法与胡适》,《中国哲学史》2004 年第 3 期。

的"格致"说和清儒的考据学中读出西方的"科学方法"。从东西方哲学心同理同的预设出发,他顺理成章地论证出"东西两方的哲学到底还是相似多于相异",中国哲学里并不缺乏科学精神与方法。① 换言之,胡适是用西方的哲学框架和历史精神来解释中国的哲学史料,形塑中国历史。借助西洋的灵魂,中国死去的"国故"由此得以复生,并焕发出崭新的精神面貌。中国哲学史的范式就是在这种脱胎换骨中重新确立的。这也就不奇怪,金岳霖在看胡适《中国哲学史大纲》(卷上)的时候,"难免一种奇怪的印象,有的时候简直觉得那本书的作者是一个研究中国思想的美国人;胡先生于不知不觉间所流露出来的成见,是多数美国人的成见"②。

当然,我们不能简单否定胡适的"成见",而需予以辩证分析。因为,胡适在撰写中国哲学史时,本有一种中西比较的方法自觉。他在留学时,已充分认识到西方哲学史对于建构中国哲学史体系的重要性。1917 年,他在《先秦名学史·前言》中不无自得地写道:"最重要而又最困难的任务,当然就是关于哲学体系的解释、建立或重建。在这一点上,我比过去的校勘者和训释者较为幸运,因为我从欧洲哲学史的研究中得到了许多有益的启示。只有那些在比较研究中有类似经验的人,才能真正领会西方哲学在帮助我解释中国古代思想体系时的价值。"③他的《中国哲学史大纲》(卷上)在论整理史料的"贯通"之法时指出:"整理哲学史料的第三步(即贯通——引者注),必须于校勘训诂之外,还要有比较参考的哲学资料……我所用的比较参证的材料,便是西洋的哲学。"④在《〈国学季刊〉发刊宣言》中,"博采参考比较的资料"被单列出来,上升为整理与解释国学的三种主要方法之一。恰如蔡元培所说:"我们要编成系统,古人的著作没有可依傍的,不能不依傍西洋人的哲学史。所以非研究过西洋哲学史的人,不能构成适当的形式。"⑤胡适兼

①　胡适:《中国哲学里的科学精神与方法》,载《胡适全集》第 8 卷,安徽教育出版社 2003 年版,第 487 页。
②　金岳霖:《审查报告二》,参见冯友兰:《中国哲学史》下册,华东师范大学出版社 2000 年版,第 437 页。
③　胡适:《先秦名学史·前言》,载《胡适全集》第 5 卷,安徽教育出版社 2003 年版,第 4 页。
④　胡适:《中国古代哲学史》,载《胡适全集》第 5 卷,安徽教育出版社 2003 年版,第 220 页。
⑤　蔡元培:《中国古代哲学史·序》,载《胡适全集》第 5 卷,安徽教育出版社 2003 年版,第 193 页。

治"汉学"和"西学",是他能创出中国哲学史新范式的前提和保障,进而使他成为执笔《〈国学季刊〉发刊宣言》的不二人选。

在"整理国故"过程中,胡适等人的科学理念与治学实践间所表现出的矛盾,带有一定典型性。中国学术在现代转型过程中,究竟该如何处理传统与西方的关系,如何走向世界化,如何对待西方学科理念,值得继续思索。

本 章 小 结

中国文化历史悠久,内容极其丰富。中国传统学术以人文为核心,不合现代社会科学规范。在此状况下,如何将历史文化资源转化为可供现代人使用的文化财富? 新文化运动后期,由胡适等发起的"整理国故"运动、梁启超提出的历史研究方法,对于中国人开展现代意义上的文化史研究,提供了方案。

胡适等人利用其学界领袖身份,发挥其西学之长,借鉴西方古典学,并倡导用西方社会科学方法来研究中国文化历史,将"国故"整理为"文化史"。胡适执笔的《〈国学季刊〉发刊宣言》,从学术理念、方法和技术等层面,提出了一套经由"国学",把"古学"整理成系统的"文化史"的具体方案。按照该方案,包括经、史、子、集等在内的一切"古学",都将被作为有待考证的资料纳入国学研究领域;然后按照现代学术分科,整理成系统的文化专史。"文化史",既是"整理国故"的最终目标和方向,也代表了中国学术的新范式。

不过,从具体学术实践看,"整理国故"运动在学术性质、治学方法等方面与文化史研究存在一定紧张关系,从而影响了目标的实现和方案的落实。例如,胡适《中国哲学史大纲》所建立起来的文化专史系统,以西方的哲学框架,形塑中国的历史资料,被奉为中国哲学史的开山。实际上,该书并没有严格遵循他所信奉的实验主义的科学法则。胡适所建立的文化专史系统并非"小心的求证"的结果。就此而言,"整理国故"运动实质上是中国学术的革命和裂变。

第 五 章

"经者古史，史即新经"

——章太炎对中国史学现代性转换的思考

章太炎不以史学名家，但作为国学大师和学术通人，史学在其学术世界里占据了重要一席。故朱希祖称："先师学术，虽极广博，然史学实占其大部分，不特史之本身，即经学、文学，亦包括史学之内，所撰文章，亦多以史为根柢也。"①从中国文化史的研究史和学科发展史的角度看，他与梁启超堪称现代学术史上并峙的双峰。章太炎径直阐述文化史理论方法的文章不多。他的影响主要体现在对于中国文化历史的论述上。他的历史观念、文化观念、学术风格，以及对于中国文化发展路向等宏大议题的看法，极具个性，深刻地影响了柳诒徵、钱穆等人的文化史研究。

本章重点探讨章太炎对中国史学之现代性转换的思考，分析其史学思想的独步之处。章太炎的学术思想以"依自不依他"为总体风格之一，他在处理中国之史（学）与西方现代性观念之间的关系时表现得相当突出。"依自不依他"，源自他的佛学、庄子和经史研究，反过来，又强化了他对中国史学现代化之独特道路的认识。他从"六经皆史"说出发，以"历史民族之义"为内核而形成的民族主义史学，就是例证。无论"六经皆史"说，还是民族主义史学，在他那里均表现出个性化色彩。历史（学）传统悠久的中国如何迎接西方现代性的挑战，他的回答耐人寻味。

---

① 朱遏先：《章太炎先生之史学》，《文史杂志》第5卷第11、12期合刊，1945年12月。

一、"依自不依他"

章太炎对西洋的史学理论经历了从追效到反思、批判的过程。他系统接触西学是在维新变法时期。1897年，他所持论仍不出《通典》《通考》《资治通鉴》诸书。① 他参编《时务报》，后又主笔《实学报》《译书公会报》，思想有了变化，始发愤汲取西学。变法失败后，他亡命台湾，再迁日本，对西学的认识大为深化。在此期间，他先后发表《儒术真论》《视天论》《菌说》，向往西方的文明和科学，信奉进化论，反对宗教论和鬼神说。1900年，他把《訄书》初刻本及《儒术真论》寄示严复，足见引以西学见长的严复为同调。

1902年6月，章太炎自日本归国，对所著《訄书》"意多不称"，决定加以删改修订。重订后的《訄书》，较之初刻本，运用西方理论更为应手。正文63篇，涉及学术、社会、人种、民族、宗教、语言、政制、财政、史学、地理等众多领域，就研究对象和主题而言，恰与西方的文明史学保持一致，而不同于中国的旧史。尤其值得关注的是，重订本在价值取向上进一步认同日本和欧洲学者的现代性观念。该书以社会进化学说为指导，对历史上的正统观念和儒家学说予以有力抨击。《订孔》篇引日本学者远藤隆吉所说"孔子之出于支那，实支那之祸本也"开头，引白河次郎的观点结尾："纵横家持君主政体，所谓压制主义也。老庄派持民主政体，所谓自由主义也。孔氏旁皇二者间，以合意干系为名，以权力干系为实，此儒术所以能为奸雄利器。"他对外国学者的观点几乎不加反思与分析，甚而极力张扬，认为孔子"闻望过情"，《论语》"暗昧"，《三朝记》"多自触击"。② 此文被柳诒徵、钱穆等视为清末以来反孔、反传统的代表作。章太炎还专门引用法国学者科派利（Laconperie，今译拉克伯里）的"中国人种西来说"来解释中国早期历史。《序种姓》篇从人种、氏族、语言、民俗、器物等方面考察中国历史民族特别是华

---

① 参见《太炎先生自订年谱》光绪二十三年条，上海书店1986年版。
② 章太炎：《订孔第二》，载《章太炎全集》（三），上海人民出版社1983年版，第134、135页。

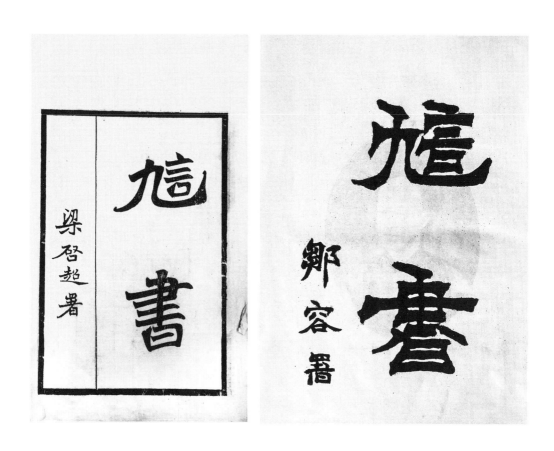

图 5-1　章太炎《訄书》扉页两种

夏族的形成史，说明古代胡汉姓氏的历史渊源。对照当时日本流行的文明史著作不难发现，《訄书》属于"新史学"范畴。

客观地说，对于20世纪初的"史界革命"，章太炎在理论上有发凡赞襄之功。他在日本期间，购得岸本能武太《社会学》一书，归国后译成中文，交由广智书局出版。斯宾塞、葛通哥斯（今译吉丁斯）、有贺长雄、岸本能武太等人的社会学思想特别是社会进化学说直接影响到了章太炎的史学理论。不晚于1900年，章太炎已有编纂新史的规划。史家金毓黻称："近人主造新史者，莫先于章太炎先生，曾于所著《訄书》中，撰《中国通史略例》。"①《中国通史略例》显示了章太炎意欲以文明史为样本改造书志体进而编写通史的计划："今修《中国通史》，约之百卷，镕冶哲理，以祛逐末之陋；钩汲智沈，以振墨守之惑；庶几异夫策锋、计簿、相斫书之为者矣！"②拟修的《中国通史》重在明古今进化之轨迹，"所谓史学进化者，非谓其廓清尘翳而已，己既能破，亦将能立"，"必以古经说为客体，新思想为主观"。③在取材、方法和视野等方面，章太炎主张："今日治史，不专赖域中典籍。凡皇古异闻，种界实迹，见于洪积石层，足以补旧史所不逮者，外人言支那事，时一二称道之，虽谓之古史，无过也。亦有草昧初启，东西同状，文化既进，黄白殊形，必将比较同异，然后优劣自明，原委始见，是虽希腊、罗马、印度、西膜诸史，不得谓无与域中矣。若夫心理、社会、宗教各论，发明天则，炰人所同，于作史尤为要领。"④《中国通史》主要还是在学习和模仿西方史学，在此，他对新体裁、新方法、新史料的重视程度决不亚于后起诸君。1902年，梁启超的《新史学》在《新民丛报》发表后，他致书梁启超亦道及此事："酷暑无事，日读各种社会学书，平日有修《中国通志》之志，至此新旧材料，融合无间，兴会勃发。"⑤对比梁启超的《新史学》不难看出，他们的主张多有一致之处。

---

① 金毓黻：《最近史学之趋势》，载《中国史学史》附录，河北人民出版社2003年版，第327页。
② 章太炎：《中国通史略例》，载《章太炎全集》（三），上海人民出版社1983年版，第329页。
③ 章太炎：《中国通史略例》，载《章太炎全集》（三），上海人民出版社1983年版，第330、331页。
④ 章太炎：《中国通史略例》，载《章太炎全集》（三），上海人民出版社1983年版，第331页。
⑤ 章太炎：《与梁启超》，载马勇编：《章太炎书信集》，河北人民出版社2003年版，第41页。

《苏报》案牢狱三载，章太炎潜心佛典。佛学胜义在一定程度上改变了他对中西文化的看法，直接影响到他对经学、西学乃至史学的评判。出狱后，1906 年 7 月，章太炎第三次东渡日本，主编《民报》，为宣传革命作出了重要贡献。引人注意的是，他在大力倡导"排满革命"的同时，对源自西洋的启蒙理性进行了深刻反思，发表了《五无论》《四惑论》《俱分进化论》《代议然否论》等一批论文。"昔人以为神圣不可干者，曰名分。今人以为神圣不可干者，一曰公理，二曰进化，三曰惟物，四曰自然。有如其实而强施者，有非其实而谬托者。要之，皆眩惑失情，不由诚谛"①。他指出，"公理公例"取代"天理"而被视作先验性的真理，已变为一些人压制另一些人的强权。"骤言公理，若无害矣。然宋世言天理，其极至于锢情灭性，窒民常业，几一切废弃之。而今之言公理者，于男女饮食之事，放任无遮，独此所以为异。若其以世界为本根，以陵藉个人之自主，其束缚人亦与言天理者相若"②。进化论在近代中国影响巨大，被年轻一代视为世界观而广为流行。章太炎在分析黑格尔、达尔文、斯宾塞等人的进化学说后指出："若云进化终极，必能达于尽美醇善之区，则随举一事，无不可以反唇相稽。彼不悟进化之所以为进化者，非由一方直进，而必由双方并进，专举一方，惟言智识进化可尔。"③他先人一步，敏感地认识到现代性的复杂多样。

与此一致，他的学术理念也发生了重大变化。"中西学术，本无通途，适有会合，亦庄周所谓'射者非前期而中'也。今徒远引泰西，以微经说，有异宋人以禅学说经耶？夫验实则西长而中短，冥极理要，释迦是孔父非矣。九流诸子，自名其家，无妨随义抑扬，以意取舍"④。他强调，要以"'依自不依他'为臬极"，打破对西方的迷信⑤。他解释说："迷信不是专指宗教一项，

① 章太炎：《四惑论》，载《章太炎全集》（四），上海人民出版社 1985 年版，第 443 页。
② 章太炎：《四惑论》，载《章太炎全集》（四），上海人民出版社 1985 年版，第 444 页。
③ 章太炎：《俱分进化论》，载《章太炎全集》（四），上海人民出版社 1985 年版，第 386 页。
④ 章太炎：《与人论朴学报书》，载《章太炎全集》（四），上海人民出版社 1985 年版，第 154 页。
⑤ 章太炎：《答铁铮》，《民报》第 14 号，1907 年 6 月 8 日。

但凡不晓得那边实际，随风逐潮，胡乱去相信那边，就叫做迷信。"十几年来，中国人相信欧洲的学问，先是迷信教士，后是迷信严复，接下来又迷信日本的博士、学士，"不是一边的迷信破了，一边的迷信又起么？"①针对一些人唯西是瞻的做法，他与友人发起国学讲习会，标举国粹主义，力谋结合本民族的历史文化特点，寻找适合中国的现代性。

章太炎认为，建构中国的现代性必须"依自不依他"，以本民族的历史实际为依据。然而，现实生活则是一些人大谈西方，却连基本的历史常识也没有。他说："自然晓得本国的历史，才算常识，不晓得本国的历史，就晓得别国的历史，总是常识不备。但近来人把拿破仑、华盛顿都举得出来了，李斯、范增倒反有举不出的。"②更可叹的是，一些人不知道"历史本来是方格的，不是圆遍的"，不懂得反躬自求本国的学问，却盲目仪型他国的陋说。③"凡在心在物之学，体自周圆，无间方国。独于言文、历史，其体则方，自以己国为典型，而不能取之域外。斯理易明，今人犹多惑乱，斯可怪矣"④。他指出，欧洲、日本学者对中国历史知之甚浅，而一些中国学者不辨是非，致使效颦他人，妄自菲薄。⑤

梁启超等师法西方史学而发起"史界革命"，开启了中国史学的现代性；章太炎则是对 20 世纪初流行的"新史学"最早予以现代性反思和批评者。梁启超等指责中国史书如"帝王家谱"，如"相斫书"，所载皆"邻猫生子"之类，无关紧要。章太炎则针锋相对地指出："有人说，中国的历史，只是家谱一样，没有精彩。又说，只载了许多战争的事，道理很不够。这种话

① 太炎：《留学的目的和方法》，载《章太炎的白话文》，贵州教育出版社 2001 年版，第 57 页。
② 章太炎：《常识与教育》，载《章太炎的白话文》，贵州教育出版社 2001 年版，第 75 页。
③ 章太炎：《常识与教育》，载《章太炎的白话文》，贵州教育出版社 2001 年版，第 75 页。
④ 章太炎：《自述学术次第》，载张昭军编：《章太炎讲国学》，东方出版社 2007 年版，第 361 页。
⑤ 1908 年，他在信中说："日本诸子治汉学者，惟务其义，不务其文，训故未通，而以微言相侈，皮之不存，毛将焉附？"（参见章太炎：《与梦庵》，载马勇编：《章太炎书信集》，河北人民出版社 2003 年版，第 233 页）他在日本所作讲演《留学的目的和方法》中也说："且看中国历史一项，一部《纲鉴易知录》，向来中国略读书的人，是看得最浅陋的，但到这边来听的历史，一部《支那通史》，翻来覆去，缭绕了许多，比《易知录》更加浅陋。"（载《章太炎的白话文》，贵州教育出版社 2001 年版，第 57 页）

真是可笑极了。中国并没有鬼话的宗教,历史自然依帝王朝代排次,不用教主生年排次,就是看成了家谱,总要胜那个鬼谱。以前最好的历史,像《春秋》《史记》《汉书》,学术、文章、风俗、政治,都可考见,又岂是家谱呢! 后来历史虽是渐渐差了,但所载总不止战争一项,毕竟说政治的得失,论人物的高下,占了大半。讲战争的能有多少呢? 可笑那班无识的人,引了一个英国斯宾塞的乱话,说历史载的,都是已过的事,譬如邻家生了一只小猫,问他做什么? 不晓自己本国的历史,就是自己家里,并不是邻家,邻家就是外国,外国史也略要看看,何况本国史呢!"①由此可见,作为现代新史学的提倡者,章太炎具有独立性和批判性,并不轻易附和,盲从成说。

从中国历史实际出发,章太炎进而指出,因果论、进化论、社会学等所谓科学理论也并非无往而不适,新史家的宣传有绝对化、片面化之嫌。他所撰《征信论》一文阐发治史之原则,质疑新史家所说的因果必然性,认为"推校之法"不适于确定历史事状:"且夫因果者,两端之论耳。无缘则因不能独生;因虽一,其缘众多。故有同因而异果者,有异因而同果者。愚者执其两端,忘其旁起,以断成事,因以起其类例。成事或与类例异,则颠倒而绽裂之,是乃殆以终身,娄之至也。"②新史家主历史直线进化,认为"世皆自乱以趋治","自质以趋文"。章太炎例举史实,反证古乱今治、古质今文的观点不具普遍性:"治乱之迭相更,考见不虚";"社会学以辨文野,其说难任,其持之亦无故"。③ 新史家喜标榜理论,以为科学。章太炎驳斥说:"近世鄙倍之说,谓史有平议者合于科学,无平议者不合科学。案:史本错杂之书,事之因果,亦非尽随定则。纵多施平议,亦乌能合科学耶? 若夫制度变迁,推其沿革,学术异化,求其本师,风俗殊尚,寻其作始。如班固、沈约、李淳风所志,亦可谓善于平议矣。而今世之平议者,其情异是。上者守社会学之说而不能

---

① 章太炎:《中国文化的根源和近代学问的发达》,载《章太炎的白话文》,贵州教育出版社 2001 年版,第 67 页。
② 章太炎:《征信论》下,载《章太炎全集》(四),上海人民出版社 1985 年版,第 59 页。
③ 章太炎:《信史》下,载《章太炎全集》(四),上海人民出版社 1985 年版,第 64、65、68 页。

变,下者犹近苏轼《志林》、吕祖谦《博议》之流,但词句有异尔。盖学校讲授,徒陈事状,则近于优戏。不得已乃多施平议,而己不能自知其故。借科学之号以自尊,斯所谓大愚不灵者矣。"①新史家以西衡中,认为人是而己非,大肆抨击旧史,甚至声称中国"无史","史官皆曲笔道谀"。针对此种现象,章太炎指出:"今一切以为诬罔,其非诬罔者当云何?曲者又好举异域成事,转以比拟。情异即以为诬,情同即以为是……不稽他书,不详同异,猘猘以诬旧史,人之利暗昧而憎明察也,固如是哉!信神教之款言,疑五史之实录,贵不定之琦辞,贱可征之文献,闻一远人之言,则顿颡敛衽以受大命,后生不悟,从以驰骤,废阁旧籍,鬻为败纸。"②他提醒青年学子,别国人讲的这个理,"总合不上中国的事,又岂可任他瞒过么?"③

学界已多有论述,章太炎并不排斥西学。同样,他强调"依自不依他",并不是拒绝接受现代性,而是强调实事求是,吸收外来学说必须从中国历史实际出发。正如他在与友人论国粹时所说:"学名国粹,当研精覃思,钩发沉伏,字字征实,不蹈空言,语语心得,不因成说,斯乃形名相称。若徒摭旧语,或张大其说以自文,盈辞满幅,又何贵哉?"④这种追求形名相称的学风,不正是史学现代性的要求和科学精神的表现吗?"依自不依他",他从佛法、诸子学说中提炼出的胜义,与朴学的实证方法结合在一起,既成为他针砭现代史学流行病的理论工具,又强化了他对中国历史独特性和中国史学独立性的认识。"朴学稽之于古,而玄理验之于心。事虽繁赜,必寻其原,然后有会归也。理虽幽眇,必征诸实,然后无遁辞也。以此为则,或上无戾于古先民,而下可以解末世之狂醒乎?"⑤这种对待历史的理性态度,是章太炎学术思想的根本特点之一。

① 章太炎:《征信论》下,载《章太炎全集》(四),上海人民出版社1985年版,第59、60页。
② 章太炎:《信史》上,载《章太炎全集》(四),上海人民出版社1985年版,第64页。
③ 章太炎:《中国文化的根源和近代学问的发达》,载《章太炎的白话文》,贵州教育出版社2001年版,第67页。
④ 章太炎:《再与人论国学书》,载《章太炎全集》(四),上海人民出版社1985年版,第355页。
⑤ 吴承仕藏:《章炳麟论学集》,北京师范大学出版社1982年版,第348页。

二、"六经皆史"

在近代史学转型期,章学诚的"六经皆史"说备受争议,又影响广泛。学者们对"六经皆史"如何解读,关系到他们对史学现代性的理解和立场。①其中,胡适认为,章学诚"六经皆史"说的"本意只是说'一切著作,都是史料'……其实只是说经部中有许多史料"②。胡适的观点虽遭到钱穆等人的反对,但在梁启超、周予同等不少人看来,"六经皆史料"才是后经学时代的现代新史家所应采取的态度。③ 换言之,"六经皆史料"被视作史学现代性的重要标志之一。

众所周知,章太炎也反复讲过"六经皆史",他的"六经皆史"是什么含义?"史"指的是不是"史料"? 如果指的不是"史料",那么,章太炎的"六经皆史"说是否具有现代性?

从周予同的划分看,章太炎不属于"史料派",而是"儒教史观派",属于旧史家的行列。④ 朱希祖则以弟子的身份回忆说:"然先师之意,以为古代史料,具于六经,六经即史,故治经必以史学治之,此实先师之所以异乎前贤者。且推先师之意,即四部书籍,亦皆可以史视之,即亦皆可以史料视之,与鄙意实相同也,特不欲明斥先贤耳。"⑤朱希祖的说法耐人寻味,结合他的另

---

① 相关研究成果参见[日]井上進:《六経皆史説の系譜》,载小野和子编:《明末清初の社会と文化》,京都大学人文科学研究所1996年版;刘巍:《经典的没落与章学诚"六经皆史"说的提升》,《近代史研究》2008年第2期。

② 胡适:《章实斋先生年谱》,商务印书馆1923年版,第105、106页。

③ 钱穆的观点参见《孔子与〈春秋〉》等文。梁启超认为:"章实斋说'六经皆史',这句话我原不致赞成,但从历史家的立脚点看,说'六经皆史料',那便通了。既如此说,则何只六经皆史,也可以说诸子皆史,诗文集皆史,小说皆史,因为里头一字一句都藏有极可宝贵的史料。"(参见梁启超:《治国学的两条大路》,载《饮冰室合集》文集之三十九,中华书局1989年版,第111页)周予同也"明白地主张'六经皆史料'说"(参见周予同:《治经与治史》,载《周予同经学史论著选集》,上海人民出版社1983年版,第622页)。

④ 周予同:《五十年来中国之新史学》,载《周予同经学史论著选集》,上海人民出版社1983年版,第516、517页。

⑤ 朱希祖:《章太炎先生之史学》,载《朱希祖文存》,上海古籍出版社2006年版,第348页。

一篇文章《〈文史通义札记〉序》可知,他力主"六经皆史材",而不以章学诚的"六经皆史"为然,因为在他看来,章学诚所说的"六经皆史"乃六经皆史学。① 由于章太炎力赞章学诚的说法,故朱希祖说"尝欲将此意质之先师,而未敢也"②。由此判断,朱希祖与章太炎的观点并不一致,他对章太炎史学思想的解释值得推敲。

朱希祖之后,以章太炎所说"六经皆史"为"六经皆史料"者不乏其人,但仔细推究,章太炎以史书视六经,以治史的方法治经,但绝少主张六经仅是史料。章太炎有关"六经皆史"的言论,主要见于《訄书·清儒》(重订本)、《国故论衡·原经》《经的大意》《信史》《国学概论》第二章"经学的派别"以及《"经义""治事"》《历史之重要》《关于史学的演讲》《论经史儒之分合》等文。兹引《经的大意》为例:"百年前有个章学诚,说'六经皆史',意思就说六经都是历史。这句话,真是拨云雾见青天!《尚书》《春秋》固然是史,《诗经》也记王朝列国的政捐,《礼》《乐》都是周朝的法制,这不是史,又是什么东西?惟有《易经》似乎与史不大相关。殊不知道,《周礼》有个太卜的官,是掌周易的,《易经》原是卜筮的书。古来太史和卜筮测天的官,都算一类。所以《易经》也是史。古人的史,范围甚大,和近来的史部有点不同,并不能把现在的史部,硬去分派古人。这样看来,六经都是古史。所以汉朝刘歆作《七略》,一切记事的史,都归入春秋家。可见经外并没有史,经就是古人的史,史就是后世的经。"③这里所说的"历史""史",显然不能理解为史料。他在《"经义""治事"》一文中说得更明白:"一般人的意见,往往把经学史学分而为二。其实,经是古代的史书,史是近代的经书,二者本来是一致的。"④

"六经皆史"与"六经皆史料",一字之差,含义却有重大不同。周予同

---

① 参见朱希祖:《文史通义札记》,载《朱希祖文存》,上海古籍出版社 2006 年版,第 379、380 页。
② 朱希祖:《章太炎先生之史学》,载《朱希祖文存》,上海古籍出版社 2006 年版,第 348 页。
③ 章太炎:《经的大意》,载《章太炎的白话文》,贵州教育出版社 2001 年版,第 82 页。
④ 章太炎:《"经义""治事"》,《苏中校刊》第 68 期,1931 年 10 月。

在谈论治经与治史的关系时说:"我们不仅将经分隶于史,而且要明白地主张'六经皆史料'说。诸位大概明白,'史'和'史料'是不同的;史料是客观的社会的历程所遗留下来的记录,而史是这些客观的记录透过了史学家的主观的作品!"①对读胡适的《新思潮的意义》《〈国学季刊〉发刊宣言》和梁启超的《中国历史研究法》更易明晓,这些新史家认为,史书是有组织、有系统、有精神的,而史料如同博物馆的陈列品,或如同杂乱无章的瓦砾。也就是说,认为"六经"皆"史"反映了一种价值认同,至少承认六经有其学术体系,而认为"六经"皆"史料"则意味着对经书价值的和学术体系批判和否定。故此,胡适说:"我们对于旧有的学术思想,积极的只有一个主张,——就是'整理国故'。整理就是从乱七八糟里面寻出一个条理脉络来;从无头无脑里面寻出一个前因后果来;从胡说谬解里面寻出一个真意义来;从武断迷信里面寻出一个真价值来。为什么要整理呢?因为古代的学术思想向来没有条理,没有头绪,没有系统,故第一步是条理系统的整理。"②周予同主张:"中国经学研究的现阶级是在不循情地消灭经学,是在用正确的史学来统一经学。"③简单地说,胡适等新史家是要拆毁古史的殿堂,以之做原料,再建西式的大厦,他们的精神气质与前人完全不同。由此也不难判断,主张"六经皆史材"的朱希祖与老师章太炎的观点保持有一定距离。

那么,章太炎的"六经皆史"说是否具有现代性呢?笔者以为,章太炎代表了经史现代性转换的另一种类型。

章太炎的"六经皆史"说与新史学相结合,批评章学诚的正统史观,显然,二章的学说不居一间。这是理解章太炎学说的前提。章太炎虽然对章学诚的"六经皆史"说多持肯定态度,但就二人学说的实际内容讲,有着很大不同。章太炎《原经》篇对章学诚的命题提出了批评:"轶世有章学诚,以经皆官书,不宜以庶士僭拟","以为六经皆史,史者固不可私作",此甚非

① 周予同:《治经与治史》,载《周予同经学史论著选集》,上海人民出版社 1983 年版,第 622、623 页。
② 胡适:《新思潮的意义》,载《胡适文存》第 1 集,黄山书社 1996 年版,第 532、533 页。
③ 周予同:《治经与治史》,载《周予同经学史论著选集》,上海人民出版社 1983 年版,第 623 页。

也。他认为,兵书、法律、疆域图亦有称经者,"经之名广矣"。仲尼作《孝经》,汉《七略》始傅六艺,其始则师友雠对之辞,不在邦典;墨子有《墨经》;贾谊有《容经》,韩非《内储》《外储》亦自署经名;老子书有"道经"之称。由此可见,非徒官书称经①,"人言六经皆史,未知古史皆经也"②。他又举陈寿、习凿齿、臧荣绪、范晔等人为例,驳斥章学诚"史者不可以私作"之说。他指出,章学诚以"经皆官书"而"史不得私作",实质上是把治经治史的权力奉给官府,不让"庶士"染指。可见,章太炎的经学观念具有反正统的精神,与章学诚并不一致。如果再联系章太炎对进化论、社会学等理论方法的运用,可以更清楚地看出二人的思想学说不属于同一个时代。

在与廖平、康有为等人的争论中,章太炎"六经皆史"说的世俗化和启蒙意义得到了明确显现。康有为等今文经学者以孔子为教主、为改制素王,以"六经"为孔子为后世制法,意在把孔子与经学神圣化。与他们针锋相对,章太炎主张六经皆古史。他一再说:"经外并没有史,经就是古人的史,史就是后世的经。古代撰他当代的史,岂是为汉朝? 所说治国的法度,也只是当时现用,并不说后世必定用得着。固然有许多用得着的,但他当时著书,却并不为此。"③他还在《订孔》《驳建立孔教议》等文中多次指出,孔子删定六经,功在保存历史,而不是为百世制法,六经决非万代尊奉不移的圣经和亘古不易的教条。"《六经》无一非史,后人于史以外,别立为经,推尊过甚,更有些近于宗教。"④章太炎反对圣化、神化、宗教化孔子和经学,非旧史家所能为。再者,他主张"六经皆史",重在说明:作为史书的六经所揭示的历史,具有客观性,是一种真实的存在。他反复强调经史首在辨真伪,与宗教有原则性不同:"周孔的经典,是历史,不是谈理的,所以真经典就是,

---

① 章太炎:《原经》,载《国故论衡》,上海古籍出版社 2003 年版,第 56、57 页。
② 章太炎:《清儒》,《馗书》重订本,载《章太炎全集》(三),上海人民出版社 1983 年版,第 154 页。
③ 章太炎:《经的大意》,载《章太炎的白话文》,贵州教育出版社 2001 年版,第 82 页。
④ 章太炎讲,曹聚仁记录:《国学概论》,上海古籍出版社 1997 年版,第 19 页。

伪经典就不是。佛经谈理的,不是历史,只要问理的高下,何必问经是谁人所说?"①这是章太炎有别于康有为的重要观点之一。如果与朱希祖等人一样,以有待辨析的史料来理解"史"(也就是六经)的含义,六经所揭示的历史真实性必将遭受致命打击,那么,章太炎的"六经皆史"说还有何力量来反击康有为的"神话""预言"呢?

面对胡适等新一代,章太炎提倡"六经皆史",意在提升经史在时人心目中的地位。时势转移,20世纪二三十年代,传统经史之学的地位一落千丈,胡适等人的"整理国故"运动和"古史辨"运动,以科学和客观的名义,向传统的经史之学发起了猛攻,动摇了中国传统文化的根基。因为,当他们破除中国传统经史之学的框架结构、组织体系,而视之为"乱七八糟""无头无脑""胡说谬解"的古史资料时,中国历史文化的神韵也就无从说起。进而,他们又以西方的现代性来包装中国的史料,削足适履自是难免。正如金岳霖所说:"胡适之先生的《中国哲学史大纲》就是根据于一种哲学的主张而写出来的。我们看那本书的时候,难免一种奇怪的印象,有的时候总觉得那本书的作者是一个研究中国思想的美国人;胡先生不知不觉间流露出的成见,是多数美国人的成见。"②西方的现代性被视为普遍主义法则,中国历史的特殊性和合理性被严重忽略或错判,历史成为任人打扮的小姑娘,胡适等人所标榜的客观性又在哪里呢? 退一步说,即便他们得以科学地确立事实,但由于是以主客分离为前提,必然远离了中国经史之学知识与道德合一的传统。就此而言,剥离了儒家精神的古史不过是一副躯壳而已。正是忧心于此,章太炎在"六经皆史"基础上提出"经者古史,史即新经"③。

"经者古史",强调古代经典渊源有自,信而有征;"史即新经",则是表

---

① 章太炎:《教育的根本要从自国自心发出来》,载《章太炎的白话文》,贵州教育出版社2001年版,第93页。
② 金岳霖:《审查报告二》,载冯友兰:《中国哲学史》下册附录,华东师范大学出版社2000年版,第437页。
③ 章太炎:《论读史之利益》,载张昭军编:《章太炎讲国学》,东方出版社2007年版,第167页。

达对历史的尊崇和敬畏。他与胡适等人争辩的焦点在经史的善恶,即中国历史的伦理功用问题。他说:"夫人不读经书,则不知自处之道。不读史书,则无从爱其国家。"①他晚年反复倡导读古经旧史,目的就在弘扬中国经史的固有精神。而胡适等人"多持整理国故之说,于继续前人之精神,则罕言之"②,甚至主张"打鬼"论。两相对照不难看出,经史寄托了章太炎对中国的信念和希望。观章太炎晚年的演讲录,他不厌其烦地宣讲经史的重要性,主张治史当识大体,而不能一叶障目,因小失大:"今之讲史学者,喜考古史,有二十四史而不看,专在细微之处,吹毛索瘢,此大不可也。"③他还拿清人治学的弊端来警诫时人:"其所以不能致用者,基于彼等考大体者少,证枝叶者多。"④又说:"论其大体,则主于《春秋》也。"⑤"孔子作《春秋》,确立民族主义;三传释经,虽有不同,而内诸夏外夷狄之义则一。管仲建此功,孔子立此义,以故中国屡亡,而卒能复兴。"⑥他尤其反对过度怀疑历史的行为,《国学概论》开篇即有针对性地指出:"经史非神话";"历史非小说传奇";"后世人往往以古书稍有疑点,遂全目以为伪,这是错了!"⑦他在给柳诒徵的信中点名批评胡适等人:"胡适所说《周礼》为伪作,本于汉世今文诸师;《尚书》非信史,取于日本人;六籍皆儒家托古,则直窃康长素之唾余。此种议论,但可哗世,本无实征⋯⋯长素之为是说,本以成立孔教;胡适之为是说,则在抹杀历史。"⑧他甚至把"空谈之哲学、疑古之史学"比作魔道,之所以如此,就在于认为他们扼杀了中国经史的根本精神。只讲史料的整理和考证,而忽视历史的精髓,可谓顾于此而失于彼。就此而言,章太炎的"六经皆史"说,不正是在纠正中国史学现代化之主流思潮的偏失吗? 他晚

---

① 章太炎讲,诸祖耿记录:《历史之重要》,《制言》第55期,1939年8月。
② 柳诒徵:《论大学生之责任》,《学衡》第6期,1922年6月。
③ 章太炎讲,诸祖耿记录:《历史之重要》,《制言》第55期,1939年8月。
④ 王联曾记录:《章太炎论今日切要之学》,《中法大学月刊》第5卷第5期,1934年10月。
⑤ 章太炎:《略论读史之法》,载张昭军编:《章太炎讲国学》,东方出版社2007年版,第171页。
⑥ 章太炎:《论经史儒之分合》,载张昭军编:《章太炎讲国学》,东方出版社2007年版,第166页。
⑦ 章太炎讲,曹聚仁记录:《国学概论》,上海古籍出版社1997年版,第2—4页。
⑧ 章太炎:《致柳翼谋书》,载《章太炎政论选集》下册,中华书局1977年版,第763页。

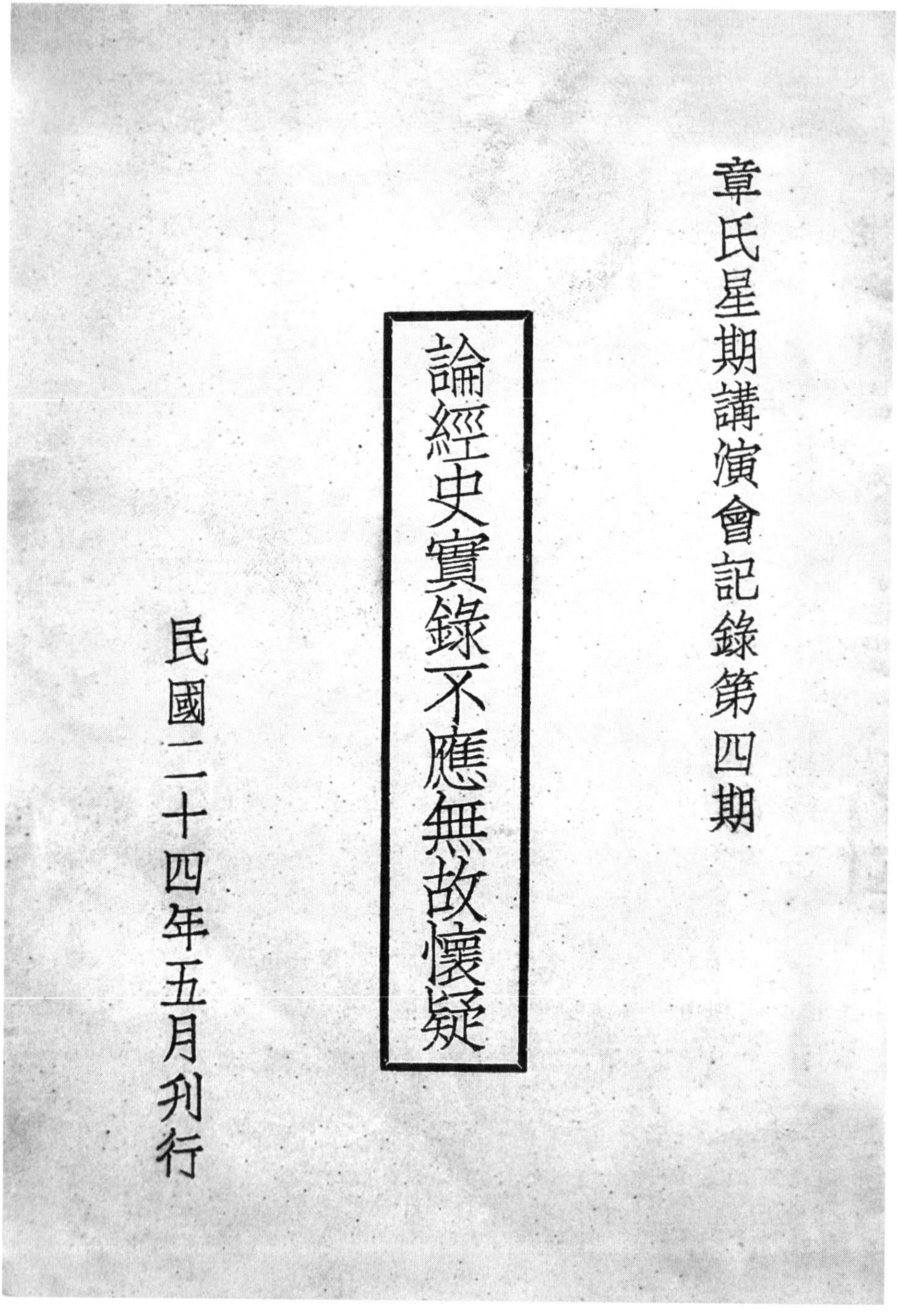

章氏星期講演會記錄第四期

論經史實錄不應無故懷疑

民國二十四年五月刊行

图 5-2　章太炎《论经史实录不应无故怀疑》书影

年"颓然沦为儒宗"，不正是因为他执着于中国文化的精神吗？经学家的身份，使他对中国史学的现代性转换多了一份责任和关怀。

三、"历史民族之义"

"今之所谓民族主义史学，即章氏所言'历史民族之义'"①。章太炎所讲之史，重在致用，以民族主义为依归，故有"民族主义史学"之称。对此，已有学者撰专文予以阐发。值得思考的是，作为现代性范畴，民族主义史学这一旗帜并非为章太炎所专有，梁启超等新史家同样以此相号召。那么，在民族主义史学问题上，章太炎与梁启超等人的不同在哪里呢？

在近代史学史上，梁启超是倡导民族主义史学的重要人物。20世纪初，他以"新史氏"自许，又以提倡民族主义著称。1902年4月，梁启超在写给康有为的信中态度坚决地表示："今日民族主义最发达之时代，非有此精神，决不能立国，弟子誓焦舌秃笔以倡之，决不能弃去者也。"②以民族主义立国，梁启超在文化上寄望于史学。他说："史学者，学问之最博大而最切要者也，国民之明镜也，爱国心之源泉也。今日欧洲民族主义所以发达，列国所以日进文明，史学之功居其半焉。然则但患其国之无兹学耳，苟其有之，则国民安有不团结，群治安有不进化者。"③也就是说，民族国家的建立，民族主义的发达，有赖于本国的史学。"今日欲提倡民族主义，使我四万万同胞强立于此优胜劣败之世界乎？则本国史学一科，实为无老、无幼、无男、无女、无智、无愚、无贤、无不肖所皆当从事，视之如渴饮饥食，一刻不容缓者也。"④然而，令他失望的是，虽尽读全史，遍览乙库中数十万卷之著录，"而曾无有足以激励其爱国之心，团结其合群之力，以应今日之时势而立于万国

---

① 吴景贤：《章太炎之民族主义史学》，《东方杂志》第44卷第4号，1948年4月。
② 丁文江、赵丰田编：《梁启超年谱长编》，上海人民出版社1983年版，第286页。
③ 梁启超：《新史学》，载《饮冰室合集》文集之九，中华书局1989年版，第1页。
④ 梁启超：《新史学》，载《饮冰室合集》文集之九，中华书局1989年版，第7页。

者"。于是,他大声疾呼:"呜呼,史界革命不起,则吾国遂不可救。悠悠万事,惟此为大。"①一唱百和,梁启超的呼声很快得到一批俊彦的应和。邓实进而发挥说:"悲夫,中国史界革命之风潮不起,则中国永无史矣,无史则无国矣……新史氏乎,其扬旗树帜放一大光明于 20 世纪中国史学界上以照耀东洋大陆乎。"②"无史则无国",为了挽救危亡,从《新史学》到《中国历史研究法》,梁启超长期致力于创建中国的民族主义史学。需要注意的是,梁启超提倡的民族主义,以新史学为基石,而此新的史学又以外来的史学理念为指导。由此出现一种悖论,他的民族主义史学有较强烈的反传统色彩。

与梁启超相比较,章太炎提倡民族主义史学,其突出特色在提倡"历史民族之义"③。章太炎论史学,以"历史之陈迹"为基础,历史、史籍与民族主义构成了不可分离的关系。

第一,章太炎的民族主义史学肇基于中国的历史传统,"历史民族之义"与《春秋》的"华夷之辨"一脉相承。据朱希祖笔记,章太炎年方十一二岁时,外祖朱有虔授读,时以"夷夏之防"启蒙:"外祖谓夷夏之防,同于君臣之义。余问前人有谈此语否? 外祖曰:王船山、顾亭林已言之,尤以王氏之言为甚。谓历代亡国无足轻重,惟南宋之亡,则衣冠文物亦与之俱亡……十九、二十岁时,得明季稗史十七种,排满思想始盛。"④章太炎民族思想之发生,源自中国的历史传统,受顾炎武、王船山、黄宗羲等人的学说以及史书的启发,而尤以《春秋》的影响为大。他说:"经籍之应入史类而尤重要者,厥维《春秋》。《春秋》三传虽异,而'内诸夏,外夷狄'则一。自有《春秋》,吾国民族之精神乃固,虽亡国者屡,而终能光复旧物,还我河山,此一点爱国心,蟠天际地,旁礴郁积,隐然为一国之主宰,汤山虽烈,赴蹈不辞,是以宋为

---

① 梁启超:《新史学》,载《饮冰室合集》文集之九,中华书局 1989 年版,第 7 页。

② 邓实:《史学通论》(四),《政艺通报》第 1 卷第 13 期,1902 年 9 月。

③ 章太炎:《致袁世凯书》,载《章太炎选集》,朱维铮、姜义华编注,上海人民出版社 1981 年版,第 557 页。

④ 朱希祖:《本师章太炎先生口授少年事迹笔记》,《制言》第 25 期,1936 年 9 月。

元灭而朱明起，明为清灭而民国兴。"①他的民族主义史学，正是在继承和总结《春秋》等史籍历史经验的基础上形成的。

　　章太炎提倡民族主义史学，尊重中国历史传统，从《〈社会通诠〉商兑》一文亦可见一斑。1903 年，严复译就英人甄克思（Edward Jenks）所著《社会通诠》，并加以序文和按语。严复以甄克思提出的图腾社会、宗法社会和军国社会为人类社会通则，认为"排满"属宗法社会之事，反对民族主义革命。1907 年，章太炎著文予以商兑，对严复等人唯西方学说是瞻的做法提出强烈批评。他指出，《社会通诠》乃甄克思以欧美古今事状为经验而总结出来的规则，严复"于旧邦历史，特为疏略"，"观其所译泰西群籍，于中国事状有毫毛之合者，则矜喜而标识其下；乃若彼方孤证，于中土或有抵牾，则不敢容喙焉"。章太炎认为民族主义之是否适合中国，当以中国历史为准，而不能以所谓的公例条例为断，甄克思所论不合中国实际。"夫不欲考迹异同则已矣，而复以甲之事蔽乙之事，历史成迹，合于彼之条例者则必实，异于彼之条例者则必虚；当来方略，合于彼之条例者则必成，异于彼之条例者则必败。抑不悟所谓条例者，就彼所涉历见闻而归纳之耳，浸假而复谛见亚东之事，则其条例又将有所更易矣。"②他尤其强调："民族主义，乃吾人种智之所固有者，而无待于外铄。"③较之梁启超等人，他所提倡的民族主义史学更好地体现了史学与历史的统一性。

　　第二，"历史"乃民族构成之要素，"国有与立"之柱石。章太炎与梁启超虽都认识到历史的重要性，告诫"无史则无国"，但二人所言之"史"的内涵以及得出这一判断的前提有所不同。梁启超用以建构民族主义的"历史"乃源自西方的新史学而非中国固有的旧史学，"无史"指的是中国没有新史学。与之相反，章太炎所说的"历史"则是自古相传、作为记忆的历史，在某种程度上也可以说是中国的旧史，历史与史籍相互依存，一定意义上是

---

① 章太炎讲，王謇等记录：《论读经有利而无弊》，载张昭军编：《章太炎讲国学》，东方出版社 2007 年版，第 140 页。
② 章太炎：《〈社会通诠〉商兑》，载《章太炎全集》（四），上海人民出版社 1985 年版，第 323 页。
③ 章太炎：《〈社会通诠〉商兑》，载《章太炎全集》（四），上海人民出版社 1985 年版，第 331 页。

重合的。在章太炎看来,这种历史的存在非常重要,因为它是民族国家得以延续的前提。他在《哀焚书》一文中写道:"今夫血气心知之类,惟人能合群。群之大者,在建国家、辨种族。其条列所系,曰言语、风俗、历史。三者丧一,其萌不植。俄罗斯灭波兰而易其言语,突厥灭东罗马而变其风俗,满洲灭支那而毁其历史。自历史毁,明之遗绪,满洲之秽德,后世不闻。斯非以遏吾民之发愤自立,且铲绝其由柄邪?"①他分析说,一个民族和国家之得以生存,在于它独具的特质:"夫国于天地,必有与立,所不与他国同者,历史也,语言文字也。二者国之特性,不可失坠者也。昔余讲学,未斤斤及此;今则外患孔亟,非专力于此不可。余意凡史皆《春秋》,凡许书所载及后世新添之字足表语言者皆小学。尊信国史,保全中国语言文字,此余之志也。"②他认为,国之特性,即表现在历史和语言文字上。他晚年提倡尊孔读经,遭人误解,实际上,用心也在弘扬历史、宣传民族主义:"今吾人言读经尊孔,而敌人亦言读经尊孔,鳃鳃者深恐将来为敌人愚弄。吾谓不然。民族意识之凭借,端在经史。史即经之别子,无历史即不见民族意识所在。盖凡百学术,如哲学,如政治,如科学,无不可与人相通,而中国历史断然为我华夏民族之历史,无可以与人相通之理,故吾人读经主旨,在求修己之道,严夷夏之辨。"③他晚年讲学,之所以再三强调历史的重要性,就是因为历史乃建设民族主义大厦不可替代的基石:"中国今后应永远保存之国粹,即是史书,以民族主义所托在是"④。

第三,民族主义之发荣滋长,有赖史籍所载历史人物事迹为之灌溉,故以读史为要。章太炎既以史书为民族主义之所托,故每当民族危机加剧,他便大力呼吁要重视历史的作用:"今当世界在较任何时期为严重的时候,历

① 章太炎:《哀焚书》,《訄书》重订本,载《章太炎全集》(三),上海人民出版社1983年版,第323、324页。
② 诸祖耿记录:《记本师章公自述治学之功夫及志向》,《制言》第25期,1936年9月。
③ 章太炎讲,王謇等记录:《论经史儒之分合》,载张昭军编:《章太炎讲国学》,东方出版社2007年版,第166页。
④ 章太炎:《与张季鸾》,载马勇编:《章太炎书信集》,河北人民出版社2003年版,第957页。

史上之陈迹即爱国心之源泉,致用时之棋谱,其系于一国之兴亡为用尤巨,故史志乃今日切要之学也。"①1906 年,出于"排满"革命的需要,章太炎提出"用国粹激动种性,增进爱国的热肠",主张用"国粹"来激发民族主义,振奋民族精神。这里的"国粹",指的就是"汉种的历史"②。次年,他在《答铁铮》一文中以稼穑作喻,明确提出读史对于培养民族感情至为重要,舍弃历史,徒知主义,并不利于民族主义的生长:"仆以为民族主义如稼穑然,要以史籍所载人物、制度、地理、风俗之类为之灌溉,则蔚然以兴矣。不然,徒知主义之可贵,而不知民族之可爱,吾恐其渐就萎黄也。"③20 世纪 30 年代,国难加重,章太炎愈益重视读史致用,不遗余力地宣讲历史之重要、读史之利益、读史之方法。他说:"今人之病根,即在不读史"④。"而国亡再起,非归功于史家不可。今者外患日深,骤图富强,谈何容易。惟有立定民族主义,晓然于'非我族类,其心必异',本之《春秋》,推至汉、唐、宋、明诸史,人人严于夷夏之防,则虽万一不幸而至下土耗斁,终必有复兴之一日也"⑤。读史寄托了章太炎复兴民族的厚望,代表了一条重要的救国之路。而所读之史,依然是包括《春秋》在内的旧史。

　　章太炎在近代史上以特立独行著称,他的史学思想亦不例外。他一贯的"依自不依他"的学术风格以及他对西方现代性和普遍性的质疑,均与他熟稔历史、强调从历史实际出发有关。他所主张的"六经皆史"说及民族主义史学,把中国史学传统、社会现实与西方理论结合在一起,融会民族性与现代性,避免了以人绳我,简单地否定历史传统。章太炎不以史学名家,但他对中国史学现代性的思考,富有启示,发人深省。

① 王联曾记录:《章太炎论今日切要之学》,《中法大学月刊》第 5 卷第 5 期,1934 年 10 月。
② 太炎:《东京留学生欢迎会演说辞》,载《章太炎政论选集》上册,中华书局 1977 年版,第 272、276 页。
③ 太炎:《答铁铮》,《民报》第 14 号,1907 年 6 月 8 日。
④ 章太炎:《论读史之利益》,载张昭军编:《章太炎讲国学》,东方出版社 2007 年版,第 168 页。
⑤ 章太炎:《论经史儒之分合》,载张昭军编:《章太炎讲国学》,东方出版社 2007 年版,第 166 页。

本 章 小 结

20 世纪前期中国史学现代化,其主流大势在破旧立新。与此主流不同,章太炎反对先破后立,主张以中国历史为据,在尊重自身传统的前提下,通过吸收、反思和批判西方现代性从而实现中国史学的现代性转换。

在中西关系上,章太炎主张"依自不依他",从本民族的历史实际出发。章太炎并不反对现代性,不拒绝接受西方史学的理论方法。但与"西化派"不同,他对中国文化和历史有独到的认识,始终强调在尊重和继承自身学术传统的基础上实现现代性转换,强调引进外来的理论不能以丧失学术自主性为代价。

在古今关系上,特别是如何对待中国传统的经史之学,他主张"夷六艺于古史"。从启蒙的角度看,这有助于祛除经学的神圣性,推动经史之学契合现代理性。但"夷六艺于古史"不是要否定中国的文化传统,也不是要否认中国历史的客观性。他的"六经皆史"也并非胡适、钱玄同等新派所说的"六经皆史料"。在他看来,经史之学蕴含着中国人的价值观念和民族精神,古经古史不可化约为有待整理的史料,取其躯体而剔除精神。针对欧化和疑古风气,他在"经者古史"的基础上提出了"史即新经"的说法,强调历史的权威性和历史文化认同的现实意义。

在历史(学)与民族主义的关系上,章太炎提倡民族主义史学,其突出特色在提倡"历史民族之义"。较之梁启超等人,他所提倡的民族主义史学较好地体现了史学与历史、形式与内容的统一性。

章太炎对中国史学现代性转换的思考,强调"依自不依他",从中国的历史文化传统和民族特性出发,深刻影响了著名史家柳诒徵、钱穆等人的文化史研究。

第 六 章
"《中国文化史》的开山之作"

——柳诒徵以礼为主脑的文化史研究

　　柳诒徵是中国近现代史上著名的历史学家,学术研究尤以文化史见长,所著《中国文化史》和《国史要义》堪称"史学双璧"。其中,他的《中国文化史》是中国人编著的首部较为系统、深入的文化史专书,长期以来广为流传。蔡尚思曾形象地称之为民国时期各种《中国文化史》的"老母鸡"。①《国史要义》以中国的文化传统和史学传统为本,固本创新,在现代史学理论之林中独树一帜。② 他的"一史一论",相得益彰。

　　按照梁启超"新史学"的标准,柳诒徵的《中国文化史》俨然属于新史学范畴。也就是说,柳诒徵是一位新史家。然而耐人寻味的是,柳诒徵及其《中国文化史》尊重古经,重视礼教,言论多不合新史家规矩。《国史要义》

---

① 蔡尚思:《柳诒徵先生学述》,载柳曾符、柳佳编:《劬堂学记》,上海书店出版社 2002 年版,第2页。

② 关于柳诒徵及其史学思想,学界主要有这样几种观点。一种以进化史观、白璧德新人文主义、民族主义史学、文化保守主义史学等现代性概念来表彰柳诒徵史学思想的进步性,如彭明辉《历史地理学与现代中国史学》(台北东大图书公司 1995 年版)、孙永如《柳诒徵传》(百花洲文艺出版社 2010 年版)、田亮《柳诒徵的民族主义史学思想》(载《史学史研究》2004 年第 2 期)、Tze-ki Hon 的"Cultural Identity and Local Self-government, a Study of Liu Yizheng's History of Chinese Culture"(*Modern China* 30:4, 2004)等。另一种则把柳诒徵与梁启超等新史家并论,认为他们具有相同的理想抱负,以此肯定柳诒徵的学术地位,如吴宓《论柳诒徵诗》(载《劬堂学记》,上海书店出版社 2002 年版)、康虹丽《论梁任公的新史学和柳翼谋的国史论》(《幼狮学志》1972 年第 10 卷第 2 期)。最近,也有学者尝试跳出中西(或新旧)二分的评价方式,如李洪岩《史术通贯经术——柳诒徵文化思想析论》(《国际儒学研究》1997 年第 3 辑)、Axel Schneider(施耐德)的《民族、历史与伦理——中国后帝王时期史学之抉择》(《新史学》2008 年第 19 卷第 2 期)。

甚至干脆放弃新史学范式,高扬本土史学话语。生活于新史学时代的柳诒徵似又固执经学时代的理念,以至于被认作是旧史学的代表。[①] 笔者认为,柳诒徵身上所集结的这些矛盾,体现了中国史学传统与现代主流史学之间关系的复杂性,也显示了他本人的学术个性。

本章拟结合 20 世纪前期新旧文化的递嬗和新史学思潮的兴起,分析柳诒徵是如何以礼为主脑,构建其文化史体系和史学理论体系的。

一、与梁启超对话

柳诒徵一生著述丰富,其中最有影响的是"一史一论"(即《中国文化史》和《国史要义》)。从表面上看,他的史学论著特别是"一史一论",在论述主题、体例、范式乃至语言风格等方面都存在较大的差异,但仔细分析会发现,差异中寓统一。这些论著含有很强烈的现实关怀,始终围绕着中国文化的历史命运而展开;问题意识前后一贯,主要是针对新学家的观点而发。柳诒徵对当时的活跃人物章太炎、胡适、顾颉刚等人都曾提出过严厉批评,但他毕生批评最多、用力最大的,则是新史学的开山梁启超。从一定意义上说,他的史学思想和成果,正是在与梁启超学术观点的争辩与对话中形成的。因此,在具体讨论柳诒徵的史学思想之前,有必要以《中国文化史》和《国史要义》为例,分析一下他的史学观点与梁启超的关系。

(一)柳诒徵《中国文化史》与梁启超"新史学"

《中国文化史》回应的是中国有无文化(文明)、什么是中国文化(文明)的问题。

---

① 周予同:《五十年来中国之新史学》,载《周予同经学史论著选集》,上海人民出版社 1983 年版,第 521 页。

该书撰写于 1919—1921 年①,恰值新文化运动,有人认为是针对胡适而来。柳诒徵虽不满意五四新文化运动反传统的风气,但胡适等人所倡导的"整理国故"运动及"古史辨"运动在 1922 年以后才渐成规模。② 实际上,该书直接针对的是梁启超及其"新史学"。

20 世纪初,梁启超流亡日本,发表《中国史叙论》(1901 年)、《新史学》(1902 年)、《论中国学术思想变迁之大势》(1902 年)、《中国专制政治进化史论》(1902 年)等史著,奠定"史界革命"巨子的地位。需要指出的是,梁启超所倡导的"新史学"实即文明史(或叫文化史)。时人称:"中国向无文明史之体,至迩来东西新思想渐次输入,乃有著译文明史者。若饮冰子之《新史学》等,实可谓史界革命军也。"③梁启超的新史学理论,及其对于中国历史的否定性评价,如认为二十四史不是历史,将之比作"二十四姓之家谱""相斫书""墓志铭""帝王教科书""蜡人院之偶像"等说法,深受日本文明史家的影响。日本文明史家否定中国历史的合法性,原是为脱亚入欧和宣传国家主义张目,梁启超则拿来作为抨击旧史、反对传统、开辟鸿蒙的利器。④ 简单说,梁启超所谓的"史界革命"实际上是运用外来的文明史学理论及其具体观点而进行的一场变革。他虽一再声称,"新史学之著,吾岂好异哉,吾不得已也"⑤,但一唱百和,影响深远。"史界革命"批判旧史之风,愈演愈烈,由谤古而疑古,进而"因疑古而轻视吾国固有之文化,以诅咒自国为趋时"⑥。新文

① 最初作为南京高等师范学校讲义,随编随印,1921 年印行合订本,其后稍有修改。《学衡》所载《中国文化史》述及 1922 年非基督教运动等内容,当是 1921 年以后刊发时所增补。见柳诒徵:《中国文化史》,《学衡》第 70 期,1929 年 7 月。

② 柳诒徵的长孙柳曾符曾回应:"潘伯鹰先生写《柳翼谋先生丹铅高寄》一文中以为先祖著《中国文化史》与胡氏有关,但是先祖正式撰文和胡氏商量学术,却始于《论近人讲诸子之学者之失》一文。"见柳曾符:《柳诒徵与胡适》,载柳曾符、柳佳编:《劬堂学记》,上海书店出版社 2002 年版,第 189 页。柳氏论诸子学一文最初发表于《史地学报》第 1 卷第 1 期,1921 年 8 月。

③ "中国少年"编译:《中国四千年开化史》第 9 章,成都书局 1906 年版,第 15 页。

④ 参见张昭军:《文明史学在近代中日两国的兴起与变异——以田口卯吉、梁启超为重点》,《北京师范大学学报》2012 年第 3 期。

⑤ 梁启超:《新史学》,载《饮冰室合集》文集之九,中华书局 1989 年版,第 7 页。

⑥ 胡先骕:《今日救亡所需之新文化运动》,《国风》半月刊第 9 号刘伯明先生纪念号,1932 年 11 月 24 日。

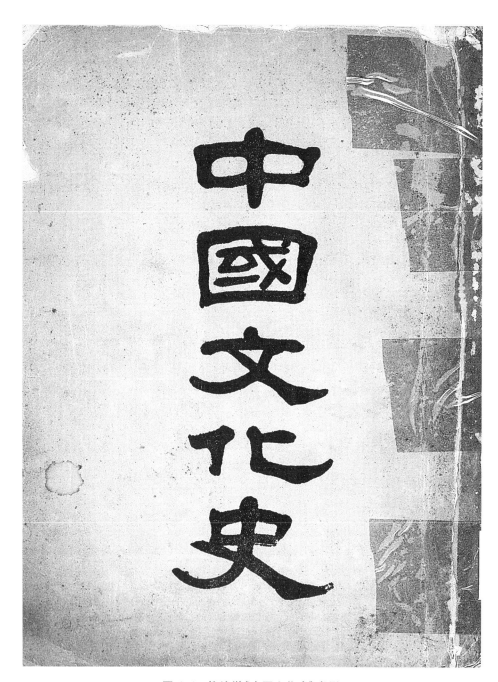

图 6-1　柳诒徵《中国文化史》书影

化运动时期,在胡适、顾颉刚等人的言论中,均可以找到梁启超的影子。有学者指出:"民国六七年后'新汉学'之兴起,先生盖导其源矣。"①梁启超后来也坦承:"现代学问上笼统影响、凌乱肤浅等等恶现象,实我辈所造成。"②

俗语说"擒贼擒王",正是鉴于梁启超史学观点的代表性和影响力,所以柳诒徵选择了梁启超作为论学的对象。他说:附会西人,诟病古史,"此等风气,虽为梁氏所未料,未始非梁氏有以开之"③。一方面,柳著《中国文化史》借鉴并吸收了包括"新史学"在内的中外文明史学理论。柳诒徵曾于1903年访学日本,并以日人著作为基础编成《历代史略》,他对当时的文明史译著并不陌生。《中国文化史》开篇说:"历史之学,最重因果。人事不能有因而无果,亦不能有果而无因。治历史者,职在综合人类过去时代复杂之事实,推求其因果而为之解析,以诏示来兹,舍此无所谓史学也。"④这一界说与浮田和民《史学通论》、梁启超《新史学》的说法一致。另一方面,柳诒徵却不同意梁启超"新史学"关于中国历史和中国文明的总体评价。柳诒徵撰写《中国文化史》即肇因于此。⑤

例如,梁启超以西史衡中国,认为"中国数千年,惟有政治史",而没有文明,没有文明史;柳诒徵则指出,"晚清以来,积腐襮著,综他人所诟病,与吾国人自省其阙失,几若无文化可言",实际并非如此:中国有"独造之真际",为世界开化最早之国,"吾民族创造之文化,富于弹性,自古迄今,绵

①　素痴(张荫麟):《近代中国学术史上之梁任公先生》,载夏晓虹编:《追忆梁启超》,中国广播电视出版社1997年版,第106页。
②　梁启超:《清代学术概论》,上海古籍出版社1998年版,第105、106页。
③　柳诒徵:《国史要义》,上海古籍出版社2007年版,第120页。
④　柳诒徵:《绪论》,《中国文化史》上册,钟山书局1935年版,第1页。
⑤　顺便指出,不少论者以进化史观来概括柳著文化史的特点,实际上,1915年以后,进化学说已为不少中国学人所接受,因此,以进化史观来解释中国历史已近于"常识",并非柳诒徵的独异之处。柳著《中国文化史》的特色在于,在文明史的对话平台上,或说以文明史理论为范式,把梁启超"新史学"所宣传的中国"无史",第一次系统地改写为"有史",并成功地付诸学术实践。换言之,柳著《中国文化史》接受了梁启超"新史学"的文明史学理论,却反对梁启超对于中国历史的评价。

缅相属,虽间有盛衰之判,固未尝有中绝之时"①。梁启超认为,中国史书"知有朝廷而不知有国家",不能叙述人群社会之进化;柳诒徵则指出:"世恒病吾国史书为皇帝家谱,不能表示民族社会变迁进步之状况,实则民族社会之史料,触处皆是。徒以浩穰无纪,读者不能博观而约取,遂疑吾国所谓史者,不过如坊肆《纲鉴》之类,止有帝王嬗代及武人相斫之事,举凡教学、文艺、社会、风俗,以至经济、生活、物产、建筑、图画、雕刻之类,举无可稽。吾书欲祛此惑,故于帝王朝代,国家战伐,多从删略,惟就民族全体之精神所表现者,广搜而列举之。"②他的《中国文化史》以人伦礼义为中心,构建并证明中国拥有值得珍重的文化史。

(二) 柳诒徵《国史要义》与梁启超"历史研究法"

柳诒徵《国史要义》争辩的是中国有无史学、什么是中国史学的问题。

20 年代以后,用科学方法整理国故,以欧美史学方法研究国史,渐成热潮。时人称,"吾国近年来史学界颇受欧化潮流之激荡……其对于西方史学原理之接受,正与一般政治学家、经济学家、新文学家同,一时顿呈饥不择食、活剥生吞之现象"③。法国学者朗格诺瓦与瑟诺博司合著的《史学原论》一书经胡适等提倡,在中国影响广泛。年轻学子自不待言,一些持重者也竞相模仿,以"史学方法"命名的课程或论著流行起来。在此风潮下,传统史学的合法性遭受沉重打击。梁启超的《中国历史研究法》等系列著作就是这一潮流下的产物。

众所周知,《中国历史研究法》原系梁启超在南开大学开设"中国文化史"课程的讲义,1922 年由商务印书馆出版。据陈训慈、杜维运等研究,梁书突破性的见解,有不少是出于朗格诺瓦、瑟诺博司二人的《史学原论》。④

---

① 柳诒徵:《绪论》,载《中国文化史》上册, 钟山书局 1935 年版,第 1、2 页。

② 柳诒徵:《中国文化史》上册,钟山书局 1935 年版,第 7 页。

③ 何炳松:《通史新义·自序》,商务印书馆 1930 年版。

④ 陈训慈:《史学蠡测》,《史地学报》第 3 卷第 1、2 期合刊,1924 年 6 月;杜维运:《变动世界中的史学》,北京大学出版社 2006 年版,第 7 页。

正如当时的批评者所说,梁启超以前撷取文明史理论而作《新史学》,此时又"本欧美的史学研究法,倡革新中国史学的急务"①。而且,梁启超喜作新论,该书虽不若《新史学》"石破天惊"②,但若仔细推敲,其中所凸显的中国本土史学的危机,也足以惊动史林,发人省思。且看梁氏《中国历史研究法》的《自序》:中国史书如此众多,"既不可不读,而又不可读"。不可读者,无法可读也。故只有借用西人之法,重加筛选,"出其所读者以供人之读"。筛选之法,一为客观的史料之整理,认史书作史料,重估价值;二为主观的观念之革新,"以史为人类活态之再现,而非其僵迹之展览;为全社会之业影,而非一人一家之谱录"③。他认为,中国史书不过是历史资料而已,只有以西史为范,重新确立史学观念,中国才能有史学。否则,中国浩如烟海之史书,"诚如一堆瓦砾,只觉其可厌"④。这里的"史学",显然是新史学。中国史书既然如同瓦砾,自然无理论方法、组织系统可言,这就一笔否定了中国古史具有史学理论、史学精神和史学价值。

柳诒徵的《国史要义》成书于20世纪40年代⑤。该书揖别《中国文化史》的长篇叙事风格及文明史的范式,由博返约,谋求发展中国的史学理论体系。从内容看,《国史要义》十篇均可直接找到反驳梁启超史学观点的文字。比如,《史原第一》回应梁启超以《春秋》为"流水账簿"的说法;《史权第二》指出梁启超以史官为"社会之高等学府""王侯公卿之高等顾问"等说法不准确;《史统第三》直指梁启超的《正统论》;《史联第四》驳斥梁启超所谓古人著述"短句单辞,不相联属""陈陈相因,无复创作精神"之说;《史德

① [日]桑原隲蔵:《梁啓超氏の中国歴史研究法を読む》,《支那学》第2卷第12号,1923年8月。

② 严复:《与张元济书》,载《严复集》第3册,中华书局1986年版,第551页。

③ 梁启超:《中国历史研究法》序,载《饮冰室合集》专集之七十三,中华书局1989年版,第1页。

④ 梁启超:《中国历史研究法》序,载《饮冰室合集》专集之七十三,中华书局1989年版,第2页。

⑤ 有学者认为该书发凡于柳氏在"南高"讲授的"历史研究法"。(详参张其昀:《吾师柳翼谋先生》,载《劬堂学记》,上海书店出版社2002年版,第113页。蔡尚思为柳著《中国文化史》所作导论也持此观点。)但从今日所存"史学研究法"讲义看,两者有较大的不同。柳诒徵:《史学研究法》,李孝迁整理,载杨共乐、张昭军主编:《柳诒徵文集》第2卷,商务印书馆2018年版。

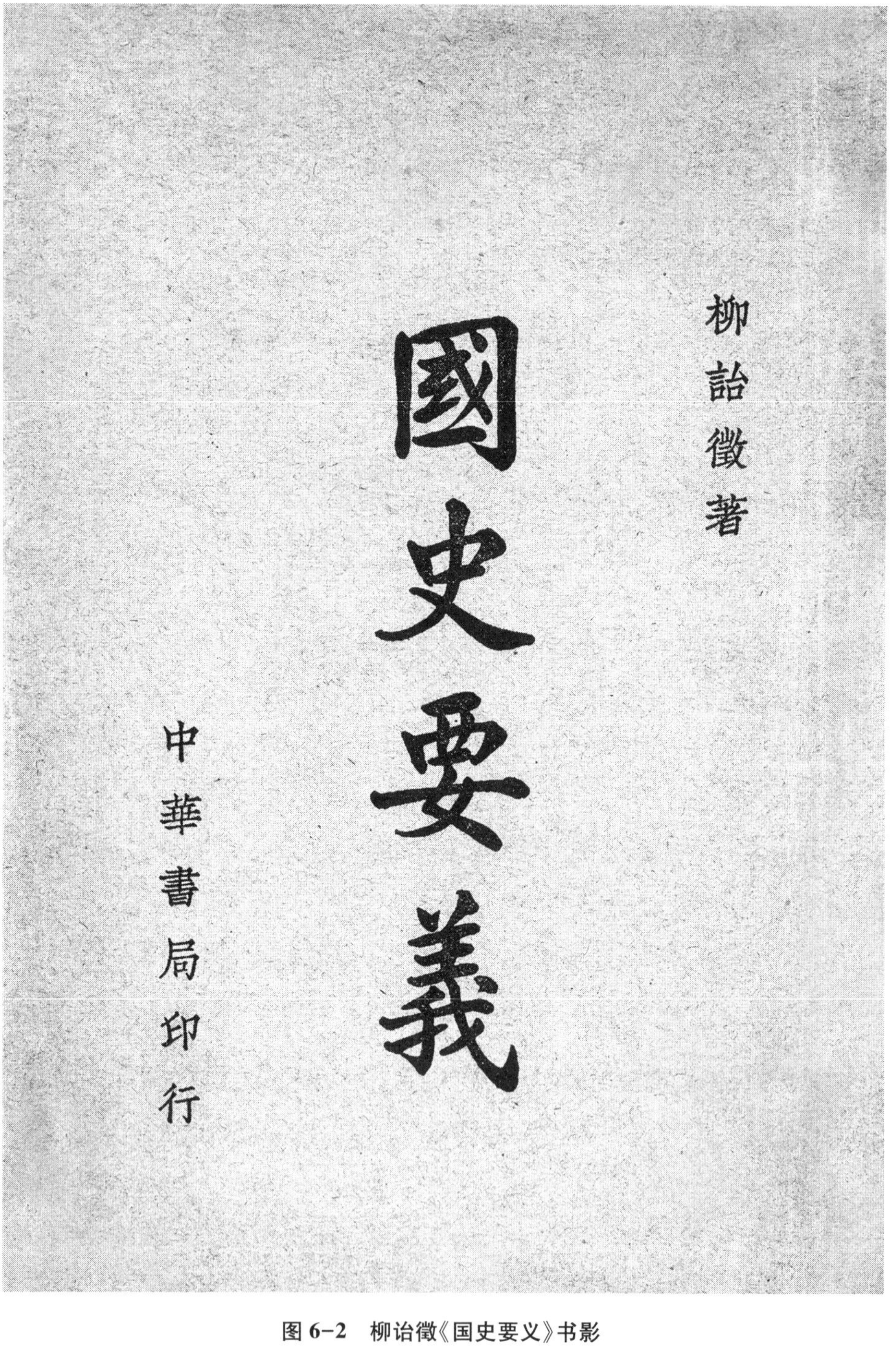

柳詒徵著

國史要義

中華書局印行

图 6-2　柳诒徵《国史要义》书影

第五》点名批评梁启超《中国历史研究法补编》未能体察章学诚之意;等等。余不赘述。集中说来,柳诒徵《国史要义》所力辩者有两点:第一,古史非史料,严整有秩,义例相系,乃以"礼"为中心有理论成体系的史学;第二,中国史学独创一体,独具精神气质,毫不逊色于西史。

需要说明的是,由上遂认定柳诒徵是在文字上与梁启超争是非,那就大错特错了。柳诒徵不止一次说过类似的话:"通贯新旧能以科学方法剖国故者,当推梁氏《历史研究法》。"①这是对梁著的真诚肯定。实际上,梁启超《中国历史研究法》与柳诒徵《国史要义》,方智圆神,于史学传统有因有创,恰恰代表了中国史学现代性转化的两种选择。以中国文史学的托命者自居,抱憾于中国历史乃至史学的断裂,柳诒徵所争者,乃中国文化的前途命运、中国史学的未来之路。对读梁著,有利于抓住柳诒徵论学的主旨。

二、"为国以礼"

"为国以礼"是就中国历史文化的本体而言,意思是说礼乃国家得以确立和运行的根本原则。在新史学的语境下,坚持以礼为中国文化的主脑和渊薮,进而援经入史,建立起以礼为核心的古史系统,显示了柳诒徵治学的特点。

(一)礼为中国"文化之主脑"

"中国文化为何?中国文化何在?中国文化异于印、欧者何在?"②柳诒徵所著《中国文化史》《什么是中国的文化》《中国文化西被之商榷》等正论历史事实,专就此做一总回答。

他认为,举凡典章、政治、教育、文艺、社会、风俗,以至经济、生活、物产、

---

① 柳诒徵:《史学概论》,载柳曾符、柳定生选编:《柳诒徵史学论文集》,上海古籍出版社1991年版,第116页。
② 柳诒徵:《绪论》,载《中国文化史》上册,钟山书局1935年版,第2页。

建筑之类,触处皆为中国文化所表现者。汇而观之,"亦不谓中国之文化不在于是",但并非是中国文化独具之精神。他举例说:即以国学而论,"吾人精于训诂,彼未尝不讲声韵文字之变迁。吾人工于考据,彼未尝不讲历史制度之沿革。吾人搜罗金石,彼未尝不考陶土之牍、羊皮之书。吾人耽玩词章,彼未尝不工散行之文、有韵之语。所异者象形之字,骈偶之文。自今观之,即亦无甚关系。不识象形之字,不得谓之不文明;不为骈体之文,亦不得谓之无文学"①。这些只能说明别人所有,吾亦有之,"证明人类共同之心理、必经之阶级",而难以表明吾民"独造之真际",难以作为中国"文化之主脑"。那么,中国文化"独造之真际"何在? 中国"文化之主脑"何在?

柳诒徵指出,欲得中国"文化之主脑",当从历史中求之:"世界各国皆尚宗教,至今尚未尽脱离。吾国初民,亦信多神,而脱离宗教甚早。建立人伦道德,以为立国中心,绵绵数千年,皆不外此,此吾国独异于他国者也。尚宗教则认人类未圆满多罪恶,不尚宗教则认人类有圆满之境,非罪恶之数,此其大本也。其他枝叶更仆难数,要悉附丽于此,是故吾国文化,惟在人伦道德,其他皆此中心之附属物。训诂,训诂此也;考据,考据此也;金石所载,载此也;词章所言,言此也。亘古及今,书籍碑版,汗牛充栋,要其大端,不能悖是。"②"简言之,即以礼为立国根本。"③以人伦道德立国,此乃中国历史独异处,中国文化之根本。对此,柳诒徵深表自得,矜为创获:"中国文化的中心是人伦这一点,真是所谓行之而不著焉,习矣而不察焉,终身由之而不知其道的了,大概很少人想到这点上去。"④

揆诸典籍,柳诒徵以礼为立国根本,有一定根据。《论语·先进》:"为国

---

① 柳诒徵:《中国文化西被之商榷》,载柳曾符、柳定生选编:《柳诒徵史学论文续集》,上海古籍出版社 1991 年版,第 226、227 页。

② 以上引文见柳诒徵:《中国文化西被之商榷》,载柳曾符、柳定生选编:《柳诒徵史学论文续集》,上海古籍出版社 1991 年版,第 228 页。

③ 柳诒徵:《中国礼俗史发凡》,载柳曾符、柳定生选编:《柳诒徵史学论文续集》,上海古籍出版社 1991 年版,第 624 页。

④ 柳诒徵演讲,柳定生笔记:《对于中国文化之管见》,《国风》第 4 卷第 7 期,1934 年 4 月。

以礼。"《左传·僖公十一年》:"礼,国之干也。"《荀子·议兵》:"礼者,治辨之极也,强国之本也,威行之道也,功名之总也。"礼为儒家思想和政治生活的核心,《礼》为"六经"之一,地位崇高。有清一代,尤其重视对礼学的研治和总结。柳诒徵生于晚清,深受时贤学风熏染,有着良好的经学特别是礼学修养。他治史从经学入手,志在打通《春秋》与《周礼》,主张"礼学与史学,非二有也"①。

柳诒徵以礼为中国"文化之主脑",亦有感于时代而研之益深。礼的核心在"义",即尊尊亲亲的人伦精神。新文化宣传者多认为君对臣、父对子、夫对妻为专权、压制和对立关系,刻意突出双方的矛盾。柳诒徵则强调二者相互对待、有序统一的方面,提出了"二人主义"之说。

柳诒徵指出:"何谓人伦? 何谓伦理? 何为礼教? 此今日研究中国学术、道德、思想、行为之根本问题也。醉心新文化之人,固为欧美蓝色眼镜所障,未窥此中真际,即妄肆其批评;笃旧之士,辞而辟之,亦复不得要领,徒拘迁于宋元以来之思想习惯,不求之于原理,断断争辩,转贻主张新文化者之口实。其实伦理礼教,至庸常而无奇,至精微而难解。"②他分析说:"中国的人伦是专讲两个人的主义。"③所谓"二人主义",即"一人之外,必有他人,由一而二,由二而三,以至无穷"。他认为"二人主义"是孔子学说的精赅之处。第一,"孔子之教,个人欲应付多人,必须先从二人做起,其惟一妙法曰恕。所谓以己之心度人之心,所谓己所不欲勿施于人者,皆从双方立言"。若人人奉行此法,则无往而不可行。然而,仅概之以恕,"则分析人类之分际,犹未精也。于是又析之为五种,曰君臣,曰父子,曰夫妇,曰兄弟,曰朋友,而人之与人相对之类别,尽括于是矣"。故凡一人对于任何一人,能以恕道相处相安,由此即可对大多数之人亦相处相安。第二,"五伦为二人主义,二人主义者仁也,即所谓相人偶也,由个人而至大多数人之中,必经之阶级也"。也就是说,

① 柳诒徵:《中国礼俗史发凡》,载柳曾符、柳定生选编:《柳诒徵史学论文续集》,上海古籍出版社 1991 年版,第 611 页。
② 柳诒徵:《明伦》,《学衡》第 26 期,1924 年 2 月。
③ 柳诒徵演讲,柳定生笔记:《对于中国文化之管见》,《国风》第 4 卷第 7 期,1934 年 4 月。

"二人主义"既是为人之道,又是由个人扩而至于家国天下的必经之途。他在演讲中说:"就管见所及,中国文化的根本,便是就天性出发的人伦,本乎至诚,这种精神方能造就中国这么大的国家,有过去几千年光荣的历史。"①他在《中国礼俗史发凡》中进一步疏解道:"樊然众生,漫无统纪,何以为群,何以立国?整齐教诲,必有秩叙而后可相安以生,故社会之初型,原于私欲争夺,争夺不已,脊脊大乱。聪明睿知之人,察其所以然,因势利导,循其原委,区其经曲,求其条理,定为秩叙,括之曰礼。""故欲知吾民族立国数千年,能由部落酋长达此大一统之国家,广宇长宙,雄长东亚,其根本何在,即循此人类群居之条理,以为立国之本。简言之,即以礼为立国根本。博言之,即以天然之秩叙(即天理)为立国之根本也。"②礼即人伦,即天理,代表了秩序,乃吾族得以团结为群、统一为国的纽带,这是柳诒徵对中国历史特点的认识。

由"二人主义"出发,柳诒徵进而分析说,人伦乃人群进化之公理,"互助""平等"是人伦精神的应有之义,能救恶性竞争、功利主义、个人主义等现代文化之弊病。欧战以后,知识界以为"今日最新之学说,莫过于人类之互助",柳诒徵指出,"所谓五伦,所谓达道,孰非提倡人之互助、促进人之互助、维持人之互助者?为人君,止于仁;为人臣,止于敬,非互助乎?为人父,止于慈;为人子,止于孝,非互助乎?"人谓互助为今日欧人发明之新理,实则中国圣哲早在数千年前已经言之。③人伦互助,此正救治西方个人主义之药石。同理,人伦道德,最重义利之辨,主旨在不使人类沦为经济的奴隶,正好做嗜利主义者的清凉散。④

新文化人视礼教为束缚,认为"礼莫大于等威之辨",礼与平等观念凿枘。柳诒徵引《荀子》辩论道:"荀卿最精于礼,而极言制礼义以分之谓之至平。"礼义明分,恰在于使人载其事而各得其宜。所谓"虽王公士大夫之子

---

① 柳诒徵演讲,柳定生笔记:《对于中国文化之管见》,《国风》第 4 卷第 7 期,1934 年 4 月。
② 柳诒徵:《中国礼俗史发凡》,载柳曾符、柳定生选编:《柳诒徵史学论文续集》,上海古籍出版社 1991 年版,第 622、623、624 页。
③ 参见柳诒徵:《明伦》,《学衡》第 26 期,1924 年 2 月。
④ 参见柳诒徵:《中国文化西被之商榷》,载柳曾符、柳定生选编:《柳诒徵史学论文续集》,上海古籍出版社 1991 年版,第 229 页。

孙,不能属于礼义,则归之庶人;虽庶人之子孙也,积文学正身行能属于礼
义,则归之卿士大夫",恰表示最平等之义。与西方比较,"他族之言平等,
多本于天赋人权之说。吾国之言平等,则基于人性皆善之说。然人性皆善,
特原其始耳。至列于礼之阶级,则相差而不平矣。吾之圣哲又为之下一定
义曰:自天子以至于庶人,壹是皆以修身为本。(《大学》)则礼之阶级为表,
而修身之平等为里,显示阶级制度不足以限人,而人之平等者,惟在道德。
何其言之无剩义也……礼之精髓,能合智愚贤不肖而平等"①。在他看来,
礼以道德修养作为平等的准则,并不会因为门第出身、阶级地位而有人格高
下之虞。

礼教之中,以三纲最受时人诟病。柳诒徵认为古礼含有民治精神,不能
因后来帝王专制而否定礼教:"实则古礼之协于人情,合于民治,其精奥赅
备,固非徒执臆见近事所可测定。"②他专门作《明伦》篇,为三纲正名③。他
反复强调,纲常名教不仅含有互助、平等、民治等现代精神,而且是国家日益
扩大而悠久的根本所在。

柳诒徵论礼学,提倡纲常名教,对今人而言难以理解。实际上,王国维、
陈寅恪、吴宓、冯友兰等人,学贯中西,也无不认礼为中国文化的总精神,以
采择发扬人伦道德精神为己任④。近代以来,中国文化数经挞伐,几已沦为
西方文化的注脚,对照诸人所说,当有助于理解柳诒徵为何以礼作为中国
"文化之主脑"。陈寅恪认为,纲纪学说乃中国文化命脉所在,其奥秘非常
人所能知:"吾侪所学关天意,并世相知妒道真。"⑤身为"文化精神所凝聚之
人"⑥,在民国初年社会动荡的局势下,陈寅恪等人感受尤显独到而深刻。
第一,作为中国文化本体的纲纪学说不是僵化凝滞的,而是抽象理想的最高

---

① 柳诒徵:载《史化第十》,《国史要义》,上海古籍出版社 2007 年版,第 250、251 页。
② 柳诒徵:《中国礼俗史发凡》,载柳曾符、柳定生选编:《柳诒徵史学论文续集》,第 24 页。
③ 参见柳诒徵:《明伦》,《学衡》第 26 期,1924 年 2 月。
④ 参见吴学昭整理:《吴宓日记》第 3 册,生活·读书·新知三联书店 1998 年版,第 347 页。
⑤ 陈寅恪:《挽王静庵先生》,《学衡》第 60 期,1926 年 12 月。
⑥ 陈寅恪:《王观堂先生挽词并序》,《学衡》第 64 期,1928 年 7 月。

之境:"吾中国文化之定义,具于《白虎通》三纲六纪之说,其意义为抽象理想最高之境,犹希腊柏拉图所谓 idea 者。"①也就是说,纲纪学说为中国文化形而上之本体,非固定于君臣、父子、夫妇、兄弟、朋友之间。第二,中国之所以为中国,有赖于道德礼教所结成。王国维《殷周制度论》认为,古之所谓国家者非徒政治之枢机,亦道德之枢机也,由礼义纲常联结而成。缪凤林也认为,"中国文化之根本在礼,礼教之在中国,虽为伦理的而非宗教的,而其地位则与耶教之在欧美相当。国民道德,赖以养成;社会秩序,赖之维持"②。他们强调人伦精神为结成社会的纽带,礼是抟聚中国成为一个社会的重要保障。20 世纪 40 年代,费孝通从乡土社会的角度提出"礼治秩序"的概念,梁漱溟在《中国文化要义》一书中提出中国文化的伦理本位,与此一脉相承。第三,礼本于人道,为人之常性。针对"三纲六纪"之说,冯友兰提出:"人必依此等伦理的规律而行,方可尽人之性,而真为人。"③缪凤林《谈谈礼教》也认为:"人之所以为人,完全因为有'礼';中国文化最伟大之成就,即在其礼教之邃密。"④这些说法具有鲜明的人本主义和道德理想主义色彩,与新思潮的实用主义大异其趣,我们不能将之简单归为抱残守缺。

(二) 中国文化史:礼之展开

得此"主脑",我们可以看到,以《中国文化史》为主干,柳诒徵构建了一套以"礼"为核心的中国文化史体系。中国文化史,就是"礼"在中国生成、发展、蜕变的历史。

以"礼"为本位,柳诒徵认为:"自太古至秦汉,为吾国人创造文化及继续发达之时期。自汉以降,则为吾国文化中衰之时期。"⑤具体说来,唐、虞、

---

① 陈寅恪:《王观堂先生挽词并序》,《学衡》第 64 期,1928 年 7 月。
② 缪凤林:《谈谈礼教》,《国风》半月刊第 3 号圣诞特刊,1932 年 9 月 28 日。
③ 冯友兰:《中国哲学史》下册,华东师范大学出版社 2000 年版,第 24 页。
④ 缪凤林:《谈谈礼教》,《国风》半月刊第 3 号圣诞特刊,1932 年 9 月 28 日。
⑤ 柳诒徵:《中国文化史》上册,钟山书局 1935 年版,第 429 页。

三代,开创中国文明教化之规模。① 其中,唐虞政教,以中道为本,主敬天爱民之义。夏道尚忠、尚孝,而君臣、父子、夫妇之伦得以正,从此礼俗相沿、人重伦纪。后世国民性及哲学家之主张,中国乃礼义之邦、文明之国之义,即本于此。由殷至周,文教大备。周代以人伦化成天下,中国的礼乐文明几臻高峰。"春秋者,直接于礼教最盛之时代之后之一时代也,又由礼教最盛而渐趋于衰落之一时代也。"②秦汉以后,人民虽不乏进步表现,但最为核心的礼教文明则有所退化。

1933 年 6 月,《清华学报》发表了胡适所撰评论《中国文化史》的专文。在该文中,胡适一方面承认:"柳先生的书可算是《中国文化史》的开山之作";另一方面大量列举了柳书的不足。胡适着重指出,此书详于古代而略于近世,与史料的详略恰成反比例。其中,第一编第十九章"周之礼制",全用《周礼》作材料,有八十六页之多,占去全书十二分之一的篇幅;然唐朝一代的文学史,则仅有寥寥十一行。"这样不均匀的分配,是此书的一个大缺陷。约略言之,其所据材料多很可疑,其论断也多不可信,为全书最无价值的部分。"③从新史家的角度看,胡适的说法不无道理,但欠缺"同情之了解"。对读柳诒徵《国史要义》论书法义例"其所书与不书,皆有以示礼之得失"④,自识《中国文化史》的用意。

实际上,柳著《中国文化史》以"礼"为宗主,彰显史意,在第一编第十九章"周之礼制"、第二十五章"孔子",第二编第十八章"宋儒之学",以及第三编第七章"清初诸儒之思想"表现得最为突出。其中,第十九章为全书之轴心,寄托柳诒徵礼治理想,用力最深;后三章一以贯之,重在礼义教化,表扬士人的道德修养和人格节操。

柳诒徵对周礼推崇备至。"周之文化,以礼为渊海,集前古之大成,开

---

① 柳诒徵:《中国文化史》上册,钟山书局 1935 年版,第 46、47 页。
② 柳诒徵:《中国文化史》上册,钟山书局 1935 年版,第 264 页。
③ 胡适:《书籍评论:〈中国文化史〉》,《清华学报》第 8 卷第 2 期,1933 年 6 月。
④ 柳诒徵:《史原第一》,载《国史要义》,上海古籍出版社 2007 年版,第 7 页。

后来之政教。"①他认为周礼为政治制度之总汇，无所不包："周之政法，即谓之礼。"②乃至言乐言舞，言王朝与诸侯之关系，亦无在不寓礼义焉。在他看来，周代是"为国以礼"的典范。他还专门指出，周代礼制含有民治精神：官吏制度于组织之中寓互助之意，且使相互监视，不使一机关遂其独断营私之谋；乡遂之自治，官多由民举，代表民意，民知互助，咸知对于国家之权利和义务。"总之，吾民先哲立国要义，以民为主，其立等威，辨上下，亦以为民，而非为帝王一人或少数武人、贵族纵欲肆虐而设。故虽未有民主立宪之制度，而实有民治之精神。"③因此，他坚定地认为，以《周礼》为代表的周代文明，达到了历史高峰："故吾国文明在周实已达最高之度，嗣又渐降而渐进，至今，则古制渐灭殆进，而后群诧域外之文明。"④

民国年间，学界以《周礼》后出，多视作伪书而不采信。柳著《中国文化史》论礼制，引《周礼》作为基本史料，颇受诟病。陈登原著《中国文化史》，于《周礼》史料全然不取，并讥刺柳氏说："近贤著史，动用《周礼》。燕石盈箱，雁品列座。计其工拙，何异抄胥？"⑤实则，并非柳诒徵不尊重史实，而是自有其主张。他后来多次解释说："我生平最为佩服《周礼》这部书，以为是中国政治的根本，后来多少政治家，小小有点成绩的，都是从《周礼》出来。假如《周礼》不是周朝的书，也是六国的时候的书；不是六国的时候的书，也是汉朝的书；那也不能说不对了。"又说："惟立国之法，必须从周、秦、两汉方法，不可用唐、宋以来思想。盖周、秦、两汉以来立国之法，对内则实行统制，对外则务求发展。一切精神规划，皆与今日中国处于列强环峙之形势相合，故非用其法不可。唐、宋以来敷衍苟且之制度，不足以应付今日之环境也。"⑥退一步说，即便《周礼》是伪书，柳诒徵认为也有其独具之价值，因为，

①　柳诒徵:《中国文化史》上册,钟山书局 1935 年版,第 157 页。

②　柳诒徵:《中国文化史》上册,钟山书局 1935 年版,第 16 页。

③　柳诒徵:《中国文化史》上册,钟山书局 1935 年版,第 260 页。

④　柳诒徵:《中国文化史》上册,钟山书局 1935 年版,第 166 页。

⑤　陈登原:《中国文化史》自叙,世界书局 1947 年版。

⑥　柳诒徵:《从历史上求民族复兴之路》,《国风》第 5 卷第 1 期,1934 年 7 月。

他所看重的是援古用今的"大体"。他在论读经之法时说:今人所重在分别家法、考订真伪,吾谓初学宜先读全经,明于其全部内容,然后再观后人考订真伪之说;不可先挟一真伪之见,以致束书不观。① 在他看来,小者不可以夺大,即伪可以求真,这里的"真"实际上已超越辨伪层面,代表了永恒的道或哲理。这就不难理解,他当时为何坚持征引《周礼》。

孔子的学说既继承了周礼,又有调整和发展。柳诒徵认为,中国文明之演进,就人物言,以孔子为中心。他说:"孔子者,中国文化之中心也。无孔子则无中国文化。自孔子以前数千年之文化,赖孔子而传;自孔子以后数千年之文化,赖孔子而开。即使自今以后,吾国国民同化于世界各国之新文化,然过去时代之与孔子之关系,要为历史上不可磨灭之事实。"②他撰写《中国文化史》之时,社会上诋斥孔子与礼教已成风气,但他却对此不以为然:"中国最大之病根,非奉行孔子之教,实在不行孔子之教。"③他尊崇孔子,意在学孔子所学,彰显道德礼教精神。"孔子所学,首重者曰成己,曰成人,曰克己,曰修身,曰尽己。"他认为,孔子从仁礼道德修养做起,进而推己及人至于天下的为学方式非常重要:"不知孔子所学为何事,第以褊狭骛外之心测孔子,宁能窥见其涯涘哉!"④在他看来,与民国初年的嗜利风气恰成对比,孔学的第一要义在不为经济势力所屈而丧失人格:"孔子以为人生最大之义务在努力增进其人格,而不在外来之富贵利禄,即使境遇极穷,人莫我知,而我胸中油然,自有坦坦荡荡之乐。无所歆羡,自亦无所怨尤,而坚强不屈之精神,乃足历万古而不可磨灭。儒教真义,惟此而已。"⑤他认为这才是孔子学说最有功于人类的地方。

---

① 柳诒徵:《史学概论》,载柳曾符、柳定生选编:《柳诒徵史学论文集》,上海古籍出版社 1991 年版,第 100 页。冯友兰观点近之:"某书虽伪,并不以其为伪而失其价值,如其本有价值。某书虽真,并不以其为真而有价值,如其本无价值。"(见冯友兰:《中国哲学史》上册,华东师范大学出版社 2000 年版,第 16 页)

② 柳诒徵:《中国文化史》上册,钟山书局 1935 年版,第 292 页。

③ 柳诒徵:《论中国近世之病源》,《学衡》第 3 期,1922 年 3 月。

④ 柳诒徵:《中国文化史》上册,钟山书局 1935 年版,第 296、297 页。

⑤ 柳诒徵:《中国文化史》上册,钟山书局 1935 年版,第 297 页。

　　进而,柳诒徵指出,后人多曲解孔子及其学说的真面目。他说:反孔论者以孔子尊君权、主专制,观《论语·八佾》所言"君使臣以礼,臣事君以忠",实则"忠""礼"并举,初无专责人臣之意。至于孔教愚民之说,汉代尊奉孔子,立庙奉祀,近于宗教性质,"乃由人心渐演渐深,踵事增华之故",初非孔子欲创立一教以愚民也。有人以知识视孔学,同样不得要领:"孔子所谓学,最重在修身克己,不是专门读书讲学。"①反过来,神化孔子,视孔子为"素王""教主",比孔子为耶稣、穆罕默德,同样是不知孔子。"学者欲知孔子,当自人事求之,不可神奇其说也。"②总之,柳诒徵主张以人伦道德为中心来认识和评价孔子及其学说,既反对以今衡古,肆意抹杀孔学的价值,又与宗教论者保持一定距离。

　　孔子之后,柳诒徵着力表扬宋儒的儒家人格和士人精神。后世以空疏视宋儒之学,柳诒徵则以为,有宋一代,学术特昌,小学、经学、史学俱有成就;然此仍不足以作为宋儒学术之主体,"其为宋儒之学之主体者,即《宋史》特立一传之道学,而世所称为理学者也"③。而他之所以特重宋儒,则因其讲求修身为人之道:"上下千古,求其学者,派别孔多,而无不讲求修身为人之道者,殆无过于赵宋一朝,故谓有宋为中国学术最盛之时代,实无不可。"④他认为,"躬行实践,不专事空谈,此宋儒共同之点";修养方法之完备,"人师之多,人格之高,蔑有过于宋者也";"言心言性务极其精微,而于人事复各求其至当,所谓明体达用,本末兼赅,此尤宋儒之特色也"。⑤ 他还以《朱子语类》"就身上做工夫"一语为例,褒扬宋代学者实学实行的精神。⑥

　　由宋而明,柳诒徵认为,王阳明"知行合一"之说最有益于世道人心。他

---

① 柳诒徵:《中国文化史》上册,钟山书局 1935 年版,第 317 页。
② 柳诒徵:《中国文化史》上册,钟山书局 1935 年版,第 295 页。
③ 柳诒徵:《中国文化史》下册,钟山书局 1935 年版,第 95 页。
④ 柳诒徵:《中国文化史》下册,钟山书局 1935 年版,第 96 页。
⑤ 柳诒徵:《中国文化史》下册,钟山书局 1935 年版,第 100、103、106 页。
⑥ 参见柳诒徵:《中国文化史》下册,钟山书局 1935 年版,第 99 页。

分析说:"盖吾国自古相传之法,惟注重于实行。苟不实行,即读书万卷,著作等身,亦不过贩卖衒鬻之徒。于己于人,毫无实益,即不得谓之学问。"而"自宋以来,书册日多,著述日富,讲求讨论,虽进于前,而人之立身行事,反与书册所言分而为二,充其弊必有学术日昌、人心日坏之象。阳明着眼此点,故劝人即知即行,使知不但徒腾口说无益,即冥心妙语而不验之实事亦无益。此正当时科举中人,口孔、孟而心跖、蹻之对证妙药,抑亦吾国从古以来圣哲真传"①。

　　论清代学术,不少学者盛称乾嘉诸子,柳诒徵则大力表彰清初的黄宗羲、顾炎武、王夫之、李颙、颜元等人。他以修己治人、人格品行为标准,认为黄宗羲等人不为利禄和权势所惑,在士林坚持倡导道德经济、气节学术,造诣之深,远非乾嘉学者所能及:"乾嘉间人仅得其考据之一部分,而于躬行及用世之术,皆远不逮。其风气实截然为二,不可并为一谈也。"②梁启超《清代学术概论》以考证派经学家视顾炎武,柳诒徵专作《顾氏学述》一文予以驳斥:"顾氏之学,非后世之理学家,非后世之经学家,非后世之文学家。其生平之宗旨,惟在实行孔孟之言,以学问文章经纬斯世,拨乱反正,仅以某一家当之,陋矣!"他还说:明于顾氏治经之宗程朱,则知顾氏"经学即理学"一语,初非反对理学,惟反对不讲经学之理学耳。易言之,即顾氏之学,欲以经学之理学,代不讲经学之理学,而绝非以经学代理学。顾氏之精神,在行己有耻,梁启超谓顾氏"以经学代理学"是推翻一偶像而别供一偶像,实断章取义,不达本旨。③他尤其称赞,清初诸儒博学必见诸躬行,读书讲学为立身行己之具,做到了学问与道德的统一:"要之,清代学术与宋明异者,有一要点,即宋明诸儒专讲为人之道,而清代诸儒则只讲读书之法(此指乾嘉学派而言)。惟明末清初之学者,则兼讲为人与读书,矫明人之空疏而济之以实学。凡诸魁杰皆欲以其学大有造于世,故其风气与明异,亦与清异。其

①　柳诒徵:《中国文化史》下册,钟山书局 1935 年版,第 230 页。
②　柳诒徵:《中国文化史》下册,钟山书局 1935 年版,第 340 页。
③　参见柳诒徵:《顾氏学术》,载柳曾符、柳定生选编:《柳诒徵史学论文续集》,上海古籍出版社 1991 年版,第 22、25 页。

后文网日密,士无敢谈法制、经济,惟可讲求古书,尽萃其才力聪明于校勘、训诂,虽归本于清初诸儒,实非诸儒之本意也。"①可见,柳诒徵《中国文化史》所敬重的是清初大儒的道德节操,有人把柳诒徵归入考证派或史料派,实未领会他治学的精神旨趣。

张其昀曾如此概括柳诒徵《中国文化史》的宗旨:"柳师著书宗旨,扼要言之,就是要表扬中国的民治精神和学者精神。前者指中华民族群策群力急公好义的精神,后者指中华志士提高人格注重节操的精神。"②所谓的"民治精神和学者精神",在柳氏看来,正是"礼"的现代表达。

三、"为史以礼"

"为史以礼"是就中国史学理论而言,意思是说礼乃中国史学赖以建立的指导思想和组织原则。柳诒徵不仅以礼为中国历史的本体,把中国文化史看作是礼产生、演变的历史,而且以礼为中国史学的核心,著成《国史要义》,认为礼是中国史学理论的精髓所在。

(一) "礼由史掌,而史出于礼"

从史官制度来论说史源于礼,是柳诒徵《国史要义》的一大特色。他认为,只有上溯中国特有的史官制度,才能从根本上说明国史之起源与性质。该书《史原》篇沿流讨源,重在发掘史之古义。

自《隋书·经籍志》以来,追溯史源,多本诸周代的五史。柳诒徵据《大戴记》指出,中国史官之可考者,始自虞之伯夷。从职掌看,伯夷即以史官典三礼,天事、地事、人事并举。历夏、商至周,政务益繁,典册益丰,礼法益多,史官的分工趋细,但"礼由史掌,而史出于礼",并无所殊。③周代五史的

---

① 柳诒徵:《中国文化史》下册,钟山书局 1935 年版,第 349 页。
② 张其昀:《吾师柳翼谋先生》,载柳曾符、柳佳编:《劬堂学记》,上海书店出版社 2002 年版,第 114 页。
③ 柳诒徵:《史原第一》,载《国史要义》,上海古籍出版社 2007 年版,第 5 页。

具体分工有执礼、掌法、授时、典藏、策命、正名、书事、考察等八类之多,但根本相同,"归纳于一则曰礼"。而且就官制言,五史皆属春官宗伯,而春官为典礼之官。由此他认定,自虞至周,史官之职守在礼,礼由史掌的状况并没有改变。①

柳诒徵进而强调,"史出于礼",具有浓厚的政治性。礼在周代的政治生活中占据重要位置,百官皆因礼而设。百官之中,史官的地位非同寻常。他指出,一般人因为后世史官权损,职掌司书,所以看轻了史官的位置,实际上,周代史官与宰同尊:"周之六官,惟宰握典法则柄全权,其他百僚,不能相抗,惟史所掌,与宰均衡。"②史官的政治权威性何来?他解释说:"相维百务,史司案牍",如"总务长与秘书长之两员,为构成机关必不可少之职务"。③第一,史掌全部官书。《周官》:"史掌官书以赞治。"虽然宰之所属,如小宰、司会、司书,也掌典法则之贰,但"礼书礼法,四方之志,三皇五帝之书,则小宰、司书诸官所不备也。故周之史官,为最高之档案库,为实施之礼制馆,为美备之图书府,冢宰之僚属不之逮也"④。史官所掌官书的全面系统及其重要性,为小宰等所不及。第二,史官具有监察职能。"古之有史,非欲其著书也,倚以行政也。"⑤小宰等虽也典掌官书,但他们的本职限于助长官,不具有赞治、考察之能。而"五史之职则全部官书咸在,据之以逆、以考、以辨、以赞,非司会、司书之比。宰及百官,不能紊法违章,实由于此"⑥。第三,史官有明定之责任。他们不仅能考察百官,而且要监督天子,对天子负责,要秉笔直书,不能避重就轻。"史之义不得不书过,不书过则死。"⑦"天子失度,史可据法以相绳,则冢宰以降,孰敢纵恣。史权之高于一切,关

---

① 柳诒徵:《史原第一》,载《国史要义》,上海古籍出版社2007年版,第5页。
② 柳诒徵:《史原第一》,载《国史要义》,上海古籍出版社2007年版,第7页。
③ 柳诒徵:《史原第一》,载《国史要义》,上海古籍出版社2007年版,第7页。
④ 柳诒徵:《史权第二》,载《国史要义》,上海古籍出版社2007年版,第29页。
⑤ 柳诒徵:《史原第一》,载《国史要义》,上海古籍出版社2007年版,第7页。
⑥ 柳诒徵:《史原第一》,载《国史要义》,上海古籍出版社2007年版,第7页。
⑦ 柳诒徵:《史权第二》,载《国史要义》,上海古籍出版社2007年版,第33页。

键在此。"①第四,史权具有相对独立性。史官的权威性源自周代的设官制度:"吾国史权之尊,固仿佛有他国司法独立之制度。"②史权与相权、君权相互制衡。一方面,史掌官书,权力与相比肩,但行政关系隶属春官,"不为天子私人",从而在制度上便利了对相权、君权予以有效监督③;另一方面,史官仅为文官幕僚之长,官秩"亦止中下大夫,而非公卿。虽得考察冢宰及百官,而必守礼奉法,有宗伯以临之,有冢宰以统之"④。尊卑总别之间,权力既相对独立,又相互牵制,从而保证了史官的权威。

"由赞治而有官书,由官书而有国史。"⑤在柳诒徵的史学世界里,史官的政治性对于正确理解中国史书和史学具有重要意义。他认为从此切入,才能从本原上说明中国史书和史学的性质:"视他国之史起于诗人,学者得之传闻、述其轶事者不同,世谓吾民族富于政治性,观吾史之特详政治及史之起原,可以知其故矣。"⑥吾史之富有政治性,这是柳诒徵"为史以礼",创建其史学理论体系的基石。

(二)"礼者,吾国数千年全史之核心也"

新史家以为中国史书如流水账,不能别裁,不能创作,"一篇一篇,如海岸之石,乱堆错落。质而言之,则合无数之墓志铭而成者耳"⑦。针对新史家的观点,柳诒徵以史官制度为基础,进而指出,中国史书有其组织原则和精神主旨,此即礼:"史官掌全国乃至累世相传之政书,故后世之史,皆述一代全国之政事。而尤有一中心主干,为史法、史例所出,即礼是也。"⑧书法义例为中国史书根本所系,柳诒徵由此来探寻中国史学的核心思想。

---

① 柳诒徵:《史权第二》,载《国史要义》,上海古籍出版社 2007 年版,第 31 页。
② 柳诒徵:《史权第二》,载《国史要义》,上海古籍出版社 2007 年版,第 31 页。
③ 柳诒徵:《史原第一》,载《国史要义》,上海古籍出版社 2007 年版,第 7 页。
④ 柳诒徵:《史原第一》,载《国史要义》,上海古籍出版社 2007 年版,第 7 页。
⑤ 柳诒徵:《史原第一》,载《国史要义》,上海古籍出版社 2007 年版,第 2 页。
⑥ 柳诒徵:《史原第一》,载《国史要义》,上海古籍出版社 2007 年版,第 2 页。
⑦ 梁启超:《新史学》,载《饮冰室合集》文集之九,中华书局 1989 年版,第 3 页。
⑧ 柳诒徵:《史原第一》,载《国史要义》,上海古籍出版社 2007 年版,第 7 页。

"义不先立,例无由起。"义、例既联为一体,又有分际。中国史书有重义传统,孔孟所说史之三要素"事""文""义",首重者义。章学诚《文史通义》说:"史所贵者义也,而所具者事也,所凭者文也。孟子曰:'其事则齐桓、晋文,其文则史,义则夫子自谓窃取之矣。'"①义者宜也,史事繁多,义体现了史家存剔去取的主体原则。在柳诒徵看来,史义之中有两条原则最为重要:一是扬善抑恶,导民向善,也就是荀子所说的"隆礼"。他认为学者知此,自会对中国史书古义有全面的理解,而不盲从"有君史无民史"之说:"使治史者明于此义,自不至病吾国史籍只述朝政不及民众社会,目为帝王家谱;更不至以帝王制度已更,谓《资治通鉴》为帝王教科书,而今之学者不必研究矣。"②二是正统论。柳诒徵指出,中国史书首重者不是求真,而在持正义,尤以三统五德及正统之辨为最。大一统的思想,实贯彻上下千古。"炎黄以来,吾史虽有封建郡县之殊,禅让世及之制,而群经诸子以迄秦汉纪载,述吾政教所及之区域,赢缩不同,地望无异,要必骈举东西南朔所届,以示政权之早归于一。"③天下一家的统一观念,并非说天下为一人所专有,而是有道者有之。"当时之以偏私为正者,后史又从而正之。"这不正符合梁启超《新史学》所说的"统在国在众人"吗?④ 疆域不正则耻,民族不正则耻,则自柄政者以至中流士夫全体民众,无不与有责焉。"故曰垂三统,列三正,去无道,开有德,不私一姓。此实吾民族持以衡史最大之义。"⑤正史之所以为正史,其根本特征在此。我们知道,义者礼之义,乃礼的内在规定性。就史义而言,柳诒徵以疆域之正、民族之正、道义之正来衡定史书的正、伪、杂、霸,存续国统,促进统一,显然离不开礼。

史有凡例而始条理,其权舆也在礼。柳诒徵认为,凡例执简驭繁,为史书共守之规律,源自《周官》。史掌官书以赞治,"古史浩繁,人难尽阅,掌档

---

① 章学诚:《史德》,载叶瑛校注:《文史通义校注》上册,中华书局 1994 年版,第 219 页。
② 柳诒徵:《史义第七》,载《国史要义》,上海古籍出版社 2007 年版,第 153 页。
③ 柳诒徵:《史统第三》,载《国史要义》,上海古籍出版社 2007 年版,第 60 页。
④ 柳诒徵:《史统第三》,载《国史要义》,上海古籍出版社 2007 年版,第 74 页。
⑤ 柳诒徵:《史统第三》,载《国史要义》,上海古籍出版社 2007 年版,第 61 页。

案者,既有全文,必为提要。苟无提要,何以诏人? 故史官提要之书,必有定法,是曰礼经"①。不仅史法出自礼经,而且史例也出自礼经。因为,史书不是普通的档案,也非泛泛记事之书,"史官所书早有礼经以为载笔之标准",书与不书"皆有以示礼之得失"②。论历代史书的凡例,自以《春秋》最具代表性。他赞同清代学者王代丰《春秋例表》的说法——"《春秋》者礼也,礼者例也"③,认为《春秋》的"凡例"与"明礼"具有统一性。他认为《春秋》一秉礼经,三传也以礼与非礼为辨,自兹以降,历代史书均承继了据礼载笔的传统。"后史承之,褒讥贬抑,不必即周之典法,要必本于君臣、父子、夫妇、兄弟之礼,以定其是非。其饰辞曲笔无当于礼者,后史必从而正之。故礼者,吾国数千年全史之核心也。"④史例种类繁多,"有去取焉,有差等焉,有联散焉,有序第焉;有片语之例,有全书之例,有编年与纪传相同之例,有二体独具之例"⑤,要之皆因礼而设。正因为史例体现礼的旨意,所以才出现了"义法之严,至一字必争其出入"的现象。⑥

中国史书体裁多样,其中以正史普遍采用的纪传体影响最大。《史联》篇以此为例说明古史的组织结构、编纂原则在礼。对于纪传体,刘知幾、章学诚、梁启超都曾提出过批评,认为或同为一事,分在数篇,断续相离,前后屡出;或编次同类,不求年月,祖孙昭穆,篇秩颠倒。柳诒徵指出,刘知幾、章学诚、梁启超等人的错误在于未识纪传体史书纪、传、表、志联系分合之精微。"史之为义,人必有联,事必有联,空间有联,时间有联。纪、传、表、志之体之善,在于人、事、时、空在在可以表著其联络。"⑦史官和史书源于立国行政,史联源于官联,远基于政治之经验,做官相让相联

---

① 柳诒徵:《史原第一》,载《国史要义》,上海古籍出版社 2007 年版,第 7、8 页。
② 柳诒徵:《史原第一》,载《国史要义》,上海古籍出版社 2007 年版,第 7、8 页。
③ 柳诒徵:《史例第八》,载《国史要义》,上海古籍出版社 2007 年版,第 192 页。
④ 柳诒徵:《史原第一》,载《国史要义》,上海古籍出版社 2007 年版,第 10 页。
⑤ 柳诒徵:《史例第八》,载《国史要义》,上海古籍出版社 2007 年版,第 198 页。
⑥ 参见柳诒徵:《史原第一》,载《国史要义》,上海古籍出版社 2007 年版,第 20 页。
⑦ 柳诒徵:《史联第四》,载《国史要义》,上海古籍出版社 2007 年版,第 87 页。

形成组织,乃可以应付百官而各得其当。"史掌官书,实参政治,熟见百司之体系"①,经过若干经验与思考,积累而成迁史、班书。"故纪、传、表、志之体之纵横经纬者,乃吾大国积年各方发展、各方联贯之特征,非大其心以包举万流,又细其心以厘析特质,不能为史,即亦不能读史。"②中心人物之确定,专传汇传之归属,错综离合,别裁互著,大书特书不一书,皆力求联系。"为国以礼,为史以礼。"③他认为官之联在礼,史之联亦在礼;礼既为抟结天下之秘钥,又为史书得以联络成系统之纽带。

史由礼而联,亦由礼而分。柳诒徵认为,纪、传、表、志之分立,也源自礼。刘知幾《史通·书志》篇、章学诚《文史通义·礼教》篇已指出,班、马著史,别裁书、志,出自官礼。柳诒徵进一步指出,"两君皆以史之书、志本于官礼,盖仅就著述之形式言之",未识史原,尚属以史言史,"不知史家全书之根本皆系于礼,何其视礼之隘也!"④他说:知政治之纲维,始能明吾史之系统。史之职在礼,掌全部之官书,故"后世史籍所以广志礼乐、兵刑、职官、选举、食货、艺文、河渠、地理,以及诸侯世家、列国载记、四裔藩封,非好为浩博无涯涘也。自古史职所统,不备不足以明吾史之体系也。而本纪所书、列传所载、世表所系,命某官、晋某爵、设某职、裁某员、变某法、诛某罪、录某后、祀某人,   皆自来史职所掌,而后史踵其成规,当然记述者也"⑤。他认为,本纪、世家何以分,分于礼也;封爵、交聘何以表,表以礼也;列传何以定名,由礼定之也。简言之,"不本于礼,几无以操笔属辞"⑥,史书体裁的秘诀在于礼。"近人谓吾史都似聚若干篇墓志铭而成,盖以《名臣碑传》《琬琰传》《耆献类徵》之类视史。若知史之镕裁辉映,迥与集录碑传殊科,不致

①　柳诒徵:《史联第四》,载《国史要义》,上海古籍出版社2007年版,第94页。
②　柳诒徵:《史联第四》,载《国史要义》,上海古籍出版社2007年版,第78页。
③　柳诒徵:《史化第十》,载《国史要义》,上海古籍出版社2007年版,第250页。
④　柳诒徵:《史原第一》,载《国史要义》,上海古籍出版社2007年版,第10页。
⑤　柳诒徵:《史权第二》,载《国史要义》,上海古籍出版社2007年版,第29页。
⑥　柳诒徵:《史原第一》,载《国史要义》,上海古籍出版社2007年版,第10页。

发此论矣。"①

新史家以为,书法义例"陷后人于狭隘偏枯的道德之域"②,主观色彩过于浓厚,不足以说明史与礼之间的关系。柳诒徵回应说,不仅书法义例为礼所出,而且史之本体也来自礼。史书是天然秩序的反映,具有客观性。通俗一点说,史书为载道之具,此道即礼,即天人关系,即大千世界和人类社会的演变规律。他解释说:以史言史者坐以仪为礼也,"仅知仪之为礼,故限于史志之纪载典章制度",而不知典章制度节文等威繁变之原,皆本于天然之秩序。所谓天然之秩序,最为根本的即父子有亲、君臣有义、夫妇有别、长幼有序、朋友有信等五伦。"此五种伦理思想,必非一王一圣所垂创,实由民族之聪明所表现。"③也就是说,史书反映的是民众从大千世界中所总结出来的伦理经验和客观规律。

总之,柳诒徵认为,中国史书从中心思想到编纂体例、文字去取,都以礼为宗主。"他族史籍,注重英雄、宗教、物质、社会,第依时代演变,而各有其史观,不必有缊缊相承之中心思想。而吾国以礼为核心之史,则凡英雄、宗教、物质、社会依时代之演变者,一切皆有以御之,而归之于人之理性,非苟然为史已也。"④中国的史书以礼为本,渊源有自,又缊缊相承,为区别于他族史学的本质性特征。较之新史家批评中国史书连篇所载皆"邻猫生子之事",柳诒徵归"吾国以礼为核心之史"为理性思考的产物,语重心长,耐人寻味。

(三) 史之用在礼

柳诒徵论史德、史识,示史之大用,尤显其史学理论以礼为本之特色。

刘知幾提出史有才、学、识"三长"之说,章学诚在"三长"之基础上,增加"史德",并解释说:"德者何? 谓著书者之心术也。"⑤梁启超《中国历史

---

① 柳诒徵:《史联第四》,载《国史要义》,上海古籍出版社 2007 年版,第 91 页。
② 梁启超:《新史学》,载《饮冰室合集》文集之九,中华书局 1989 年版,第 29 页。
③ 柳诒徵:《史化第十》,载《国史要义》,上海古籍出版社 2007 年版,第 11 页。
④ 柳诒徵:《史原第一》,载《国史要义》,上海古籍出版社 2007 年版,第 10 页。
⑤ 章学诚:《史德》,载叶瑛校注:《文史通义校注》上册,中华书局 1985 年版,第 219 页。

研究法补编》专辟"史家的四长"一章,加以新解释。他说:"实斋以为作史的人,心术应该端正",但心术端正一层,尚不足以尽括史德的含义。"我以为史家第一件道德,莫过于忠实。如何才算忠实? 即对于所叙述的史迹纯采客观的态度,不丝毫参以自己意见便是。"①他们不同程度地把德、才、学、识归为造就良史的条件。

柳诒徵认为刘知幾等人所言虽有其道理,但皆就史言德,而非从大本大用上立论。他说:"治史而不言德则已,言德则必究德之所由来,及其为用之普遍,而非曰吾欲为史家始不得不正其心术。知此,则学者之先务,不当专求执德以驭史,而惟宜治史以畜德矣。"②他指出,人类道德的形成,离不开累世之经验。《易》曰:"君子多识前言往行,以畜其德。"积前人之经验,为吾所未经验之经验,其用始捷而宏也。因此,"所谓道德者,乃若自外来入吾之身心。虽其心性所固有之良,有以吸收,而非以前言往行证之且坚识之,不能真知而力行也。故以前人之经验,启发后人之秉彝,惟史之功用最大。吾国古代教育,首以《诗》《书》《礼》《乐》为植德之具。《诗》《书》《礼》《乐》,皆史也,皆载前人之经验而表示其得失以为未经验者之先导也"③。历史上所谓的耸善抑恶、昭明废幽、广德明志、疏秽镇浮、戒惧休劝者,"皆以史为工具而求成其德也"④。也就是说,史乃修身为己之学,乃修德之工具,而非外在功利。治史的目的在益德,并非是为了著作。

进而,柳诒徵指出,史家若能体悟到治史明德这一层,则其所治史书必然忠实可信。他说:"近人讲学者,恒称举疏通知远、属辞比事二语,而不注意其为人也二语。孔子明明言其为人,所以明史之有益于人。使其为人能如此,则其为史自然有德。"⑤若明乎道德观念由史而来,史有修己为人之大用,史家治史自然心怀诚敬,博极群书,昭信核实,不虚美,不隐恶,不敢苟且

---

① 梁启超:《中国历史研究法补编》,载《饮冰室合集》专集之九十九,第13、14页。
② 柳诒徵:《史德第五》,载《国史要义》,上海古籍出版社2007年版,第96页。
③ 柳诒徵:《史德第五》,载《国史要义》,上海古籍出版社2007年版,第96页。
④ 柳诒徵:《史德第五》,载《国史要义》,上海古籍出版社2007年版,第97页。
⑤ 柳诒徵:《史德第五》,载《国史要义》,上海古籍出版社2007年版,第97页。

从事。他强调指出,秉笔直书、良史实录决不是《近思录》所说蔡良佐式一字不漏的记诵之学,也不是梁启超所说惟取客观,把自己的意见铲除净尽。在他看来,无论是记诵之学,还是治史专求客观,都无异于玩物丧志。"孔子论史所以教人为人",治史的最高境界在超越个人爱恶,以礼为权衡,明辨善恶:"所谓爱而知其恶,憎而知其善,乃真史德也。"①以此为基础,将历史上的人物事迹加以比较甄别,扬善弃恶,取精用宏,泽被来者:"知人论世,在求古人之善者而友之,非求古人之恶而暴之,或抑古人之善而诬之。"②只有这样,治史从礼出发,本于修己立人,抑恶而劝善,方是忠实,才是真史德。否则,"使其积于德也不素,则其临文也无本。而挟考据怀疑之术以治史,将史实因之而混淆,而其为害于国族也呕矣"③。

柳诒徵论史识的思路与史德若一。史识之说倡自刘知幾,章学诚、梁启超等各作申论。柳诒徵认为,章学诚、梁启超所说与刘氏原旨不符,梁启超以史识为历史家的观察力,尤远离刘知幾本意。柳诒徵指出,学者的识断力来自读史,而非先具备识断力然后再去治史:"吾人何缘而有识力? 亦曰赋于天者本明,稽之史而后悟。学者识力,大都出于读史。苟屏前史,一切不信,妄谓吾之识力能破传统观念之藩,则事实所不可能也。或袭近人之言,或采异域之说,亦即秉遐迩之史,以为创新之识,隐有其传,非能舍史而得识也。《语》曰:温故而知新。苟非以故谷为种,何能产新禾之苗乎?"④学者识力源自读史,是对历史经验的总结,具体到史识也不例外。那么,何谓史识?他回答说,史识即识吾史相传之义法,也就是认识书法、凡例、体裁及其背后之通则,其本质是识礼。他说:"史策所书,咸本赴告及周家通礼";《左传》"推究《春秋》所以不书之故,而归于礼经之凡例"⑤;《穀梁传》论陈佗、王札子、陈招诸事,由两下相杀不书于《春秋》推论其义,"明其所以书者,在正君

①　柳诒徵:《史德第五》,载《国史要义》,上海古籍出版社 2007 年版,第 114 页。
②　柳诒徵:《史德第五》,载《国史要义》,上海古籍出版社 2007 年版,第 116 页。
③　柳诒徵:《史德第五》,载《国史要义》,上海古籍出版社 2007 年版,第 118 页。
④　柳诒徵:《史识第六》,载《国史要义》,上海古籍出版社 2007 年版,第 124 页。
⑤　柳诒徵:《史识第六》,载《国史要义》,上海古籍出版社 2007 年版,第 126 页。

臣父子兄弟之伦,非区区志人之相杀"①。他认为这种现象在史书中表现得非常普遍:《春秋》未有无故而书,凡褒贬皆关于天下之大故;《史记》考信择言,非关天下所以存亡者不著;欧阳修于《五代史记》自言"大事则书,变古则书,非常则书,意有所示则书,后有所因则书,非此五者则否",书与不书皆含大义。不仅史事之去取有识,而且史事之位置亦有识。"即一人事迹,或载本传,或见他传,亦各有体制,必合各篇方见其意。此吾国良史之组织体系,即所谓体大而思精。"②我们把《史例》篇与《史识》篇对照阅读,可以看到两者在本于礼这方面前后通贯,符节契合。

总之,柳诒徵认为,国史以礼为核心,拥有自己的理论体系;中国史学绝不像新史家所言,杂乱无彰,无学理可言。

四、"礼失而赖史以助其治"

1948 年,熊十力曾致书柳诒徵:"公精于礼,言史一本于礼,是独到处。"③言简意赅,熊氏指出了柳氏治史之特色。

柳氏通过"一史一论"所建构起来的中国文化史体系和史学理论体系,就其学术思想而言,有着内在的一致性。概括说来,即以礼为本,以史为用。

中国素称礼义之邦,儒家的礼学起了决定性作用。但步入近代后,礼学陷入了前所未遇的困境,其重要原因在于以礼学为依据的礼教教条、僵化,沦为维护宗法等级社会的工具,严重束缚了中国社会的发展,更无力应对西方文化的挑战。职是之故,与旧礼教一起,礼学成了启蒙思想家口诛笔伐的对象。与启蒙思想家所批判的礼名同而实不同,柳诒徵所阐发的则是秦汉以前的"古礼",特别是《周礼》《礼记》等儒家早期典籍中所蕴含的义理、"道"或者说原理,它具有一定超越性和永恒性。也就是说,他们所言说的

① 柳诒徵:《史识第六》,载《国史要义》,上海古籍出版社 2007 年版,第 132 页。
② 柳诒徵:《史识第六》,载《国史要义》,上海古籍出版社 2007 年版,第 140、142 页。
③ 参见《国史要义》卷首。

"礼",并不在同一个层面。

礼学在近代的争议还源于一个更具规定性的问题,即"礼"与平等、民治等现代性观念是否格格不入。在新派学者看来,"礼"与现代性观念截然对立,是中国社会进步的障碍。柳诒徵并不否认现代性的价值,不过,他认为仅以(源于西方的)现代性要求传统文化也不合适。他极力论证"古礼"含有平等、民治、互助等现代性精神,未必能令对方折服,但却显示了他对中国现代性的不同理解,以及对"唯西是尊"潮流的抗议。儒家的人伦精神背离现代性吗?柳诒徵的回答显然是否定的。

当然,柳诒徵的目标不限于为"礼"正名。作为史家,他以为史之用途甚大,自"益其身之德"至"以道济天下",无所不可。与梁启超一样,他的史学研究含有强烈的现实关怀和经世色彩。梁启超曾以新史学为增进国民爱国心、实现民族主义的工具。柳诒徵也借助于史学来探讨实现民族主义和国家统一的问题,但对中国史学的判断却存在巨大差异:"民族主义及政权统一,皆今之所最重,亦即吾史相承之义有以启之。"①中国之所以得以成为统一的国家,恰在于旧史的维持,根据即在史与礼的统一性。较之新史家以西方的逻辑来要求中国,柳诒徵治史处处强调中国历史和中国史学的独特性质和意义。他在《中国文化史》绪论中所提出的三大问题:"试问前人所以开拓此天下、抟结此天下者,果何术乎?""试问吾国所以容纳此诸族、沟通此诸族者,果何道乎?""试问吾国所以开化甚早、历久犹存者,果何故乎?"②无不具有浓厚的中国问题意识。柳诒徵以"礼"为核心而建立起来的历史系统和史学理论,显示了中国史学现代性转换存在着另一种可能性。

还需注意的是,针对经史学的现状,柳诒徵对史学所应承担社会责任的思考。

苏洵曾说:"经不得史,无以证其褒贬,史不得经,无以酌其轻重。"中国古代,经史互补,相得益彰,共同维护礼治秩序。清季民初,经学式微。新史

---

① 柳诒徵:《史统第三》,载《国史要义》,上海古籍出版社 2007 年版,第 59 页。
② 柳诒徵:《绪论》,载《中国文化史》上册,钟山书局 1935 年版,第 3、6、9 页。

家主张剥去经学"污渍的外衣",还原为历史资料。"中国经学研究的现阶段,是在不循情地消灭经学,是在用正确的史学来统一经学。"①而新史家所消灭的,正是柳诒徵所倚重的:君臣、父子、兄弟之伦,"此皆经师之说,为读史者所宜持以断后世之史事者也"②。经学被消灭之后,"礼"所代表的人伦精神如何传衍下去? 对此,柳诒徵有其独特的思考,他赋予了史学以完全不同于新史学的重任。

从前面不难看出,"为国以礼,为史以礼"③,他的论述以礼为中枢,确立了中国的古史系统和史学理论体系,并实现了二者的同构。进而,他以礼为核心,贯通经史之义,融会史学与心性之学,使史学同时肩负经学的功能。他主张:"史术通贯经术,为儒术之正宗。"④经学以伦理道德为核心,以修己治人为归宿,史学亦然。这样,史书如同经书,成为道德源泉和道德权威:"道德观念,由史而来。"⑤出于这种考虑,柳诒徵在阐述义法、名教与人治的关系时提出,史以义法而道名分,行人治,"古人运之于礼,礼失而赖史以助其治"⑥。

不同于经学昌盛时代史学做经学的配角,柳诒徵强调,在此经学边缘化的大背景下,史学要填补经学所留下的空白,担当起救赎民族和国家的重任。"礼失而赖史以助其治",体现了经史转换期柳诒徵的独特运思,也寄托了他的美好宏愿。他说:"吾之人本主义,即王氏(即王国维)所谓合全国为一道德之团体者。"⑦"千古共同之鹄的,惟此道德之团体。历代之史,匪帐簿也,胪陈此团体之合此原则与否也;地方志乘家族谱牒一人传记,亦匪帐簿也,胪陈此团体中之一部分合此原则与否也。"⑧他寄望史学在重建礼

---

① 周予同:《治经与治史》,载《周予同经学史论著选集》,上海人民出版社 1983 年版,第 623 页。
② 柳诒徵:《史识第六》,载《国史要义》,上海古籍出版社 2007 年版,第 132 页
③ 柳诒徵:《史化第十》,载《国史要义》,上海古籍出版社 2007 年版,第 250 页。
④ 柳诒徵:《史术第九》,载《国史要义》,上海古籍出版社 2007 年版,第 218 页。
⑤ 柳诒徵:《史德第五》,载《国史要义》,上海古籍出版社 2007 年版,第 118 页。
⑥ 柳诒徵:《史原第一》,载《国史要义》,上海古籍出版社 2007 年版,第 20 页。
⑦ 柳诒徵:《史化第十》,载《国史要义》,上海古籍出版社 2007 年版,第 271 页。
⑧ 柳诒徵:《史化第十》,载《国史要义》,上海古籍出版社 2007 年版,第 249、250 页。

治秩序方面发挥作用,早日实现国家的安定统一。

本 章 小 结

民国时期,中国的经史传统受到了新史学潮流的剧烈冲击甚至否定,但并没有中断。一些史家努力发掘传统资源,探索中国现代史学的新路。

针对梁启超等新史家的观点,柳诒徵坚持以礼为中国文化和历史的核心,著成了《中国文化史》和《国史要义》。前者采取历史叙述的方式展现中国文化传统的优长恰在于礼,反驳中国没有文明和文化的说法;后者系统地提出中国史学的编纂原则在于礼,力斥中国没有史学理论的观点。柳诒徵的"一史一论",形式不同,但就思想主旨而言,均以礼为主脑,立足于传承和发扬中国的学术传统和文化精神。

如何在现代新文化的基盘上,承续传统经史之学的逻辑思维和学术理路,迎接时代问题的挑战?柳诒徵所走的道路并不代表20世纪中国史学的主流,但对于今人而言,却不乏反思价值和借鉴意义。

第 七 章
以文化为本位的新通史

——钱穆《国史大纲》之创写

众所周知,钱穆的《国史大纲》是抗战时期所成的一部史学名著。该书甫一问世,即赢得了顾颉刚、陈寅恪等史学大家的称赞,也受到了胡绳等人的关注和批评,其学术生命力至今仍在。该如何解读此书? 前人已做了大量工作,笔者亦曾撰文揭示其新史学特色。①

笔者认为,《国史大纲》以新史学的形式承接并活化了中国传统史学通史致用的精神,代表了一种通史类型——以文化为本位的新通史。从文化史的角度观察《国史大纲》,《国史大纲》就是一部文化通史。文化本位,是《国史大纲》一书的关键处。钱穆本人曾解释说:《中国文化史导论》系专就《国史大纲》从文化角度所作之导论,《中国文化传统之演进》系《中国文化史导论》的总纲领。②《中国文化传统之演进》一文与《中国文化史导论》一书,成稿稍晚于《国史大纲》,但言约意赅。我们以《中国文化传统之演进》为视点看《中国文化史导论》,进而以《中国文化史导论》为视点看《国史大纲》,有助于把握《国史大纲》的思想主旨和学术特色。

这一章拟集中讨论:《国史大纲》是如何以文化为本位,建构起一个通

---

① 相关成果有陈勇的《钱穆大传》(上海人民出版社 2019 年版)、刘巍的《抗战期间钱穆所致力的"新史学"——以〈国史大纲〉为中心的探讨》(载《中国社会科学院近代史研究所青年学术论坛》2001 年卷,社会科学文献出版社 2002 年版)等。拙文《钱穆"新史学"思想解析》,《中国高校社会科学》2015 年第 1 期。

② 分别见钱穆:《中国文化史导论》之《修订版序》和编辑识语,商务印书馆 1994 年版,第 1、256 页。

史解释系统,进而在抗战的特殊环境下发挥其经世致用的作用。

一、"今日所需的新史学":新通史

钱穆出生于 1895 年,值甲午战争失败,国家多难。他曾说,自有记忆以来,亡国与饿死是压迫在心头的两重阴影,中国会不会亡是他思考最多的问题。[①] 当身现世的存亡问题压迫在钱穆的心头,也压迫着每一个中国人。

1931 年日本再次发动大规模侵华战争,中华民族陷入了近百年来最为严重的危机。卢沟桥事变后,局势急剧恶化。"国可亡,而史不可灭。"国史教育亟待加强。1938 年,教育部颁布大学课程,要求将中国通史设为各院系一年级的必修课,但却找不到合适的教材。抗战时期比较知名的几部中国通史,如周谷城的《中国通史》、范文澜的《中国通史简编》、张荫麟的《中国史纲》(仅写至东汉)、吕思勉的《中国通史》、吕振羽的《简明中国通史》、缪凤林的《中国通史要略》等,当时尚未问世。就是在此形势下,从 1938 年 5 月起,钱穆利用上课余暇,历时一年,在宜良城外岩泉寺完成了名作《国史大纲》。

钱穆编纂中国通史,对时代需求有清醒的认识。从 1933 年秋他在北大担任"中国通史"讲席起,先后多次撰文呼吁建设"今日所需的新史学"。1934 年 3 月,他在《大公报》发表的《评夏曾佑〈中国古代史〉》一文中指出:"今日所急需者,厥为一种简要而有系统之通史,与国人以一种对于以往大体明晰之认识,为进而治本国政治、社会、文化、学术种种学问树其基础,尤当为解决当前种种问题提供以活泼新鲜之刺激。"[②]1937 年 1 月,他以"未学斋主"为笔名,在《中央日报》发表《论近代中国新史学之创造》,再次呼吁撰写

①　钱穆:《五十年来中国之时代病》,载《历史与文化论丛》,《钱宾四先生全集》第 42 册,台北联经出版事业公司 1998 年版,第 246 页。

②　1933 年,教育部组编"大学丛书",缺乏合适的中国通史著作,遂将夏曾佑《最新中学中国历史教科书》改名《中国古代史》,纳入"大学丛书",以满足大学通史教学要求。钱穆撰《评夏曾佑〈中国古代史〉》原刊于 1934 年天津《大公报》第 20 期"图书副刊",今据钱穆:《中国学术思想史论丛》九,《钱宾四先生全集》第 23 册,台北联经出版事业公司 1998 年版,第 280 页。

适合时代需要的新通史。①　此后,他又发表了《国史教育》《新史学与新中国》《中国今日所需的新史学与新史学家》等多篇文章,阐述他的史学主张。其中,以《国史大纲·引论》对于新撰通史的时代价值和意义表述得最为系统:

"今日所需要之国史新本,将为自《尚书》以来下至《通志》一类之一种新通史。此新通史应简单而扼要,而又必具备两条件:一者必能将我国家民族已往文化演进之真相,明白示人,为一般有志认识中国已往政治、社会、文化、思想种种演变者所必要之知识;二者应能于旧史统贯中映照出现中国种种复杂难解之问题,为一般有志革新现实者所必备之参考。前者在积极的求出国家民族永久生命之泉源,为全部历史所由推动之精神所寄;后者在消极的指出国家民族最近病痛之证候,为改进当前之方案所本。此种新通史,其最主要之任务,尤在将国史真态,传播于国人之前,使晓然了解于我先民对于国家民族所已尽之责任,而油然兴其慨想,奋发爱惜保护之挚意也。"②

综合钱穆所说,围绕民族救亡这一根本问题,《国史大纲》至少负有三项任务。

第一,简要阐明"我国家民族已往文化演进之真相",指明中国"生力"何在。"生力",即民族与国家历史所由推进之根本动力。"我民族文化之惟一足以自骄者,正在其历史;足以证明吾民族文化之深厚与伟大,而可以推想吾民族前途之无限。"③中国文化历史悠久,蕴含着推动民族前进的动力,故求得历史真相至关重要。《国史大纲》首先要揭明历史真相,告诉国民我国家民族生命活力之所在,让国民认清:中国为什么不会亡? 中国的生命力何在?

第二,客观映照出"中国种种复杂难解之问题",指出中国"病原"何在。钱穆认为,所谓的"中国停滞说""专制黑暗说""封建社会说"等,都是抄袭

---

① 《论近代中国新史学之创造》,以"未学斋主"为笔名,原刊于 1937 年 1 月 17 日《中央日报·文史副刊》第 10 期,后并入《中国历史研究法》附录《略论治史方法》。

② 钱穆:《国史大纲·引论》,载《钱宾四先生全集》第 27 册,台北联经出版事业公司 1998 年版,第 29、30 页。

③ 钱穆:《论近代中国新史学之创造》,《中央日报·文史副刊》第 10 期,1937 年 1 月 17 日。

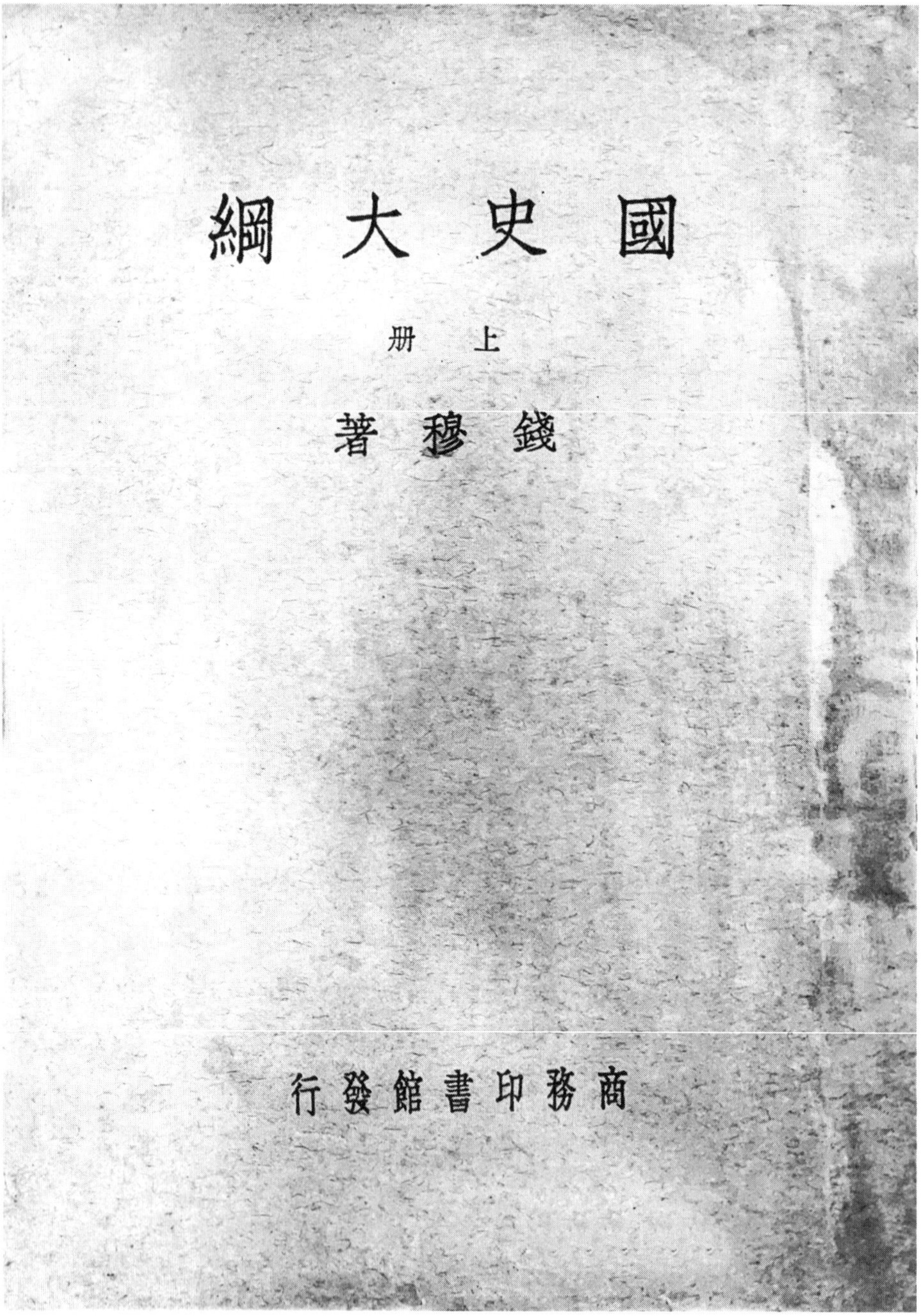
國史大綱

上冊

錢穆著

商務印書館發行

图 7-1 钱穆《国史大纲》书影

西洋人的观点。这种将一切病症推诿于古人的做法,抹杀了史实,掩盖了问题真相。"论当前之病态者,则必辨于近而审其变。"①《国史大纲》不能忘记民族处于危难的现实,要为民族把脉,查明病原,为有识之士革新现实指明方向:中国的问题在哪里? 该从何处入手?

第三,由认识而了解,由了解而生感情,让国民自觉醒悟到"我该怎么办"。"值此创巨痛深之际,国人试一翻我先民五千年来惨淡创建之史迹,一棒一条痕,一掴一掌血,必有渊然而思,憬然而悟,愀然而悲,奋然而起者。要之我国家民族之复兴,必将有待于吾国人对我先民国史略有知。"②《国史大纲》的目标是培养爱国的国民和国民的爱国热情,尤其是增进那些知识和地位在水平线以上之国民对历史文化的认同、对民族国家的责任。但增进历史文化认同、唤起爱国感情,不能托之空言。钱穆的方案是借助历史,让国民认识国史真相。

径言之,《国史大纲》的问题意识来自现实,答案则反求诸历史。就此而言,该书饱含着作者在民族存亡关头对中国命运的沉思及未来出路的探索,体现了史家以历史学方式解决社会现实问题的独特运思,具有思想范型意义。

《国史大纲》以历史学方式解决现实问题,与同期著作相比,有两点表现得较为突出:一是坚持从民族文化本位出发;二是秉持整体观念,采取融会贯通的诠释路径。文化本位和整体观念,不夸张地说,堪称打开《国史大纲》、走进钱穆思想世界的钥匙。

二、文化本位

"从旧史里创写新史,以供给新时代之需要。"③作为国史新本,钱穆《国

---

① 钱穆:《国史大纲·引论》,《钱宾四先生全集》第27册,台北联经出版事业公司1998年版,第50页。
② 钱穆:《国史大纲·引论》,《钱宾四先生全集》第27册,台北联经出版事业公司1998年版,第56页。
③ 钱穆:《略论治史方法》(1937年1月),载《中国历史研究法》附录,《钱宾四先生全集》第31册,台北联经出版事业公司1998年版,第163页。

史大纲》的创新之一,在于它引入了近代义的"文化"概念,并以"文化"为本位重新审视和研究中国历史,从而与古代通史类史书以及当时以革命或现代化为取向的通史形成了鲜明的区别。1969 年,他为《中国历史研究法》一书作序时曾明确指出这一点:"其实文化史必然是一部通史,而一部通史,则最好应以文化为其主要之内容。"①

《国史大纲》以民族文化为本位,文化成为该书的共通对象、架构与灵魂。

第一,历史、文化、民族三位一体,政治、经济不过是文化的要目。

马克思主义史学的代表作如范文澜的《中国通史简编》、吕振羽的《简明中国通史》等,以唯物史观解释中国历史,强调社会物质资料在历史变迁中的基础地位,认为社会物质资料的生产方式制约着政治和文化生活。在政治、经济与文化的关系上,他们主张历史书写应以社会经济形态的变化和阶级斗争为主线,经济为基础,文化居于上层建筑的位置。对于各朝代的历史,他们一般先讲经济基础,后讲政治和文化,其中文化所占的分量最轻。钱穆则主张历史、文化、民族三位一体,中国历史书写应以文化为本位。

钱穆从文化的角度来界定民族:"怎样叫作民族呢? 我们很简单的可以说,只要他们的生活习惯、信仰对象、艺术爱好、思想方式,各有不同,就可以叫做'异民族'。这种不同,便是文化不同。由于文化不同,就形成了民族不同。"②他认为不同的文化造成了中西不同的民族观念:"中国人注重在文化上,西方人注重在血统上。"③对于中国人来说,民族与文化实为一体,民族是由文化融成的,没有文化就没有民族。国家也是同理,中国是文化的中国。他反对拿西方的国家概念来界定中国:"西方是一种权利的国家,所以认为国家代表一种主权,一种力量……中国人的国家观念,是一种'道德

---

① 钱穆:《中国历史研究法·序》,载《钱宾四先生全集》第 31 册,台北联经出版事业公司 1998 年版,第 4 页。

② 钱穆:《民族与文化》,载《钱宾四先生全集》第 37 册,台北联经出版事业公司 1998 年版,第 54 页。

③ 钱穆:《民族与文化》,载《钱宾四先生全集》第 37 册,台北联经出版事业公司 1998 年版,第 70 页。

的'国家,或是'文化的'国家,所以必然要达成到'天下的'国家。"①一如民族与文化的关系,钱穆强调历史与文化也是"一而二,二而一"的关系。② 他解释说:"若我们有意研究文化,自须根据历史。因文化乃是历史之真实表现,亦是历史之真实成果。舍却历史,即无文化。"③综合三者关系,钱穆认为它们相互依存,若否定了历史和文化即意味着否定了民族存在的依据:"我们该了解,'民族''文化''历史',这三个名词,却是同一个实质……我们可以说,没有一个有文化的民族,会没有历史的;也没有一个有历史的民族,会没有文化的。同时,也没有一段有文化的历史,而不是由一个民族所产生的。因此,没有历史,即证其没有文化;没有文化,也不可能有历史。因为'历史'和'文化'就是一个'民族精神'的表现。所以没有历史,没有文化,也不可能有民族之成立与存在。"④无文化便无历史,无历史便无民族,无民族便无力量,无力量便无存在。现在中华民族陷入危机,"所谓民族争存,底里便是一种文化争存。所谓民族力量,底里便是一种文化力量。若使我们空喊一个民族,而不知道做民族生命渊源根柢的文化,则皮之不存,毛将焉附"⑤。可见,钱穆虽反复强调三位一体,但他更重视从文化入手,乃至将民族前途系于文化。

关于政治、经济与文化的关系,钱穆认为政治、经济是文化的不同表现形态,它们以文化为其共同基础和共通对象。他在《中国历史研究法》等书中多次表示,文化是全部历史之整全体,这个整全体即由大群集合而成的人生,包括人生的各方面、各部门,如政治、经济、宗教、艺术、文学、工业,等等,无论物质的、精

---

① 钱穆:《中国历史精神》,载《钱宾四先生全集》第29册,台北联经出版事业公司1998年版,第32页。

② 钱穆:《历史地理与文化》,载《中国文化丛谈》,《钱宾四先生全集》第44册,台北联经出版事业公司1998年版,第1页。

③ 钱穆:《如何研究文化史》,载《中国历史研究法》,《钱宾四先生全集》第31册,台北联经出版事业公司1998年版,第140页。

④ 钱穆:《中国历史精神》,载《钱宾四先生全集》第29册,台北联经出版事业公司1998年版,第12页。

⑤ 钱穆:《历史教育几点流行的误解》,载《中国历史研究法》,《钱宾四先生全集》第31册,台北联经出版事业公司1998年版,第194页。

神的均在内。且此整全体之大群人生兼涵历史演变在内。这个相互配合、融凝为一的整全体,才是完整意义上的文化。① 在他看来,整体的意义明显大于个体或部分,具有优先性。"我们若不深切认识到某一国家某一民族全部历史之文化意义,我们很难孤立抽出其'政治'一项目来讨论其意义与效用。"②

钱穆《国史大纲》即采取了这种历史、文化、民族融为一体的整体性思维,历史是其形式,文化是其本位;历史上的政治、经济、社会、学术是文化的具体表现形态。以文化为本位,《国史大纲》在结构上没有采取"整理国故"派依社会科学门类将历史纵剖为政治、经济、学术等专题,而是将历史视为一个以文化为主轴动态地展开的整体过程。基于中国历史演变的实际,最能代表一时代之文化者在政治制度,即重点阐述政治制度;最能代表一时代之文化者在社会经济,即重点阐述社会经济;最能代表一时代之文化者在学术思想,即重点阐述学术思想。历史的具体表现形式虽变动不居,文化主轴则一以贯之。该书无论是阐述政治制度、社会经济还是学术思想,均归依于文化。

第二,中国历史的生命和民族的灵魂在文化,在文化精神。

钱穆所使用的是广义的文化,但含义不同于文明。他认为文明偏重于物质,各民族的文明是共通的,可以交流和传播;文化则偏重于精神,是一个民族独特的生活方式。文化可以创造文明,文明却无法创造文化,较之文明,文化对于一个民族而言具有规定性意义。对中国人而言,中国文化精神是民族之魂,是历史的决定性力量。

"国于天地,必有与立。"钱穆接续了清末"国粹派"章太炎、邓实等人的思维模式,坚信一国之得以存在,必有其独特的文化作为"国魂":"只有中国历史文化的精神,才能孕育出世界上最悠久、最伟大的中国民族来。"③钱

---

① 钱穆:《如何研究文化史》,载《中国历史研究法》,《钱宾四先生全集》第 31 册,台北联经出版事业公司 1998 年版,第 139、140 页。
② 钱穆:《中国历代政治得失》前言,载《钱宾四先生全集》第 31 册,台北联经出版事业公司 1998 年版,第 4 页。
③ 钱穆:《中国历史精神》,载《钱宾四先生全集》第 29 册,台北联经出版事业公司 1998 年版,第 12 页。

穆常用"文化精神"("历史精神""民族精神")等词来表示"国魂"。余英时为悼念钱穆而写的文章,使用《一生为故国招魂》做标题,并指出清末"国粹派"的论述存在矛盾:一方面在中国寻找"国魂",另一方面又以进化论为圭臬,认为中国历史演变符合西方的进化规则。① 与清末"国粹派"把"国魂"寄托于"国学"(主要指以先秦学术为主的"古学")有所差异,钱穆强调民族、文化、历史一体,将"国魂"的基础扩大到了整个历史文化,他认为"国魂"也就是民族精神存在于彻上彻下的中国历史之中。较之"国粹派",他的论述从观点到方法,提高了统一性。

钱穆对文化的理解与使用,通过与胡适、吕思勉等人的比较,可见其个性。胡适也是从生活方式的角度来定义文化,在他看来,各民族的生活方式大同小异。他把各民族生活方式之不同归诸文化的时代性差异,认为各民族生活方式之不同取决于他们在进化序列上的先后位置。在"整理国故"运动中,胡适大力倡导中国文化史研究,但他并不是要到中国历史文化中去寻找民族精神或文化精神。他说:"我们整理国故只是研究历史而已,只是为学术而作工夫,所谓实事求是是也,从无发扬民族精神感情的作用。"②对于历史研究所应采取的立场和态度,他主张从科学出发而不是站在民族文化的本位上。胡适为"整理国故"设定的总目标是撰成"系统的中国文化史",该系统包括民族史、语言文字史、经济史、政治史、国际交通史、思想学术史、宗教史、文艺史、风俗史、制度史等十种文化专史。③ 这十种专史以现代学术分科为基础,实际上是从社会科学角度研究历史。抗战时期,吕思勉所著《中国通史》所采用的也是广义的文化概念。该书上册专述文化史,下册略述政治沿革。上册虽是文化史,但并不取文化本位,而是以社会经济作历史的根柢,将文化史的重心放在了社会生活。他将文化史纵剖为婚姻、族

---

① 参见[美]余英时:《一生为故国招魂——敬悼钱宾四师》,载《钱穆与现代中国学术》,广西师范大学出版社 2006 年版,第 19 页。
② 《胡适致胡朴安》,载《胡适来往书信选》上册,社会科学文献出版社 2013 年版,第358 页。
③ 《发刊宣言》,《国学季刊》第 1 卷第 1 号,1923 年 1 月。

制、政体、阶级等 18 个专题,处理方式较近于胡适所说的用科学方法"整理国故"。在价值取向上,全书将普遍性和时代性放在第一位,对西方文化求同大于求异,而对中国文化则时有尖锐批评。

　　钱穆《国史大纲》则在在寻求中国历史文化的独异处、独特的精神气质和独具的民族精神:"治国史之第一任务,在能于国家民族之内部自身,求得其独特精神之所在。"①《国史大纲》在方法论上强调"通览全史而觅取其动态",其目标就是从动态中观察出中国独特的文化精神和民族精神。② 既然民族的灵魂在文化、在文化精神,历史研究的目标在寻求独具的文化精神,那么,文化和文化精神自是全书的重中之重,是论述的重点。由此不难理解,《国史大纲》不仅着力表彰中国文化的承载者士人、士族、文治政府、文官制度和学术思想,而且将历史上的国家统一、社会繁荣和政治革新等均视为中国文化的结晶。

　　第三,中国的"生力"在文化,中国的出路也在文化。

　　由文化本位论出发,钱穆指出,中国的"生力"在文化。在他看来,"民族与国家者,皆人类文化之产物也"。"世未有其民族文化尚灿烂光辉,而遽丧其国家者;亦未有其民族文化已衰息断绝,而其国家之生命犹得长存者。环顾斯世,我民族命运之悠久,我国家规模之伟大,绝出寡俦,独步于古今矣。此我先民所负文化使命价值之真凭实据也。"③正是中国自身的文化而非外在的武力,造就了中国这一历史悠久、规模宏大的国家。在《国史大纲》中,秦汉统一局面的出现是中国文化演进而非武力征服的结果:"至于汉代统一政府之创兴,并非以一族一系之武力征服四围而起,乃由当时全中国之文化演进所酝酿、所缔构而成此境界。换言之,秦、汉统一,乃晚周先秦

---

① 钱穆:《国史大纲·引论》,载《钱宾四先生全集》第 27 册,台北联经出版事业公司 1998 年版,第 32 页。
② 1937 年 1 月,钱穆在谈治史方法时曾明确地说:"中国新史学家之责任,首在能指出中国历史以往之动态,即其民族文化精神之表现。"钱穆:《略论治史方法》,载《中国历史研究法》,《钱宾四先生全集》第 31 册,台北联经出版事业公司 1998 年版,第 165 页。
③ 钱穆:《国史大纲·引论》,载《钱宾四先生全集》第 27 册,台北联经出版事业公司 1998 年版,第 56、57 页。

平民学术思想盛兴后,伸展于现实所应有之现象。"①唐代再度实现统一繁荣,开放政权,消融阶级,凝造出一个亘古未有的大国家,是中国文化推动而非武力征服的结果:"此种政治、社会各方面合理的进展,后面显然有一个合理的观念或理想为之指导。这种合理的观念与理想,即是民族历史之光明性,即是民族文化推进的原动力。"②钱穆还特意指出,当下全国民众以九死一生的精神投入抗战,便是我民族文化的潜力依然旺盛的表现。③ 一句话,民族和国家的进步是由文化而非武力推动的。

反过来看,民族和国家的衰落也要从文化上找原因。钱穆认为,东汉政权的覆灭不能完全归罪于义军和军阀,还在于士族丧失了国家统一的理想:"国家本是精神的产物,把握到时代力量的名士大族,他们不忠心要一个统一的国家,试问统一国家何从成立?"④安史之乱后,唐朝由盛转衰,同样是由于文化精神的丧失。对于时人评价较高的太平天国起义,钱穆坚持称为"民变",并强调太平军过分蔑弃民族文化是导致其失败的主因:"粤军的领导人,对于本国文化,既少了解;对于外来文化,亦无领略。他们的力量,一时或够推翻满清政权,而不能摇撼中国社会所固有的道德信仰以及风俗习惯。这是洪、杨失败最主要的原因。"⑤当下的民族危机,他认为也主要是由于士人阶层无视自身文化、缺乏自觉精神造成的。钱穆分析说:民国成立后,独裁之清室既去,而新的稳定有力的政治和社会中坚势力却没有形成,国家陷入动荡难安之局,这不过是"文化病"的外显;最大的病原在"士大夫之无识",他们急起效法他人,怀疑"我全民族数千年文化本源,而惟求全变故常以为快",造成国家民族自身内部之新生命力难以得到发舒和成长。⑥ 在他看

---

① 钱穆:《国史大纲·引论》,载《钱宾四先生全集》第 27 册,台北联经出版事业公司 1998 年版,第 42 页。
② 钱穆:《国史大纲》,载《钱宾四先生全集》第 27 册,台北联经出版事业公司 1998 年版,第 463 页。
③ 参见钱穆:《历史教育流行的几点误解》,载《中国历史研究法》附录,《钱宾四先生全集》第 31 册,台北联经出版事业公司 1998 年版,第 193 页。
④ 钱穆:《国史大纲》,载《钱宾四先生全集》第 27 册,台北联经出版事业公司 1998 年版,第 242 页。
⑤ 钱穆:《国史大纲》,载《钱宾四先生全集》第 28 册,台北联经出版事业公司 1998 年版,第 990 页。
⑥ 钱穆:《国史大纲·引论》,载《钱宾四先生全集》第 27 册,台北联经出版事业公司 1998 年版,第 55 页。

来,近代民族危机的病原在蔑弃本民族的文化,欲解决民族危机就必须改变对待本民族文化的态度:"一民族文化之传统,皆由其民族自身递传数世、数十世、数百世血液所浇灌、精肉所培壅,而始得开此民族文化之花,结此民族文化之果,非可以自外巧取偷窃而得……我民族国家之前途,仍将于我先民文化所赋自身内部获得其生机。我所谓必于我先民国史略有知者,即谓此。"①

面向未来,中国的出路在文化。这尤赖于知识阶层的领导。《国史大纲》写道:"亦可谓中国史之演进,乃由士之一阶层为之主持与领导。此为治中国史者所必当注意之一要项。"②相应地,国难当头,他将抗战救国的重任寄托在新一代知识分子身上:"新中国的创兴,首要是在政治上轨道。要望政治上轨道,首要是在中央政权之统一、地方割据之取消,其枢纽则在全国政治中心之势力之造成。而其负造成全国政治势力之大任者,并不能望之民众,亦不能求之于军人,而在中层阶级知识分子对于国家责任观念之觉醒与努力。"③钱穆理想中的中国是一个"学治"社会——道统高于治统,掌握在学者手中,学术独立于政治,并指导政治、领导社会。而他心中的道统,即中国文化的正统,其核心是以孔、孟、程、朱为代表的儒家思想。实行以儒家思想治国的"学人政治",这是钱穆作为"国医"开出的"药方"。

以文化为本位,将中国的"生力"归于文化,经过他的解释,中国历史就成了文化的历史,成了人文精神化成的历史。而在社会各阶级中,他尤其重视士阶层对中国历史进程的推动作用。钱穆的这些观点,不仅与范文澜的观点——阶级斗争是推动历史前进的动力,人民群众是历史的创造者,形成了尖锐对立,而且与重视文化史的吕思勉等人也有很大不同。钱穆的《国史大纲》聚焦历史上的文化精神和政治理想,吕思勉的《中国通史》看重的则是精神和理想实行的效果。故同是论汉武帝时期之政治,钱穆从中国文

① 钱穆:《国史大纲·引论》,载《钱宾四先生全集》第 27 册,台北联经出版事业公司 1998 年版,第 57 页。
② 钱穆:《国史大纲》,载《钱宾四先生全集》第 28 册,台北联经出版事业公司 1998 年版,第 628 页。
③ 钱穆:《中国史上最近几个病源》,载《历史与文化论丛》,《钱宾四先生全集》第 42 册,台北联经出版事业公司 1998 年版,第 120 页。

化的立意和理想出发,视之为文治政府之开创①;吕思勉从实情实效看问题,则斥之为专制政治之开端。② 在对士阶层的评价上,吕思勉虽承认士大夫是传统社会的中坚,作用重要,但又强调,士大夫有两面性,他们对人民的危害亦大。因此,与钱穆将国家复兴寄望于士阶层的再生和士人政府的重建不同,吕思勉赞同革命派的主张,认为靠士大夫来救中国的时代一去不返,需要铲除之。③

综上,从历史到现实,钱穆《国史大纲》无不采取文化本位,从文化入手,视文化为最根本的东西。文化本位是钱穆建构其学术体系的基石,是论证其观点"国史常于和平中得进展"的大前提。清楚了这一点,也就容易理解《国史大纲》的思想主旨和逻辑结构。需要指出的是,钱穆的文化本位论是一种比较彻底的文化主义,它以新人文主义为核心,比较缺乏胡适式的启蒙主义和科学精神。④ 换言之,《国史大纲》是一部充满着中国式人文主义色彩,而不是从近代科学思维出发而写成的著作。该书的得与失,与此有着一定关系。

---

① 钱穆称赞,汉武以后,中国文化的指导力量逐渐得到了实现。"中国社会机构,自汉武以下,不断以理想控制事实,而走上了一条路向,即以士人为中心,以农民为底层,而商人只成旁枝。"(见钱穆:《国史大纲》,载《钱宾四先生全集》第28册,台北联经出版事业公司1998年版,第955页)

② 吕思勉说:从汉武帝起,君主加强集权,"中国政治上的制度,是务集威权于一人,但求其便于统驭,而事务因之废弛,则置诸不问,这是历代政治进化一贯的趋势"。吕思勉:《中国近世史前编》,载《吕思勉文集·中国近代史八种》,上海古籍出版社2008年版,第149、151页。

③ 吕思勉:《中国政治思想史十讲》,载《吕思勉文集·中国文化思想史九种》(下),上海古籍出版社2009年版,第783页。顺便补充说明,当时,不仅共产党人要求打倒旧式士大夫,国民党人也认为士大夫阶级已腐败到了极点。如戴季陶在其所编党内读物中写道:"要明白了解中国士大夫阶级,已经腐败到了极点。要想救中国,非把最诚实、坚忍、努力的农工阶级的人,唤醒转来,以他们为改革的中坚,然后中国的民族,才可以有救。"(见戴季陶:《国民革命与中国国民党》,中国文化服务社1943年版,第40页)

④ 钱穆所说的人文精神,类似西方的新人文主义,是以儒家学说为内核的中国传统伦理道德:"中国的文化精神,要言之,则只是一种'人文主义的道德精神'。"(见钱穆:《民族与文化》,载《钱宾四先生全集》第37册,台北联经出版事业公司1998年版,第46页)这种人文精神侧重于人与人的群体性关系,强调道德的自我完善与提升,与文艺复兴时代以个体独立和个性解放为标志的传统人文主义有较大不同。

三、观其会通

《国史大纲》又一重要特色表现在对"历史"的笃信和坚守。在《国史大纲·引论》等文中,他反复强调治国史"最主要之任务,尤在将国史真态,传播于国人之前"①。在他看来,唯借过去乃可认识现在,当时颇具势力的"考订派""割裂史实",不能识成体之全史,"革新派""急于事功而伪造知识",均难以获得国史真相,胜任时代需要。②"体用一源",这种对历史真实性和中国独特性的强调,意味着他的历史解释系统最好能从中国自家传统中体贴出来,而不是轻易附和当时流行的外来理论。换言之,要求他的解释系统与研究主旨保持一致性。

实际如何呢?在历史解释方面,钱穆的《国史大纲》继承并创造性地发展了中国传统史学的治史理念,从而以其鲜明的中国性格与其他通史区分开来。抗战时期所成的通史,如范文澜的《中国通史简编》主张通过反帝反封建的革命斗争来赢得民族战争的胜利,故重视阶级分析方法的运用;吕思勉的《中国通史》从社会变迁的角度探求民族衰落的原因,其指导思想借鉴了进化论、唯物论等社会科学理论。在致思路径上,这两种通史有其共性,即从现实出发,由今溯古,探寻当下状况和问题的历史由来。与范著、吕著不同,钱穆《国史大纲》对现实问题的回答,以中国文化为本位,换言之,即以中国历史为本位。其思维方式是由上而下,自古而今,循着时间先后做通体的研究。对此,他曾解释说:"即使我们要根据当前问题来推究,也得首先将此问题暂放一边,平心静气,仍从历史本身的通体来作研究,如此才能对你原有问题得出一正当的结论";否则,心习会使人走到狭窄、肤浅、短视的路上去。③这种看

---

① 钱穆:《国史大纲·引论》,载《钱宾四先生全集》第 27 册,台北联经出版事业公司 1998 年版,第 29 页。

② 钱穆:《国史大纲·引论》,载《钱宾四先生全集》第 27 册,台北联经出版事业公司 1998 年版,第 24—25 页。

③ 钱穆:《如何研究通史》,载《中国历史研究法》,《钱宾四先生全集》第 31 册,台北联经出版事业公司 1998 年版,第 10 页。

似迂回的解决方法,与他追求国史之真实性和独特性的目标保持了一致性。

扼要而言,钱穆所说的对历史做通体的研究,强调的是历史思维和整体观念,即尽可能遵循古人的思维方式来研究和还原整个历史。其中,"会通"("融会贯通")作为一种学术理念和思想方法,在钱穆《国史大纲》中占有重要位置,在此结合《中国文化史导论》等著作,予以重点分析。

(一) 会 通

《易传·系辞上》:"圣人有以见天下之动,而观其会通。"学界常将"会通"作为中国学术和中国文化的重要传统,比如将宋明理学视作儒、释、道会通的产物。值得注意的是,这种"会通"的文化传统有其社会基础和实践表现。也就是说,无论是作为民族还是国家的中国,应有会通之实,而不是仅限于文化层面。不过,因为"会通"不符合近代科学的专门化潮流,所以鲜有新史家将其上升为方法论,并运用于解释中国历史。

与系统接受过西学训练的史家有别,钱穆长期浸淫于传统学术,以"通儒大师"为人生志业,对"会通"之义有着较深刻的认识。他在《如何研究通史》一文中说,历史本身浑然一体,无可分割,"一切政治制度、社会形态、经济情状、学术大端、人物风尚性格等等,一一可以综合起来互相会通,如此才算真正明了此时代"①。从历史的整体性出发,他强调"会通"对于治史具有方法论意义:"治史者当先务大体,先注意于全时期之各方面,而不必为某一时期某些特项问题而耗尽全部之精力,以偏见概全史。当于全史之各方面,从大体上融会贯通,然后其所见之系统,乃为较近实际,其所持之见解,乃得较符真实。而其对于史料之搜罗与考订,亦有规辙,不致如游魂之无归。治古史本求通今,苟能于史乘有通识,始能对当身时务有贡献,如是乃为史学之真贡献。"②治通史

---

① 钱穆:《如何研究通史》,载《中国历史研究法》,《钱宾四先生全集》第31册,台北联经出版事业公司1998年版,第10、11页。

② 钱穆:《略论治史方法》,《中国历史研究法》附录,《钱宾四先生全集》第31册,台北联经出版事业公司1998年版,第159页。

贵能见其大,见其全,见其远,做到融会贯通,治文化史亦然。他在讲解如何研究中国文化史时,专门强调"讨论文化要自其会通处看,不当专自其分别处寻":中国文化延续数千年以至今天,"政治、经济、思想、学术、艺术、宗教、工业、商务种种项目,都属文化之一面。但在其背后,则有一会通合一之总体"。此会通合一之总体,才是完整意义的文化。若分别地讲,所讲只是文化的外在表现之一部分。① 这种会通的方法,也就是通体的研究,正是根据中国历史和文化的实际而提出的。

在《国史大纲》中,"会通"一方面表现为历史研究方法,另一方面更值得关注,它代表了国史演变的一种原理、机制或者说法则。钱穆从会通角度解释国史,在历史解释学史上极具个性。章学诚《文史通义·申郑》篇称赞郑樵"盖承通史家风,而自为经纬,成一家言者也"②,钱穆庶几近之。

中国幅员辽阔,人口众多,开化较早且未尝中绝,这是举世公认的一大特殊现象。柳诒徵《中国文化史·绪论》将这一现象概括为"幅员之广袤""种族之复杂""年祀之久远",钱穆则经常用"广土众民""历史悠久"来表达,意思相同。近代许多学者曾注意到这一现象与他们所处时代的亡国危机存在悖论。若能合理地揭示出"广土众民"是如何抟结凝聚为一国一族,"历史悠久"为何没有中断,一定意义上说,就找到了中国"生力"之所在,也可给当下的中国指出一条出路,予国人以信心。

钱穆对该问题的解释以民族文化为本位,尤注意发挥"融会贯通"之义。在他看来,中国无论作为民族、国家还是文化,都是融会空间诸相,贯通时间诸相,纵横交织而成的一个整全体。相对而言,他解释空间诸相(如国土之扩大、民族之抟结、政权之统一)侧重于融会的角度,解释时间诸相(如历史悠久、社会变迁、政权更替)侧重于贯通的角度。

---

① 参见钱穆:《如何研究文化史》,载《中国历史研究法》,《钱宾四先生全集》第 31 册,台北联经出版事业公司 1998 年版,第 143 页。

② 章学诚:《申郑》,载叶瑛校注:《文史通义校注》,中华书局 1985 年版,第 463 页。

（二）融　会

横向地看，中国由融会而壮大。钱穆认为，在中国的历史传统中，民族、国家和文化，都是不断融会、壮大而成的；当下的中国仍处于融会、壮大的历史进程中。

就民族和国家言，钱穆形容说："中国民族譬如一大水系，乃由一大主干逐段纳入许多支流小水而汇成一大流的。"通过汇入其他部族，如古史所称东夷、南蛮、西戎、北狄等，而会合成一个更大的中国。自上古至先秦，自秦汉迄于南北朝，自隋唐迄于元明，自满人入关迄于今日，民族不断融和，国家不断壮大。[①]其间，如魏晋南北朝时期，也有较为激烈的冲突，但这种冲突如同支流汇入大河时激起的波澜和漩涡，大河不仅没有中断，反而得到了壮大。表现在疆域上，沿"黄河两岸，以达于海滨，我华夏民族，自虞、夏、商、周以来，渐次展扩以及于长江、辽河、珠江诸流域，并及于朝鲜、日本、蒙古、西域、青海、西藏、安南、暹罗诸境"，中国的疆域因会通而统一，由凝聚而扩大。[②]

就政治言，团结、融和与统一是其最大特点。为说明中国的特点，钱穆常拿汉代与罗马帝国作比较。他认为罗马与汉代立国根基形似而实不同：罗马帝国乃以一中心而伸展其势力于四围，倚强力而实施其统治。此中心复有贵族、平民之别，一旦贵族腐化、蛮族侵入，即如以利刃刺其心窝，帝国即告瓦解。汉代统一政府之建立，乃由四围之优秀力量共同参加，辐辏构筑成一中央。所谓优秀力量者，乃经"考试"与"铨选"从"民众"中选出。汉唐以降，通过察举制、科举制，"选贤与能"，不断吸收社会优秀分子进入政府，"民众"与"政府"趋于团结，故国家能保持长期统一。从融和的角度看中国，

---

① 钱穆：《中国文化史导论》，载《钱宾四先生全集》第 29 册，台北联经出版事业公司 1998 年版，第 24、25 页。
② 钱穆：《国史大纲·引论》，载《钱宾四先生全集》第 27 册，台北联经出版事业公司 1998 年版，第 47 页。

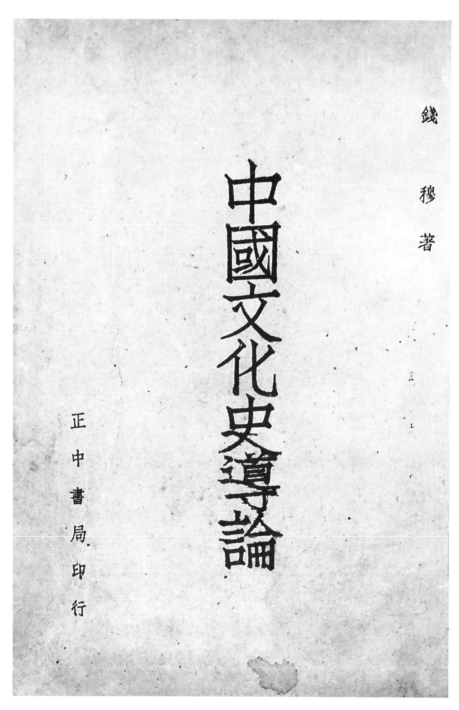

图 7-2　钱穆《中国文化史导论》书影

钱穆得出了与"专制黑暗"说完全不同的结论,并表达了对后者的不满:中国政制以文化融和为基础,"每于和平中得伸展,昧者不察,遂妄疑中国历来政制,惟有专制黑暗","不知中国自秦以来,立国规模,广土众民,乃非一姓一家之力所能专制"。①

就文化言,中国的特点在"情"的融和。钱穆仍采取中西比较的方式来说明:西方文化常务于"力"的斗争,而竟为四围之"斗";东方文化常务于"情"的融和,而专为中心之"翕"。② "故西方常求其力之向外为斗争;而东方则惟求其力之于内部自消融,因此每一种力量之存在,常不使其僵化以与他种力量相冲突,而相率投入于更大之同情圈中,卒于溶解消散而不见其存在。我所谓国史于和平中见进展者在此。"③表现在人生观上,"《大学》一书上所说的修身、齐家、治国、平天下,一层一层的扩大,即是一层一层的生长,又是一层一层的圆成,最后融和而化"。④ 表现在信仰上,西方人从"天国"与"人世"两极对立看世界而发展为宗教,中国人从天人合一看世界而发展为伦理。⑤ 表现在历史进程上,先秦时期,周、孔思想绾合已往政治、历史、宗教而集大成;东汉以迄宋代,印度文化输入,与中国固有文化由抵牾而融和;明季以迄今日,西方之科学、法政、思想渐次输入,由相激相荡而逐渐走上融通之路。

钱穆还指出,文化融和进而促进了周边民族的融入和外部民族的协和。"即环我族而处者,或与我相融和而同化,如辽、金、蒙古、满洲、西藏、新疆诸族;亦有接受我文化,与我终古相依,如梁甫之与泰山然,则朝鲜、日本、安

---

① 钱穆:《国史大纲·引论》,载《钱宾四先生全集》第 27 册,台北联经出版事业公司 1998 年版,第 36、37 页。

② 钱穆:《国史大纲·引论》,载《钱宾四先生全集》第 27 册,台北联经出版事业公司 1998 年版,第 47 页。

③ 钱穆:《国史大纲·引论》,载《钱宾四先生全集》第 27 册,台北联经出版事业公司 1998 年版,第 48 页。

④ 钱穆:《中国文化史导论》,载《钱宾四先生全集》第 29 册,台北联经出版事业公司 1998 年版,第 19 页。

⑤ 钱穆:《中国文化史导论》,载《钱宾四先生全集》第 29 册,台北联经出版事业公司 1998 年版,第 20 页。

南之类是也。"①在《中国文化史导论》中,他对"文化移殖"与"民族融和"的关系有一段精彩的分析:"近千年来的中国人,在国内进行着'民族融和',在国外则进行着'文化移殖'。只要在地理环境和交通条件允许之下,文化移殖便可很快转换成民族融和的,中国人天下太平、世界大同之理想,在此一千年内并未衰歇,依然步步进行着,这是中国文化史在此千年内值得大书特书的又一事。"②严耕望曾以文化融和为例评论说:钱穆《国史大纲》"常以数语笼括一代大局。如论春秋战国大势云:'文化先进诸国逐次结合,而为文化后进诸国逐次征服;同时文化后进诸国,虽逐次征服先进诸国,而亦逐次为先进诸国所同化。'此语切中事机,精悍绝伦。若申而论之,前世如商之灭夏,周之灭商;后世如北魏南牧,辽金侵宋,清之灭明,其结果影响皆可作如此观。在此进展中,华夏文化疆域逐次扩大,终形成疆土广阔、文化一统之广土众民大国局面"③。

正是以融会整合的眼光审视历史大势,钱穆认为近代以来西学东渐虽引起了中外激烈冲突,但亦见中国文化生命旺盛,有经衰乱而重兴之精力。"中国人对外族异文化,常抱着一种活泼广大的兴趣,常愿接受而消化之,把外面的新材料,来营养自己的旧传统。"当下的任务,即是如何赶快学到欧美文化的富强力量,融会贯通,充实中国文化,以尽早恢复民族和国家的元气。④

综上,在钱穆看来,中国广土众民,这么大的"天下",是融会而非靠蛮力征伐而成的。融会是民族、国家和文化不断壮大的法门之一,是中国的"生力"所在。他从融会角度对国史的解释,与他提出的文化本位论,相得

① 钱穆:《国史大纲·引论》,载《钱宾四先生全集》第27册,台北联经出版事业公司1998年版,第47页。
② 钱穆:《中国文化史导论》,载《钱宾四先生全集》第29册,台北联经出版事业公司1998年版,第195、196页。
③ 严耕望:《钱穆宾四先生与我》,载《治史三书》增订版,上海人民出版社2016年版,第240页。
④ 钱穆:《中国文化史导论》,载《钱宾四先生全集》第29册,台北联经出版事业公司1998年版,第213页。

益彰,共同支撑起了"国史常于和平中得进展"这一核心论点。

(三)贯　通

纵向地看,中国因贯通而持久。钱穆从融会的角度来解释中国"可大"的"生力"所在,从贯通的角度来回答中国"可久"的"生力"所在。

"贯通"是中国史学的传统,近代科学的史学兴起后,"疏通知远""承敝通变"的"通史家风"一度受到梁启超、胡适、傅斯年等人的批评。钱穆是坚持传承和发展中国传统史学精神的新史家。《国史大纲·引论》所说"于客观中求实证,通览全史而觅取其动态",可视为对"贯通"的一种表述。其要端有二:一是"求其异",二是"求其同"。所谓"求其异",就是同中观异,寻找看似整齐、统一、静态的历史的不同之处,根据"不同"划分为前后时代,观察前后时代之"变",从"变"之倾向窥探文化之动态,衡断文化之进退。所谓"求其同",就是异中观同。如果说"求其异"是"察变",那么"求其同"就是"通变""通古今之变",就是"变"中寻"常","变"中见"性",从"变""变"相连的动态中寻觅历史的统一性。"全史之不断变动,其中宛然有一进程。自其推动向前而言,是谓其民族之'精神',为其民族生命之泉源。自其到达前程而言,是谓其民族之'文化',为其民族文化发展所积累之成绩。此谓求其同。"[1]在钱穆看来,此"同"是大同,系中国历史演变的通则,其中蕴含着历史前进的动力、民族生命的源泉,也就是民族精神和文化精神。一个民族及其文化有无前途,其前途何在,都可以从"变"之所在也就是历史的动态中透露出来。[2]

从贯通的角度解释中国历史,与用西方理论解释中国历史的做法有所不同。在《国史大纲》中,历史宛若有一进程,有一客观的"内在道路"。

---

[1]　钱穆:《国史大纲·引论》,载《钱宾四先生全集》第 27 册,台北联经出版事业公司 1998 年版,第 33 页。

[2]　钱穆:《如何研究通史》,载《中国历史研究法》,《钱宾四先生全集》第 31 册,台北联经出版事业公司 1998 年版,第 7 页。

"于客观中求实证",由于这一方法不是理论先行,而是要求广泛深入到原始史料内部,历经艰苦工作,融会贯通后得出独立判断,故所得结论有其说服力。

《中国文化史导论》系从文化角度为《国史大纲》所作之导论,较集中地体现了钱穆的国史研究以文化为本位的贯通精神。下面拟结合《中国文化史导论》来分析钱穆如何从贯通的角度解释中国历史。该书将中国历史分为四期:

先秦时代,"天下太平、世界大同的基本理想,即在此期建立,而同时完成了民族融和与国家凝成的大规模,为后来文化衍进之根据"。"天下太平、世界大同",这是中国人的人生理想和信念,是中国文化前进的总目标和总方向。中国人的学术、文字、道德、伦理、生活自此立下根基。

汉唐时代,"民主精神的文治政府,经济平等的自由社会,次第实现,这是安放理想文化共通的大间架,栽培理想文化共通的大园地"。秦汉大一统政治、文治政府、平等社会的创建,奠定了中国政治社会方面一切人事制度的基础。隋唐又在文艺美术、人的个性等一切人文方面创下基础。这两大基础也可以说是中国文化的两大支柱,撑起了中国历史的大局面。

宋元明清时代,"个性伸展在不背融和大全的条件下尽量成熟了。文学、美术、工艺一切如春花怒放般光明畅茂"。这一时期,中国文化的最大特点体现在向着现实人生普遍展开,民族与宗教再融和,文学与艺术取得了长足进展,一般人都走上了生活体味的路子,在日常中寻求一种安宁、幸福与信仰。从此,中国文化走向平民生活与日常人生。

钱穆说,从文化动态看,中国的前景本应一片光明:"若照中国文化的自然趋向,继续向前,没有外力摧残阻抑,他的前程是很鲜明的。他将不会有崇尚权力的独裁与专制的政府,他将不会有资本主义的经济上之畸形发展。他将没有民族界线与国际斗争,他将没有宗教信仰上不相容忍之冲突与现世厌倦。他将是一个现实人生之继续扩大与终极融和。"但遗憾的是,这一光明的前景被明清以来接踵而至的君主独裁、部族专制、西力入侵宰制了。①

　　"通览全史而觅取其动态",中国历史各阶段异中有同,仿佛有泓活水贯通而下。简言之,这泓活水即中国文化的理性精神。中国人自先秦时代确立"天下太平、世界大同"的理想,五千年来都在为实现这一理想日进月迈,奋斗不息。从春秋以前的贵族学到战国的平民学,到秦建立大一统政府,汉开创文治政府,到隋的统一、唐的盛运,再到宋平民社会学术之再兴,一以贯之,从未离开和平的天下为公的理性精神的指导。晚清海通后,中国历史进入第四期,即科学与工业时期。钱穆强调,中国文化精神仍就有其不可替代的价值,不能学到了欧美文化的富强力量而把自己传统文化的理想和精神戕伐了。"中国人学习科学,并非即是学习富强侵凌。而且这一次世界大战争,中国又身当其冲,中国人深感到自己传统的一套和平哲学与天下太平、世界大同的文化理想,实在对人类将来太有价值了。"②"此下的中国,必需急激的西方化。换辞言之,即是急激的自然科学化。而科学化了的中国,依然还要在中国传统文化的大使命里尽其责任,这几乎是成为目前中国人的一般见解了。"③在他看来,先秦以来的文化理想依然在发挥作用,规定着中国的未来。

　　"通览全史而觅取其动态",钱穆《国史大纲》得出一重要论断:"国史于和平中得进展"。"中国社会自秦以下,其进步何在? 曰:亦在于经济地域之逐次扩大,文化传播之逐次普及,与夫政治机会之逐次平等而已。其进程之迟速不论,而其朝此方向演进,则明白无可疑者。若谓其无清楚界限可指,此即我所谓国史于和平中得进展,实与我先民立国规模相副相称,亦即

---

①　以上引文均参见钱穆:《中国文化史导论》,载《钱宾四先生全集》第 29 册,台北联经出版事业公司 1998 年版,第 211、212 页。

②　钱穆:《中国文化史导论》,载《钱宾四先生全集》第 29 册,台北联经出版事业公司 1998 年版,第 220 页。

③　钱穆:《中国文化史导论》,载《钱宾四先生全集》第 29 册,台北联经出版事业公司 1998 年版,第 221 页。

我民族文化特征所在也。"①这一论断在钱穆看来相当重要。因为,"中国停滞论"特别是自秦以来两千年无变化、无进步的说法当时在国内外甚为流行,这一论断既是钱穆用以驳斥"停滞论"的有力武器,又是他为解决现实问题而寻觅到的指针。

钱穆还多次用文学化的语言类比中国与西方,以说明国史的进展及其贯通性和绵延性。他将中国比作一首诗,西方比作一本剧:"然中国史非无进展,中国史之进展,乃常在和平形态下,以舒齐步骤得之。若空洞设譬,中国史如一首诗,西洋史如一本剧。一本剧之各幕,均有其截然不同之变换;诗则只在和谐节奏中转到新阶段,令人不可划分。所以诗代表中国文学之最美部分,而剧曲之在中国,不占地位。西洋则以作剧为文学家之圣境。"②中国历史始终是一国之历史在和平与和谐的节奏中缓缓推进,并不像西方,一个国家常通过武力吞并或掠夺另外的国家。所以,钱穆认为,用"转化"较之"变动"、用"绵延"较之"进步"来描述国史之特性,更为贴切。③ 国史绵延至今,未尝中绝,"直到现在,只有中国民族在世界史上仍见其有虽若陷于老朽,而仍有其内在尚新之气概"④。在他看来,毋庸置疑,中国的传统没有断,通览全史,其生命活力仍在。

中国因融会而壮大,因贯通而持久。钱穆从会通的角度解释中国历史的可大可久,以其浓厚的人文色彩而与当时占据新史学主流的社会科学治史区分开来。他的这一解释深入中国文化生成的内在过程,通乎历史的实际,一定程度上显示了中国固有学术在现代语境下的解释能力。

完全可以说,《国史大纲》一书所呈现的中国历史是和平的、可爱的,对

① 钱穆:《国史大纲·引论》,载《钱宾四先生全集》第 27 册,台北联经出版事业公司 1998 年版,第 46 页。
② 钱穆:《国史大纲·引论》,载《钱宾四先生全集》第 27 册,台北联经出版事业公司 1998 年版,第 35 页。
③ 钱穆:《中国文化史导论》,载《钱宾四先生全集》第 29 册,台北联经出版事业公司 1998 年版,第 14 页。
④ 钱穆:《中国文化史导论》,载《钱宾四先生全集》第 29 册,台北联经出版事业公司 1998 年版,第 8 页。

于未来的看法是乐观的。可以想见,在亡国论和悲观论弥漫、情绪极度痛苦压抑的战争年代,时人读了该书后的感受。"滞留北平学人,读此书,倍增国家民族之感。"①许多人读了此书后,都有同感。学子李埏读后精神为之一振,信心倍增,数十年后仍印象深刻:"尝与同学议论,对祖国历史当存敬爱之说,用于盛世固宜,也可用于衰乱之世吗?现在我明白了:我国数千年历史,屡经衰乱而不灭绝,而且每经一次衰乱,文明反而更进一步,足证我国家我民族有强大的、坚韧不拔的生命力。作为这个国家民族的一分子,自应有自豪感;对这个国家民族的历史,当然应有敬意和感情。"②另一位学子柳存仁也感佩至深,铭记着钱穆所说过的话——"从三千年来的中国历史的动态波荡仔细的观察思考,今日的中国是绝对的有希望有前途的!"他称赞《国史大纲》"在战乱播迁的动荡的时代里,苦口婆心的给予我们整个民族国家的指示、勇气和光明"③。由认识而了解,由了解而生感情,钱穆用《国史大纲》回应现实诉求,实现了预期目标。

四、坐标系统的重建

"研究历史,应该从'现时代中找问题',应该在'过去时代中找答案',这是研究历史两要点。"④钱穆的国史研究具有重要的方法论意义。他以民族文化为本位,运用整体观念,建立起了一个中国历史解释系统。这个系统对中国历史文化的评价不再以西方为中心,敢于挑战现代性话语霸权,予人启发。

---

① 钱穆:《师友杂忆》,载《八十忆双亲师友杂忆合刊》,《钱宾四先生全集》第51册,第237页。
② 李埏:《昔年从游乐,今日终天痛——敬悼先师钱穆先生》,《社会科学战线》1991年第4期。
③ 柳存仁:《北大和北大人(二):记北京大学的教授(中)》,《宇宙风》乙刊第29期,1940年9月16日。
④ 钱穆:《中国历史精神》,载《钱宾四先生全集》第29册,台北联经出版事业公司1998年版,第20页。

（一）坐标再调整

余英时曾指出，钱穆自《国史大纲》起才公开讨论中西文化问题。[①] 钱穆本人也说过：《国史大纲》以后，"造论著书，多属文化性，提倡复兴中国文化，或作中西文化比较"[②]。但中西文化问题实潜伏在钱穆心中已有数十年。据钱穆《师友杂忆》，他十岁入新式小学，受体育老师钱伯圭激发，便埋下了问题的种子。一日，伯圭师告诉他：《三国演义》"可勿再读。此书一开首即云'天下合久必分，分久必合，一治一乱'，此乃中国历史走上了错路，故有此态。若如今欧洲英法诸国，合了便不再分，治了便不再乱。我们此后正该学他们。余此后读书，伯圭师此数言常在心中。中西文化孰得孰失，孰优孰劣，此一问题围困住近一百年来之全中国人，余之一生亦被困在此一问题内。而年方十龄，伯圭师即耳提面命，揭示此一问题，如巨雷轰顶，使余全心震撼。从此七十四年来，脑中所疑，心中所计，全属此一问题"[③]。面对西方文化的冲击，中国文化将何去何从？余英时将这一问题称为钱穆的"终极关怀"[④]。这一问题可视作从文化上对亡国危机的思考，与第一节所说"中国会不会亡"相通。从钱伯圭揭示这一问题，到《国史大纲》成书，中国人的文化坐标发生了两次大调整。

第一次大调整发生于甲午战争前后，康有为、严复、梁启超等人以世界性眼光重审中国，突破了相袭数千年的华夏中心主义。坐标调整缘于民族危机。为寻找西强中弱的原因，他们将中国与西方置于同一坐标体系中予以比较，得出了与前人完全不同的判断。康有为在甲午战前写给友人的书

---

① ［美］余英时：《钱穆与新儒家》，载《钱穆与现代中国学术》，广西师范大学出版社 2006 年版，第 24 页。

② 钱穆：《纪念张晓峰吾友》，台湾《传记文学》第 47 卷第 6 期，1985 年 12 月；后载《八十忆双亲师友杂忆合刊》，《钱宾四先生全集》第 51 册，台北联经出版事业公司 1998 年版，第 412 页。

③ 钱穆：《师友杂忆》，载《八十忆双亲师友杂忆合刊》，《钱宾四先生全集》第 51 册，台北联经出版事业公司 1998 年版，第 36 页。

④ ［美］余英时：《钱穆与新儒家》，载《钱穆与现代中国学术》，广西师范大学出版社 2006 年版，第 33 页。

信中说:中国自三代以来,"为一统之国,地广邈,君亦日尊。以一君核万里之地,而又自私之,驾远驭,势有所限,其为法也守,其为治也疏,听民之自治……泰西自罗马之后,分为列国,争雄竞长,地小则精神易及,争雄则人有愤心,故其君虚己而下士,士尚气而竞功,下情近而易达,法变而日新"①。甲午战败后,深谙西学的严复在天津《直报》发表《论世变之亟》一文,更为深刻地指出:"其最不同而断乎不可合者,莫大于中之人好古而忽今,西之人力今以胜古;中之人以一治一乱、一盛一衰为天行人事之自然,西之人以日进无疆,既盛不可复衰,既治不可复乱,为学术政化之极则。"②比较的结果,他们将中国落后的原因归到了中国历史和文化身上。就像严复所说:"从事西学之后,平心察理,然后知中国从来政教之少是而多非。"③20世纪初,梁启超作《新民说》,不仅将西方日进无疆、中国长期停滞视为一种历史事实,而且言之凿凿地列举出了导致中国停滞的五条原因:"一曰大一统而竞争绝也";"二曰环蛮族而交通难也";"三曰言文分而人智局也";"四曰专制久而民性漓也";"五曰学说隘而思想窒也"。④ 他们的观点,借助报章等新式传媒,很快流传开来。可以想象,这些说法对于长期陶醉于自身文化而不知有他的中国人来说,所引起的震动之大。钱穆形容为"如巨雷轰顶",并不夸张。

"能变则全,不变则亡;全变则强,小变仍亡。"⑤救亡的紧迫感促使中国人加快了学习西方的步伐,而新文化的传播反过来导致了文化权势的转移。到20世纪初,有人观察到:"今之见晓识时之士,谋所以救中夏之道,莫不同声而出于一途曰:欧化也,欧化也。"⑥一些中国人步趋欧美,迷失了自我,产生了文化自卑和自谴心态。文化认同危机引起了有识之士的忧虑。穷则思

---

① 康有为:《与洪右臣给谏论中西异学书》,载《康有为全集》第1集,中国人民大学出版社2007年版,第336页。
② 严复:《论世变之亟》,载《严复集》第1册,中华书局1986年版,第1页。
③ 严复:《救亡决论》,载《严复集》第1册,中华书局1986年版,第49页。
④ 梁启超:《新民说》,载《饮冰室合集》专集之四,中华书局1989年版,第55—59页。
⑤ 康有为:《上清帝第六书》,载《康有为全集》第4集,中国人民大学出版社2007年版,第17页。
⑥ 许守微:《论国粹无阻于欧化》,《国粹学报》第7期,1905年8月。

返,新文化运动后期,一些学者主张在融会西方文化的基础上,树立中国新文化的自主性和独立性。① 到 30 年代,重新认识和评价中国文化,实现中国文化的独立和复兴,成为现实诉求。陈寅恪观察到,寻求中国学术和文化独立当时已是学界的一种共识。1931 年,他在为庆祝清华大学建校 20 周年而作的《吾国学术之现状及清华之职责》一文中说:"吾国大学之职责,在求本国学术之独立,此今日之公论也。"②1933 年,陈寅恪撰写《冯友兰〈中国哲学史〉下册审查报告》,将"不忘本来"与"输入外来"放到同等位置:"窃疑中国自今日以后……其真能于思想上自成系统,有所创获者,必须一方面吸收输入外来之学说,一方面不忘本来民族之地位。"③这里所说的"输入外来"是以发展和壮大自身文化为前提,而不能以削弱自身文化的独立性为代价。陈寅恪的弟子王永兴后来也有解释:"'不忘本来民族之地位'即不忘本来民族之独立也。"④三四十年代,文化坐标的再调整,除民族战争的激发,实际上是中国人学习和吸收外来文化进展到一定阶段后的结果。章太炎、柳诒徵、梁漱溟、陈寅恪、钱穆、贺麟等都是力行者。他们在现代性的基盘上,以中国文化为主体,重估中国历史的价值及其当下意义。钱穆的《国史大纲》即是这方面有影响的著作之一。

　　钱穆《国史大纲》一书之所以多有创见,与这次坐标调整有极其密切的关系。新坐标并没有抛弃中西文化比较,但与上次不同的是,西方文化仅是中国文化的参照物而已,而不再被作为唯一的价值评判标准。在理论预设上,钱穆不认为西方文化高于中国文化,不认为西方的历史法则和发展模式

---

① 张君劢曾随梁启超考察欧洲,1922 年,他在中华教育改进会的演讲《欧洲文化之危机及中国新文化之趋向》中就曾明确指出:"吾国今后新文化之方针,当由我自决,由我民族精神上自行提出要求。若谓西洋人如何,我便如何,此乃傀儡登场,此为沐猴而冠,既无所谓文,更无所谓化。"(见张君劢:《欧洲文化之危机及中国新文化之趋向》,《东方杂志》第 19 卷第 3 号,1922 年 2 月,第 121 页)

② 陈寅恪:《吾国学术之现状及清华之职责》,载《陈寅恪集·金明馆丛稿二编》,生活·读书·新知三联书店 2001 年版,第 361 页。

③ 陈寅恪:《冯友兰〈中国哲学史〉下册审查报告》,载《陈寅恪集·全明馆丛稿二稿》,生活·读书·新知三联书店 2001 年版,第 284、285 页。

④ 王永兴:《陈寅恪先生史学述略稿》,北京大学出版社 1997 年版,第 44 页。

普遍适用于中国。他坚信中、西方文化各有其独特性和自主性,各成系统:"人类历史之演进,常如曲线形之波浪,而不能成一直线以前向。若以两民族国家之历史相比并观,则常见此时或彼升而我降,他时或彼降而我升。只横切一点论之,万难得其真相。今日治国史者,适见我之骤落,并值彼之突进,意迷神惑,以为我有必落,彼有必进,并以一时之进落为彼、我全部历史之评价,故虽一切毁我就人而不惜,惟求尽废故常,以希近似于他人之万一。不知所变者我,能变者亦我,变而成者依然为我。"①简言之,这个新的坐标以中国文化为本位。钱穆《中国历史研究法》所提出的"中国新史学之成立,端在以中国人的眼光,来发现中国史自身内在之精神,而认识其以往之进程与动向"②;"研究中国史的第一立场,应在中国史的自身内里去找求,不应站在别一个立场,来衡量中国史"③,可视为对中国历史评价系统的具体表述。

以中国文化为本位,可以看到,在许多重大问题的论述上,钱穆《国史大纲》颠覆了清末以来康有为、严复等"革新派"的观点。当谈到清政府从洋务自强到变法维新一再失败,不得已而废科举、兴学校时,钱穆议论说:"一个国家,绝非可以一切舍弃其原来历史文化、政教渊源,而空言改革所能济事。况中国历史悠久,文化深厚,已绵历四五千年,更无从一旦舍弃以为自新之理。"④他强调一个国家求富求强必须建立在自己的文化上,即便吸收外来文化,变革自身文化,也要保持文化的主体性,而不能为外来文化所取代。《国史大纲·引论》将这种变革称为"更生之变":"所谓更生之变者,非徒于外面为涂饰模拟、矫揉造作之谓,乃国家民族内部自身一种新生

---

① 钱穆:《国史大纲·引论》,载《钱宾四先生全集》第 27 册,台北联经出版事业公司 1998 年版,第 49、50 页。

② 钱穆:《略论治史方法》,载《中国历史研究法》,《钱宾四先生全集》第 31 册,台北联经出版事业公司 1998 年版,第 161 页。

③ 钱穆:《如何研究中国史》,载《中国历史研究法》,《钱宾四先生全集》第 31 册,台北联经出版事业公司 1998 年版,第 167 页。

④ 钱穆:《国史大纲》,载《钱宾四先生全集》第 28 册,台北联经出版事业公司 1998 年版,第 1013页。

命力之发舒与成长。"①钱穆所说的"更生之变"强调以我为主,从本民族的历史文化传统中创辟出一条生路来,意思较接近于陈寅恪的"不忘本来",而与康有为、梁启超主张的"全变论""速变论"、胡适的"西化论"以及陈独秀的"革命论"有原则性不同。

在《国史大纲》中,钱穆也经常拿西方文化与中国文化作比较,其中许多文字与康有为、梁启超等人较为接近,不过,由于语境和重音不同,语义往往形成了对立。比如他说:中国政治组织在其学术思想指导之下,"早走上和平的大一统之境界。此种和平的大一统,使中国民族得继续为合理的文化生活之递嬗。因此空中天国之宗教思想,在中国乃不感需要。亦正惟如此,中国政制常偏重于中央之凝合,而不重于四围之吞并。其精神亦常偏于和平,而不重于富强;常偏于已有之完整,而略于未有之侵获;对外则曰'昭文德以来之',对内则曰'不患寡而患不均'。故其为学,常重于人事之协调,而不重于物力之利用"②。这里,他所使用的"大一统""中央之凝合""文德"等字眼带有明确的价值判断,基本否定了此前康有为、梁启超等人的看法。

"文化生命比任何政治组织都要长得多。"③钱穆《国史大纲》以文化为本位所确立的中国历史解释系统,以及书中提出的系列观点,在当时并不被"革新派"所接受,甚至被视作复古、守旧、迂腐之论。其实,就像钱穆《国史新论》再版自序所言:"余之所论每若守旧,而余持论之出发点则实求维新。"④今天,文化认同、文化自信等一些带有根本性的文化问题凸显出来,国人反思历史,方渐悟《国史大纲》的新意和远见。

---

① 钱穆:《国史大纲·引论》,载《钱宾四先生全集》第 27 册,台北联经出版事业公司 1998 年版,第 55 页。
② 钱穆:《国史大纲·引论》,载《钱宾四先生全集》第 27 册,台北联经出版事业公司 1998 年版,第 43 页。
③ 陈致整理:《余英时访谈录》,中华书局 2012 年版,第 218 页。
④ 钱穆:《国史新论》再版序,载《钱宾四先生全集》第 30 册,台北联经出版事业公司 1998 年版,第 7 页。

（二）时间轴：以长时段之历史，观短期之当下

历史学不是预言学，但不能否认历史对现实具有一定规定性。

历史对现实的规定性，首先在于中国历史悠久，时间足够长。中国历史的刻度长达五千年，以五千年度量当下的数十年乃至百年，数十年、百年是短暂的，其走势变得可以把握。所谓的百年未有之变局，在中国五千年历史长河中不过是一个短暂的波折而已。从钱穆的论述，可明显看出长时段时间轴的价值和意义。他说："所谓历史的大趋势大动向，我们无法在短时期中看清楚。但经历了历史上的长时期演变，自能见出所谓各自的历史个性，亦可说即是在历史背后之国民性或民族性之表现……历史个性不同，亦即是其民族精神之不同，也可说是文化传统的不同。一个民族及其文化之有无前途？其前途何在？都可从此处即历史往迹去看。这是研究历史之大意义大价值所在。"①以悠久的中国历史为坐标，历史演变的动向、大势和前进路线变得明晰："中国历史的大趋向，则总是向往于团结与融和。"②以中国长达数千年的和平进展，观察时下的抗日战争，战争结局和中国未来可期："我们当前在生活着的这个阶段，从鸦片战争起一直到现在，都不能够说是我们悠久的历史上面的最黑暗的一个时期。在过去几千年里面，中华民族所遇到的几十百次的天灾人祸、黑暗荒淫、亡国播迁的惨痛苦难，结果总是在苦撑中得到支持延续，若干的例证都能够反映出我们民族抱负着一种自强不息的信仰，具有刚健坚忍的毅力和雄心。"③在抗战最为艰苦的阶段，钱穆《国史大纲》能予人以必胜的信念，力量来自悠久的历史。

历史对现实的规定性，还在于中国历史的连续性和绵延性。所谓"通

---

① 钱穆：《如何研究通史》，载《中国历史研究法》，《钱宾四先生全集》第31册，台北联经出版事业公司1998年版，第7页。

② 钱穆：《如何研究通史》，载《中国历史研究法》，《钱宾四先生全集》第31册，台北联经出版事业公司1998年版，第7页。

③ 这段话乃钱穆所言。见柳存仁：《北大和北大人（二）：记北京大学的教授（中）》，《宇宙风》乙刊第29期，1940年9月16日。

古今之变",是把"今"也就是现实作为整个历史的一部分来看待。然而,无论在西方、中国,现代性以自我为中心,均对历史传统持一种蔑视和否定的态度。在西方,西塞罗(Marcus Tullius Cicero,前106—前43年)有句名言"历史乃生活之师"(Historia Magistra Vitae),启蒙运动以后,人们秉持现代中心主义,放弃了这一信条。在中国,到五四新文化运动时期,现代性思潮自居新权威,将现实中的困难归罪于历史,认为中国文化两千年来一直停滞不前,进而提出了中国政治上是黑暗专制、社会形态是封建社会、学术思想处于中世纪等说法。这股思潮演绎到极端,是完全否定传统文化的合理性,认为它阻挠着中国的进步,必须先把传统彻底"打倒""铲除",国家才有前途。就像钱穆所总结,在一般知识分子的脑际,却浮现出一套共同的历史哲学:"好像在说,必须打倒中国以前的历史,才能谋中国当前之出路。"①

与以现代性为本位把传统与现代对立起来的思维方式不同,钱穆《国史大纲》采取历史主义的视角,强调连续、统一与融和。他说:"近代西方新兴的民族国家,他们在西洋史上,又都是以全新的姿态而出现的……但中国史则以一贯的民族传统与国家传统而绵延着,可说从商、周以来,四千年没有变动。所有中国史上的变动,伤害不到民族和国家的大传统。因此中国历史只有层层团结和步步扩展的一种绵延,很少彻底推翻与重新建立的像近代西方人所谓的革命。这是中西两方历史形态一个大不同处。"②他强调中国历史是同体的,主人未变,甚至不赞成将中国的传统与现代看作是"变动"或"进步"的关系:中国的历史传统"与其说是变动,不如说是'转化',与其说是进步,不如说是'绵延'"。因为,"变动、进步是'异体'的,转化、绵延是'同体'的"③。他还以跑步为喻:"就时间绵延上讲,中国是由一个

---

① 钱穆:《近五十年中国人心中所流行的一套历史哲学》,载《历史与文化论丛》,《钱宾四先生全集》第42册,台北联经出版事业公司1998年版,第256页。

② 钱穆:《中国文化史导论》,载《钱宾四先生全集》第29册,台北联经出版事业公司1998年版,第14页。

③ 钱穆:《中国文化史导论》,载《钱宾四先生全集》第29册,台北联经出版事业公司1998年版,第14、15页。

人自始至终老在作长距离的跑,而欧洲是由多人接力跑。"①一言以蔽之,中国的历史文化传统是"一",是一体的、一贯的。因为是一体的、一贯的,将传统与现代置于时间轴上考察,现代亦可以说是活着的传统,"根本"未动,元气尚在:"那些王朝的起灭和政权之转移,只是上面说的一种政治形态之动荡。若论民族和国家的大传统,中国依然还是一个承续,根本没有动摇。"②"根本"未摇,"生力"尚在,民族就有希望。以长时段历史为坐标,中国的前途可以判断。

(三) 空间轴:以历史理性重估现代性的价值

历史与现实的关系是辩证的。一方面,双方是连续和传承的关系;另一方面,存在一定的断裂,各自相对独立。这种断裂感和独立性拉开了历史与现实的距离,从而产生出了空间之轴。在空间轴上,前现代的历史理性与当下的现代性构成了某种折叠空间或者说平行空间。

大体以李鸿章 1874 年所说"数千年未有之变局"为标志,中国人的历史意识发生了前所未有的变化,中国历史既不足以为师,也不足以为鉴。为解决危机,志人仁人转向以西为师,主观上选择了割断历史的态度。这种决绝地视历史为完成式、为"异乡"的冷漠态度,实际上制造了一种类于平行空间的效果。但制造这一效果背后的动机和立场,却是偏颇甚至不公平的。一些学者将历史与现实、传统与现代的关系视作发展阶段或文明等级的差异,否定历史传统。还有一些学者虽承认中国历史传统的价值和意义,但他们对待历史传统的态度,却有点类似人类学家眼中的原始社会,认为历史的价值和意义只对历史有效,而不能运用到现代社会。由于他们完全采取了当下也就是现代性的立场,所以对历史的评价最终不可能客观,对自身的问

---

① 钱穆:《中国文化传统之演进》,载《中国文化史导论》,《钱宾四先生全集》第 29 册,台北联经出版事业公司 1998 年版,第 245 页。

② 钱穆:《中国文化史导论》,载《钱宾四先生全集》第 29 册,台北联经出版事业公司 1998 年版,第 14 页。

题也难以认清。要改变这种状况,只有克服现代人的傲慢,以虚怀若谷的态度,抱着"了解之同情",从历史出发,方利于求得历史真相,做到"古为今用"。这才是由历史与现实组成的真正具有意义的平行空间。

将历史与现实置于平行位置,从历史的视点看现实,历史就具有了认识、反思和评判现代性的意义。犹如"革新派"要求以"当下""今日"之我所理解的现代性为标准,对传统进行毫不含糊的"价值重估";钱穆站在民族文化的本位上,在吸收外来思想的同时,也在重估现代性的价值。目前理论界对于现代性的反思,多采取拿来主义,借助于形形色色的后现代理论,却在一定程度上忽视了传统资源的"后现代"价值。如果承认中国的历史传统具有合理性,那么就应看到从历史出发重估现代性的积极意义,而不是仅视之为某种前近代式的"文化自恋"。

近代历史上,敢于运用理性抗议现代性霸权的新式学者至少有三股力量,或者说三种类型。第一类以学衡派(柳诒徵除外)为代表;第二类以熊十力、贺麟等现代新儒家为代表;第三类以章太炎、柳诒徵、钱穆为代表。客观地说,他们都是现代新式学者,过去简单地把他们视为反现代分子,乃至扣上"守旧""封建"等帽子,实属错误。

第一类学衡派成员如吴宓、梅光迪、胡先骕等大都曾留学美国,他们对胡适等人现代性思想的批判,很大程度上是用西方思想批判西方思想,比如用白璧德新人文主义批判杜威的实验主义。第二类以哲学出身者为主,他们将儒家的历史划分为传统与现代两段,并将二者对立起来,自居现代新儒家。名为保守,实则激进。在逻辑上,他们比较接近于"西化派"和"革新派",并不承认中国传统思想含有民主、科学等现代性价值。所以,他们以舍我其谁的大无畏气概,言人未言,誓从儒家思想中开出"民主"与"科学"。第三类学者邃于中国历史,对国学和国史有专门研究,并形成了一套独特的历史理性和历史认识。他们以民族文化为本位,以中国历史和文化的个性为据,挑战西方现代性的普遍主义。他们强调中国现实问题之解决要自本自根、以我为主。对于第三类学者对现代性霸权的抗议和批判,学界尚待加强研究。

其中,章太炎并不以史学名家,但他的学术研究和思想方式却处处显示出极其深刻的历史意识和批判精神。清末民初的新知识界,"进化""公理""文明""民主""科学"等现代性"名教"正取代"天理",强势兴起,章太炎敏锐地察觉到其中隐藏着矛盾、漏洞和陷阱。他援引历史,先后发表了《〈社会通诠〉商兑》《五无论》《四惑论》《俱分进化论》《代议然否论》等,揭明真相。柳诒徵《中国文化史》一书提出并致力于回答三个根本性问题:"试问前人所以开拓此天下,抟结此天下者,果何术乎?""试问吾国所以容纳此诸族,沟通此诸族者,果何道乎?""试问吾国所以开化甚早、历久犹存者,果何故乎?"这三个问题形式上是在探讨历史,实则是对唯西是瞻的新文化论者的反诘,是在寻找西方现代性规则之外的、契合中国的道路。钱穆继承了他们的思路和精神,用历史说话,以历史理性反抗现代性的霸权。

《国史大纲》抗议当时甚为流行的三个观点:"只要没有近代大规模的工商企业组织,即是封建社会";"只要没有明定的宪法,便是专制";"只要没有反抗宗教的呼声,便是中古思想"。[1] 钱穆认为这三个观点本自西方历史之演变,不具备普适性;现在强加诸中国,形同有罪推定。《国史大纲》之后,他在《中国文化史导论》《中国历代政治得失》等著作中继续坚持自己的观点。笔者以为,钱穆极力反对将西方历史演变之分类、分期和规则,扩大为全人类的分类、分期和规则,反对采取用非此即彼的方式将中国历史与专制、封建、中世纪等对号入座,有一定合理之处。"中国已往政制,尽可有君主,无立宪,而非专制。中国已往社会,亦尽可非封建,非工商,而自成一格。何以必削足适履,谓人类历史演变,万逃不出西洋学者此等分类之外?"[2]他的抗议之声,不追潮流,不和时趋,实在是独立思考的结果。进而,他从儒家

---

[1]　钱穆:《中国历史与中国民族性》,载《历史与文化论丛》,《钱宾四先生全集》第42册,台北联经出版事业公司1998年版,第109页。

[2]　钱穆:《国史大纲·引论》,载《钱宾四先生全集》第27册,台北联经出版事业公司1998年版,第46页。

理想和历史理性出发直击现代民主制度和民族国家的弊端:"民主政治实以'个人主义'之权利思想为出发点。所谓民有、民治、民享,即若干个人共有此种权利,因共同管理之,为此共同体谋乐利,无他义也。此种政治,换辞言之,实一种强凌弱,富欺贫,众暴寡之政治。"民主政治"最大缺点,乃在并无一种着眼于人类大群全体之精神";"对外则有民族之争,对内则有阶级之争。再换辞言之,此种政治常含有一种'对抗性'和'征服性',而绝少教育与感化之意味"。① 钱穆的这些观点有较强的批判性和现实针对性,其底气即来自他所擅长的史学,来自与现实保持一定距离的历史研究。

从《国史大纲》,我们不难感受到历史学在解决现实问题时的特色,它能一定程度上弥补现代性思维的不足。一如以现代性为标准重估传统的价值,《国史大纲》从历史出发解决现实问题,用大历史观为坐标定位现实,确实能发人所未发,言人所未言,有其独到处。

本 章 小 结

作为民族处于危难时期的经世之作,钱穆所著《国史大纲》展现了历史学在重大转折关头不可替代的价值和意义。该书的写作缘起与其说是学术的,不如说是现实的,是挽救民族危亡的需要促成了它的问世。但它回答现实问题的方式则是历史的。与同时期的通史著作相比,《国史大纲》没有采用现代化或革命史的立场,而是采取了特色鲜明的中国文化本位论。

其一,以文化为本位观察中国历史传统:中国的生命活力在文化,当下的中国仍需在发扬固有文化传统的基础上寻求突破。

其二,从会通的角度解释中国历史:中国因融和而壮大,因贯通而持久,所依恃的是文化而非武力,当下的中国仍处于融贯外来文化而发展壮大的进程中。

---

① 钱穆:《中国传统政治与儒家思想》,载《政学私言》,《钱宾四先生全集》第 40 册,台北联经出版事业公司 1998 年版,第 126、127 页。

钱穆的论述本诸历史,从文化角度揭示了中国重统一、尚和平、趋于平等化和平民化的传统,有力地支持了其核心论点"国史常于和平中得进展",驳斥了中国"停滞论""专制论""封建论"等说法,进而激发了国人对本民族历史传统的认同之心和对国家的挚爱之情。

近代新思潮新文化的主流是变革论和冲突论。在新史学领域,无论现代化论者还是唯物史观派,均以现代性为中心,视古与今、中与西的矛盾冲突为主要方面。钱穆的《国史大纲》从融和论出发以本民族文化为本位所确立的中国历史解释系统,显示了用历史解决现实问题的方法论意义。

在中国史学发展史上,《国史大纲》代表了以文化为本位书写中国通史的范例。

第 八 章

文化史研究"再出发"

——改革开放 40 多年来的中国文化史研究

所谓中国文化史研究"再出发",乃是相对于改革开放之前的沉寂而言。1949 年后,中国学界发生了历史性巨变。多数史学研究者经过思想改造,接受了唯物史观,重新认识和研究中国历史。文化史研究虽没有完全中断,但较之民国时期已是明显降温。到 60 年代,综合性的文化史研究几近停滞,文化史课程从大学里消失,尽管与文化史相关的学科如哲学史、思想史、文学史、艺术史等有所进展。在停顿了近 30 年后,借改革开放的春风,中国的文化史研究再次扬帆启航。

一、文化史的学科化进程

改革开放后,文化史研究实现了科学化和专业化,真正成长为一门与政治史、经济史并列的相对独立的学科。以学科建设为龙头,中国文化史研究在科学研究和人才培养诸方面取得了突出成就。下面结合中国改革开放的历史进程分三个阶段予以阐述。

(一) 20 世纪 80 年代

1978 年,以真理标准问题的大讨论为标志,开启了思想解放的新时代。中共十一届三中全会后"拨乱反正",实行改革开放。政治、经济模式的突破与变革,必然要求与之相适应的新思想新文化。学术理论界相继开展了关于正确评价唯心主义、重新认识人道主义和异化问题,以及对"中国封建社会长期延续原因"等问题的讨论。1982 年,中共十二大明确提出建设社会主义物质文明与精神文明,强调把实现社会主义现代化作为核心任务。显然,无论是建设"两个文明",还是实现"四个现代化",都不可能离开文化的现代化。同时,国门的再次打开,中外文化交流的加强,给中国文化带来了新的刺激和活力。尊重历史,重新认识中国的传统文化和文化传统,科学地评判传统与现代化、中国文化与西方文化的关系,成为学术理论界的一项重要任务。在此背景下,学术界肩负历史使命,重启文化史学科建设。

1978 年冬,复旦大学历史系设立了中国思想文化史研究室。次年,研究室主任蔡尚思出版《中国文化史要论》一书。作为改革开放后第一本以"文化史"命名的专书,该书为人们了解和认识中国文化史的概貌提供了方便,受到时人欢迎。1980 年春,中国社会科学院近代史研究所组建了文化史研究室。这两个机构规模较小,却为有组织地开展中国文化史研究提供了重要平台。

1980 年 4 月召开的中国史学界第二次全国代表大会,已注意到文化史研究严重滞后的问题。中共中央书记处书记、中国社会科学院院长胡乔木在会上呼吁要放宽研究课题的视野,重视文化史研究。他指出:"我们现在也没有一部科学的文化史。文化史一般都是在通史里面,大概说到那一个或几个朝代后,就有那么一个章节来介绍一下这个时期的文化。但是,按照现代的科学水平来要求,这恐怕还不能说是文化史,顶多能说是文化史的一些简单的介绍或材料。我们现在在这个方面还没有很好地开展研究。"[1]

同年 5 月,联合国教科文组织为编撰《人类科学文化发展史》而成立了国际编辑委员会,《历史研究》编辑庞朴受聘为该委员会中国代表。1981 年 11 月,为了准备《人类科学文化发展史》评论会,庞朴与复旦大学的学者一

---

[1] 《胡乔木在中国史学会代表大会上的讲话》,载中国史学会秘书处编:《中国史学会五十年》,海燕出版社 2004 年版,第 41、42 页。

起在上海举办了中国文化史座谈会。约同时,上述两个研究室的同仁成立编委会,合作编辑《中国文化研究集刊》,为文化史研究者开辟一个专门性的学术园地。① 在这两个编委会的精心组织下,1982 年 12 月,在上海召开了"中国文化史研究学者座谈会"。应邀出席者包括来自中国社会科学院、北京大学、复旦大学、北京师范大学、南开大学等学术重镇的著名学者和中年学者,如周谷城、蔡尚思、周一良、章培恒、陈旭麓、唐振常、顾廷龙、王元化、胡道静、庞朴、方行、丁守和、刘家和、宁可、李学勤、刘泽华、朱学勤、张琢、朱维铮、姜义华、李华兴、刘志琴等,堪称一时之选。与会者就中国文化史的研究对象、范围和特点,怎样运用马克思主义的唯物史观为指导开展中国文化史研究等问题,做了深入、热烈的讨论。与会者普遍认为,由于对中国文化史缺乏综合性、整体性研究,不仅影响了各相关学科的研究向纵深发展,更妨碍从总体上认识中华民族的灿烂文明,不能够满足建设社会主义精神文明的需要。因此,必须改变这种状况,切实加强中国文化史的研究。②这是 1949 年以来首次关于中国文化史研究的专题性学术会议,标志着中国文化史学科建设有了一个"良好的开端"。③

中共十一届三中全会后,在"科技现代化"的口号下,自然科学界也开始了自我反思。1982 年 10 月,《自然辩证法通讯》杂志社在成都组织召开"中国近代科学落后原因"学术讨论会,提出从文化史角度探索中国近代科学落后的问题。

1983 年、1984 年,中国文化史研究进入自觉阶段。1983 年 5 月,全国历史学科"六五"规划会议在长沙召开。会议就有关中国文化史和中国近代文化史的研究问题,分别进行了专门讨论,议定编辑出版"中国文化史丛书"和"中华近代文化史丛书"。两套丛书分别成立了编辑委员会。前者由

---

① 第 1 辑出版于 1984 年 3 月。
② 参见《中国文化史研究学者座谈会纪要》,载《中国文化研究集刊》第 1 辑,复旦大学出版社 1984 年版。
③ 朱维铮:《中国文化史的过去和现在》,《复旦学报》1984 年第 5 期。

周谷城主编,庞朴、朱维铮等为常务联系人,计划收入文化史专著百种,十年出齐,由上海人民出版社出版。后者由龚书铎担任召集人,由中华书局出版。这两个编委会,实际担起了中国文化史学科建设的组织者角色。前者先后出版了《中西文化交流史》《中国彩陶艺术》《中国甲骨学史》《方言与中国文化》《道教与中国文化》《楚文化史》《士与中国文化》《禅宗与中国文化》《中国小学史》《少数民族与中国文化》等30余种;后者出版了《走向世界——近代中国知识分子考察西方的历史》《开拓者的足迹——张謇传稿》《近代伦理思想的变迁》《近代经学与政治》等七种,为文化史研究起了示范作用。

1983年3月和11月,香港中文大学联合北京大学社会学系,先后召开了两次"现代化与中国文化"研讨会。海峡两岸暨香港,以及美国、日本、新加坡的社会学和人类学者,如著名学者费孝通、雷洁琼、赵复三、李亦园、杨国枢、金耀基、乔健等,出席会议。

1984年,随着经济体制改革的深入,从总体上研究中外文化已成为现实的迫切需要,文化史研究在全国范围内蓬勃兴起。

该年10月,中国文化书院在北京大学成立。书院在性质上属于民间学术机构,由梁漱溟、冯友兰、周一良、任继愈、阴法鲁、张岱年、朱伯崑、汤一介等共同发起,汤一介任院长。书院实行导师制,聘请梁漱溟、冯友兰、张岱年、季羡林、邓广铭、侯仁之、何兹全、启功、金克木、庞朴、戴逸、李泽厚等担任。书院对外宣称它的宗旨是:通过对中国文化的教学与研究,承继并阐扬中国文化的优良传统;通过对外国文化的介绍和中外文化的比较研究,促进中国文化的现代化。该院以培养从事中国传统文化、哲学、宗教、历史、文学和思想史研究的中外学者为目标。书院招收大学程度以上的中国学生和中外学者,并代中国或外国大学培训研究生、进修生,办理有关中国文化与中外文化比较方面的函授教学,举办各类短期讲习班、读书班和研究班。从1985年起,先后举办了"中国传统文化讲习班""中外文化比较讲习班""文化与科学讲习班""文化与未来讲习班"。中国文化书院的学术研究成果,结集为"中国文化书院文库",分为"资料集""演讲集""论著集"等陆续出版。汤一介后来总结说:中国文化书院作为"大陆第一个民间学术团体","它不仅使学术真正迈出了走向独立的第一步,改变了'学在官府'的旧格局,而且促进了大陆与海外的学术与文化交流,并推动了八十年代文化大讨论的进程"。①

作为重要学术增长点,中国近代文化史研究迈出关键一步,独立登上了学术舞台。1983 年 7 月,北京市历史学会举办了中国近代文化史学术座谈会。1984 年 11 月,"中华近代文化史丛书"编委会联合河南省社会科学院历史所等单位,在郑州召开了首届全国中国近代文化史学术讨论会。这是继上海举行的"中国文化史学者座谈会"之后,又一次全国规模的文化史学术盛会。这次会议与会人数更多,表明"文化史热"在升温。与会学者就中国近代文化史研究的意义、对象、范围,中国近代文化的特点、作用、地位等问题展开讨论,解决了中国近代文化史研究面临的一些难题,初步奠定了学科基础。正如刘大年所说:"这次学术讨论会的召开说明中国近代文化史研究已经打响了锣鼓,正式开始了!"②

1984 年 12 月,在于光远、周扬等人的支持下,上海的中青年学者组织召开了东西方文化比较学术讨论会。会议讨论的范围扩展到世界文化和比较文化,已不限于中国文化史。比较文化和中外文化交流史研究,反过来又促进了中国文化史研究。

同一年,由包遵信、金观涛、唐若昕等主持的"走向未来丛书"面世。丛书由四川人民出版社出版,原计划收入 100 本,到 1988 年,实际出版 74 本。丛书注重介绍科学的思想方法和新兴边缘学科,以促进自然科学与社会科学的结合。其中,中国文化史方面的著作如《在历史的表象背后》《儒家文化的困境》《梁启超与中国近代思想》《摇篮与墓地:严复的思想和道路》等,

---

① 葛兆光:《汤一介先生采访记》,《中国文化》创刊号,第 200 页。
② 刘大年:《对中国近代文化史研究的两点希望》,载"中华近代文化史丛书"编委会编:《中国近代文化史通讯》(铅字油印本)第 1 辑,第 10 页。

充满了对中国文化危机的反思与批判,在学术界反响较大。①

到 80 年代中期,北京、上海、武汉、西安、广州等地已先后自发建立了一批专门的学术研究机构,学术队伍渐成规模。除前面已提及者外,较知名的机构还有:清华大学的思想文化研究所,北京师范大学的中国近代文化史研究室和东西方文化比较研究中心,上海社会科学院的东西方文化比较研究中心,福建师范大学的中国文化研究室,湖北大学的中国思想文化史研究室,湖南大学的岳麓文化研究所,深圳大学的国学研究所和比较文学研究所,华南师范大学的岭南近代思想文化研究中心,浙江省社科院历史所的吴越文化研究室,西北大学、陕西师范大学成立的汉唐文化研究室等。儒学作为中国文化史研究的核心内容之一,在北京、山东等地设立了多家专门性研究机构,知名者有中国孔子基金会学术委员会(创办有《孔子研究》专刊)、中华孔子研究所、山东省社科院的儒学研究所、山东大学的传统文化研究所、曲阜师范大学的孔子研究所等。此外,还有一些跨单位、较固定的学术组织,如武汉大学哲学系与湖北大学历史系主办的明清文化沙龙,复旦大学外文系与深圳大学中文系主办的比较文学研究中心,中国孔子基金会学术委员会主办的传统文化沙龙等。

为协调各地的中国文化研究工作,1985 年 4 月,由上海社会科学院东西方文化比较研究中心主任王元化、《历史研究》主编庞朴、北京大学中国文化书院院长兼深圳大学国学所所长汤一介等发起,在深圳召开了第一次中国文化与比较文化研究工作协调会。会议除研究中国文化的有关理论和方法问题,还明确了各地的主攻方向:北京方面重在研究中国古代与近代文化问题,上海方面侧重中西文化比较研究,西安方面侧重汉唐文化研究,广州方面侧重近代岭南文化研究,湖北方面侧重明清文化研究。

1985 年 12 月,武汉大学利用召开纪念熊十力先生诞生一百周年国际学术

---

① 20 世纪 80 年代初钟叔河主编的"走向世界丛书",开风气之先,具象征意义。该丛书专收清代中国人游历欧、美、日等国的著述,包括游记、日记、考察报告等,展现中华民族从封闭社会走向现代世界的历史。

讨论会的机会,举办了大型的"现代化与中国传统文化"讲习班。吴于廑、石峻、汤一介、章开沅、陶德麟、萧萐父、刘纲纪、冯天瑜、成中英、杜维明等作了演讲。

到 1986 年,中国文化史已演变为文、史、哲等众多学科共同参与的学术热点。1 月,复旦大学主办了首届国际中国文化学术讨论会。会议的主题一是"中国文化传统的再估计",二是"中国文化与西方文化的相互联系"。出席会议的中外学者达 70 余名,包括来自美国的魏斐德、成中英、杜维明,加拿大的秦家懿,联邦德国的庞纬、傅敏怡,日本的大庭脩,苏联的齐赫文斯基等,代表了与中国文化和文化史研究相关的 20 个学科。这次会议是以中国文化为主题的第一次国际学术会议,集中展现了海内外文化史研究成果,扩大了学术影响。同月,中国文化书院在青岛举办"中外文化比较讲习班",海内外名家周谷城、季羡林、周一良、陈鼓应、杜维明、刘述先等受邀主讲,一时"名流荟萃,高论爆棚"。听讲者来自全国各地,人数逾千,超过往年京、沪等地几次文化讲习班参加者的总和,许多高校的教授、讲师也前去听讲。讲习班盛况空前,在海内外引起强烈反响。3 月,中共上海市委宣传部和《文汇报》《解放日报》理论部联合举行了"传统文化和现代化"专题学术讨论会,上海市 60 多位中青年学者聚集一堂,各抒己见。4 月,中国孔子基金会学术委员会暨《孔子研究》杂志社联合主办,邀请全国各地学者 50 余人,在曲阜召开孔子、儒家和中国传统文化讨论会。

同年,周谷城、田汝康倡导开展世界文化史研究,发起编辑"世界文化丛书",丛书后由浙江人民出版社出版。北京的一些中青年学者成立《文化:中国与世界》编辑委员会,与三联书店合作,推出"现代西方学术文库"和"新知文库"。再加上商务印书馆的"汉译世界学术名著丛书"、上海人民出版社的"西方学术译丛"、华夏出版社的"二十世纪文库"、浙江人民出版社的"比较文化丛书"、光明日报出版社的"现代文化丛书"等译丛,短时间内,国内即出版了上百种的西方文化译作。这些译作为中国思想文化界提供了丰富的理论资源,有力地推动了中西文化比较研究和中国文化史研究。

此后几年,无论政界、学界,关于政治体制改革的方向产生了严重分歧。

知识精英在商品经济大潮的冲击下,走向"贫穷化",一些人的思想陷入迷茫和焦虑状态。在此背景下,"史学危机""文化危机""文学危机"等说法见诸报端。中国文化史学科建设步伐有所放缓。较重要的学术活动主要有:1987年,"中华近代文化史丛书"编委会联合湖南社会科学院等单位在长沙召开的第二届中国近代文化史学术讨论会;华中地区几所高校在华中师范大学联合举办的"中国走向近代的文化历程学术讨论会";中国孔子基金会和新加坡东亚哲学研究所在曲阜联合主办的首届儒学国际学术讨论会。1988年7月,文化部中国艺术研究院设立中国文化研究室。1989年4月,丁守和等发起成立中国现代文化学会;10月,由联合国教科文组织和中国孔子基金会联合主办的纪念孔子诞辰2540周年国际学术研讨会在北京和曲阜举行;年底,由中国艺术研究院主办的大型学刊《中国文化》创刊。

（二）20 世纪 90 年代

90年代,中国文化史研究的重要背景是市场经济的兴起和第二次"文化热"。

1992年邓小平南方谈话后,中国改革开放的方向再度明晰。中共十四大明确宣布以经济建设为中心,实行社会主义市场经济。90年代初,经济高速发展,及相应产生的种种社会矛盾,引发了知识界围绕中国现代化中一系列重要问题如公平、正义、民主、自由等的反思和争论。换言之,时代所要求回答的已不是中国要不要实行现代化,而是走什么路,如何选择和建立适合中国的现代化。作为重要的学术资源,传统文化再度受到重视,有人称之为"国学热"或第二次"文化热"。

1993年8月16日,《人民日报》以整版篇幅刊登了《国学,在燕园又悄然兴起》一文,报道北京大学教师关于中国传统文化研究的现状和成果。该报"编者按"说:"在社会上商品经济大潮的拍击声中,北京大学一批学者在孜孜不倦地研究中国传统文化,即'国学'。他们认为研究国学、弘扬中华民族优秀传统文化,是社会主义精神文明建设的一项基础性工作。北京大学的学者以马克思主义为指导,继承北大的好传统,使国学研究进入了一个新阶段,开辟了不少新的研究领域。国学的再一次兴起,是新时期文化繁荣的一个标志,并呼唤着新一代国学大师的产生。"当天,中央人民广播电台在新闻节目中报道了这篇文章。两天后,《人民日报》头版"今日谈"栏目再次刊发专文《久违了,"国学"!》,称赞北大开展国学研究的勇气和见地。同年10月,北京大学学生会在校内发起"国学月"活动,季羡林、邓广铭、张岱年等著名学者的学术报告,座无虚席。中央电视台还与北大合作拍摄了150集"中国传统文化系列讲座"。由北大掀起的"国学热",经中央电视台、中央人民广播电台、《人民日报》、《光明日报》、《中国青年报》等主流媒体跟进报道,在海内外引起了广泛关注。

在这次"文化热"中,中国文化史依然是学界的重点研究领域。在学科建设方面,学界出现了新一轮创办学术机构和专刊的热潮。1991年,中国社会科学院历史研究所组建中国古代文化史研究室,以古代有形文化(物质文化)为研究重点。1992年,北京大学中国传统文化研究中心成立,随即筹办《国学研究》年刊,次年首卷出版。同年,陕西省轩辕黄帝研究会创办《中华文化》(1994年更名《华夏文化》)。1993年,中国艺术研究院在原中国文化研究室基础上,扩建成立中国文化研究所;北京师范大学成立中国民间文化研究所;陕西师范大学成立中国思想文化研究所。同一年,《传统文化与现代化》(国家古籍整理与出版规划小组主办)、《中国文化研究》(北京语言大学主办)创刊。1994年,国际儒学联合会成立。1995年,《国际汉学》(任继愈主编)创刊。1998年,《世界汉学》(刘梦溪主编)创刊。值得关注的是,90年代初,一些中青年学者以"学在民间""学术独立"自居,相继创办了《学人》《道家文化研究》《原学》《原道》等一批同仁刊物,集中展现他们在中国文化研究方面的精神旨趣和学术成果。

以"中国文化"为主题的综合性丛书热,在一定程度上反映了90年代中国文化史研究的规模和水平。其中,较知名的有:"中国思想家评传丛书"(匡亚明主编,南京大学出版社1990年版)、"国学丛书"(张岱年主编,辽宁教育出版社1991年版)、"神州文化集成丛书"(季羡林、汤一介、孙长江主编,新华出版社

1991 年版)、"20 世纪中国文化研究文库"(龚书铎主编,贵州人民出版社 1991 年版)、"中国文化史知识丛书"(任继愈主编,商务印书馆 1991 年版)、"中华文化讲座丛书"(北京大学中国传统文化研究中心编,北京大学出版社 1994 年版)、"中国文化与现代化丛书"(李宗桂主编,陕西人民出版社 1992 年版)、"国学大师丛书"(百花洲文艺出版社 1995 年版)、"元典文化丛书"(李振宏主编,河南大学出版社 1995 年版)、"大思想家与中国文化丛书"(李宗桂主编,贵州人民出版社 1996 年版)、"中国现代学术经典丛书"(刘梦溪主编,河北教育出版社 1997 年版)、"现代新儒学辑要丛书"(方克立主编,中国广播电视大学出版社 1993 年版)、"现代新儒学研究丛书"(方克立、李锦全主编,辽宁教育出版社 1994 年版)等。

(三) 21 世纪初期

步入 21 世纪,中国的文化建设被纳入国民经济和社会发展总体规划,上升为国家战略。中国政府明确提出了建设中国特色社会主义文化强国的战略目标。自 2002 年起,国家加快实施文化体制改革,解放和发展文化生产力;专门制定中长期文化发展规划纲要,指导和推进文化建设;倡导大力弘扬和培育民族精神,繁荣和发展哲学社会科学,推动中华优秀传统文化的创造性转化和创新性发展;提出坚定文化自信,推动社会主义文化繁荣兴盛,实现中华民族的伟大复兴等总体要求。2016 年,国家启动了"中华传统文化百部经典"编纂工作。次年,实施"中华优秀传统文化传承发展工程"。随着中国文化事业和文化产业的发展,中国人文化自觉意识和文化创新能力的提高,文化在国家和个人生活中占据了非常重要的地位。

从学科建制看,以"中国文化"冠名的史学研究机构基本保持了 20 世纪末的数量。个别高校组建了研究院或研究中心,规模有所扩大。武汉大学在 1996 年成立的中国文化研究院基础上,组建中国传统文化研究中心,2000 年被评为教育部人文社会科学重点研究基地。该基地由冯天瑜、郭齐勇领军,创办有集刊《人文论丛》和《儒家文化研究》。华东师范大学的中国现代思想文化研究所,2000 年被评为教育部人文社会科学重点研究基地。该基地拥有杨国荣、高瑞泉、陈卫平、许纪霖等思想文化史专家,创办有集刊《思想与文化》。北京师范大学在龚书铎、郑师渠的率领下,以近代文化史研究室为基础,于 2004 年成立了中国近代文化研究中心,主编有集刊《近代文化研究》。中国社会科学院历史所文化史研究室以物质文化史为研究重点,2011 年创办了集刊《形象史学研究》(后改名《形象史学》);近代史所思想史研究室在耿云志、郑大华的主持下,于 2003 年组建了中国近代思想史研究中心,主编有集刊《近代思想史研究》。北京大学、浙江大学等高校的人文高等研究院,复旦大学的文史研究院、山东大学的儒学高等研究院等,也是 21 世纪成立的研究中国文化的重要学术机构。这些机构定期组织召开全国或国际性的学术会议,推动了文化史学科的发展。

21 世纪初,许多高校设立了国学院。这些国学院一定程度上改变了原有的学科格局,带动了文化史研究。90 年代成立的国学研究机构,不仅数量少,规模小,而且多非实体。2000 年以后,随着伦理道德、宗教信仰、身份认同等问题的突显,国学被一些人视作解决问题的药方而加以提倡,"国学热"持续升温。中央电视台的《百家讲坛》《中国诗词大会》等节目,《光明日报》开设的"国学版"及光明网的"国学频道",山东省设立的"孔子文化奖",岳麓书院和凤凰网联合举办的"致敬国学:全球华人国学大典"活动以及其他各种各样的学术性奖励,贵州省开办的孔学堂,散布全国各地的书院,面向中小学生开展的读经活动,均从不同方面助长了"国学热"。现实社会的需求为高校国学院的设立提供了土壤。2000 年,北京大学中国传统文化研究中心正式更名为北京大学国学研究院。研究院标榜"龙虫并雕"的方针,既雕龙,又雕虫;既从事专深的学术研究,又致力于中国传统文化的普及。2003 年,南京大学成立中国国学院,所宣传的宗旨是:对国学即以儒、释、道、易为代表的中国传统文化进行系统研究并加以科学应用,为更好地繁荣优秀的中华文化、推进人类文明发展作出贡献。2005 年,中国人民大学成立国学院。2006 年,厦门大学国学研究院成立。2009 年,清华大学国学研究院成立。2010 年,武汉大学国学院成立。在此前后,杭州师范大学、北京中医药大学、华中科技大学等也纷纷成立国学院。2016 年,中国国学中心在北京成立,隶属国务院参事室。高校的国学院自诞生起即处于矛盾之中,一方面社会上"国学热"需求旺盛,另一方面国学没有被设为独立学科,缺乏明晰的学科归属和学术定位,事实上成了中国文、史、哲等专业相关科目的拼盘。尽管参差不齐,良莠并存,但若从其积极方面看,国学院目前已成长为较为活跃的中国传统文化研究与普及的平台。

这一时期的文化史研究,除国学研究热潮外,以下三点表现得较为突出。

1. 新文化史理论方法之输入

80 年代思想文化史独领风骚,90 年代学术文化史和社会文化史汇入主流,2000 年以后,以新文化史的兴起较为醒目。新文化史发端于 80 年代的欧美,其领军人物如林恩·亨特、罗伯特·达恩顿、彼得·伯克等人以欧洲文化史研究见长,但他们的著作却在中国史学界引起了意想不到的反响。一方面,大批以西方为研究对象的新文化史著作被译为中文;[①]另一方面,一些以中国为研究对象、带有新文化史风格的著作也被陆续引入中国。如,杜赞奇(Prasenjit Duara)的《从民族国家拯救历史:民族主义话语与中国现代史研究》(王宪明等译,社会科学文献出版社 2003 年版)和《文化、权力与国家》(王福明译,江苏人民出版社 2010 年版)、孔飞力(Philip A.Kuhn)的

---

① 诸如:林恩·亨特的《法国大革命时期的家庭罗曼史》(郑明萱、陈瑛译,商务印书馆 2008 年版)和《法国大革命中的政治、文化和阶级》(汪珍珠译,华东师范大学出版社 2011 年版)及其主编的《新文化史》(姜进译,华东师范大学出版社 2011 年版)等,罗伯特·达恩顿的《启蒙运动的生意》(叶桐、顾杭译,生活·读书·新知三联书店 2005 年版)、《屠猫记》(吕健忠译,新星出版社 2006 年版)、《拉摩莱特之吻:有关文化史的思考》(萧知纬译,华东师范大学出版社 2010 年版)等,彼得·伯克的《什么是文化史》(蔡玉辉译,北京大学出版社 2009 年版)、《文化史的风景》(丰华琴、刘艳译,北京大学出版社 2013 年版)、《语言的文化史——近代早期欧洲的语言和共同体》(李霄翔、李鲁、杨豫译,北京大学出版社 2007 年版)、《制造路易十四》(郝名玮译,商务印书馆 2007 年版)等,E.P.汤普森的《英国工人阶级的形成》(钱乘旦等译,译林出版社 2001 年版),本尼迪克特·安德森(Benedict Anderson)《想象的共同体:民族主义的起源与散布》(吴叡人译,上海人民出版社 2003 年版),等等。此外,李宏图主编"剑桥学派概念史译丛"(华东师范大学出版社 2010 年版)、姜进主编"新文化史经典译丛"(华东师范大学出版社 2011 年版)、陈恒等主编《新史学》第四辑"新文化史"专号(大象出版社 2005 年版)等,也分别译介了一批新文化史方面的论著。

《叫魂》(陈兼、刘昶译,上海三联书店 1999 年版)、史景迁(Jonathan D. Spence)的《王氏之死》(李璧玉译,上海远东出版社 2005 年版)、费约翰(John Fitzgerald)的《唤醒中国》(李恭忠、李里峰等译,生活·读书·新知三联书店 2004 年版)、高彦颐(Dorothy Ko)的《闺塾师——明末清初江南的才女文化》(李志生译,江苏人民出版社 2005 年版)、葛凯(Karl Gerth)的《制造中国:消费文化与民族国家的创建》(黄振萍译,北京大学出版社 2007 年版)等。中国学者对新文化史产生了浓厚的兴趣,西方的新文化史著作成为他们效法的对象。诸如文化建构、文化实践、权力、表象(再现)、话语分析、语言转向等西方新文化史常用的话语或关注的主题,被引入到中国历史领域,给中国文化史研究注入了新风。

2. 研究方向多样化

从学术队伍的代际看,改革开放之初为文化史学科重建奠定基础的一代学者陆续退出了学术舞台,改革开放之后出生的年轻一代相继登场。年轻一代学者在知识结构、人生阅历乃至思想观念等方面,与老一辈学者有较明显的代际差异,学术视野的国际化程度有所提高。从学科布局和人员结构看,博士生导师和研究者人数倍增,许多重点大学均招收思想文化史方向的研究生,一定程度上出现了去中心化、去权威化的现象。学术研究的方向趋于分散,学术理念和旨趣趋于多元。在文化史学大家族中,社会文化史、政治文化史、物质文化史、形象文化史、新文化史、观念史、概念史、知识史、思想史、学术史、文化思潮史等,不一而足,各具特色。值得注意的是,文化史研究一方面开枝散叶,趋于细密和繁荣;另一方面见木不见林,整体性和整合性研究减弱,产生了碎片化问题。针对后者,有学者指出:如果把思想史、学术史等视作独立学科,"仅从研究对象的角度讲,文化史在今天的史学研究领域确实已经没有栖身之地了"①。的确,文化史研究暴露出了一些矛盾和问题。20 世纪 80 年代的文化史研究以宏观论述为主,有空泛之嫌;21 世纪以后专门向

① 王艺:《改革开放三十年的中国文化史研究》,载中国社会科学院历史研究所编:《改革开放三十年的中国古代史研究》,中国社会科学出版社 2010 年版,第 363 页。

分支文化史用功,综合性研究和学科建设则没有得到应有的重视。

3. 资料建设成就斐然

21 世纪以来,计算机技术的推广和互联网的普及,极大地推动了文化史资料的电子化,相关机构开发建设了"中国基本古籍库""全国报刊索引数据库""抗日战争与近代中日关系文献数据平台"等一批大型数据平台,实现了资料使用的便捷和共享。地下资料的整理与研究方面,学界先后发现和整理了里耶秦简、长沙走马楼汉简、云梦睡虎地西汉墓简牍、南昌海昏侯墓汉简等,清华大学、湖南大学和香港中文大学等高校分别入藏了一批简牍;整理出版了《张家山汉墓竹简》(文物出版社 2001 年版)、《敦煌悬泉汉简释粹》(上海古籍出版社 2001 年版)、《长沙走马楼三国吴简·竹简(壹—玖)》(文物出版社 2003—2019 年版)、《岳麓书院藏秦简(壹—陆)》(上海辞书出版社 2010—2020 年版)、《里耶秦简(壹、贰)》(文物出版社 2012、2017 年版)、《长沙马王堆汉墓简帛集成(壹—柒)》(中华书局 2014 年版)和《悬泉汉简(壹、贰)》(中西书局 2019、2021 年版);并围绕《郭店楚墓竹简》《上海博物馆藏战国楚竹书》和《清华大学藏战国竹简》等,形成了研究热潮。关于传世文献的整理,国家清史纂修工程自 2002 年启动以来,整理出版了"档案丛刊""文献丛刊""图录丛刊""编译丛刊"等系列史料,为研究清代文化史提供了方便。2003 年,国家重大项目《儒藏》编纂工程在北京大学启动,计划编纂近 500 部儒家典籍的《儒藏》精华编(约 1.5 亿字)和约5000 余部儒家典籍的《儒藏》(约 10 亿字)。2010 年,《子藏》编纂工程在上海启动,拟整理和收入历代诸子类著述 5000 部,接近《儒藏》规模。

(四) 学术成果举隅

改革开放 40 多年来,文化史研究硕果累累。笔者不完全统计,包括港、台在内,中国目前出版的以"中国文化史"(或"中国文化")冠名的学术著作已超过 450 种。这些著作门类齐全,有断代文化史、区域文化史、民族文化史、中外文化交流史以及中国文化通史等。兹赘述如下。

断代文化史,有杨希枚《先秦文化史论集》(中国社会科学出版社 1995年版)、朱彦民《商代社会的文化与观念》(南开大学出版社 2014 年版)、杨向奎《宗周社会与礼乐文明》(人民出版社 1992 年版)、李学勤《东周与秦代文明》(文物出版社 1984 年版)、王晖《商周文化比较研究》(人民出版社 2000年版)、林剑鸣等《秦汉社会文明》(西北大学出版社 1985 年版)、韩养民《秦汉文化史》(陕西人民教育出版社 1986 年版)、罗宏曾《魏晋南北朝文化史》(四川人民出版社 1989 年版)、万绳楠《魏晋南北朝文化史》(黄山书社 1992 年版)、熊铁基《汉唐文化史》(湖南出版社 1992 年版)、赵文润主编《隋唐文化史》(陕西师范大学出版社 1992 年版)、李斌城主编《唐代文化》(3 卷,中国社会科学出版社 2002 年版)、姚瀛艇主编《宋代文化史》(河南大学出版社 1992年版)、陈植锷《北宋文化史述论》(中国社会科学出版社 1992 年版)、杨渭生等著《两宋文化史研究》(杭州大学出版社 1999 年版)、陈高华等合著《元代文化史》(广东教育出版社 2009 年版)、冯天瑜《明清文化史散论》(华中工学院出版社 1984 年版)、陈宝良《悄悄散去的幕纱——明代文化历程新说》(陕西人民教育出版社 1988 年版)、南炳文等《清代文化——传统的总结和中西大交流的发展》(天津古籍出版社 1991 年版)、龚书铎《中国近代文化探索》(北京师范大学出版社 1988 年版)、史全生主编《中华民国文化史》(吉林文史出版社 1990 年版)、欧阳雪梅主编《中华人民共和国文化史(1949—2012)》(当代中国出版社 2016 年版)等。2007 年,东方出版中心汇编出版了"断代文化史系列",包括吕文郁《春秋战国文化史》、熊铁基《秦汉文化史》、万绳楠《魏晋南北朝文化史》、孙昌武《隋唐五代文化史》、叶坦和蒋松岩《宋辽夏金元文化史》、商传《明代文化史》等六部著作,展现了断代史的部分优秀成果。

区域文化史,有张正明《楚文化史》(上海人民出版社 1987 年版)、宋新潮《殷周区域文化研究》(陕西人民出版社 1991 年版)、王子今《秦汉区域文化研究》(四川人民出版社 1998 年版)、程民生《宋代地域文化》(河南大学出版社 1997 年版)、程有为主编《中原文化通史》(8 卷,河南人民出版社 2019 年版)、李学勤等主编《长江文化史》(江西教育出版社 1995 年版)和

《黄河文化史》(江西教育出版社 2003 年版)、安作璋主编《中国运河文化史》(山东教育出版社 2006 年版)等。辽宁教育出版社于 1994 年推出了"中国地域文化丛书",上海、安徽、湖北、山东、辽宁、浙江等地的研究机构,分别编辑出版了各自省市的文化通史或文化史丛书。由中央文史研究馆组织、袁行霈和陈进玉主编的《中国地域文化通览》(中华书局 2014 年版)是该方面的集大成之作。全书按行政区划,各省、自治区、直辖市以及港、澳、台均有 1 卷,凡 34 卷,较全面地展示了中国各地域文化的历史。

民族文化史,有张碧波和董国尧主编《中国古代北方民族文化史》(黑龙江人民出版社 1993 年版)、逄振镐《东夷文化史》(中国社会科学出版社 1995 年版)、陈玉龙等《汉文化论纲》(北京大学出版社 1993 年版)、蔡志纯等编著《蒙古族文化》(中国社会科学出版社 1993 年版)、王永强等主编《中国少数民族文化史图典》(8 卷,广西教育出版社 1999 年版)等。

中外文化交流史,有季羡林《中印文化关系史论文集》(生活·读书·新知三联书店 1982 年版)、朱杰勤《中外关系史论文集》(河南人民出版社 1984 年版)、沈福伟《中西文化交流史》(上海人民出版社 1985 年版)、梁容若《中日文化交流史论》(商务印书馆 1985 年版)、周一良主编《中外文化交流史》(河南人民出版社 1987 年版)、王晓秋《近代中日文化交流史》(中华书局 1992 年版)、季羡林总主编《中外文化交流史丛书》(12 卷,湖南教育出版社 1998 年版)、李喜所主编《五千年中外文化交流史》(5 卷,世界知识出版社 2002 年版)、张国刚《中西文化关系通史》(2 卷,北京大学出版社 2019 年版)等。

部门文化史方面,思想史、学术史、儒学史、宗教史、民俗史成果丰硕。思想史领域,继侯外庐主编的《中国思想通史》(5 卷 6 册,人民出版社 1957—1963 年版)之后,有葛兆光撰《中国思想史》(两卷,复旦大学出版社 1998、2000 年版)、张岂之主编《中国思想学说史》(6 卷 9 册,广西师范大学出版社 2010 年版)、吴雁南等主编《中国近代社会思潮》(4 卷,湖南教育出版社 1998 年版)、刘泽华总主编《中国政治思想通史》(9 卷,中国人民大学

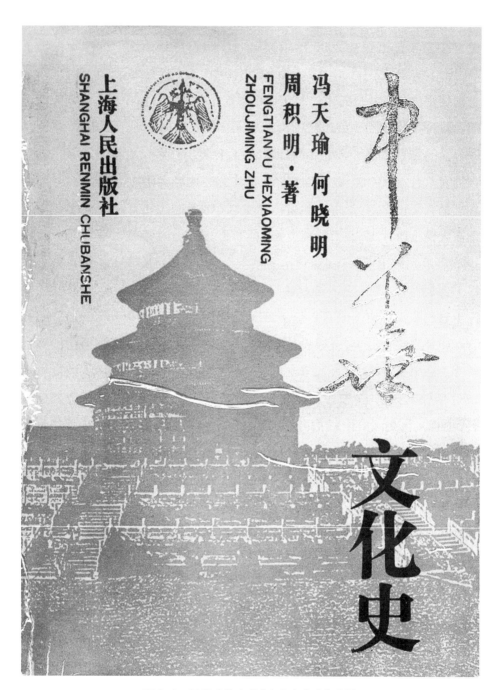

中华文化史

冯天瑜　何晓明
周积明·著
FENGTIANYU HEXIAOMING
ZHOUJIMING ZHU

上海人民出版社
SHANGHAI RENMIN CHUBANSHE

图 8-1　冯天瑜等合著《中华文化史》书影

出版社 2014 年版)。传统学术史领域,有李学勤主编《中国学术史》(江西教育出版社 2001 年版)和张立文主编《中国学术通史》(6 卷,人民出版社2004 年版)。儒家文化史,有王钧林等撰写的《中国儒学史》(7 册,广东教育出版社 1998 年版)、汤一介主编《中国儒学史》(9 卷,北京大学出版社2012 年版)、姜广辉主编《中国经学思想史》(4 卷,中国社会科学出版社2003—2010 年版)、侯外庐主编《宋明理学史》(上下卷,人民出版社 1984、1987 年版)、龚书铎主编《清代理学史》(3 卷,广东教育出版社 2007 年版)、杨向奎主编《清儒学案新编》(8 卷,齐鲁书社 1985—1994 年版)、方克立和李锦全主编《现代新儒家学案》(3 册,中国社会科学出版社 1995 年版)、张岂之主编《民国学案》(6 卷,湖南教育出版社 2005 年版)等。宗教史,有任继愈主编《中国佛教史》(3 卷,中国社会科学出版社 1981 年版)、赖永海主编《中国佛教通史》(15 卷,江苏人民出版社 2010 年版)、卿希泰主编《中国道教史》(4 卷,四川人民出版社 1996 年版)、卿希泰和詹石窗主编《中国道教通史》(5 卷,人民出版社 2020 年版)。风俗史,有陈高华和徐吉军主编《中国风俗通史》(12 卷,上海文艺出版社 2001—2002 年版)、钟敬文主编《中国民俗史》(6 卷,人民出版社 2008 年版)。物质文化史,有沈从文主编《中国古代服饰研究》(香港商务印书馆 1981 年版)、孙机《中国古代物质文化》(中华书局 2014 年版)、张文彬主编《中国古代物质文化史》(22 卷,开明出版社 2013—2018 年版)等。

综合性的中国文化通史,较知名者有《中华文明史》编委会编纂《中华文明史》(10 卷,河北教育出版社 1989 年版),冯天瑜、何晓明、周积明合著《中华文化史》(上海人民出版社 1990 年版),萧克主持编纂《中华文化通志》(100 卷,上海人民出版社 1998 年版),郑师渠主编《中国文化通史》(10卷,中共中央党校出版社 2000 年版),袁行霈主编《中华文明史》(4 卷,北京大学出版社 2006 年版),龚书铎主编《中国文化发展史》(8 卷,山东教育出版社 2013 年版)等。这些著作规模宏大,历经长期积淀,反映了中国文化史研究的总体性水平。

图8-2 《中国文化通志》书影

学术研究带动了教学改革和教材建设。这一阶段出版了一批国家级规划教材,如张岱年和方克立主编《中国文化概论》(北京师范大学出版社1994年版)、冯天瑜等著《中国文化史》(高等教育出版社2005年版)、张岂之主编《中国思想文化史》(高等教育出版社2006年版)和《中国传统文化》(高等教育出版社2010年版)、张昭军和孙燕京主编《中国近代文化史》(中华书局2012年版)等。这些教材是对前一段时间学界研究成果的集中总结和提炼,为传承学术、培养人才创造了条件。

需要补充的是,港台地区在文化史研究方面也取得了一定成绩。1949年以后,一批历史学家从内地迁居香港,坚持从事中国文化史研究。1949年10月,钱穆、唐君毅、张丕介等在香港创立亚洲文商学院,次年改组并易名为新亚书院。六七十年代,张君劢、牟宗三、徐复观等先后到此讲学,新亚书院成为现代新儒家的汇集地,被视为中国文化研究的重镇。香港中文大学建立后,于1967年成立中国文化研究所。研究所当时聚集了王德昭、陈荆和、全汉升、周法高、牟润孙、唐君毅、余光中等文史哲名家,在传承和传播中国文化方面贡献卓著。1993年,又增设当代中国文化研究中心,重点研究中国思想文化的近现代转型。研究所多次举办大型国际学术研讨会以及名家学术讲座,发表了一系列中国文化史方面的论著,并主办有《中国文化研究所学报》《译丛》《中国语文研究》《二十一世纪》等学术刊物,在海内外产生了广泛影响。

在台湾地区,1966年10月蒋介石发表《告全国同胞书》,发起中华文化复兴运动。次年7月,中华文化复兴运动推行委员会成立。这场运动客观上促进了中国文化史研究,先后出版了"古籍今译今注丛书""中国历代思想家丛书""中华文化复兴论丛"等。这批图书对于在台湾地区传承中国学术、弘扬传统文化发挥了重要作用。运动期间,以李敖、殷海光等为代表的一些学者发起文化论战,对传统文化予以激烈的批判。70年代末80年代初,林毓生等一批学者从美国赴台湾任教,他们引用西方学者的理论和观点研究中国文化,带来了学术新风。台北"中央研究院"中国文哲研究所、历史语言研究所、近代史研究所等学术机构,在中国经、史、文、哲等典籍的整理和研究方面做了大量基础性工作,为中国文化的海外传播以及大陆地区80年代的文化史研究复兴提供了重要资源。90年代,台湾教育部门在大学、中学推行"中国文化史"通识课程教育,先后出版了二十余种不同版本的《中国文化史》教材,其中影响较大的有杜正胜主编、王健文等著三民书局1995年版,王仲孚和秦照芬等著五南图书出版公司1997年版,卢建荣编著五南图书出版公司2002年版等。台湾地区出版的较知名的综合性文化史著作有杨幼炯《中国文化史》(台湾书店1968年版)、屠炳春《中国文化史》(台北中华书局1973年版)、韦政通《中国文化概论》(台北水牛出版社1968年版)和《中国思想史》(上下册,台北大林出版社1979、1980年版)、秦孝仪主编《中华民国文化发展史》(4册,近代中国出版社1981年版)、刘岱主编"中国文化新论"丛书(12册,台北联经出版事业公司1983年版)、黄俊杰主编"东亚文明研究丛书"(台大出版中心2006—2020年版)、郑吉雄等主编"中国思想史丛书"(台大出版中心2010—2020年版)等。

限于笔者的视野,以上所举或挂一漏万,但足以看到历经数十年的发展,中国文化史研究已走出低谷,呈现出了兴盛局面。

二、问题意识与研究取向

改革开放40多年来的文化史研究,其问题意识明显受到"新启蒙""文化热""国学热""民族复兴"等文化思潮的影响。择其要者而言,研究者需面对三个相互联系的问题:一是如何对待传统文化,二是如何对待外来文化,三是如何创造适应时代需要的新文化,其核心课题是解决中国传统文化的现代化问题。在此仍分阶段阐述。

(一)20世纪80年代:文化批判与思想启蒙

80年代的文化思潮,以"文化批判"和"文化启蒙"的声音较为强劲。

甘阳是当时较为活跃的青年学者之一。他在 1985 年发表的《八十年代文化讨论的几个问题》一文中提出,80 年代文化讨论的根本任务是实现"中国的现代化",出发点是中国文化与现代化的关系问题。他认为,文化讨论者首先关心的不应是中西文化差异有多大,而是中国文化必须挣脱旧的形态而走向"现代文化形态"。据他判断,中国传统文化与中国现代文化的冲突不可避免。同时他又强调,"传统"并不等同于"过去已经存在的东西",而是永远向"未来"敞开着无穷的"可能世界",弘扬光大传统的最强劲手段恰恰是"反传统"。① 两年后,他又在《文化:中国与世界》集刊"开卷语"中写道:"中国要走向世界,理所当然地要使中国的文化也走向世界;中国要实现现代化,理所当然地必须实现'中国文化的现代化'——这是 80 年代每一有识之士的共同信念,这是当代中国伟大历史腾飞的逻辑必然。"②甘阳等人认为,中国传统文化中缺乏人文精神,而中国文化的现代化离不开人文精神,因此必须拿西方的人文主义和人文学术来改造中国文化。与甘阳等人观点相近,"走向未来丛书"主编金观涛等人提出了"中国封建社会的超稳定结构"论,宣称中国的传统不能产生科学与启蒙,只有高举西方科学主义的大旗才能引导中国文化实现现代化。③ 他们的意见在某种程度上主导了 80 年代的文化思潮。这方面的典型事例可以以苏晓康等的《河殇》为代表。1988 年,《河殇》被拍为电视政论片,在中国中央电视台热播,后又编辑成书,影响巨大。《河殇》的主要观点,正是主张"反传统",用蔚蓝色的西方海洋文化取代黄色的中国大陆文化。照他们的逻辑,"文化启蒙"实质上就是用西方文化启中国文化之蒙,"文化批判"就是用西方文化批判中国文化。该思潮左右了部分文化史研究者特别是青年学生的文化取向。

　　需要重视的是,当时有一些学者对这股思潮不以为然,明确表达了批评

---

① 甘阳:《八十年代文化讨论的几个问题》,收入《八十年代文化意识》,上海人民出版社 2006 年版。
② 甘阳主编:《文化:中国与世界》第 1 辑"开卷语",生活·读书·新知三联书店 1987 年版。
③ 金观涛、刘青峰:《兴盛与危机——论中国封建社会的超稳定性结构》,湖南人民出版社 1984 年版。

意见。以庞朴、汤一介为代表的一批学者,主张尊重文化的民族性,认真研究中国的文化历史,在弘扬传统文化的基础上实现现代化,反对简单采取拿来主义。他们表示,需要"超越五四",重新认识传统的价值和中国文化的民族性,重新确定中国文化前进的坐标系统。庞朴不止一次地谈道:"中国应该有自己的现代化道路,中国正在创造自己的现代化文化。所谓自己的,就是民族性的。"①"只有考虑传统,才会搞出有中国特色的社会主义,搞出有中国特色的现代化。只有承认各民族文化的差异性,才能真正区别出东方和西方。"②在他们看来,80年代甘阳等人继承五四精神,进行"文化批判",但"他们的准备远远不如'五四'健将","如果说'五四'时的批判是粗糙的,那么,80年代的批判更粗糙"。③汤一介等人在北京组织成立中国文化书院、在深圳成立国学研究所,某种程度上显示了他们对中国文化历史内涵和现实道路的不同理解。针对《河殇》的观点,一些学者从马克思主义立场出发予以了批评。1988年底,创刊不久的《史学理论》杂志组织史学家"圆桌会议",批判《河殇》的历史观。次年,《史学理论》和《历史研究》刊发了系列文章,引据史实,抨击以《河殇》为代表的民族虚无主义。

上述讨论彰显了系统整理和研究中国文化史、向大众正确传达文史知识的重要性,客观上推动了中国文化史研究。

作为当时文化思潮和文化运动的一部分,中国文化史研究同样肩负冲破教条、呼唤改革的使命,一些学者提出必须从总体上重估中国传统文化的价值。以文化现代化为框架,在上述两种取向的影响下,学界展开了研讨。关于中国传统文化的特性,庞朴、杜维明等提出中国文化具有不同于西方的人文主义精神;蔡尚思、刘泽华等则坚持主张中国人文思想的主流是导向君主专制的王权主义;还有论者从人伦思想、礼治、实用理性等角度来概括中

---

① 庞朴:《文化的民族性问题(论纲)——为庆祝梁漱溟先生执教70周年而作》,载《文化的民族性与时代性》,中国和平出版社1988年版,第152页。

② 庞朴:《民族性的再认识》,载《稂莠集——中国文化与哲学论集》,上海人民出版社1988年版,第116页。

③ 庞朴、夏中义:《学术反思与文化"着陆"》,《文艺理论研究》1995年第2期。

国文化的性质。对中国文化特性的不同认识,实际上是与中国文化未来出路的选择密切结合在一起的。肯定中国传统文化者,希望借助传统奠立现代化在中国的基础;批判中国传统文化者,希望先破除中国实行现代化的文化障碍。尽管双方观点对立,但究其实质,目标都是实现中国的现代化。这一时期关于明清之际是否是近代化开端问题的讨论,关于洋务思潮及"中体西用"说的重新评价,关于五四精神的争论,以及"西体中用"说、"传统的创造性转化"说、"综合创新"说的提出,无一不紧扣传统文化现代化这一主题。简言之,以传统文化的现代化与西方文化的中国化为问题意识,以民族性与时代性为参照系,研究和评价中国文化史,代表了80年代的大方向。

值得指出的是,有论者以为整个80年代具有鲜明的"反传统"特点,笔者仔细分析后发现,这主要表现在破除"文化大革命"及改革开放过程中的教条方面。实际上,当时多数学者介于两极之间,能够辩证地看待中国的传统。以儒学研究为例。儒学无疑是中国传统文化研究的焦点之一,从1984年召开纪念孔子诞辰2535周年全国学术研讨会,到1989年纪念孔子诞辰2540周年国际学术研讨会,认同和肯定孔子和儒学的声音不是减少而是增多了。可见,仅用"反传统"来概括80年代的特点有以偏概全之嫌。

（二）20世纪90年代:回归传统与文化认同

90年代的中国文化史研究,学术省思和回归传统的特征明显。就大氛围而言,文化民族主义和文化保守主义思潮占据了上风。特别是在90年代后期,中国人"走向世界,走向现代化"的目标已部分实现,市场经济的负效应显现,思想文化领域呈现"现代化追求"与"现代性反思"并存的现象。我们知道,"现代化"与"现代性"这两个概念并非同步出现在中国。90年代中期以后,"现代性"这一概念伴随后现代主义思潮流入中国,本身就带有文化反思的性质。一方面,"现代性"的问题意识改变了80年代将"启蒙"

和"现代化"看作是一个美好而又光明的前途的预设;另一方面,多元现代性的提法清楚地表明了现代化不能等同于"西方化"。这意味着 80 年代"唯西是瞻"的中西文化比较无论在评判标准还是在方法论上,均有值得商榷和改进之处。以"现代性"为把手,重新认识和形塑现代化的内涵,必然触及传统文化与现代化的关系问题。拥有数千年文明历史的中国,必须在现代化的过程中寻求植根于自己民族的创造性发展,这对于 90 年代的中国文化史研究者来说几乎是共识。

与此同时,中国置身世界经济、政治秩序之中,直接的利益冲突急剧增加,在此状况下,西方的霸权成为中国人需要面对和克服的一大难题。综合国力的提高与国际认可度的不高,其间的反差激起了中国知识分子的民族主义情绪和文化主体意识。中国人对西方认识越深刻,越是感受到其间的不平等。于是出现这样的景观,一些留学归来、邃于西学的学者,也加入到反思和批评西方中心主义的队伍,主张弘扬中国文化,挺立中国文化的主体性。对待中国传统文化和文化传统,否定的声音变小了,肯定的声音占据上风。积极认同本民族的文化传统代表了大多数学者的选择,客观上说,这是中国社会发展的必然结果,是一个发展中国家在历尽曲折、步入经济增长阶段后文化自省的产物。

这样,无论是从现代化理论、从反思现代性,还是从民族主义的视角出发,回归传统,重新探寻中国文化的真相和价值,都寓有不同于 80 年代的新意。如果说 80 年代的文化史研究肩负着为现代化清理道路的使命,那么,90 年代则重在现代化潮流中寻求中国特色和文化认同,其研究重心和出发点都发生了明显转换。90 年代的中国文化史研究中,学术史成为学术热点,甚至出现了"回到乾嘉""重写学术史"的呼声。一些学者对待中国传统文化的态度,由此前的"疑古",转向"考古",主张"走出疑古时代",重建信史,重估传统文化的价值。① 与此一致,"国学""儒学""经学"等独具中国

---

① 李学勤:《走出疑古时代》,《中国文化》1992 年第 2 期。

特质的概念进入主流话语。有关"孔学""儒学"的讨论,在 80 年代还较为敏感,90 年代已堂而皇之地步入学术殿堂。学界出版了大量以"国学""学术史"等冠名的论著、丛书,且整理和影印了《中华大藏经》《道藏》《中华大典》《四库全书》等大批文化史料,做了许多基础性工作。学者的治学态度和方法,较 80 年代严谨、平实,并逐渐形成了一种对待传统不是指摘其缺点而是寻求其优点的取向。

(三) 21 世纪:文化重建与文化复兴

21 世纪是文化的世纪,中国文化现代化全面铺开。随着全球化和信息化时代的到来,整个社会发生了"文化转向",文化渗入到了中国社会生活的方方面面,与经济、政治等趋于一体化。文化史家顺应社会大势,努力写出适宜时代需要的文化史。

1. 以现实为坐标,重建中国文化

文化改革和社会发展所开拓的新领域及提出的新问题,推动了中国文化史研究内容的调整和思维方式的革新。网络文化、媒介文化、文化产业、文化生产力、文化软实力、文化安全、文化自觉、文化自信、文化复兴、公共文化服务体系、社会主义核心价值观、社会主义文化强国、中国特色社会主义文化道路、中华文化"走出去"战略等,均系以前的文化史研究所没有(或欠缺)的内容。文化史研究者积极关注这些新的文化因素,并努力向前回溯,形成了新的研究课题。同时,电子计算机、信息化和互联网等,某种程度上颠覆了传统意义上的文化与经济、政治、环境的关系,更新了"文化"的内涵。文化史家运用时代赋予"文化"的新解释,重新认识和研究中国文化发展的历史,视野、方法乃至思维方式均产生了较大变化。

从政治文化和主流意识形态的角度看,"中国特色社会主义文化"和"中华民族的伟大复兴"为审视中国文化史提供了新坐标。许多研究者自觉地站在中国特色社会主义文化所达到的新高度上回溯社会主义文化、新民主主义文化乃至近代新文化的发展历程,站在"实现中华民族的伟大复兴"的关键点上回顾和梳理中国传统文化兴起、发展、繁荣、受挫和复兴的历史。从世界范围看,建设中国特色社会主义文化强国和实现中华民族的伟大复兴,不仅是中国的文化史家的愿景和坐标,也是他国的史家研究中国文化不得不考虑的现实因素和参照系统,故具有一定的普遍性。

时代的快速发展和剧烈变化,亟须史家提供足够的解释力和智慧资源。对于研究者来说,在古今与中西所构成的现代化坐标中,疏通古今与沟通中西变得同等紧迫。

2. 以全球化为背景,书写中国文化精神

陈寅恪在为冯友兰《中国哲学史》下册所写的审查报告中,有一段文字颇值得注意:"至道教对输入之思想,如佛教摩尼教等,无不尽量吸收。然仍不忘其本来民族之地位。既融成一家之说以后,则坚持夷夏之论,以排斥外来之教义。此种思想上之态度,自六朝时亦已如此。虽似相反,而实足以相成。从来新儒家即继承此种遗业而能大成者。"他进而指出,"一方面吸收输入外来之学说,一方面不忘本民族之地位",此二种相反而适相成之态度,乃"道教之真精神"。① 笔者以为,陈寅恪在此道出了中国文化法而后能、变而后大这样一个带有规律性的前进路径。借用此规律观察和分析当下的文化史研究路径,仍然有效。西方的先进文化,经过改革开放 40 多年的吸收和消化,已成长为中国文化的一部分。中国文化回归民族本位,确立主体地位,实是发展壮大到一定程度后的必然选择。职是之故,创建中国特色、中国风格、中国气派的学术话语体系之呼声,不绝于耳。21 世纪以来,"国学"作为一种学术话语和"学科"大行其道,某种程度上就缘于国学回应了这种期待。当下的国学研究尽管仍不出传统文化现代化阐释和西方文化中国化阐释的途辙,但就其旨趣而言,则是以中国立场和中国精神为依归,这显然不同于百年前胡适等人"整理国故"时的世界主义取向。就此而言,"国学"就是中国文化重建和文化复兴的代名词。从中亦可窥,当下中国文

---

① 　陈寅恪:《审查报告三》,载冯友兰:《中国哲学史》下册,华东师范大学出版社 2000 年版,第 440、441 页。

化史研究的时代精神之一斑。

简言之,改革开放40多年来,中国文化史学的研究旨趣由启蒙思想到回归传统,再到文化复兴,与中国文化的现代化相辅成、共前进。

三、对文化史学的再定位

改革开放40多年来的中国文化史研究是在摸索中前进的,学界对于文化史学理论方法的研究一直跟不上具体历史研究实践前进的步伐。一方面,自80年代中国的文化史学复兴以来,学界对文化史学基本理论问题的讨论并不充分,甚至缺乏。理论方法的不明晰、不系统使一些人产生了质疑:文化史学在历史学大家庭中是否该拥有合法的席位?另一方面,80年代以来学界至少出版了数百本以"文化史"冠名的学术著作(尽管良莠不齐),多种版本的《中国文化概论》,以及多卷本的文化通史和文化通志。而且,各地还创立了不少以文化史为研究对象的学术机构和学术期刊。史学理论成果的薄弱与学术实践成果的丰硕,两者反差明显。有鉴于此,笔者拟结合相关学术成果,对这一时期文化史学的研究对象、任务、范畴、性质等基本理论问题予以归纳和总结,以揭示研究者对文化史学的理解。[1]

(一) 文化史的广义与狭义

关于"文化史"的概念,在80年代开展文化史研究之初,学界曾有所讨论。1982年,在上海召开的中国文化史研究学者座谈会和次年在郑州召开的中国近代文化史学术讨论会都曾涉及这一问题。90年代,学界基本沿用了80年代的说法。

多数学者从研究对象和范围来界定文化史,认为文化史就是文化的历史。他们一般把文化分为广、狭两义。广义文化指人类社会历史实践中所

---

[1] 这一节集中阐述改革开放前20年,也就是20世纪八九十年代史学界对文化史学的认识和理解;改革开放后20年,也就是2000年以来的部分,在第10、11、12章予以讨论。

创造的物质财富和精神财富的总和;狭义文化指社会意识形态以及与之相应的制度和组织形式,也有人称之为精神文化。相应地,文化史也被分为广、狭两义。广义的文化史,指包括物质文明和精神文明在内的一切人类文化的历史;狭义的文化史,指社会意识形态以及与之相应的制度和组织的发展史。这种界分方式,80 年代以后仍占据主流。不过从历史研究实践看,多数人取文化的狭义,主张以意识形态或观念形态的文化,即精神文化,为主要研究对象。其理论依据是马克思主义哲学的有关论述,其中,引用最多的是毛泽东《新民主主义论》所说"一定的文化(当作观念形态的文化)是一定社会的政治和经济的反映"。丁守和与蒋大椿在 80 年代初合写的《试论文化史研究的对象和途径》一文,一定程度上反映了当时学界的认识。该文说:"文化史研究的对象是社会历史生活的一部分内容,而不是它的全部。"如果取社会生活的全部,文化史也就等于通史,从而失去了独立性,实际上削弱了文化史研究。他们在分析马、恩、列、毛等人的著作后得出结论说:"文化史研究的文化,是精神生活领域的社会现象,首先是作为社会存在反映的社会意识形态的文化以及有关的设施等。从历史上考察这类文化现象的演变和发展,揭示其内在的联系,就是文化史研究的任务。"①坚持以唯物史观为指导,紧密结合马克思主义学说来理解和定义文化史,这在 80 年代具有普遍性。②

对此,有学者持不同意见。如吴廷嘉和沈大德认为:"我国学术界关于广义文化的看法,混淆了文化形态和社会形态的区别,把文化史与社会发展史的研究对象人为地等同起来;而关于狭义文化的看法,又混淆了文化形态同社会意识形式,尤其是它的重要组成部分即社会意识形态的界限,缩小了文化学、文化史的研究范围。这两种认识,究其实质,都只强调了文化的结果而不是文化本身,因而忽略了文化的主体——人的活动和作用,在文化建

---

① 丁守和、蒋大椿:《试论文化史研究的对象和途径》,载《中国文化研究集刊》第 1 辑,复旦大学出版社 1984 年版,第 78、80 页。

② 李侃、龚书铎、冯天瑜、刘志琴等在相关论著中也有相近说法,兹不展开。

设中的重要地位和重大意义。这种认识带有比较明显的见物不见人的色彩,并且造成了一些理论混乱。"①他们强调,认识到文化史的研究对象具有鲜明的主体色彩,是科学地理解和界定文化史的必要前提。

针对文化史定义的简单化和局限性,一些学者结合历史研究的实际需要,尝试从文化类型、文化形态、文化结构等角度理解和界定文化史的内涵。

朱维铮认为,为了解决文化史全貌难以描绘的问题,有必要考虑将范围缩小,也就是将文化的涵义限制在意识形态的范围之内,但这并不意味着割裂文化与物质的联系。他说:马克思主义者提到文化,一般都指观念形态的文化。毛泽东说:"一定的文化(当作观念形态的文化)是一定社会的政治和经济的反映"。很明白是将文化与政治、经济相对而言,这里面没有包含精神与物质相互关系的意思。即使按照观念形态等于纯精神东西的说法,那也不可能将文化的涵义限制在纯精神范围之内。因为,"文化史除思想学说以外,还应该研究社会风尚、文化设施乃至科学事业的发展史"。而且,"观念形态,作为一种观念的凝固状态,与纯抽象的思想意识是有区别的。它当然是人们的思想过程的产物,但它更集中地显示观念同自己的物质生活条件的联系……哲学、宗教、艺术、法学、道德等等,当然是观念形态的形式,而社会风尚、生活习惯、教育方式等等,同样到处可见观念形态的踪影"。他主张把观念形态与物质生活联合起来辩证地考虑,这样,"我们看待作为观念形态的文化,便理所当然地要承认它的物化表现;我们研究文化史,便理所当然地要综合考察人类所创造的精神文化和物质文化";"我们要想描绘中国文化史的全貌,便需描绘精神文化和物质文化在中国历史上的综合全貌,或者说描绘精神活动和物化了的精神活动在中国的发展过程"②。他这里所说的"物质文化",指物质化了的精神,也就是观念形态的物化表现。朱维铮通过分析观念形态与物质生活的内在统一性,提出文化史要研究历史上的精神文化和物化了的精神,以化解文化史研究对象广与狭的矛盾。

---

① 吴廷嘉、沈大德:《文化学和文化史的研究对象及其学科特征》,《人文杂志》1987 年第 5 期。
② 朱维铮:《中国文化史研究散论》,《复旦学报》1984 年第 4 期。

　　李文海就如何理解观念形态的文化发表了看法。他指出,广义的文化史失之于太泛,反而取消了文化史作为一种特殊领域的资格;狭义的文化史又失之于太窄,事实上造成一些重要的文化现象不能为观念形态所包括。他分析说,人们对毛泽东的说法存有误解,毛泽东所说"一定的文化"是观念形态的文化,言外之意是说还有一些文化现象不属于观念形态。据此,他主张把文化现象归为三类:观念形态;传播和反映这些观念形态的媒介和方式;群众日常活动中具有民族特色的社会生活要素。他认为中国文化史的研究对象,就是这三类文化现象在中国历史中的发展变化和矛盾斗争。①

　　庞朴不赞同简单地把文化划分为物质文化与精神文化,主张从文化结构来解读文化及其历史。他提出,文化就是"人化","文化是人创造的,人又是文化创造的"②。从人的主体性及其与外在表现的关系,他把文化分为三个层次:物(物质)的层次,心(心理)的层次,中间是心和物互相结合的层次。他说:如果把文化视为一个整体,那么它的外层便是物的部分——"不是未经人力作用的自然物,而是'第二自然'(马克思语),或对象化了的劳动";文化的中层,即心物结合部分,包括隐藏在外层物质里的人的思想、情感、意志,以及非物质化的人的精神产品,如科学、宗教、哲学、教育制度、政治组织等;文化的里层或深层,主要是文化心理状态,如价值观念、思维方式、审美趣味等。"文化的三个层面,彼此相关,形成一个系统,构成文化的有机体。"③庞朴以文化结构的三层次为解释历史的工具,先后撰写了《文化结构与近代中国》等一批有影响的论著。

　　冯天瑜等在《中华文化史》一书中提出,文化的实质性含义是"人类化","文化既包括人类活动的对象性结果,也包括人在活动中所发挥的主

---

① 李文海:《中国近代文化史研究对象与任务刍议》,载《中国近代文化问题》,中华书局 1989 年版,第 5 页。

② 庞朴:《文化概念及其他》,载《稂莠集——中国文化与哲学论集》,上海人民出版社 1988 年版,第 65 页。

③ 庞朴:《文化结构与近代中国》,载《稂莠集——中国文化与哲学论集》,上海人民出版社 1988 年版,第 6 页。该文原载《中国社会科学》1986 年第 5 期。

观力量和才能",因此,文化史不仅要研究文化的"外化过程",即人类创造各种物化产品,从而改造外部世界,使其不断"人化"的过程;而且要研究文化的"内化过程",即文化的"主体"——人自身在创造文化的实践中不断被塑造的过程;同时还要研究外化过程与内化过程如何交相渗透,彼此推引,共同促进文化有机整体的进步。① 与庞朴相近,冯天瑜也重视文化内部结构的辨析。他说:精神文化与精神的物化形态很难截然两分,将文化硬性地区分为物质的和精神的并不适用于文化史研究。从文化形态学角度,宜于将文化视作一个包括内核与若干外缘的不定形的整体。他主张将文化从外而内分为物态文化层、制度文化层、行为文化层、心态文化层。其中,心态文化层是文化的核心部分,大体相当于精神文化或社会意识形态。② 该书关于文化结构四层次的划分方式,后来被张岱年和方克立主编的《中国文化概论》(北京师范大学出版社 1994 年版)所援用。冯天瑜等所著《中华文化史》的另一理论特色,是把文化生态学引入史学研究,用于分析和解释不同民族文化类型的生成条件。他提出,人类各民族文化的生态环境,是自然场和社会场的整合,由自然地理环境、社会经济环境和社会制度三方面构成。《中华文化史》上篇即以此为理论框架,阐述中华文化的外部生态结构。

综上,学界比较强调从研究对象和范围来理解和界定文化史的内涵。学者们在理论层面多反对把物质文化与精神文化截然二分,在实践过程中为提高文化史研究的独立性和可操作性,又倾向于从狭义上来理解文化史的内涵。限于中国的文化学、文化人类学、文化社会学等相关学科基础薄弱,他们在定义文化史时,主要依靠和引用马克思主义的理论学说。

(二) 文化专史与文化通史

与民国时期梁启超、胡适等人的理解不同,改革开放以来,绝大多数学

① 冯天瑜、何晓明、周积明:《中华文化史》,上海人民出版社 1990 年版,第 10、26 页。他在《明清文化史散论》(华中工学院出版社 1984 年版)、《中国文化史断想》(华中理工大学出版社 1989 年版)等书的序言中也有近似阐释。

② 冯天瑜、何晓明、周积明:《中华文化史》,上海人民出版社 1990 年版,第 27—34 页。

者认为文化史学不能从整体上代表或取代历史学。他们主张对文化史学的研究范围有所限制,将其视作历史学科下的一个分支,也就是专门史。值得指出的是,80年代一些学者所说的文化史,与一般意义上的"专门史"不同,比较强调贯通和综合,实际上是"小通史"。

持此论者主张,相对于总体史而言,文化史与政治史、经济史并立,属于历史学科下的专门史;相对于思想史、学术史、文学史、艺术史等专史而言,文化史综括它们之上,具有通史性质,可称为"次级通史"或"小通史"。蔡尚思早年曾受教于梁启超、柳诒徵,对文化史研究有提倡之功。80年代初,他多次明确提出:"文化应当与政治、经济、军事三者划分范围,不能混文化与其他三者为一谈。文化史也不像经学史、文字学史、文学史、史学史、哲学史、宗教史、风俗史、美术史、考古学史和科学史等等的单一。文化史既纵通,又横断,既有面,又有点,为上述各专门史的综合体和共同基础,上述各专门史都是文化史中的组成部分。它仅亚于通史,而超过各专门史。"①他表示:"文化史即文化通史,其范围的广大,内容的复杂,仅次于通史:就时间说,必须从古代通到近现代;就领域说,必须通到各有关专门史。其内容应当包括:语言文字史、文学艺术史、学术思想史(社会科学)、科学技术史(自然科学)、典章制度史、体育运动史、风俗习惯史、古迹名胜史等等。"②

蔡尚思视文化史为一综合性的"小通史",并采取描述和列举的方式来界定文化史的研究对象和范围,这在当时具有代表性。例如,张岱年和方克立主编的《中国文化概论》分列语言文字、科学技术、教育、文学、艺术、史学、伦理道德、宗教、哲学等九章;龚书铎主编的《中国近代文化概论》(中华书局1997年版)列有社会思潮、儒学、史学、社会科学新学科、文学艺术、教育、自然科学技术、宗教、社会风俗等九章;郑师渠主编的《中国文化通史》(中共中央党校出版社1999年版)也采取了这种处理方式,把每一时期的

---

① 蔡尚思:《论中国文化的几个重大问题》,载《中国文化研究集刊》第1辑,复旦大学出版社1984年版,第59页。
② 蔡尚思:《关于文化史研究的几个问题》,《文史哲》1984年第1期。

文化史纵剖为语言文字、哲学、儒学、史学、宗教、伦理道德、文学、艺术、教育、社会风俗等部门文化史;萧克总纂的《中国文化通志》(上海人民出版社1998年版),其"历代文化沿革典"也采取分类表述,把文化史分成思想、学术、文学、艺术、宗教、习俗、教育、科技等部门史。

　　当然,诸部门文化史也有主有次,要有所取舍。蔡尚思继承梁启超的观点,认为"文化通史应以学术思想史为中心和基础",各部门文化史中,又以语言文字史、文学艺术史、学术思想史、科学技术史、典章制度史为要。① 他反对把思想史与文化史对立起来,曾以复旦大学思想文化史研究室为例解释说:"我们的意思只是要以学术思想史为中心来研究中国文化史。思想史的范围比较狭,再大一点就是学术史,更大一点就是文化史;思想史、学术史都在文化史的范围之内。"②冯天瑜的看法与此接近:"在中国古代,哲学思想、政治思想、道德伦理思想、文艺思想、科技思想以及社会风尚等精神文化的诸多侧面,往往杂糅于学术著作之中,因此,我们可以把思想学术史作为狭义文化史的主干看待。"③实际上,这种把学术思想史作为文化史核心内容的做法,代表了20世纪的主流,诚如朱维铮所总结:"如所周知,从清末以来,凡研究中国文化史,无不把思想学说的变化当作主线。"④某种程度上,这可视作中国文化史研究的重要特色之一。

　　客观地说,以学术思想史为文化史的核心,有一定合理性。我们知道,就表现历史的主体——人的主体性和创造性而言,文化史较政治史、经济史突出;而在诸部门文化史中,又以学术思想史表现得较为显著。正如学者所解释:因为主体性居于文化史研究的中心位置,所以文化史家历来格外重视

① 蔡尚思:《关于文化史研究的几个问题》,《文史哲》1984年第1期。
② 蔡尚思:《论中国文化的几个重大问题》,载《中国文化研究集刊》第1辑,第58、59页。
③ 冯天瑜:《文化、文化史、明清文化史》,载向仍旦编:《中国古代文化史论》,北京大学出版社1986年版,第48页。
④ 朱维铮:《中国文化史分类试析》,载《中国文化研究集刊》第3辑,复旦大学出版社1986年版,第229页。

历史上主体活动特点比较鲜明的领域和部门。①

关于文化通史与各部门专史的关系,论者普遍强调文化史研究需要有整体观念,文化通史具有不同于各部门专史研究对象和目标,不能成为后者的"拼盘"。蔡尚思说:"我认为文化史对有关文化的各专门史来说,它是文化通史而不是文化各专门史之简单凑合。比较综合性的文化通史,决不是仅仅把文化各专门史杂凑起来就算了事。把有关文化各专门史杂凑起来决不是文化通史,更不是很好的文化通史。它应当是按照时代划分阶段而包括各领域,在各领域中主次分明而不是绝对平均主义的平铺直叙。"②蔡尚思的说法得到了杨宽的赞同。杨宽说:"现在需要我们更上一层楼,在许多文化'专史'研究的基础上,做好综合的研究,作出高度的概括的分析,从而弄清楚各个时期文化发展的全貌和总的特点,弄清楚整个文化的历史发展过程。只有这样,才能写出融会贯通的文化通史。"③他还说:文化通史既要直通,又要横通。"直通",就是说要按照时代程序一直通下去,说明整个文化的发展进程,从而阐明文化的发展规律;"横通",就是说要在每个时代里,把各种门类的文化现象加以沟通,找出其内在的联系及其共同的特点,从而综合地说明各个时代的文化特征。④ 刘志琴则强调文化史下的部门专史与独立的专史应区别对待,她说:思想史、文学史、艺术史、科技史等"可分别作为独立的专史,但又同是文化史不可分离的组成部分。它们的差别是在于,作为文化史中的专史内容与其他专史之间,不是拼盘,也不是补差,而是从横向展开,研究它们之间互相作用、影响、渗透、交错、演变的历史"⑤。也就是说,文化史家应重点关注各部门专史间的相互联系。龚书铎主编的《中国近代文化概论》在内容上分为"综论"与"分述"两部分,以

① 吴廷嘉、沈大德:《文化学和文化史的研究对象及其学科特征》,《人文杂志》1987年第5期。
② 蔡尚思:《关于文化史研究的几个问题》,《文史哲》1984年第1期。
③ 杨宽:《如何加强中国文化史的研究》,载《中国文化研究集刊》第1辑,第45页。
④ 杨宽:《如何加强中国文化史的研究》,载《中国文化研究集刊》第1辑,第45页。
⑤ 刘志琴:《怎样认识文化史》,载《中国近代文化问题》,中华书局1989年版,第36页。

此来解决文化史"通"与"专"的关系问题。该书前言写道："文化不能离开诸如哲学、史学、文学、艺术、教育、宗教、习俗等具体领域,离开这些具体领域来谈论文化,文化将成为看不见、摸不着玄之又玄的东西。但是,文化也不仅仅是各个具体领域的简单组合……各个具体领域也不是孤立的,各不相干的,它们之间存在着相互影响和渗透。在近代,还由于西方文化的传入,中西文化在矛盾的过程中又发生吸纳、融会。这种种情况,不是单纯的具体领域分门别类的阐述所能涵括得了的,需要有综合性的论述才能予以较为全面的揭示。照此说来,只有具体领域的阐述,没有综合的论述,或只有宏观的综论,没有具体领域的阐述,似乎都有不足或偏颇。"①文化通史由部门史组成,但又不能为后者取代。朱维铮、冯天瑜等在论著中也表达了类似的意见,认为"整体大于局部相加之和",文化的整体性决定了文化史以文化的整体为考察对象,文化史应在分解式研究基础上,重视整体、综合研究。②

简言之,文化史虽然是历史学科下的专史,但又具有通史的特征,是介于总体史与部门史之间的次级通史。文化史以探索统一和一般的规律为己任,不仅在内容上表现为各部门史的集合,而且在理念上强调文化的整体性和综合性。

（三）作为视角与方法的文化史

随着文化史研究的深入,有学者借鉴海外文化研究的理论方法,从学科建设的角度反思和剖析既有研究所存在的问题。他们提出,文化史学是历史研究的一种视角或方法,而不能简单地以研究对象和范围来界定文化史,或者视文化史为历史学科下的专门史。在这方面,姚蒙、于沛和常金仓等极少数学者较早从理论上予以了专门阐述。

---

① 龚书铎:《中国近代文化概论》,中华书局 1997 年版,前言第 1、2 页。
② 参见冯天瑜、何晓明、周积明:《中华文化史》;朱维铮:《中国文化史研究散论》,《复旦学报》1984 年第 4 期。

　　姚蒙和于沛并不专门从事中国文化史研究,他们主要是结合西方史学理论发表了对文化史学的看法。姚蒙的《文化、文化研究与历史学》一文,反对把文化史狭隘地理解为一种研究领域,强调将"文化研究"作为一种视角和方法,从文化角度研究历史具有范式革新意义。该文从马克思关于实践的论述出发,重新理解和解释文化的内涵。他认为"文化应是人类实践的方式和产物之总称",实践产物和实践方式作为互相联系的两个方面共同构成了文化和文化概念的整体;所谓的历史其实是作为人类实践产物和方式的文化的历时性展开,文化而不是经济才是解开人类社会的钥匙,文化史学提供了认识历史的独特视角、方法和途径。[①] 于沛在《文化、文化学和文化历史学》等文中,主张建立一门"文化历史学"。与一般意义上的文化史学最大的区别是,他提出,"文化历史学"应建立在广义的文化概念上,并以此为前提去分析和认识文化历史现象。他说,"这不单纯是研究视野的扩大,而且是观念的变化",因为"文化和历史是有机的统一体,不能割裂二者之间的内在联系……只有能够科学地分析和认识历史上的种种文化现象,才能对历史作出完整的解释"。[②] 采取文化的广义,于沛的"文化历史学"扩大了文化史的研究对象和视野,文中关于建立"文化历史学"理论体系的构想,在学界普遍采用狭义文化史的背景下,别具特色。

　　常金仓在《穷变通久——文化史学的理论与实践》一书的绪论部分,就文化史学的性质和历史学的出路作了较为集中的阐述。作者认为,从古绵延至今,占据历史学统治地位的是政治史学,而政治史学的目标或是为一个政权制造意识形态,或是追求以史为鉴、吸取经验教训,或是把历史当作道德教育的材料,甚至搞影射史学,这样的史学"既没有科学价值,也缺乏哲理启示",实际上成了为政治服务的工具。他呼吁史学研究摆脱政治和哲学的控制,用文化史学取代政治史学,走上科学化和现代化的独立发展道路。

---

① 姚蒙:《文化、文化研究与历史学》,《史学理论》1987 年第 3 期。
② 于沛:《文化、文化学和文化历史学》,《史学理论》1989 年第 2 期。

　　常金仓所主张的"文化史学",乃是历史学的一种研究策略,或者说是一种方法论。他说:"历史学家过多地把'文化'理解为研究和叙述的'对象',却很少理会'文化史'在方法论上的意义。换言之,历史学家把文化史看成是与政治史、军事史、外交史等并列的一个史学小分支,而没有把它看成是与社会史等并列的,为了达到特定认识而组织和分析材料的方式。"① 从理论和策略着眼,常金仓借鉴日本学者石田一良《文化史学:理论与方法》(王勇译,浙江人民出版社1989年版)的观点,提出:"文化史学是把人类过去发生的事情作为研究材料,以期发现文化产生发展一般原理的学问";"一部标准的文化史不再是按照时间顺序首尾完整地记录下来的文化事项,而是按照文化内部脉络用一篇篇论文组成的一系列原理"。② 在此,文化史学在研究对象上与一般历史学已无区别,其特色在于理论方法。

　　在他看来,从20年代到80年代,中国学者撰写的大量文化史著作由通史而断代,由断代而分域,除补充一些新材料,增加一些新解释,在方法上基本没有长进。③ 针对学界通常对文化做广、狭两义区分,他强调指出,这样的做法破坏了文化的统一性和整体性。"历史学家之所以采取文化史学的研究策略,正是要把人类的全部历史当作文化加以整体的考察,正是这个整体性才能克服旧式叙事史的个别性和独特性,从而发现文化发展的一般原理。政治、经济、宗教、哲学、风俗习惯、伦理道德、文学艺术、学术思想都是文化的表现形式,如果把它们割裂开来分别研究,犹如将一个人肢解以后再去研究他的各种生理活动一样。"④

　　具体地说,常金仓所提出的文化史研究策略,就是"用文化解释文化"。他说:与政治史学不同,"文化史学应该是这样一种历史学,它不再满足于叙述一个个历史事件,并用简单的因果关系把它们联缀起来,它也不再满足

---

① 常金仓:《穷变通久——文化史学的理论与实践》,辽宁人民出版社1998年版,第37页。
② 常金仓:《穷变通久——文化史学的理论与实践》,辽宁人民出版社1998年版,第42、43页。
③ 常金仓:《穷变通久——文化史学的理论与实践》,辽宁人民出版社1998年版,第37页。
④ 常金仓:《穷变通久——文化史学的理论与实践》,辽宁人民出版社1998年版,第39页。

于描述一个个历史人物,并品评他们的功绩与过错"①。他认为,文化史研究策略的第一步,是确定文化现象。"文化史学把全部注意力集中在由事件人物表现出来的各种文化现象上,这些现象比起变动不居的事件来具有极大的稳定性,它们往往成百年乃至上千年没有本质的变化;比起事件的形式多样化又具有相当的齐一性,而具有稳定性、齐一性的事物才是科学方法便于处理的对象。因此,文化史学家的第一件事情就是从大量的事实中捕捉、发现、确定文化现象。"②第二步,是解释文化现象。"文化只有靠它自身才能得到令人满意的解释。用文化来解释文化,就是把一种文化现象分解为若干相对单纯的文化要素,正是这些要素固有的属性以及它们的组合方式决定着文化的面貌,也就是说两种不同的文化体系或文化现象,它们不是由不同的文化要素组成,就是构成文化的要素虽同而结构形式不同。"③"用文化解释文化"源于怀特的《文化科学》④,这一说法比较接近文化人类学所说的文化分析方法。为比较和分析起见,人类学家习惯上把文化分解成许多部分,尽管这种分解带有一定主观性。⑤ 受怀特等人的影响,常金仓认为不同类型的文明或文化本质上是由大体相同的文化要素组成,这些要素就像物理学中的原子,具有客观性和规律性,文化史学的任务就是探索文化要素的同异、多少、结构方式及相互间的关系。他说:"对文化进行要素分析实际上是将历史事实作还原的处理,这种处理在层次上深化了历史研究,它有效地克服了在形而上学指导下对历史的目的论解释,同时也可以使传统的因果分析更加确切。"⑥在《穷变通久——文化史学的理论与实践》一书中,他还运用文化要素分析法,结合人类社会早期历史和先秦史研究,尝试

① 常金仓:《穷变通久——文化史学的理论与实践》,辽宁人民出版社 1998 年版,第 43 页。
② 常金仓:《穷变通久——文化史学的理论与实践》,辽宁人民出版社 1998 年版,第 43—44 页。
③ 常金仓:《穷变通久——文化史学的理论与实践》,辽宁人民出版社 1998 年版,第 48 页。
④ [美]怀特:《文化科学》,曹锦清等译,浙江人民出版社 1988 年版,第 189 页。
⑤ [美]戴维·波普诺:《社会学》(第 10 版),李强等译,中国人民大学出版社 1999 年版,第 77 页。
⑥ 常金仓:《穷变通久——文化史学的理论与实践》,辽宁人民出版社 1998 年版,第 49 页。

证明其文化史学策略的有效性。

无论以文化史为视角或方法，上述三位学者的论述都稍嫌空泛。但这并不意味着可以忽视他们所提出的问题。三位学者看到了并极为重视文化史学的特性，他们将文化史学作为视角和方法，不同程度扩大了文化史学的范围。他们所说的文化史实际上就是广义的文化史。换言之，一切历史皆可从文化史学的角度予以研究，一切历史皆为文化史。对于长期以来习惯于用"专门史"来看待文化史，或从政治、经济、社会等角度来解释文化史的中国史学界而言，他们不仅仅是指出了一条文化史学未来发展的可能方向，而且对整个历史学作出了反思，带有从文化史学的角度重新理解和构建总体史的意味。就此而言，他们的探索在史学发展史上自不失其价值和意义，值得表彰。

进入 21 世纪后，随着西方新文化史学的译介和传入，中国学界对文化史理论的关注度有所提高。2008 年以来，一些研究者开始结合中国史研究实践，来理解和探讨新文化史学的问题。这方面可参考张仲民的相关成果，笔者在此不再重复。[①]

本 章 小 结

改革开放后，中国文化史研究再度兴起，并形成了继 20 世纪三四十年代后的第二次高潮。

从学科史的角度看，从 80 年代初开始，在梁漱溟、蔡尚思等一批著名学者的倡导和组织下，专门性的研究机构和学术期刊相继创办起来，学术会议不断召开，从而积极推动了文化史研究的开展。到 90 年代末，学界已形成颇具规模的学术队伍，先后出版约 20 种以中国文化为主题的综合性丛书、

---

① 张仲民：《新文化史与中国研究》，《复旦学报》2008 年第 1 期；《新世纪以来中国大陆的新文化史研究》，《历史教学问题》2013 年第 1 期；《理论、边界与碎片化检讨——新文化史研究的再思考》，《复旦学报》2016 年第 5 期。

200 余部以"文化史"冠名的综合性著作,文化史研究呈现出兴盛的局面。21 世纪前 20 年,文化史研究实现了学术交流和科学研究的自主化和制度化。研究方向日趋多样,新文化史、概念史、观念史、知识史等相继兴起。在问题意识和研究取向上,中国文化史研究经历了 80 年代的思想启蒙,到 90 年代的回归传统,再到 21 世纪的文化重建和文化复兴。40 年来中国文化史研究所取得的成果,为新时代实现中国优秀传统文化复兴提供了基石。

　　与具体领域丰富的学术成果相比,中国学界从史学理论层面对文化史学的讨论明显不足。而且,这些讨论主要集中在文化史研究"复兴"的 80 年代。关于文化史的概念,绝大多数学者坚持以唯物史观为指导,主张取文化的狭义,以文化史为研究对象;个别学者认为文化史系一种研究的视角或方法。关于文化史的性质,研究者认为文化史是介于总体史与部门史之间的"次级通史",带有综合性和整体性,兼具专史和通史的特征。关于文化史研究的核心内容,研究者认为中国文化史研究要以学术史和思想史为核心,重点关注各部门史之间关系的研究,反对把文化史分割为部门史,或变成部门史的拼盘。2000 年以后,文化史研究趋于多样化和分散化。一方面,作为学科的文化史建设严重滞后,文化史研究缺乏整体性;另一方面,受海外新文化史学、后现代主义史学的启发,作为方法的文化史受到了一些中青年学者重视,文化史研究泛化和碎化现象有所加重,尽管新文化史的输入给中国文化史研究带来了一定活力。

第 九 章

文化史学的增长点

—— 改革开放 40 多年来的中国近代文化史研究

中国近代文化史(1840—1949 年)是改革开放 40 多年来史学领域重要的学术增长点之一。从 20 世纪 80 年代初,以龚书铎、李侃、丁守和、刘志琴等为代表的一批学者调整研究方向,组织开展中国近代文化史研究,经过几代学者的共同耕耘,今天已取得了累累硕果。但与同期兴起的近代社会史相比,近代文化史研究者对自身学科历程的总结和反思则明显不足。由于缺乏学科建设层面的讨论,目前已暴露出学术研究分散化、见木不见林等问题。这一章拟就改革开放 40 多年来的中国近代文化史研究加以总结,聊作抛砖引玉。①

一、学科建设与学术发展

改革开放 40 多年来,中国近代文化史研究在学科建设、理论方法、学术范式、研究重点等方面,取得了显著发展变化。这既是学科自我发展和自我调整的反映,又与文化思潮等社会现实问题紧密相关。据此,以 2000 年为界,将改革开放 40 多年来的近代文化史研究分为前、后两期。

---

① 相关成果主要有曾业英主编《当代中国近代史研究(1949—2009)》第 7 章、第 8 章,中国社会科学出版社 2014 年版;左玉河:《改革开放 40 年来的中国近代文化史研究》,《广东社会科学》2018 年第 6 期。

图 9-1　首届全国中国近代文化史学术讨论会合影

（一）20世纪八九十年代

1978年召开的中共十一届三中全会,开启了改革开放的新时期。这次会议决定,放弃以阶级斗争为纲,把工作重心转移到经济建设上来,从而有力地促进了各项文化事业的发展和中国文化的现代化。伴随中外文化交流和各项改革的深入,国人的思想观念得到了更新。到80年代中后期,"文化热""传统文化热"已成为引人注目的社会现象。结合历史重新认识和评估中国传统文化及其与西方文化的关系,是改革开放新时期提出的一项重大课题。这一课题不仅关系到对历史的认识和评价,更事关中国的道路选择和发展方向。以此为核心,历史学界就中国文化危机问题、传统文化估价问题、传统文化与现代化关系问题等做了讨论。在80年代"文化热"和中国文化大讨论的过程中,中国近代文化史引起了史学界的重视。

1980年春,中国社会科学院近代史研究所组建文化史研究室,将学术主攻方向调整到中国近代文化史。1983年5月,长沙召开的全国历史学科"六五"规划会议,将中国近代文化史研究纳入议事日程,并议定编辑出版"中华近代文化史丛书",由龚书铎担任编委会召集人。龚书铎及编委会的各位专家,在中国近代文化史学科建设中起了核心领导作用。这套丛书先后出版了钟叔河的《走向世界——近代中国知识分子考察西方的历史》、章开沅的《开拓者的足迹——张謇传稿》、张岂之和陈国庆合著的《近代伦理思想的变迁》、汤志钧的《近代经学与政治》等七种著作,为文化史研究起了示范作用。

1984年,中国近代文化史教学与研究全面铺开。北京师范大学在全国高校中率先建立了中国近代文化史研究室。北京师范大学等高校还把中国近代文化史列为大学课程,并招收以近代文化为方向的硕士和博士研究生。该年11月,"中华近代文化史丛书"编委会和河南省有关单位联合发起,在郑州召开了首次全国性的中国近代文化史学术讨论会。与会代表就中国近代文化史研究的意义、对象、范围,中国近代文化的特点、作用、历史地位等基本问题进行了研讨,极大地推动了近代文化史研究和学科建设。这次会

图 9-2 "中华近代文化史丛书"书影

议是近代文化史学科取得相对独立地位的重要标志,具有里程碑意义。诚如著名历史学家刘大年所言:"这次学术讨论会的召开说明中国近代文化史研究已经打响了锣鼓,正式开始了!"①

就理论方法而言,改革开放后,西方的文化理论、现代化理论传入中国,一定程度上改变了中国学者的思维方式,活跃了学术气氛。一些学者主张不能仅从政治标准研究近代文化,还应当充分注意文化的特性。龚书铎的《近代中国文化结构的变化》(《历史研究》1985 年第 1 期)、庞朴的《文化结构与近代中国》(《中国社会科学》1986 年第 5 期)和《文化的民族性与时代性》(中国和平出版社 1988 年版)等,结合文化的结构、性质来研究近代历史,拓宽了研究路径,实质性地推进了近代文化史研究。一些学者尝试运用现代化理论来研究近代文化。章开沅主编的"中外近代化比较研究丛书",收有《离异与回归——传统文化与近代化关系试析》《国情、民性与近代化——以日中文化问题为中心》(湖南人民出版社 1988 年版)等多部与近代文化史相关的著作。有人针对海外学者的"冲击—反应"论,发掘中国传统资源,重提以明清之际为中国文化近代化的开端,而不赞同以鸦片战争为起点。② 有人从现代化角度重新审视洋务运动,提出洋务思潮概念,肯定它对封建传统观念具有冲击作用,对学习西方有促进作用。③ 有人以现代化理论为基础,提出"西体中用"说,强调现代化就是"体"的变化,社会存在的本体和本体意识的现代化与中国实际相结合,应是近代中国文化的合理道路。④ 这些学者大胆尝试新理论新方法,推动了学术发展,尽管他们对西方理论的理解或存在不准确之处。

这一阶段,中国近代文化史研究成果丰硕,一批高质量的学术专著相继

---

① 刘大年:《对中国近代文化史研究的两点希望》,载"中华近代文化史丛书"编委会编:《中国近代文化史通讯》(铅字油印本)第 1 辑,第 10 页。

② 参见冯天瑜主编:《东方的黎明——中国文化走向近代的历程》,巴蜀书社 1988 年版。

③ 参见王劲、张克非:《洋务运动史第三次讨论会综述》,《历史研究》1985 年第 6 期。

④ 参见《首届国际中国文化学术讨论会纪要》,载《中国传统文化的再估计》,上海人民出版社 1987 年版,第 18 页。

问世。龚书铎的《中国近代文化探索》（北京师范大学出版社 1988 年版）、李侃的《近代传统与思想文化》（文化艺术出版社 1990 年版）、史全生主编的《中华民国文化史》（吉林文史出版社 1990 年版）等，被认为是中国近代文化史学科的奠基性著作。研究范围扩大，几乎涉及近代文化的各个方面。政治思想、道德伦理、文学、艺术、史学、佛学、科技、教育等近代文化研究各领域，均有专门著作出版。论题已涵盖近代 110 年，从鸦片战争、太平天国运动、洋务运动、戊戌维新、辛亥革命、五四运动到抗日战争、解放战争时期的文化，都有较深入的研究。文化心理结构变化、文化启蒙、国民性改造、中外文化交流等，是研究者讨论较多的主题。这一时期研究者关注的重点是思想文化史，尤集中于精英的（中西）文化思想。不过，由于研究者寄托了较多的现实诉求和理想抱负，导致一些论著激情胜过了学理，稍显空疏。

90 年代，市场经济大潮拉近了文化与经济的距离，人们对意识形态的关注度有所下降，出现了所谓的"国学热""儒学热"。也有人称之为第二次"文化热"。这一时期，中外学术交流的增多，特别是海外汉学成果的大规模引入，开阔了中国学者的视野。这些因素，不同程度地影响了中国近代文化史研究的进程和取向。

整体而言，90 年代的近代文化史研究有三个大的变化。

1. 史学研究取向和评判标准有所调整

确如有学者所说："大致以 1989 年为分水岭，呈现出两种趋势。前一个阶段否定传统、呼唤西化比较多。后一个阶段肯定传统、再造传统比较多。"[1]不少学者对西方学者提出的"冲击—反应"等说法提出质疑，对中国固有文化传统认同的成分增多。与此相应，研究重心发生转移，与近代民族主义或保守主义相关的思潮、学派、人物引起众多研究者的兴趣。其中，表现较为突出的是现代新儒学研究。仅方克立、李锦全就合作主编有《现代新儒家学案》（3 卷）、"现代新儒学辑要丛书"（15 本）、"现代新儒学研究丛

---

① 肖海鹰:《庞朴的新文化论语》,《深圳商报》1994 年 4 月 24 日。

书"（近20种）等,规模之大,前所未有。还有些学者,甚至采取保守主义者的立场,认为近代以来的文化运动是由激进主义主导的,并予以否定。

2. 学术宗尚发生变化

与80年代相比,这一时期学风趋于踏实,实证性研究增多,学术史引起一些研究者的兴趣。有人认为这与"文化热"有关,是多年"文化热"后的反思而促成之。也有人认为这与世纪末的境遇有关,"辨章学术,考镜源流",对既往特别是20世纪的学术予以回顾与总结,是学术逻辑演化的必然。这些说法有其合理处,但还要看到,它在很大程度上反映了中国近代文化史研究的深化和中国学者的自觉。一方面,近代文化史上,诸如康有为、严复、梁启超、章太炎、胡适、郭沫若等关键性人物,都称得上学贯中西,随着中国近代文化史研究的深入,有必要对他们的学术思想加以系统清理和认真总结;另一方面,为摆脱依附于西学话语的尴尬,中国学者迫切需要建立一套适合于本民族历史文化的话语系统,这也为具有本土色彩的"学术史"兴起提供了可能。该方面的成果,有朱维铮的《求索真文明——晚清学术史论》（上海古籍出版社1996年版）、陈其泰的《清代公羊学》（东方出版社1997年版）、杨向奎主编的《清儒学案新编》（齐鲁书社1985—1994年版）等。在学人研究方面,百花洲文艺出版社推出的"国学大师丛书",收录"近现代有学问的大宗师"达30位之多。总序《重写诸子春秋》表示,该丛书以学术为立传标准,所谓"国学",特指近代中学与西学接触之后的中国学术。尽管此前也有专书对其中的一些人物进行个案或专题研究,但如此集中地予以考察,尤其是把他们作为一代学术宗师群体加以系统研究,则是首次。

3. 借鉴和吸收社会史等相关学科的理论方法

社会中下层的思想文化受到关注,社会思潮史和社会文化史研究兴起。葛兆光所著两卷本《中国思想史》（复旦大学出版社1998年版）把"一般知识、思想与信仰的世界"作为思想史的重点考察对象,在写法上有其特色。他认为,过去的思想史是思想家的思想史或经典的思想史,而人们生活的实际的世界中,还有一种近乎平均值的知识、思想与信仰,作为底色或基石而存在,在真正地起着作用。一些学者把社会思潮史与文化史结合起来,提出了文化思潮史的概念。郑师渠的《晚清国粹派:文化思想研究》(北京师范大学出版社 1992 年版)从思潮与学派的关系切入,熊月之的《西学东渐与晚清社会》(上海人民出版社 1994 年版)、桑兵的《晚清学堂学生与社会变迁》(学林出版社 1996 年版)、罗志田的《权势转移——近代中国的思想、社会与学术》(湖北人民出版社 1999 年版)也不限于精英人物的思想文化研究,而是将文化史、社会史与学术史结合起来做综合性研究。一些学者采取社会与文化相结合的角度,将研究重点转移到民间文化、生活方式和社会风尚等社会文化史领域。① 其中,严昌洪所著《西俗东渐记——中国近代社会风俗的演变》(湖南出版社 1991 年版)和《中国近代社会风俗史》(浙江人民出版社 1992 年版),刘志琴主编、李长莉等执笔的三卷本《近代中国社会文化变迁录》(浙江人民出版社 1998 年版)等,有开风气的意义。

需要指出的是,龚书铎主编的《中国近代文化概论》(中华书局 1997 年版)将综合性论述与专题性研究结合在一起,系统论述了中国近代文化的基本格局、发展历程和各部门文化。该书可谓集改革开放以来中国近代文化研究成果之大成,它不仅是专家学者的重要参考书,而且为历史学专业的学生学习和研究近代文化史提供了范本,被教育部指定为研究生教学用书。

不过,与各具体领域的成果相比,这一阶段的学科建设相对滞后。90年代,不仅没有召开过全国性的学科规划会议和全国性的近代文化学术会议,而且,连在学界富有影响力的"中华近代文化史丛书"也停止出版了。

(二) 21 世纪前 20 年

经过 20 多年的改革开放,到 2000 年,中国社会经济得到了快速的发展,国人已不再满于解决温饱问题,建设文化强国和实现民族复兴成为整个

---

① 李长莉:《社会文化史的兴起》,《天津师范大学学报》2003 年第 4 期。

民族的战略目标。中国高等教育和各项文化事业得到了重视。中国近代文化史研究随之进入拓展与深化期。

21 世纪以来,中国近代文化史学科建设明显得到改善。专业人才队伍得到壮大,学术团队实力得到加强,研究经费基本得到保障,各种学术会议和学术交流大为增多。2007 年夏,北京师范大学组织召开了首届"近代中国与近代文化"学术研讨会,全国高等院校和科研机构 70 余人参加了会议。这次会议是继 1987 年长沙会议后召开的又一次全国性中国近代文化史学术会议。至 2019 年,"近代中国与近代文化"学术研讨会已举办 4届。中国社会科学院近代史研究所联合有关单位,发起成立中国近代思想史研究中心,先后召开了"中国近代思想史上的民族主义""传统思想的近代转换""近代中华民族复兴思想与实践"等系列学术会议。近代史所还与首都师范大学等高校合作,多次举办"中国近代社会文化史研究"学术研讨会。北京大学、复旦大学、中山大学、华东师范大学等高校也多次召开以近代思想文化史为主题的学术会议。这些会议增进了学术交流,推动了学科建设。

这一阶段,较综合性的文化史著作有龚书铎的《社会变革与文化趋向——中国近代文化研究》(北京师范大学出版社 2005 年版)、龚书铎主编的《中国文化发展史》晚清卷和民国卷(8 卷,山东教育出版社 2013 年版),耿云志主编的"近代中国文化转型研究丛书"(9 册,四川人民出版社 2008年版),以及张昭军和孙燕京主编的《中国近代文化史》(中华书局 2012 年版)等。

较之综合性研究,专题性研究堪称丰富多彩,蔚为壮观。具体研究领域有思想文化史、学术文化史、社会文化史、大众文化史、新文化史、政治文化史、物质文化史、中外文化交流史、媒介文化史、概念史、观念史、知识史、知识分子史等,不一而足。而且,与政治史、社会史等专史在研究对象上出现了一定的交集。

其中,思想文化史的研究重心转向 20 世纪,现代性成为重要概念工具,

图 9-3　近代中国与近代文化学术研讨会合影

并有一种重写现代思想史的倾向。汪晖的《现代中国思想的兴起》(2 卷 4
册,生活·读书·新知三联书店 2004 年版)借鉴海内外理论方法,重审中国
现代性话语系统,论述了现代思想的起源。郑师渠的《欧战前后:国人的现
代性反省》(北京师范大学出版社 2013 年版)以反省现代性为抓手,重新解
读新文化运动时期的文化思潮。罗志田的《国家与学术:清季民初关于“国
学”的思想论争》(生活·读书·新知三联书店 2003 年版),从思想论争的
角度考辨 20 世纪前期学术与政治的复杂关系。该方面的著作还有郑匡民
的《梁启超启蒙思想的东学背景》(上海书店出版社 2003 年版)、欧阳哲生
的《新文化的传统》(广东人民出版社 2004 年版)、张太原的《〈独立评论〉
与 20 世纪 30 年代的政治思潮》(社会科学文献出版社 2006 年版)、方敏的
《中国近代民主思想史(1840—1949)》(人民出版社 2014 年版)、章清的《清
季民国时期的“思想界”》(社会科学文献出版社 2014 年版)、郭双林的
《“甲寅派”与现代中国社会文化思潮》(人民出版社 2015 年版)、郑大华的
《中国近代民族复兴思潮研究》(中国社会科学出版社 2017 年版)等。

学术文化史广义上可分为两种类型。一类是传统学术史(或称作“学
术思想”史),主要研究对象为理学、经学、子学、史学、佛学,及其近代境遇
下的学术流变与转型。龚书铎主编的三卷本《清代理学史》(广东教育出版
社 2007 年版),首次就清代 260 余年间的理学作专门研究,其中,张昭军所
撰写的下卷集中阐述了晚清时期理学的历史。罗检秋的《嘉庆以来汉学
传统的衍变与传承》(中国人民大学出版社 2006 年版)和程尔奇的《晚清
汉学研究》(人民出版社 2013 年版)就晚清时期的汉学史作了较系统的
论述。刘巍的《中国学术之近代命运》(北京师范大学出版社 2013 年版)
论述了章学诚、康有为、章太炎、钱穆等数位著名学者的经史之学。王汎
森的《中国近代思想与学术的系谱》(增订版,上海三联书店 2018 年版)
以代表性的人物和事例,探讨了近代思想与学术从晚清时期传统典范的
危机到新式社群的转变。个案研究方面,凡近代学术史上知名的学者,如
龚自珍、魏源、曾国藩、罗泽南、陈澧、俞樾、朱一新、张之洞、康有为、梁启超、

孙诒让、皮锡瑞、王闿运、廖平、章太炎、刘师培、柳诒徵、钱穆等,皆有研究专著出版。

另一类是现代学术史(或称作"知识史")。桑兵主编的"近代中国知识与制度转型丛书"是集大成之作。该丛书所收录的孙宏云的《中国现代政治学的展开》(生活·读书·新知三联书店 2005 年版)、姚纯安的《社会学在近代中国的进程(1895—1919)》(生活·读书·新知三联书店 2006 年版)、赵立彬的《西学驱动与本土需求:民国时期"文化学"学科建构研究》(社会科学文献出版社 2014 年版)等,都是该领域的代表作。复旦大学中外现代化进程研究中心所编"学科、知识与近代中国研究书系",旨在从学科知识成长的角度审视近代中国的历史,收录有章清的《会通中西:近代中国知识转型的基调及其变奏》(社会科学文献出版社 2019 年版)、潘光哲的《创造近代中国的"世界知识"》(社会科学文献出版社 2019 年版)等。左玉河的《从四部之学到七科之学》(上海书店出版社 2004 年版)阐述从传统的学术系统到近代知识系统的转变过程。桑兵的《晚清民国的学人与学术》(中华书局 2008 年版)重点论述近代学人的学术交往、学术派别和知识脉络等。左玉河的《中国近代学术体制之创建》(四川人民出版社 2008 年版)和张剑的《中国近代科学与科学体制化》(四川人民出版社 2008 年版)重在研究中国现代知识和学科体制。这些著作以现代学术、学科或学制为研究对象,对"学术"的理解及研究路径与传统学术史有一定区别。

社会文化史研究也存在不同风格。其一,以社会文化为研究对象,如梁景和主编的"中国近现代社会文化史论丛"、孙燕京的《晚清社会风尚研究》(中国人民大学出版社 2002 年版)、李长莉的《晚清上海社会的变迁——生活与伦理的近代化》(天津人民出版社 2002 年版)、梁景和的《近代中国陋俗文化嬗变研究》(修订本,首都师范大学出版社 2009 年版)等。其二,强调从文化的视角观察社会,综合性地考察文化、社会与政治的关系,如罗志田的《激变时代的文化与政治:从新文化运动到北伐》(北京大学出版社 2006 年版)、王奇生的《革命与反革命:社会文化视野下的民国政治》(社会科学文献出版社 2010 年版）、王笛的《街头文化：成都公共空间、下层民众与地方政治（1870—1930）》（商务印书馆 2013 年版）、湛晓白的《时间的社会文化史——近代中国时间制度与观念变迁研究》（社会科学文献出版社 2013 年版）、瞿骏的《天下为学说裂：清末民初的思想革命与文化运动》（社会科学文献出版社 2017 年版）等。

概念史、观念史、阅读史、符号史等，是这一阶段较新颖的论题。有人称之为新文化史，也有人主张纳入知识史或社会文化史的范畴。其中，概念史的代表性成果有冯天瑜的《"封建"考论》（武汉大学出版社 2006 年版）、方维规的《概念的历史分量——近代中国思想的概念史研究》（北京大学出版社 2018 年版）、陈力卫的《东往东来——近代中日之间的语词概念》（社会科学文献出版社 2019 年版）。观念史研究，有金观涛和刘青峰的《观念史研究》（法律出版社 2009 年版）、黄兴涛的《重塑中华：近代中国"中华民族"观念研究》（北京师范大学出版社 2017 年版）等。阅读史研究，有潘光哲的《晚清士人的西学阅读史：1833—1898》（台北"中央研究院"近代史研究所 2014 年版）、张仲民的《种瓜得豆：清末民初的阅读文化与接受政治》（社会科学文献出版社 2016 年版）等。政治文化史研究，有李恭忠的《中山陵：一个现代政治符号的诞生》（社会科学文献出版社 2009 年版）、陈蕴茜的《崇拜与记忆：孙中山政治符号的建构与传播》（南京大学出版社 2010 年版）、王建伟的《民族主义政治口号史研究》（社会科学文献出版社 2011 年版）等。

关于文化人群体的研究。文化是人的文化，文化史向来重视研究历史上的士人、学人、知识人、报人、读书人等文化精英及其思想。此前，学界对精英人物的研究主要采取思想史或学术史视角，重在论述他们的政治思想、文化思想、学术思想和成就。世纪之交，一些学者调整研究角度，将文化史与社会史、政治史综合起来考量，比较重视对士人、学人、知识人、留学生等作群体性考察，关注他们的社会交往和人际脉络，探究文化群体与社会、政治的互动关系。该方面较具代表性的成果，有桑兵关于晚清民国学生社会和学人群体的研究①、杨国强关于晚清士人的研究②、罗志田的《近代读书人的思想世界与治学取向》(北京大学出版社 2017 年版)、许纪霖的《中国知识分子十论》(复旦大学出版社 2004 年版)及其所编"知识分子论丛"等。

在理论方法上,这一阶段的近代文化史研究比较显著的特点表现在两个方面。一是对西方的新文化史学和后现代主义史学理论方法的引入和借鉴。欧美新文化史家彼得·伯克、林恩·亨特等人的著作得到许多学者和学生的青睐。相较于中国文论界和哲学界,后现代主义思潮对中国史学界影响稍迟,此期也受到一些年轻学者的热议。知识考古、文化霸权理论、文化建构论、话语分析方法等后现代主义的治史理念和方法,启发人们重新思考中国近代文化史诸问题。二是强调文化与社会的互动研究。耿云志主编的"近代中国文化转型研究丛书"(四川人民出版社 2008 年版),把鸦片战争后至五四新文化运动作为基本的考察时段,强调文化转型与社会变迁的关联,关注外来文化的刺激与影响。作为该丛书的一种,郑大华和彭平一所著的《社会结构变迁与近代文化转型》(四川人民出版社 2008 年版)对此有明确体现。③ 学术史、思想史、知识史等的研究,也较以前重视考察其社会文化面相,重视社会史理论方法与文化史的互动互鉴。

二、问题与论争

改革开放 40 多年来,学界针对中国近代文化史研究中的问题形成了不

---

① 桑兵著有《清末新知识界的社团与活动》(生活·读书·新知三联书店 1995 年版)、《晚清学堂学生与社会变迁》(学林出版社 1995 年版)、《学术江湖:晚清民国的学人与学风》(广西师范大学出版社 2017 年版)等。

② 杨国强著有《百年嬗蜕:中国近代的士与社会》(上海三联书店 1997 年版)、《晚清的士人与世相》(生活·读书·新知三联书店 2008 年版)等。

③ 该问题可参见郑大华、邵华:《20 世纪 90 年代以来近代中国的社会变迁与文化转型研究述评》,《教学与研究》2007 年第 12 期。

少争论,如关于中国近代文化的起源问题、洋务思潮的评价问题、中体西用的评价问题、改良思想与改良主义的关系问题、救亡与启蒙的关系问题、五四新文化运动"全盘反传统"问题、现代新儒学评价问题、自由主义的评价问题、民族主义的评价问题等。这里仅择取三个较具代表性的问题,予以阐述。

(一) 学科理论诸问题

改革开放40多年来,中国近代文化史研究由微而著,学科基本理论建设在其中发挥了重要作用。关于中国近代文化史的研究对象、任务、分期、方法、历史地位,关于近代文化的结构变化、发展规律、性质、特点以及中国文化与西方文化、近代文化与传统文化的关系等,学界做了有益探讨。

关于研究对象和任务,80年代文化史研究初起,学界有较多讨论。当时绝大多数学者赞同采取文化的狭义,但具体理解稍有不同。李侃、刘志琴等人主张把文化的涵义限定在意识形态范围内,把文化看作是一定社会的政治和经济在观念形态上的反映,中国近代文化史就是要研究反映中国近代社会政治和经济的意识形态发生、发展和变化的历史。[①] 李文海主张把文化现象分为三类:观念形态;传播和反映这些观念形态的媒介和方式;群众日常活动中具有民族特色的社会生活要素。他认为,中国半殖民地半封建社会中的这三类文化现象,就是中国近代文化史的研究对象。[②] 龚书铎主编的《中国近代文化概论》(中华书局1997年版)以观念形态的文化,也就是与政治、经济相对应的文化为研究对象。关于近代文化史的研究任务,有人主张文化史研究的重点应该是文化的精华部分,或者说进步的文化。针对此,李文海分析认为:精华与糟粕、进步文化与反动文化,相互缠绕,都不是孤立存在的。"统治阶级的思想在每一时代都是占统治地位的思想",就其

[①] 李侃:《关于中国近代文化史的几个问题》,《近代史研究》1984年第1期;刘志琴:《怎样认识文化史》,载《中国近代文化问题》,中华书局1989年版,第36页。

[②] 李文海:《中国近代文化史研究对象与任务刍议》,载《中国近代文化问题》,中华书局1989年版,第5页。

社会影响而言,是比那些进步的或革新的新文化更加经常起作用的社会存在。因此,应纳入重点考察范围。① 这一时期具体的学术研究,基本采用了狭义的文化也就是观念形态的文化作为文化史的研究对象。

21 世纪初,在欧美新文化史学、文化人类学等学科理论方法的启发下,一些学者重新思考文化史学的研究对象和任务。罗志田在《解读变动时代的文化履迹——关于近代中国文化史研究的简单反思》一文中提出,近代文化史研究可借助人类学的定义,采取较为广义的"文化",多关注传统、价值系统、观念形式和各类建制。就与传统专门史的关系而言,文化史可相对减少政治史、军事史和经济史的内容,更多地整合社会史、思想史、学术史、生活史和心态史等面相。在具体操作中,落实到人的具体生活经历和体验层面,侧重于社会层次、生活习俗、思想观念、学术状况与集体心态等。② 2007 年,《史学史研究》杂志刊发了一组笔谈"中国近代文化史研究的理论反思"。在这组笔谈中,郑大华强调,加强社会变迁与文化转型之互动关系的研究,对于深化中国近代文化史研究具有十分重要的意义,因为社会变迁引起文化转型,并决定着文化转型的性质和速率,而文化转型又对社会变迁有着重要影响,有时还为下一步的社会变迁制造或提供思想前提。黄兴涛提出,文化史研究可由三个层面组成,一是文化人物、事件、各文化分支门类自身一般状况的研究;二是多种文化因素整合而成的"文化现象"的发现和阐释;三是文化与社会、政治、经济等的互动关系的研究,尤其是要关注"社会的文化史"与"文化的社会史"之间的互动关系。张昭军阐述了在确立中国近代文化史的研究对象时值得考虑的四个问题:一是要区分近代文化与近代历史上的文化,以新文化的生成、发展为主,兼顾近代历史上的其他文化;二是要将文化史作为类文化的历史,而非专史的组合;三是既要把文化

---

① 李文海:《中国近代文化史研究对象与任务刍议》,载《中国近代文化问题》,中华书局 1989 年版,第 8 页。
② 罗志田:《解读变动时代的文化履迹——关于近代中国文化史研究的简单反思》,《四川大学学报》2008 年第 6 期。

作为研究对象,又视为不断发展的理论方法;四是要处理好"外在取向"与"内在理路"的关系。① 相对而言,这一时期有关社会文化史的讨论比较集中,刘志琴、李长莉、梁景和等发表了《论社会文化史研究的崛起》等多篇文章,探索中国社会文化史研究的基本理论和方法。② 王汎森则从思想文化史的角度提出,应加强对"中层"人物和旧式人物、文化传播、感觉世界的研究。③

关于中国近代文化史的开端,研究者多主 1840 年鸦片战争说。此说立论的根据,一是遵从社会性质、社会形态的划分标准,认为从鸦片战争开始中国进入半殖民地半封建社会,凡反映这一社会形态的文化即近代文化;二是西方学者所提出的"冲击—回应"模式,认为中国走向近代化的最大动力源自外部,始于鸦片战争。尽管双方立场不同,但对中国近代文化史的起始时间则少有争议。20 世纪 80 年代,西方各种现代化理论流入中国,受此影响,有学者试图重新论证中国近代文化的起源问题。针对韦伯、费正清等人把中国现代化归于外力的推动,萧萐父、冯天瑜等重提侯外庐的明清之际早期启蒙思潮说。不过,与侯外庐从马克思主义社会形态理论立论不同,萧萐父、冯天瑜主要是从文化现代化的角度予以解说。他们认为,中国文化的现代化必须从民族文化传统中寻找内在的历史根芽,从 17 世纪以来中国曲折发展的启蒙思潮中去探寻传统文化与现代化的历史接合点,明清之际出现的具有"破决启蒙"性质的社会思潮可视为中国文化现代化的起点。④ 萧萐

① 郑大华《要加强社会变迁与文化转型之互动关系的研究》,黄兴涛《文化史研究的省思》,张昭军《关于中国近代文化史研究对象的确定问题》,载《笔谈:中国近代文化史研究的理论反思》,《史学史研究》2007 年第 3 期。

② 刘志琴等学者的代表性文章,载梁景和主编《中国社会文化史的理论与实践》一书(社会科学文献出版社 2010 年版)。此外,《史学理论研究》2013 年第 1 期所刊"新文化史"笔谈,《史学月刊》2017 年第 9 期所刊"中国思想文化史研究的理论与方法"笔谈,其中也有文章涉及中国近代文化史。

③ 参见王汎森:《中国近代思想文化史研究的若干思考》,载《中国近代思想与学术的系谱》(增订版),上海三联书店 2018 年版。

④ 参见萧萐父:《中国哲学启蒙的坎坷道路》,《中国社会科学》1983 年第 1 期;冯天瑜:《从明清之际的早期启蒙文化到近代新学》,《历史研究》1985 年第 5 期;冯天瑜主编:《东方的黎明——中国文化走向近代的历程》,巴蜀书社 1988 年版。

父、冯天瑜的论点受到陈卫平、包遵信等人的质疑。陈卫平认为,明清之际思想是近代思想的胚胎,所谓胚胎,就是说明清之际表现出从传统过渡到近代的某些动向,但它与西方文艺复兴不相类。① 耿云志所著《近代中国文化转型研究导论》一书则指出,片面强调外来文化的冲击作用,或片面强调中国传统文化的现代转换,都是不符合实际的。传统文化内部新质因素的积累与外部的刺激主次地位的变化应根据具体情况而定。② 彭明、程歗主编的《近代中国的思想历程(1840—1949)》对近代思想文化的起源问题提出了自己的看法。他们认为,探索近代思想文化的起源,既要充分把握中国外部条件的变化,更要充分考索中国社会内部的变迁和文化积累。因此,论析近代思想的起源,就需要跨过作为政治史开端的 1840 年,对乾嘉以来的社会事件有所考察。③ 与该观点相近,张昭军、孙燕京主编的《中国近代文化史》一书在处理近代文化史的开端时,既考虑鸦片战争前后中西方文化关系的变化,又注意观照自身文化传统的进展,采取从鸦片战争时期写起,将战争前经世之学和经世思潮的兴起作为开端的标志。④

关于中国近代文化史的主线,改革开放初期问世的绝大多数著作延续了此前的说法,即根据《新民主主义论》的观点,以中国文化战线上的两个斗争为历史线索:"五四"以前是资产阶级的新文化同封建阶级的旧文化的斗争,"五四"以后是新民主主义文化即无产阶级领导的人民大众的文化同帝国主义文化和封建文化的斗争。这两个斗争前后相继,构成了整个中国近现代文化史的主线,其中,无产阶级领导的人民大众的反帝反封建的文化代表了主旋律。80 年代后期,与中国现实生活的现代化要求相辅成,一些学者尝试运用现代化理论来研究中国近代文化史,强调中国近代文化史就是中国走向现代化的历史。采用现代化的视角和线索,中国近代文化史的

① 陈卫平:《第一页与胚胎——明清之际的中西文化比较》,上海人民出版社 1992 年版。
② 耿云志:《近代中国文化转型研究导论》前言部分,四川人民出版社 2008 年版。
③ 彭明、程歗主编:《近代中国的思想历程(1840—1949)》,中国人民大学出版社 1999 年版,第 5 页。
④ 张昭军、孙燕京主编:《中国近代文化史》,中华书局 2012 年版,第 4 页。

主要研究内容调整为：研究中国传统文化的嬗变、更替和没落，研究西方文化在中国的传播、交流与民族化进程，研究中国新文化的孕育与成长。目前，这一处理方式仍为近代文化史研究者普遍采用。在此基础上，张昭军、孙燕京主编的《中国近代文化史》一书提出了较为形象的"双螺旋"主线的说法。该书认为，类似基因图谱，中国近代文化的演变有两条基本线索，一是中国传统文化在近代的蜕变与新生，一是西方近代文化在中国的播植和生发。这两条线索如同双螺旋般相互缠绕为一体，不能绝对分离，从而共同构成了近代文化的主脉。① 进入21世纪后，实现中华民族的复兴和中国传统文化的复兴成为新的战略任务和现实目标。笔者预测，与此相适应，以民族复兴和文化复兴为视角或主线书写中国近代文化史，很可能代表了下一个阶段的学术方向。

关于中国近代文化的结构，龚书铎的《近代中国文化结构的变化》一文予以了专门阐述。该文指出：近代中国文化结构发生了前所未有的变化，在文化构成上，由鸦片战争前单一的封建文化，变为包括封建文化、帝国主义文化、资产阶级文化、无产阶级文化在内的复合体；在内部结构上，以儒学伦理纲常为核心的封建文化，逐步让位于以民权、平等为核心的资产阶级新文化；在部门结构上，原有学科如史学、文学等在学科内容、体系等方面发生变革，新学科如政治学、法学、自然科学等逐渐兴起。② 庞朴的《文化结构与近代中国》把文化视为立体的系统，分为物质层、心物结合层（即理论、制度层）和心理层。他指出，从鸦片战争，中经甲午战败，到五四运动时期的整个中国近代文化史，表现为文化三结构的依次展开。③ 王先明则把文化模式理解为一种特定的文化结构，也就是一定的文化在特定历史阶段演进过程中的文化结构形式。在他看来，"中体西用"并不只是一种洋务派的思想原则或纲领，或社会思潮，它还是近代中国独有的文化模式。这种文化模

---

①　张昭军、孙燕京主编：《中国近代文化史》，中华书局2012年版，第3页。

②　龚书铎：《近代中国文化结构的变化》，《历史研究》1985年第1期。

③　庞朴：《文化结构与近代中国》，《中国社会科学》1986年第5期。

式,突破了传统的"体用同源"或"体用不二"结构模式,也不同于西学的文化模式,在近代特定历史条件下发挥了独特作用。①

关于中国近代文化的特点,以龚书铎的研究具有代表性。他把近代文化的特点归结为四:第一,近代文化是在西方文化和中国传统文化互相冲突又会通融合的过程中形成的;第二,民主与科学是近代文化的核心;第三,近代文化的发展从一开始就同政治、救亡图存密切结合在一起;第四,近代文化既丰富多样,又肤浅精糙,没有完整的体系。② 也有学者认为,中国近代文化的特点可用"中、外、古、今"来概括。中、外、古、今文化互相斗争,互相渗透、融合,构成了近代文化多样复杂的特点。还有学者对近代文化的缺点予以剖析,认为近代文化与政治结合得过于紧密,过分从属于甚至完全屈从于政治,缺乏一定独立性,相对忽略了全民族文化科学素质的提高。③

关于近代文化的地位和作用,改革开放前流行的看法是,中国古代文化成就辉煌,近代文化贫乏落后。改革开放后,学界对近代文化的评价发生了很大变化。有学者指出,近代文化在总体发展趋向上是进步的,它有了资本主义文化,后来又有了马克思主义文化,这与古代文化相比,显然是质的变化。也有学者认为,近代是继春秋战国之后又一个百家争鸣、文化大发展时期,其在文化史上的地位不容忽视。还有学者以中西文化的大融合来标示近代文化的进步,强调近代文化在民主自由思想、自然科学和科学观念、民族精神等三方面均有长足进展。这些观点在 90 年代后已成了学界共识,今天,已很少有人否认近代文化在中国文化史上的重要性。

值得指出的是,21 世纪以来,一些学者不再从学科或研究对象的角度来理解文化史,转而主张文化史是一种研究视角或方法,强调从文化的视角或方法来解读历史。若仅将文化史作为视角或方法,其研究对象和范围空

① 王先明:《近代新学——中国传统学术文化的嬗变与重构》第 7 章,商务印书馆 2000 年版。
② 龚书铎:《略谈中国近代文化的特点》,载《中国近代文化探索》,北京师范大学出版社 1997 年版。
③ 参见李侃:《中国近代文化与社会主义现代化》,载《近代传统与思想文化》,文化艺术出版社 1990 年版。

前扩大,甚至无所不在,也就意味着文化史没有了特定的研究对象。这实际上是取消了文化史的独立性,文化史作为学科也就不复存在。

(二) 革命与改良、激进与保守的关系问题

在诸多问题中,围绕革命与改良、激进与保守的关系,学界争论较多,关涉面较大,富有代表性。革命与改良、激进与保守之争,其间有分有合,鉴于二者割不断的联系,在此一并叙说。

改革开放后重新探讨革命与改良的关系问题,是与对"文化大革命"的反思结合在一起的。鉴于此前对革命的颂扬、对改良的贬抑,李泽厚的《中国近代思想史论》一书就太平天国起义思想、资产阶级改良思潮和革命思潮及其代表人物的思想,作了有针对性的解析。他认为,此前在歌颂农民起义的旗号下,把太平天国和洪秀全说得十全十美,歪曲了事情的本来面目,在反对地主统治的革命中,小农的封建性及其沉重的社会影响不可低估;改良派的自由主义思想具有抵抗侵略的爱国主义和反对封建落后的特征,在历史上起了巨大的启蒙作用;革命派由爱国而革命,是为了国家的独立、自由、富强而革命,从思想史角度看有其不足,对于思想启蒙工作,他们做得很少,且很不重视。[①] 1980 年,陈旭麓发表《中国近代史上的革命与改良》一文,予改良和改良主义以新的评价。他指出,改良决不是历史的赘疣,不能简单视作是灰色的、骑墙的和反动的,视作阻止和对抗革命的政治势力;它与革命相辅而行,对立统一,不能互相替代、互相抹杀。学界对革命与改良重新定位,意味着对与此密切相关的太平天国起义思潮、洋务思潮、维新思潮、资产阶级革命思潮等也要作出新的评价。[②] 重评革命与改良,直接关系到对中国近代思想文化史乃至中国近现代史上一系列重大问题的评价。

80 年代后期,中国出现一股反传统的声浪,海外学者余英时等针对中国近现代史上的"激进主义"思潮发表意见。1988 年,余英时在香港中文大

① 李泽厚:《中国近代思想史论》,人民出版社 1979 年版。
② 陈旭麓:《中国近代史上的革命与改良》,《历史研究》1980 年第 6 期。

学发表题为《中国近代思想史上的激进与保守》的演讲。他认为"中国近代一部思想史就是一个激进化的过程（process of radicalization）"，"无论是戊戌的维新主义者，五四时代的自由主义者，或稍后的社会主义者，都把中国的文化传统当作'现代化'的最大的敌人，而且在思想上是一波比一波更为激烈"。① 针对余英时的观点，1992 年，姜义华在香港《二十一世纪》上发表《激进与保守：与余英时先生商榷》一文指出，百余年来，中国的"激进主义事实上不是太强，而是太弱"。现代化运动在很长一段时间内力量有限，北洋军阀和国民党新军阀取得统治地位以及由此引起的社会动乱，在很大程度上来自固有传统，而不是源于反传统的力量。② 在此前后，《二十一世纪》《哲学研究》《东方》《读书》《原道》等刊物发表了系列文章，围绕中国近代思想上的激进与保守问题开展讨论。③ 其中，李泽厚等发表的《关于文化现状、道德重建的对话》《告别革命》等论著，从反思和批判辛亥革命入手，对近代以降的革命予以否定性评价。他把谭嗣同看成是近代激进主义的开山，认为激进主义的负面影响极大，不仅影响到维新派和革命派，甚至一直影响到现在。他提出，根据以往"革命史观"的评价标准，"革命"是好名词，"改良"是贬义词，现在应该把这个标准颠倒过来，"告别革命"。此说引起近代史学界极大关注。1995 年，《高校理论战线》发表著名学者刘大年、戴逸、金冲及、胡绳武、龚书铎、李文海、张海鹏、杨天石、耿云志等人的文章指出，批判激进主义者在历史观与方法论方面存在严重错误，历史研究必须实事求是，坚持以马克思主义为指导。④ 他们强调，历史研究要从史实出发，而不能从假设出发，革命是近代以来民族危机和社会矛盾极其尖锐的产物，

---

① ［美］余英时：《中国近代思想史上的激进与保守》，载《钱穆与现代中国学术》，广西师范大学出版社 2006 年版，第 173、188 页。

② 参见姜义华：《激进与保守：与余英时先生商榷》，《二十一世纪》1992 年 4 月号，总第 10 期。

③ 参见李世涛主编：《知识分子立场——激进与保守之间的动荡》，时代文艺出版社 2000 年版。

④ 详见专栏"历史学家谈中国近现代史研究的历史观和方法论"，《高校理论战线》1995 年第 8 期。

不能想当然地视为激进主义思潮的表现。沙健孙和龚书铎还组织专家学者撰写文章,结集出版了《走什么路——关于中国近现代历史上的若干重大是非问题》一书,回应和驳斥"告别革命"、否定革命等观点。① 这场论战某种意义上延续了此前关于革命与改良的讨论,关系到如何看待戊戌变法、辛亥革命、五四新文化运动等重大问题,学界至今仍未就此达成共识。激进与保守之争并非是一般意义上的学理争辩,论战双方均融入了强烈的现实关怀,其实质是对中国社会道路选择问题,也就是中国要走什么路的探讨。

（三）关于五四新文化运动的评价

五四新文化运动是近代史上讨论最为热烈的领域之一。改革开放后,研究者在持续反思主流观点的基础上前行,视野较以前大为开阔,所借鉴的理论从阶级分析、现代化理论到反思现代性、后现代主义、新文化史学等,不一而足。

关于新文化运动与五四运动的关系。包括海外学者在内,大多数人对五四运动作广义的理解,认为它既指 1919 年的"五四事件",也包括以《新青年》为主要阵地的新文化运动。这一领域最具代表性的两本著作——周策纵的《五四运动:现代中国的思想革命》和彭明的《五四运动史》,虽各有侧重,但均把新文化运动纳入研究范围。② 有学者认为,如此理解,提升了五四运动在思想史上的地位,却掩盖了新文化运动的独特意义。20 世纪 80 年代,有学者尝试对五四运动与新文化运动重作区分,从而彰显新文化运动的历史意义。这一方面的代表性观点,是李泽厚提出的"救亡压倒启蒙说"。③李泽厚的论断以二者对立的形式,把救亡与启蒙鲜明区分开来,提出了关于

---

① 具体论点参见沙健孙、龚书铎主编:《走什么路——关于中国近现代历史上的若干重大是非问题》,山东人民出版社 1997 年版。

② 参见[美]周策纵:《五四运动:现代中国的思想革命》,周子平等译,江苏人民出版社 1996 年版;彭明:《五四运动史》,人民出版社 1984 年版。

③ 李泽厚:《启蒙与救亡的双重变奏》,《走向未来》1986 年创刊号。

五四爱国政治运动与新文化运动关系的不同解释,由此引发了救亡压倒启蒙或救亡促进启蒙的纷争。① 受李泽厚观点的影响,在 80 年代的文化讨论中,五四启蒙中断的说法一度流行。90 年代以后,反对中断说的学者明显增多,其主要观点认为,五四后反帝反封建的民主革命把思想启蒙具体落实到行动上,新文化运动的启蒙精神在新的历史背景下得到了延续。21 世纪初,一些学者将两者共同纳入现代性坐标系统,有人提出五四政治运动代表了民族和国家"集体"求解放、求自由、求独立的精神,新文化运动则反映了"个体"求解放、求自由的精神。

关于五四新文化运动的性质,有思想启蒙、文艺复兴、反传统等不同说法。20 世纪 80 年代以来,"思想启蒙说"占据主流地位。用思想启蒙来表述新文化运动的性质,并肯定其反帝反封建的意义,这一观点可上溯至 30 年代中国共产党人发起的新启蒙运动。1937 年,何干之所著的《近代中国启蒙运动史》对此有系统阐述。"文艺复兴说"始自五四时期,当时,蔡元培、胡适、蒋梦麟等人曾把新文化运动比附为欧洲的文艺复兴。90 年代,随着学术史研究的深入、"国学热"的出现,新文化运动后期的"整理国故"运动引起关注,加上美国学者格里德《胡适与中国的文艺复兴》等著作的影响,以新文化运动为"中国的文艺复兴"的说法流行开来。② 五四"反传统"或"全盘反传统"的说法,较早出现在美国学者林毓生 20 世纪 70 年代出版的英文著作《中国意识的危机——"五四"时期激烈的反传统主义》。他认为,五四时期的反传统主义非常激烈,完全可以说是整体性的反传统主义(totalistic antitraditionalism)。1986 年,林著中文译本在国内出版。③ 1988 年,余英时在香港发表演说《中国近代思想史上的激进与保守》。他们的观点在国内引起激烈争论。严家炎、彭明、王桧林、丁守和、姜义华等人先后撰文反驳林毓生、

---

① 批评意见,可参见金冲及:《救亡唤起启蒙》,《人民日报》1988 年 12 月 5 日;彭明:《五四运动史研究的几个问题》,《文史哲》1989 年第 3 期。

② [美]格里德:《胡适与中国的文艺复兴》,鲁奇译,江苏人民出版社 1989 年版。

③ [美]林毓生:《中国意识的危机——"五四"时期激烈的反传统主义》,穆善培译,贵州人民出版社 1986 年版。

余英时的说法。严家炎在《五四新文化运动与传统文化》《"五四"·"文革"·传统文化》等文中指出,把五四新文化运动称作全盘否定传统文化,从三个层面上说都是不恰当的:第一,这种说法把儒家学说当作了传统文化的整体;第二,把以"三纲"为核心的伦理道德当作了儒家学说的整体;第三,忽视了儒家思想内部存在非主流、反主流成分。① 批评者有之,赞成者也不乏其人。1993 年,陈来在《东方》杂志创刊号上发表的《20 世纪文化运动中的激进主义》,对林毓生、余英时的观点表示认同。他说:"无可否认,对传统的反叛是'五四'新文化运动留给知识阶层的最有特色的遗产,同时也开始了激进主义横决天下的历史。"②2000 年以后,尤其是近些年来,大陆"国学复兴"思潮高涨,这种批评新文化运动割裂和破坏了中国传统文化的声音有增无减。与此相对,以耿云志为代表的一批学者则继续对新文化运动予以积极肯定,并提出了五四新文化运动是中华民族文化实现复兴的新起点等说法。③

关于五四精神的内涵,学界一般认为,民主与科学是五四新文化运动的两面旗帜,五四反帝反封建的革命精神极大地推动了中国历史进步。但也有学者提出不同看法。1989 年五四运动 70 周年时,有些学者发表文章称:"五四时代提出'民主'与'科学'两个口号,并没有真正抓住问题的根本";"'启蒙与救亡的双重变奏说'似未切中本质";④需要"重新阐释五四,颠覆了'民主与科学',代之以'自由与秩序'"⑤。90 年代,王元化等人援用陈寅恪为王国维纪念碑所撰铭文,认为"独立之精神,自由之思想"表现了五四文化精神的重要方面。⑥ 个别学者甚至提出,五四精神就是自由主义精神,五四传统就是自由主义传统。也有学者认为,"多元主义是五四精神

---

① 参见严家炎:《五四新文化运动与传统文化》,《鲁迅研究月刊》1995 年第 9 期;《"五四"·"文革"·传统文化》,《中国文化报》1998 年 2 月 21 日。
② 陈来:《20 世纪文化运动中的激进主义》,《东方》1993 年创刊号。
③ 参见耿云志:《五四:现代中国的新起点》,《历史研究》2019 年第 2 期。
④ 甘阳:《自由的理念:五四传统之阙失面》,《读书》1989 年第 5 期。
⑤ 许纪霖:《启蒙的命运:二十年来的中国思想界》,《二十一世纪》1998 年 12 月号,总第 50 期。
⑥ 参见王元化:《对于"五四"的再认识答客问》,载《九十年代反思录》,上海古籍出版社 2000 年版,第 133、134 页。

最弥足珍贵的思想遗产,它表征着启蒙时代开放的心灵和自由的思想",
"它是'科学'与'民主'赖以生长的基础"。① 这些学者的立论,主要是从
蔡元培、胡适等人的思想中寻找学术资源。与此不同,余英时《文艺复兴
乎? 启蒙运动乎? ——一个史学家对五四运动的反思》则主张将"国故"
学者梅光迪、吴宓等文化保守主义者,置于与五四新文化的同一论述结构
之中。② 余英时的这一观点得到不少国内学者的认可。他们赞同将杜亚
泉、任鸿隽、章士钊、梅光迪等被长期视作反动或保守的人物,通过"同情
之了解",纳入新文化运动序列,认为这些人也是五四新文化精神的代表。
这些阐释,不同程度地拓展了新文化运动的研究范围。2000 年后,汪晖、
郑师渠等从反思现代性的角度解读新文化思潮的精神旨趣和思想内涵,
为五四新文化运动研究注入了时代新意。③

    21 世纪以来,从知识史角度探讨新文化运动是值得注意的学术现象。
一些学者从知识史和学术史角度切入分析新文化运动的话语生成、形象演
变、历史记忆和学术前史等。例如,王奇生等人将五四新文化运动视作一种
历史研究的文本,强调历史上的五四新文化运动一去不返了,今天人们所认
识的不过是"历史叙述中的五四新文化运动",它是因应不同的时代和意识
形态需要而建构起来的。④ 欧阳哲生等学者比较并检讨了国共两党对五四
新文化运动的书写,认为政治派性某种程度上遮蔽了历史事实,他们的学术
研究带有一定的党派色彩。欧阳哲生等提出,以毛泽东、瞿秋白、陈伯达、艾
思奇、何干之为代表的马克思主义者,以杜亚泉、梅光迪、章士钊为代表的守
成主义者,以胡适、傅斯年为代表的自由主义者,形成了不同的话语体系,建

---

① 高力克:《五四的思想世界》,学林出版社 2003 年版,第 292、101 页。
② 参见[美]余英时:《重寻胡适历程》,广西师范大学出版社 2004 年版,第 266 页。
③ 代表性论著有汪晖:《文化与政治的变奏——战争、革命与 1910 年代的"思想战"》,《中国
社会科学》2009 年第 4 期;郑师渠:《欧战前后:国人的现代性反省》,北京师范大学出版社
2013 年版。
④ 参见王奇生:《新文化是如何"运动"起来的——以〈新青年〉为视点》,《近代史研究》2007
年第 1 期。

构起了不同的五四形象和不同的新文化运动。①

从总体上看,改革开放 40 多年的学术环境较以前大为改善,对新文化运动的讨论相当活跃。学者们对新文化运动评价存在分歧,甚至激烈争论,与他们的立场、观点和方法息息相关。从某种意义上说,这些争论和分歧正是现实生活中马克思主义、自由主义和保守主义等不同思想主张的历史投影。

三、困惑与反思

改革开放 40 多年来,中国近代文化史研究成就斐然。但若予以认真反思,毋庸讳言,其间存在一些不足之处,及一些有待解决的问题。例如,学界对文化史理论的讨论与探索,即便与同期兴起的社会史学比较,也有一定差距,文化史理论方法的滞后已不能满足学科建设的要求。②

(一) 如何处理文化史与唯物史观的关系

我们知道,文化史有其特定的研究对象,其中文化人是不可或缺的组成部分。至于著名思想家、学者或知识分子在历史进程中所起的作用,更是不言而喻。就史观而言,他们大多是以唯心史观或文化决定论为指导的。金

---

①　参见欧阳哲生:《纪念“五四”的政治文化探幽》(《中共党史研究》2019 年第 4 期)、《材料、诠释与意义探寻——百年五四运动史研究之检视》(《历史研究》2019 年第 2 期)等文。欧阳哲生还撰写了系列综述性文章,并主编了《百年回看五四运动——北京大学纪念五四运动 100 周年人文学术论坛论文集》(社会科学文献出版社 2020 年版)等。我们从中也可看出近些年来新文化运动研究的基本态势。

②　笔者所见,已发表的成果中,较集中讨论近代文化史理论的主要有:《中国文化研究集刊》第 1 辑(复旦大学出版社 1984 年版)虽对文化史理论有所讨论,但专门探讨近代史者仅有陈元晖《把中国近代文化史的研究提到研究日程上来》一篇文章;《中国近代文化问题》(中华书局 1989 年版)收有李文海、刘志琴等人的四篇文章;《史学史研究》2007 年第 3 期所刊郑师渠等六位学者的笔谈“中国近代文化史研究的理论反思”。龚书铎《中国近代文化探索》(北京师范大学出版社 1997 年版)、罗志田《二十世纪的中国思想与学术掠影》(广东教育出版社 2001 年版)等著作,也收有数篇阐述文化史理论方法的文章。

冲及早在 20 世纪 80 年代初就曾大胆地指出："决不能简单地认为：凡是进步的思想家在哲学上一定是唯物主义的，凡是哲学上的唯心主义者在政治上也很难是进步的。不仅如此，纵观中国近代社会思潮的演变，甚至可得相反的结论：在长时间内支配进步思想界的哲学思想，却一直是唯心主义（特别是主观唯心主义）。"①吊诡的是，"错误的"或"落后的"史观何以能指导他们作出如此巨大的历史贡献？

再者，文化与经济基础、生产方式的关系值得进一步思考。按照历史唯物主义教科书的一般说法，社会存在决定社会意识，经济基础决定上层建筑，生产方式决定社会制度，文化属于上层建筑或意识形态。且不说国外形形色色的文化理论，即以当下流行的"文化生产力""文化产业"等说法，我们对"文化"特别是文化与经济基础、生产方式等的关系，是否需要从理论上作出新的解释？这对于如何考察和评价文化在中国近代历史进程中的地位，具有极其重要的理论指导意义。

唯物主义认识论同样受到挑战。唯物主义认识论有一个正式的名字——"反映论"，意思是说："我们所认识到的一切，都是客观事物的反映，是事物本身在我们主观中的反映。"②尽管唯物论者承认这种反映具有一定的相对性和主观性，与照相机的那种反映不同（实际上照相机也并非百分百地反映），但就其根本而言，反映论以历史的客观性和可知论为前提。引人注意的是，近些年来，历史的客观性受到了后现代主义和文化主义等思潮的强有力冲击。具体表现在文化史研究领域，文化建构论大为流行。建构论淡化历史事实与历史认识之间的界线，导致历史的客观性与可知论大打折扣，甚至遭受质疑。一些新文化史家虽然对文化相对主义抱有高度警惕，

---

① 金冲及：《中国近代思想史研究中的几个问题》，载《中国文化研究集刊》第 1 辑，复旦大学出版社 1984 年版，第 275 页。在此之前，著名学者黎澍在《历史研究》1979 年第 11 期发表《中国社会科学三十年》一文，已犀利地指出了马克思主义史学中存在一种简单化、绝对化、公式化的倾向。

② 艾思奇：《大众哲学》，新华出版社 2001 年版，第 61 页。

避免陷入建构论,但他们也并不以反映论为然。①

　　静心观察,不仅唯物史观与文化史学的关系缺乏足够研究,而且唯物论本身也亟待发展。著名马克思主义学者陈先达对历史唯物论研究有素,却发出这样的感慨:马克思主义传入中国虽有上百年历史,但"我们对什么是生产力、什么是生产关系、什么是经济基础、什么是上层建筑、什么是社会存在、什么是社会意识,至今仍然不很清楚。在教科书中对历史唯物主义基本范畴和概念也很难给出明确的得到共识的定义"②。文化史研究者不可能置身局外,坐等唯物论研究者提供现成的答案。路是走出来的,如何结合所学专业处理文化史学与唯物史观的关系,史学家有不可推卸的责任。

（二）如何在保持全球化的视野下确立本土问题意识

　　毋庸置疑,国际的视野、比较的眼光,自近代以来即是推动中国学术进步的利器。梁启超早在20世纪初即已认识到其积极意义。他说:"凡天下事,必比较然后见其真,无比较则非惟不能知己之所短,并不能知己之所长。"③完全可以说,改革开放40多年来,中国近代文化史研究之所以能够取得如此显著的成就,大量吸收海外史学界的理论方法是其重要原因之一。

　　前面所述也印证了这一点,中国近代文化史研究领域大多数带有标志性的理论方法、学术成果或重要学术讨论,基本源自或是回应海外学术界的观点。就理论而言,从革命史理论、现代化理论到后现代主义,无一不是源自西方。关于近代思想史上革命与改良、激进与保守等重大问题的讨论,也首先是为了回应海外学者的观点。这就需要注意,中国近代文化史是以中国文化为主体的历史,作为中国学者,如何在保持全球化视野的前提下提出自己的问题。

---

① 参见[英]彼得·伯克:《什么是文化史》第五章,蔡玉辉译,北京大学出版社2009年版。
② 陈先达:《唯物史观在新中国的五十年》,《哲学动态》1999年第10期。
③ 梁启超:《论中国学术思想变迁之大势》,载《饮冰室合集》文集之七,中华书局1989年版,第2页。

其间，虽有一些学者在文章中强烈反对西方中心论，但他们在回应西方中心论的挑战时，不自觉中又落入了西方中心论。借用一些学者的说法："既然面临'文化霸权'（虽然不一定是有意识的）存在的现实，要与国际学术研究进行真正的'对话'，实不得不思其所思，言其所言。"①况且，西方文化是研究中国文化不可能离开的参照系。在西方文化霸权下，如何既保持国际对话，又能提出具有本土性的重大问题，确实有其难度。周谷城早在20世纪80年代就曾提出："研究中国文化史，同样要反对欧洲中心论，尤其说到近代的时候更要注意。"②今天看来，如何真正走出西方中心论，实现学术超越，建立本土性的话语体系，还有很长的一段路要走。

（三）如何理解文化、文化史，及其与政治史、经济史等的关系

理解文化史，首先面对的便是"文化"的概念。沿用俗常的说法，文化有"大文化""小文化"之分。尽管研究者对"文化"的理解不完全一致，但从改革开放40多年来的近代文化史研究实践看，研究者一般采用的是"小文化"，也就是偏重观念层面的文化概念。取文化的狭义，便于学术操作，且符合近代史研究实际，否则，广义的包罗万象的文化，会使研究者如同老虎吞天，无从着手。但换一个角度看，"大文化"并非不可作为。回顾20世纪前期，梁启超、胡适、李大钊等人的文化史著，多从"大文化"立论，涉及种族、地理、政制、法律、社会组织、婚姻家庭等方方面面，其中一些著作的学术价值至今仍为人称道。日本著名文化史家石田一良曾指出："对文化史学的最大误解，是将'文化'视为相对于政治及经济的、有关宗教、学术、艺术等的狭义的文化现象，从而把'文化史'看作是部分地或综合地记述该类历史的一种特殊史。"③这不由引人深省，从"大文化"出发的中国近代文化史

---

① 罗志田：《二十世纪的中国思想与学术掠影》，广东教育出版社2001年版，第59页。
② 周谷城：《中国文化史研究的意见和希望》，载《中国文化研究集刊》第1辑，第26页。
③ ［日］石田一良：《文化的概念与文化史学》，载《文化史学：理论与方法》，王勇译，浙江人民出版社1989年版，第144页。

该是什么样子,从"大文化"角度研究近代文化史会取得什么效果? 毕竟,
"小文化"仅是文化的一个面相。

实际上,即便"小文化"之下的次级文化史或部门文化史研究,也不乏
反思之处。对历史现象予以分类,然后确立该类型下的典型作为研究对象,
是史学研究中常见的思维方式。但类型化、典型化的处理方式,也有其弊
端,易失于准确。比如,研究者以"学派""主义"来指涉某一论域、某一主
题,长处是个性鲜明,值得注意的是,多数情况下是出于研究方便,不能作教
条化、绝对化理解。再如,以"顽固"与"维新"、"激进"与"保守"、"复古"与
"西化"、"新"与"旧"等对立概念来划分思想文化,也常给人以"书不尽言,
言不尽意"的感觉。近代更多的文化事象可能处于新旧两极之间,同一个
人物的文化思想,也是多种因素共同作用下的复合体,并不见得绝对地是旧
派唯旧,新派唯新。同一学派下成员的差别性,与不同学派间的共同性,都
应该予以重视。

历史是一个多面的杂合体,如何理解文化与社会、政治、经济的关系,如
何进行跨领域研究,相当重要。20 世纪 80 年代以来,人们较为重视各专史
和专题研究,却一定程度上弱化了综合性研究。近年来,一些论者已注意到
这一问题,并尝试予以改进。有学者提出要借鉴社会史学的理论和视角,加
强社会变迁与思想文化的互动研究。社会史学注重实证方法、注重社会实
践、关注社会下层等特点,予近代文化史研究者以很大启发。一些学者将社
会史与文化史结合起来,从事社会文化史研究,已取得一定成绩。同样,文
化与政治、经济的关系也值得认真思考。人们常说,政治史是历史的主干,
这一说法有其合理性。但政治与文化的关系,有时又不是以主干与枝节的
关系所能说明。政治既外在又内在于文化,文化既超越又浸透于政治,二者
联系紧密,各自又相对独立。思想文化有时与现实政治保持有某种一致性,
但思想文化并不能简单化约为或等同于现实政治。例如,政治立场不同者
可能是学术挚友,学术观点不同者可能是革命同志。在历史研究中,如何处
理文化与社会经济发展形态之间的关系,是又一重大的理论问题。研究者

欲回答这一问题,必然会碰到如何理解和解释文化。研究者是把文化理解为意识形态、上层建筑,还是把文化理解为广义的、贯穿整个社会生活或社会机体的一种存在? 为避免简单化约的危险,在一些情况下,整个历史学的研究实践要求运用后一种方案。显然,这样一来,情况更复杂、任务更艰巨,但如此处理,有利于综合性地说明和解释近代历史的进程。

21 世纪以来,西方新文化史传入中国,它强调将文化史作为一种研究视角和方法,而不是简单地视之为研究对象。新文化史在治史理念和思维方式上对于中国近代文化史研究多有助益,值得重视。但也不能人云亦云,一味跟风。因为,若完全按照某些新文化史家所说,文化史仅是研究视角和方法,一切历史皆为文化史,那么,文化史就失去了独立性,中国近代文化史作为学科也就没有了立足之处。

文化史的理论建设需要学术实践经验的积累。20 世纪 80 年代初,一些研究者针对文化史研究几近空白的状况,提出“草鞋没样,边打边像”,主张先从具体问题做起。历经 40 年,中国近代文化史研究已有长足进展,既有成果之丰富足以值得上升到理论高度予以总结和提炼。如能将既有学术经验与西方的新文化史理论方法结合起来,大家共同做一些理论性的建设工作,笔者以为,随着研究者理论自觉性的普遍提高,中国近代文化史研究必将会上升一个台阶。

本 章 小 结

改革开放 40 多年来,中国近代文化史在学科建设、研究成果、人才培养等方面取得了长足进步。从学科历程看,20 世纪 80 年代比较重视学科建设,通过创建专门性研究机构、编纂丛书、召开会议等形式,奠定了学科基础;90 年代,受经济大潮冲击,学科建设的速度明显放缓;21 世纪前 20 年,文化史研究蓬勃发展,但整体性研究没有得到足够重视,对于文化史基本理论方法的讨论仍嫌薄弱。

　　这 40 多年所研究的问题相当广泛,其中,关于革命与改良、激进与保守的关系问题,关于新文化运动的探讨,较具代表性,由此可见近代文化史研究之一斑。从学科理论看,诸如如何深化文化史与唯物史观关系的研究,如何在全球化的视野下提出本土问题,以及重新理解文化、文化史及其与其他专史的关系等,已成为当下值得深思的基本问题。

下编　史学理论

第 十 章

文化史学是什么？

—— 兼论新旧文化史学的内在一致性

近二三十年,文化史研究(根据语境或使用"文化史学""文化史")一直处于某种尴尬状态。一方面,许多研究者以文化史研究为专业,发表了大量以"文化史"冠名的学术成果;另一方面,却说不清自己的学术身份和学科定位,乃至有人避而不谈这样的基本理论问题。① 在此状况下,文化史学的合法性受人质疑也就不足为怪。近年来,西方学者约翰·霍尔(John Hall)发表的《文化史死了》,罗杰·夏蒂埃发表的《"新文化史"存在吗?》,均是例证。②

文化史死了吗? 新文化史存在吗? 要回答此类问题,有必要弄清文化

---

① 比如,法国的文化史专家菲利普·普瓦里耶在《文化史的得失》一书中,首先描述了文化史的谱系,并且指出"没有给文化史提出一种标准定义的雄心"。参见 Philippe Poirrier, *Les enjeux de l'histoire culturelle*, Seuil, 2004, p.13。

② 约翰·霍尔宣称,"'文化史'作为一种类型,再也不能涵盖关于文化的历史学研究的多样性",它作为一个特定知识实体在我们这个后学科时代已经终结。(见[美]约翰·霍尔:《文化史死了》,载[英]杰拉德·德兰迪、恩靳·伊辛主编:《历史社会学手册》,李霞、李恭忠译,中国人民大学出版社 2009 年版,第 272—303 页)夏蒂埃指出,近年来出现的新文化史作品,无论是研究对象还是方法视角以及所参照的理论,都是多种多样的,这令人怀疑所谓的新文化史是否具有内在的一致性。(参见 Roger Chartier, "La nouvelle histoire culturelle existe-t-elle?", *Les Cahiers du Centre de Recherches Historique*, 31[Apr., 2003]。该文已由杨尹瑄译为中文,题名《"新文化史"存在吗?》,载《台湾东亚文明研究学刊》第 5 卷第 1 期,2008 年 6 月)与本论题相近的论文还有 Miri Rubin, "What is Cultural History Now?" in David Cannadine, ed., *What is History Now?* New York: Palgrave Macmillanl. td, 2002; Geoffrey Eley, "What is Cultural History?" *New German Critique*, No.65, Cultural History/Cultural Studies(spring-summer, 1995)。

史学的来龙去脉及其内在规定性。2004 年,英国著名学者彼得·伯克出版的《什么是文化史》,通过分阶段阐述文化史的历史来说明什么是文化史。该书将重点放在了文化史研究方法的历史变化及其多样性,而不是文化史学的特质和属性。换一句话说,作者欲解决的问题是"什么是文化史",而非"文化史是什么"。① 他断定,文化史尽管有自己的历史,但却没有本质。② 在"文化转向"的大背景下,多数研究者将目光集中在了文化史之"新"与"旧"的不同上,而相对淡化了新、旧文化史传承与一贯的方面。

文化史学是什么?本章拟综合中外文化史家的有关成果,尝试对此问题有所回答。笔者以为,无论新、旧文化史,主要围绕以下四个命题(或假设)而展开。这四个命题(或假设)规定了文化史学的特质和基本属性。

需要预先说明的是,这里所说的文化史学,是以文明史学为基础的比较完全意义上的文化史学。美国著名学者塞缪尔·亨廷顿说他赞同布罗代尔的观点,认为"文明"是放大了的"文化","想用德国的方式把文化分离于其基础——文明,是虚妄的"。③ 笔者认为这一说法有其合理性,也不刻意去区分"文化"和"文明",只是根据文化史学的演进阶段及语境的变化而作选择和使用。退一步说,即便仅以狭义上的文化史为对象,也离不开对作为其

---

① 笔者在此区分"什么是文化史"和"文化史是什么",并非搬弄文字。有研究者已指出,"什么是"和"是什么"代表了两种看待本体世界的方法,即"自本体"(from ontology)和"对本体"(to ontology)。见胡伟希:《天人之际——中国哲学十二讲》,云南人民出版社 2005 年版,第 275—278 页。

② 参见[英]彼得·伯克:《什么是文化史》,蔡玉辉译,北京大学出版社 2009 年版,第 3 页。

③ [美]塞缪尔·亨廷顿:《文明的冲突与世界秩序的重建》,周琪等译,新华出版社 1998 年版,第 24 页。彼得·伯克也不主张对"文化史"与"文明史"强作分别,按他的说法,英国人和德国人喜欢用"文化史",法国人喜欢用"文明史"。(见[英]彼得·伯克:《什么是文化史》,蔡玉辉译,第 4 页)在中国,对应 Culture 和 Civilization,甚至很长一段时间内没有形成固定的翻译术语。有学者认为,如同"算学"和"数学"一样,"文化"和"文明"二者可以混用,它们只是一个事物的两个名称,做区别没有什么意义。(张崧年:《文明或文化》,《东方杂志》第 23 卷第 24 号,1926 年 12 月)到 20 世纪 30 年代,仍有学者主张用"文化"对译 Civilization。(详见李璜:《文化史中文化的意义、起源与变迁》,《中华教育界》第 16 卷第 4 期,1926 年 10 月)相应地,学界对"文化史"和"文明史"并无统一约定,如陆懋德在《中国文化史》导论中说:"近时日人于此类史书,则称文明史,而吾国则称文化史。"(陆懋德:《中国文化史》,《学衡》第 41 期,1925 年 5 月)

源头和母体的文明史的分析。在思路上,笔者拟沿用前人的办法,主要通过与政治史学的比较来彰显文化史学的特性(新文化史学则间与社会史学比较)。① 例如,西方学者布克哈特、兰普雷希特、鲁滨逊等提倡的文化史,是相对于以兰克及其后学为代表的政治史;日本文化史学的奠基者田口卯吉、高山樗牛等,也是从与政治史比较的角度来界定文化史;中国文化史学的早期倡导者梁启超、胡适等同样是通过与政治史比较,从而提出了"以文化史代政治史"等主张②。美国学者费利克斯·吉尔伯特(Felix Gilbert)以《历史学:政治还是文化》为题,将政治史与文化史作为两种代表性的史学类型,比较了兰克与布克哈特的史学风格。③

一、书写民众的历史

以政治史学为参照系,文化史学的首要特色在于它所书写的是"民史"。政治史以历史上的国家和政权为核心,主要研究攸关国家利害的包括军事、外交在内的重大事件及政治精英人物。文化史学并不排斥政治,但它研究的对象、关注的焦点和历史的主角明显不同。文化史学始终以人为本位,准确地说是以人民大众作为历史书写的主体。

在西方史学史上,有些学者把文化史学的源头追溯至古希腊时期的希罗多德,其理由即在于,与修昔底德关注政治和军事史上的重大事件不同,希罗多德开创了一种以人类活动为中心探询历史的传统。④ 18、19 世纪,文

---

① "文化史"是一个相对的概念,从发生学的角度看,主要是相对于以政治史为核心的传统史学而言。严格说来,无视文化的政治史家或无视政治的文化史家是不存在的。再,关于研究思路,有些学者主张采用先界定文化是什么,进而回答文化史是什么。这种思路有其长处,但也存在一定问题,容易把文化史分解为文化加历史。

② 梁启超:《中学国史教本改造案并目录》,载《饮冰室合集》文集之三十八,中华书局 1989 年版,第 26 页。

③ 参见[美]费利克斯·吉尔伯特:《历史学:政治还是文化》,刘耀春译,北京大学出版社 2012 年版。

④ 参见[美]唐纳德·R.凯利:《多面的历史》,陈恒、宋立宏译,生活·读书·新知三联书店 2003 年版,第 4 页。

化史学在西方确立下来,正式开启了以民众为本位书写历史的传统。文化史研究领域的近代奠基之作,如伏尔泰的《风俗论》、基佐的《欧洲文明史》和《法国文明史》、巴克尔的《英国文明史》等著作,分别以法国、英国或欧洲的"人民"或"民族"为叙述对象,风格迥异于以政治精英等"大人物"为主角的政治史。有些文化史著作还在书名中直接冠以"人民"二字。1874 年,英国历史学家葛林(John Richard Green)所出版的《英国人民简史》(*Short History of the English People*)一书(后增订为 4 卷本《英国人民史》),被视为欧洲"文化史运动"的代表作。① 关于该书的研究对象和主要内容,作者在序言中交代说:"本书不是英国帝王的历史,也不是英国对外军事征服的历史,而是英国人民的历史。我在本书中对于英国的对外战争、外交关系,帝王将相的个人事迹,以及宫廷的礼仪,朝臣的阴谋,都要加以精简,而把重点放在宪法、学术和社会进展等方面,因为这些进展是我国历史的主要内容。"② 在兰克史学居于主导地位的德国,作为政治史学的反动,卡尔·比德曼(Karl Biedermann)等人于1856 年创办了《德国文化史杂志》(*Die Zeitschrift für deutsche Kultureschichte*),该杂志以"德国人民的生活面貌和特征"为副题,显然有突出"人民"徽号之意。③ 德国文化史学的先驱科尔布(Georg Friedrich Kolb)、里尔(Wilhelm Heinrich Riehl)、施泰因豪森(Georg Steinhausen)、兰普雷希特等人,反对政治史家拿人民作为英雄人物的点缀,主张人民才是历史学的主要研究对象。科尔布著《人类的文化史》(*Kulturgeschichte der Menschheit*),里尔著《作为德意志社会和政治基础的人民自然史》(*Naturgeschichte des Volkes als Grundlage einer*

---

① [美]詹姆斯·哈威·鲁滨逊:《新史学》,齐思和等译,商务印书馆 1964 年版,中译本序言第5 页。

② [英]葛林(今天一般译为格林):《英国人民简史》第 1 版序言,转引自[美]詹姆斯·哈威·鲁滨逊:《新史学》,齐思和等译,中译本序言第 5 页。此外,该书在编纂方式上也不同以往,它不是按照王朝统治来分期,而是以人民为中心,根据英国人民世代生活的变化来划分时期。参见 Robert Livingston Schuyler, "John Richard Green and his Short History", *Political Science Quarterly*, Vol.64, No.3(Sep., 1949), p.334。

③ 比德曼认为文化史有三个维度:国家和大众生活;专门科学和艺术以及大众生活的发展;下层群众的活动、思想和感受。(见柏悦:《兰普莱希特的文化史编纂与理论建构》,北京师范大学2016 年博士学位论文)

deutschen Social-Politik），施泰因豪森著《德意志书信的历史——德国人民的文化史》（*Geschichte des deutschen Briefes：Zur Kulturgeschichte des deutschen Volkes*），顾名思义，他们书写的是"人民"的历史。在文化史学的发展史上，兰普雷希特是一个里程碑式的人物。他站在文化史学的立场上，勇敢地向传统的政治史学发出挑战，并针对兰克后学在方法论等方面的批判为文化史学辩护。他一再强调，历史不应只是战争、政变等政治活动的记录，也不应只是国王、将军、政治家等伟大个体的传记。针对兰克史学强调国家的中心角色和个人的决定性作用，他在《历史科学中的新旧学派》（*Alte und neue Richtungen in der Geschichtswissenschaft*）一文中指出，政治史其实就是个人史，是政治人物的英雄史，它严重漠视了群体和社会的心理因素。兰普雷希特的多卷本著作《德意志史》（*Deutsche Geschichte*）重视群体史写作，以"民族"为单位，突出德意志民族集体心理的历史作用。瑞士学者雅各布·布克哈特深受德国史学的影响，接受过兰克学派的专门训练，熟悉后者的研究方法和理论缺陷。他在反思兰克史学基础上所写的《意大利文艺复兴时期的文化：一本尝试之作》（*Die Kultur der Renaissance in Italien：Ein Versuch*），被公认为是文化史学的经典之作。该书正式把学术、思想、文学、艺术纳入史学领域，为文艺复兴运动时期的民众绘制肖像。布克哈特指出："对于我们来说，我们看待历史的时候从人出发，因为还没有谁以人为根本考察历史。人在整个历史过程中忍受、进取和行动，构成一个恒定的中心。我们的方法就是审视人的过去、他的现在和他的将来。"①历史研究应以人、以民众为中心，这的确代表了文化史家的共同心声。对比兰克"只讲述能够彰显强势人物的事情"②，双方立场显然不同。

　　文化史学问世初期，因风格迥异于政治史学，给人耳目一新之感，故又

---

① ［瑞士］雅各布·布克哈特：《世界历史沉思录》，金寿福译，北京大学出版社2007年版，第3、4页。

② ［德］利奥波德·冯·兰克：《英国史》第2卷，转引自［德］利奥波德·冯·兰克：《近代史家批判》，孙立新译，北京大学出版社2016年版，编者导言第9页。

有"新史学"之称。进入 20 世纪,文化史研究在更为广泛的范围内展开。在美国,以鲁滨逊居首,与他的学生比尔德、绍特威尔、海斯、桑戴克等一起,形成了著名的"新史学派"。"新史学派"实际上是文化史学派,它针对的是第一次世界大战前欧美盛行的以政治、军事、外交为主的传统史学。① 鲁滨逊早年留学德国,受到兰普雷希特等人史学思想的影响。他激烈地批判政治史学的狭隘性,主张把历史研究的领域扩大到人类过去的全部活动,将重点放在人们的日常生活方面。他的代表作《新史学》开篇明确区分文化史学与政治史学的研究对象:"从广义来说,一切关于人类在世界上出现以来所做的或所想的事业与痕迹,都包括在历史范围之内。大到可以描述各民族的兴亡,小到描写一个最平凡的人物的习惯和感情。"然而,"直到现今政治史仍然保持着它的至高无上的地位,一般人仍然把过去的政治事件,看作是历史的主要内容"。"人类的活动不仅是当兵、做臣民,或做君主;国家也决不是人类唯一关心的事情。"②他强调,教会、探险、商业、大学、著书、绘画等都是人类活动,应纳入历史研究范围。日本的文化史学也源自欧洲,是巴克尔、基佐等人史学思想影响的产物。明治时期,日本相继出版了以田口卯吉的《日本开化小史》、北川藤太的《日本文明史》、室田充美的《大日本文明史》、物集高见的《日本文明史略》、高山樗牛的《世界文明史》等为代表的一批著作。著名史家小泽荣一曾总结说:这批著作与传统史学的不同首先表现在研究对象方面,它们以"人民"与"文明"为视点,由君主、英雄、战争的历史转变为"人民"全体及其文化的历史。③ 20 世纪初,西方和日本的文化史著作传入中国,并形成了具有一定声势的"新史学"思潮。这股思潮与稍后传入的鲁滨逊"新史学"一起,共同推动了中国的文化史研究。新史家梁

---

① 如雷海宗 1931 年在武汉大学讲授"欧洲通史"时指出,鲁滨逊的新史学提出的背景和意义在于反对政治史、战争史或伟人史,注意平民史与文化史。见雷海宗:《西洋文化史纲要》,上海古籍出版社 2001 年版,第 341 页。

② [美]詹姆斯·哈威·鲁滨逊:《新史学》,齐思和等译,商务印书馆 1964 年版,第 3,9 页。

③ [日]小沢荣一:《近代日本史学史の研究:明治编》,東京:吉川弘文館,昭和 43 年,第 163 页。

启超、胡适等人均大力倡导文化史研究,他们所致力的"新史学"即文化史学。① 梁启超一再强调,"新史学"以"国民"为对象,以"民史"为正统:"泰西之良史,皆以叙述一国国民系统之所由来……诚以民有统而君无统也。"②"然则正统当于何求之,曰:统也者,在国非在君也,在众人非在一人也。舍国而求诸君,舍众人而求诸一人,必无统之可言,更无正之可言。"③五四时期陈衡哲所著的《西洋史》也属"新史学"家族,该书导言写道:"历史既是人类全体的传记,他[它]的范围当然很广。拿破仑的事业固然是历史;法兰西乡下的一个穷妇人的生活状况,也何尝不是历史。"④观点与鲁滨逊等人一致,主张把研究范围扩大到人民大众。40年代,沈鉴在《中国文化史的科学化》一文对此有专门论述:"文化是整理人群活动的产物,皇帝士大夫及军人不足以代表全部文化,能代表文化的是分布于广阔社会中的民众,他们才是真正道地的'文化人'。"⑤著名文化史家柳诒徵、钱穆等人虽与胡适、梁启超的史学观点不同,但主张把历史主体调整为民众、民族和人民,则是一致的。

值得注意的是,在文化史学中,"民众"是一个相对的、不断发展的历史范畴。"夫民者何,群物也,以群生,以群强,以群治,以群昌。"⑥文化史学中的"民众"具有群体性,且随着时代演进,其所涵盖的范围不断扩大。就像李璜在《文化史中文化的意义、起源与变迁》一文中所说:"希腊的德模克拉西是不及于他的奴隶,罗马的德模克拉西是只及于他的市民,而今日的德模克拉西便以人为对象,或至少以国民为对象了。"⑦上述一些文化史著作尽管被后来的新文化史家批评为研究范围狭隘,时常局限于精英阶层的文化,但具体地看,它包罗了上流社会、新兴资产阶级、新兴贵族、僧侣和骑士等群

① 参见张昭军:《梁启超的新史学是文化史》,《史学理论研究》2010年第2期;《"国故"如何整理成"文化史"》,《中国哲学史》2014年第3期。
② 梁启超:《新史学》,载《饮冰室合集》文集之九,中华书局1989年版,第21页。
③ 梁启超:《新史学》,载《饮冰室合集》文集之九,中华书局1989年版,第25页。
④ 陈衡哲:《西洋史》,辽宁教育出版社1998年版,第10页。
⑤ 沈鉴:《中国文化史的科学化》,《大学月刊》第1卷第9期,1942年9月。
⑥ 邓实:《史学通论》(四),《政艺通报》壬寅第12期,1902年8月。
⑦ 李璜:《文化史中文化的意义、起源与变迁》,《中华教育界》第16卷第4期,1926年10月。

体,较之政治史集中于君主、贤相和英雄人物,它的群体性和民众化程度无疑是提高了。

20 世纪中期,文化史学中"民众"的内涵进一步丰富,原先一些不受关注的种族、民族、阶层和群体得到了研究者的重视。两次世界大战推动了对非欧洲民族的文明和文化的研究,出现了像汤因比的《历史研究》这样的巨著。汤因比《历史研究》所关注的文明多达二十余个。这一时期,社会科学特别是社会史学的发展,促进了对普通民众开展更加广泛的研究。年鉴学派的心态史学和马克思主义史学均注重从社会的层面分析历史上普通民众的文化。文化史学与社会史学的互鉴与交融,还催生了大众文化史(Popular culture 或 Volks kultur)研究。这一领域的名著,如汤普森的《英国工人阶级的形成》(1963)关注的是下层产业工人的文化,芒德鲁的《17、18 世纪的大众文化》通过研究广泛流行的"蓝皮丛书"(la Bibliothèque Bleue)考察民众的心态与文化。①

20 世纪 70 年代,新文化史学兴起。新文化史学并没有变换历史主体,它继续以民众为研究对象。一些新文化史家赓续了大众文化史研究的传统,如伯克的代表作《欧洲近代早期的大众文化》(*Popular Culture in Early Modern Europe*)重点讨论的是以工匠和农民为代表的"大众",并醒目地使用"发现人民"作为第一章的标题。② 而且,他所提倡的大众文化研究,不再把精英人物与普通民众对立起来,而是认为大众文化为普通民众和社会精英所共享,大众文化与精英文化之间存在着互动与交流,"大众"包罗的人群较为广泛。新文化史的其他代表性著作,达恩顿的《屠猫记》考察的是包括技工、学徒、磨坊主、农民等在内的普通民众,勒华拉杜里的《蒙塔尤》则以一个小村庄的农民为研究对象。在新文化史家看来,民众可以通过群体

① Robert Mandrou, *De la culture populaire aux XVIIe et XVIIIe siècles*, Paris, Stock, 1964. 芒德鲁在研究方法上倚重计量,可以算作社会史维度的大众文化研究。
② 参见[英]彼得·伯克:《欧洲近代早期的大众文化》,杨豫、王海良等译,上海人民出版社 2005 年版。

的形式来呈现，也可以借助有血有肉的普通个体来表达。比如，金兹伯格的
《乳酪与蛆虫》一书的主角是被怀疑为异端的磨坊主，娜塔莉·泽蒙·戴维
斯的《马丁·盖尔归来》(*The Return of Martin Guerre*)叙述的则是下层农妇
贝特朗与真假马丁的爱情故事和离奇案件。① 在这些著作中，"小人物"取
代"大人物"从历史的边缘走到了中心，文化史家眼光向下，更加贴近普通人
的生活。诚如格奥尔格·伊格尔斯在论述西方史学的"文化转向"时所说：新
文化史学挑战专注于政治精英的传统史学和社会科学取向的社会史学，将主
题转移到了广义的日常生活的文化上面来，"随着新的注意力被给予了个人，
历史学便再度采取了一种人情味的面貌，但这一次不是给予了上层的权势者
而是给予了普通的百姓"②。西方史学界所说的"文化的转向"，主要是相对
于此前的"社会的转向"而言，若从文化史学的立场看，新、旧文化史学具有连
续性和统一性，或许用"每演益进"更为准确。正如伯克在接受访问时一再表
示的："我们不应夸大新文化史学的独特性"，"在某种意义上，新文化史学是
回归到布克哈特描绘一个时代形象的程式，虽然这一次历史学家更注意普普
通通的男男女女"。③ 径言之，新文化史学一如传统的文化史学，志在书写
人民大众的历史。④

　　实际上，以历史的发展的眼光看，新文化史家对下层民众和弱势群体
的重点关注，不过是在落实文化史学的初心，新、旧文化史家对于民众在
史学中的位置并无根本性分歧。早在19世纪40年代，德国学者胡尔曼
在讲授文化史课程时便已指出："到目前为止，历史总是被极片面地对待；

---

① 参见[美]娜塔莉·泽蒙·戴维斯：《马丁·盖尔归来》，刘永华译，北京大学出版社2009
　　年版。

② [美]伊格尔斯：《二十世纪的历史学——从科学的客观性到后现代的挑战》，何兆武译，辽宁
　　教育出版社2003年版，第8、9、16页。

③ 杨豫等：《新文化史学的兴起——与剑桥大学彼得·伯克教授座谈侧记》，《史学理论研究》
　　2000年第1期。

④ 俞金尧从社会史学的角度解读新文化史，认为书写人民大众的历史是它区别于其他历史研究
　　的身份特征："新文化史研究的对象是人民大众或社会大众，只不过它侧重于大众的文化。"
　　（参见俞金尧：《书写人民大众的历史：社会史学的研究传统及其范式转换》，《中国社会科学》
　　2011年第3期；《寸有所长而尺有所短：新文化史述评》，《史学理论研究》2013年第1期）

它只关心那些有影响力并且对自身经历进行撰述的人。鲜有人注意下层
或者整个时代。这正是文化史的目标,文化史囊括整个人类而不管其
社会地位或语言。它揭示全世界主要民族发展到目前状况所经历过的
显著的发展阶段。"①某种程度上说,新文化史学正是对这一主张的学术
实践。

二、表彰人类进步的历程

表彰人类进步的历程,这是文化史学区别于政治史学的一个重要特征。
对于政治史学而言,诸如军事战争、政权更迭、国家衰落等均是不可回避的
历史题材,"乱"与"治"在历史研究中的位置互不可取代。文化史学则不
同,无论史学观念,还是对象和主题的选择,均带有鲜明的"进步"色彩。

从语义学的角度分析,作为限定词的"文化"(或"文明")本身即含有
较强的价值判断,表彰人类社会的进步和人性的真善美是其内在要求。

据雷蒙·威廉斯的研究,在欧洲,"Culture"一词产生初期就拥有"人类
的发展历程"的内涵,18 世纪末以后用以指 civilized(有礼貌的)和 cultivated
(有教养的)的一种普遍过程;Civilization 则用以强调社会的有序和优雅状
态及其过程。进入 19 世纪,有系统的知识和科学精神等具有进步意义的要
素,相继被纳入该词的含义之中。从使用的语境看,人们尤其注意凸显它们
与 savagery(未开化)、barbarism(野蛮)相对立的方面,也就是人类进步和发
展的意涵。② 1782 年,德国学者阿德朗出版的《人类文化史研究》,是首部
使用"文化史"(Kulturgeschichte)一词的专书。③ 该书所理解的"文化"就带

---

① 这段引文出自胡尔曼在波恩大学所开设文化史讲座的学生笔记,参见[美]费利克斯·吉尔
伯特:《历史学:政治还是文化》,刘耀春译,北京大学出版社 2012 年版,第 54 页。

② 参见[英]雷蒙·威廉斯:《关键词:文化与社会的词汇》,刘建基译,生活·读书·新知三联书
店 2005 年版,第 102 页。

③ 1800 年之前,D. G. Herzog, J. F. Reitemeier, A. F. W. Crome, H. W. A. Marees, J. D. Hartmann, Fridrich
Maier, J. G. Heynig 等德国学者都撰写过文化史方面的著作。参见 Donald R. Kelley, "The Old
Cultural History", *History of the Human Sciences*, Vol.9, No.3, 1996, p.119。

有鲜明的"进步"内涵："'优雅''启蒙''智能的发展'都表达了文化一词的部分含义,但又都不是全部";"文化是指从一种较为本能的、类似动物的状态向更为复杂的社会生活关系转变";"文化停止之时便是历史终结之日"。① 阿德朗还给"文化"下了明确的定义:"文化:个人或人类在精神和肉体上总体的进步或改善。所以,这个词不仅包括通过消除偏见使认识得到启蒙或改进,而且使风俗和举止变得优雅高尚,即进步和改善。"②

在中国,"文明"和"文化"同样被赋予了教化、教养、进步等正面含义。近代中国人较早诠释 Civilization 的是清朝第一任驻英公使郭嵩焘。他在1878 年所写的日记中,把 civilized、half-civilized、barbarian 相对应地称为"教化、半教化、无教化"。③ 19 世纪末,黄遵宪、康有为、梁启超等人大量采用日本译词,频繁使用与"野蛮""半开化"相对应的"文明"一词。五四时期,知识界已从理论上赋予"文化"以褒义,如吴宓论新文化时,引用英国学者马修·阿诺德(Matthew Arnold)的观点指出:"文化者,古今思想言论之最精美者也。"④1922 年,梁启超在南京发表的著名演说《什么是文化》,借用佛学语汇解释说:"文化者,人类心能所开积出来之有价值的共业也。"并强调,"文化非文化,当以有无价值为断"。⑤ 显然,在时人心目中,"文化"代表了正能量,具有进步性。1931 年出版的《辞源续编》明确地使用"进步"来界定"文化":"国家及民族文明进步曰文化。"⑥

可见,"文化"一词本身含有人类进步之义,这就内在地规定了文化史学的属性。文化史通过历史的形式作纵向展开,彰显人类的进步历程。

彼得·伯克在《全球视野中的西方历史思想:十个命题》一文中,把历史进步的观点作为十个命题之首,认为进步观念是西方历史思想中最重要

---

① Donald R.Kelley,"The Old Cultural History",*History of the Human Sciences*,Vol.9,No.3,1996,p.103.
② 转引自周兵:《新文化史:历史学的文化转向》,复旦大学出版社 2012 年版,第 148 页。
③ 郭嵩焘:《伦敦与巴黎日记》光绪四年(1878 年)二月初二日,岳麓书社 1984 年版,第 491 页。
④ 吴宓:《论新文化运动》,《学衡》第 4 期,1922 年 4 月。
⑤ 梁启超:《什么是文化》,载《饮冰室合集》文集之三十九,中华书局 1989 年版,第 98 页。
⑥ 《辞源续编》"文化"条目,商务印书馆 1931 年版。

和最显著的特点。① 全面地看,启蒙运动以来史学各分支程度不一地接受了进步观念,其中尤以文化史学所受影响为大。

18 世纪的文化史家比较普遍地把人类追求光明和进步的信念赋予历史,从而形成了野蛮的上古期、黑暗的中世纪和文明的现时代三段论。孔多塞是进步史观的奠基者之一,他的《人类精神进步史表纲要》一书根据人类理性的觉醒和进步的程度,把人类文明(实际上是欧洲文明)分为十个不断进步的阶段。基佐吸收了吉本、赫尔德、孔多塞等人的历史观,他所撰写的《欧洲文明史》和《法国文明史》认为欧洲文明在多种势力的综合作用下总体上是持续进步的,文明的两大要素智力进步和社会进步实现了动态和谐,并将欧洲文明的进程划分为三个不断进步的阶段,即初创阶段、探索阶段和发展阶段。巴克尔是伏尔泰和孔德的追随者,他也相信人类会朝着更加完美的方向循序运动,认为理性的提升和科学的进步是英国文明进步的历史规律。19 世纪中后期,进化论助长了进步观念的势头,包括兰普雷希特在内的文化史家普遍地把进步观念运用于历史研究。

19 世纪末 20 世纪初,文化史学在日本、美国、中国等地兴起,"进步"成为史家共有的理念。日本学者福泽谕吉的《文明论之概略》、田口卯吉的《日本开化小史》等文化史著作均是以进步观念作为基石。家永丰吉在早稻田大学的讲义《文明史》(山泽俊夫编辑)明确地把进步观念作为文明史学的第一特征。作者在绪论中说:"进步、统一、自由三思想不发达,文明史断无由起,是不待智者而后知矣。"②稍后,日本史家对这一时期的文明史著予以总结时也指出:"文明史观的特征,在于认为人类社会不是绝对静止的,而是进步的。这种进步的过程,就叫做开化。也就是从野蛮未开的状态

---

① 参见[英]彼得·伯克:《全球视野中的西方历史思想:十个命题》,宋立宏译,载陈启能、倪为国主编:《历史与当下》第 2 辑,上海三联书店 2005 年版,第 5 页。

② 该书主要依据英国学者罗伯特·弗林特(Robert Flint, 1838—1910 年)的《欧洲历史哲学》(*Philosophy of History in Europe in France and Germany*, 1974)编写而成,1903 年由王师尘译为中文,上海文明书局出版,书名改为《西洋文明史之沿革》。

达到文明之域的过程。研究这一过程的历史，即文明史。这一史观在明治时期与治乱兴亡史观是对立的。"①20 世纪 20 年代，以鲁滨逊为代表的美国"新史学派"兴起。鲁滨逊的代表作《心理的改造》被称为"文化史中之文化史"②。在他看来，"历史是人类活动的进步的纪[记]载，不仅是人类政治活动的纪[记]载，更不止是一姓一朝的政治纪[记]录"；历史研究应重视的不是朝代的兴亡，而是人民思想观念的进步。③ 关于进步观念对于文化史学的重要性，该派核心成员巴恩斯曾分析说："在已往的世代里，文化史的写作是孤单的，而且往往被人鄙视"；现在文化史之所以能广为人们接受，正在于它的"进化的观点和生长的态度"。④ 该学派以"进步史学派"相标榜，他们所提倡的进步观念予人印象深刻。⑤ 中国学界在文化史学传入之初，敏锐地认识到进步观念在其中扮演了不可替代的角色。杨毓麟清末在日本求学时曾读过一些文明史著作，他向国人介绍说："文明史之发达，必要三思想之成长。第一为进步之思想。"⑥张相在所译文明史书的绪论中写道："历史者，泛而视之，不过人世之纪录，然精而解之，则举组织文明史之国民，而核其起原与进步者也。"⑦梁启超的《新史学》在界定史学之范围时，首先强调的便是进化和进步的观念："凡百事物，有生长有发达有进步者，则属于历史之范围。"⑧1924 年，顾康伯所编的《中国文化史》出版，该书"编辑大意"开宗明义："本书定名文化史，纯以发抒中国文化为主旨"，"凡与人

① ［日］伊東多三郎：《洋学と歴史観》，载史学会编：《本邦史学史論叢》下卷，東京：冨山房，昭和 14 年，第 1264 页。

② 高宝寿：《学术书籍之绍介与批评》，《国立北京大学社会科学季刊》第 1 卷第 4 号，1923 年 10 月。

③ J.H.Robinson 原著，刘国钧译：《演进中的心》（一）之译者前言，《少年中国》第 3 卷第 5 期，1921 年 12 月。

④ ［美］巴恩斯：《论新史学》，载詹姆斯·哈威·鲁滨逊：《新史学》，齐思和译，商务印书馆 1964 年版，附录第 181 页。

⑤ 参见［美］伊格尔斯：《二十世纪的历史学——从科学的客观性到后现代的挑战》，何兆武译，辽宁教育出版社 2003 年版，第 39 页。

⑥ 《自由生产国生产日略述》，《游学译编》第 1 册，1902 年 12 月。

⑦ ［美］维廉斯因顿：《万国史要·绪论》，张相译，通记编译印书局 1903 年版。

⑧ 梁启超：《新史学》，载《饮冰室合集》文集之九，中华书局 1989 年版，第 8 页。

文进化有关者,如典章、制度、学术、宗教、生业、民风等,无不详究其因果异同","凡不符本旨之材料,概不编入"。① 新文化运动后期,陆懋德所撰《中国文化史》指出,进步观念是文化史学与政治史学相区别的重要所在:"文化史者,所以记人类社会进步之状况,与政治史专记治乱兴亡,法制史专记典章制度者不同。""凡关于国人物质生活、精神生活之进步者,皆在文化史范围以内。"②他以"进步"作为文化史学的重要标志之一。30 年代,陈登原撰《中国文化史》同样重视"进步"在文化史学中的地位。他将"进步的见解"作为文化史家必备的史识之一,强调"治文化史者,于因果之见解以外,尤须知有进步"。③

在文化史学史上,这种单线的进步史观先是受到了复数的文化和多元的进步史观挑战。早在 18 世纪末,赫尔德就已看到了单线进步观念的局限性,认识到世界不同地区不同民族的文化各有其合理之处,欧洲文化不能也不可能是"人类的善良和价值的标准"④。随着欧洲人视野的扩展,到 19 世纪中后期,非西方的文化和文明逐渐受到史家的重视。约在 1850 年前后,"文化"和"文明"从单数过渡到了复数,"文化或文明一旦以复数出现,便意味着人们不再把文明当作一种理想,不再要求文明恪守词源所包含的在社会、道德、知识等方面的普遍品格,而是逐渐趋向对各种人类经验——欧洲的经验和其他各洲的经验——一视同仁"⑤。之后的一些文化史著作尽管不赞同直线进步的观念,但其问题意识和思维方式仍旧源自于进步史观。这一方面的代表作,如德国学者斯宾格勒的《西方的没落》和英国学者汤因比的《历史研究》,他们主张人类文明多元化和文化形态多样化,不同程度地突破了欧洲文化优越论和单线进步的历史观念。较之斯宾格勒的悲观,

①　顾康伯:《中国文化史编辑大意》,载《中国文化史》上册卷首,泰东图书局 1924 年版。

②　陆懋德:《中国文化史》,《学衡》1925 年第 41 期。

③　陈登原:《中国文化史》上册,世界书局 1947 年版,第 9 页。该书第 1 版于 1935 年问世。

④　[苏联]阿·符·古留加:《赫尔德》,侯鸿勋译,上海人民出版社 1985 年版,第 101 页。

⑤　[法]费尔南·布罗代尔:《文明史:过去解释现时》,载《资本主义论丛》,顾良、张慧君译,中央编译出版社 1997 年版,第 126 页。

汤因比还在著作中以挑战应战模式来寻求西欧文明螺旋式上升的可能。可见,即便不赞同进步观念的文化史家,仍未远离"文化史是进步的历史"这一命题。

这一命题也是新文化史家讨论的重点。新文化史学是与后现代主义思潮结伴而登上史学舞台的,而后现代主义对当代史学的一个重大贡献就在于它"警告人们要反对空想主义的和进步的观念"①。在一些新文化史家看来,乐观进步的信念以及连续性的历史是人为制造的,是史家以普遍的(其实是西方的)进步为名而建构的一种将全世界纳入其解释系统的绝对主义的历史。福柯强调历史并没有统一性而是被"断裂"所标志,微观史学专注具体而拒绝宏观叙事,都是出于对直线进步史观的反感、反动或反叛。在"文化转向"中,受巴尔特、德里达和利奥塔德等人理论的影响,一些新文化史家接受了这样的观念,即每一个历史概念(观念)都是通过语言而实现的一种建构,历史并无任何内在的统一性和连续性,也不包含着进步性。后殖民主义史学在否定文化中心论和文化单一性的基础上,认为所谓的欧洲文化进步论和高等论是荒谬的。值得指出的是,新文化史家在历史的进步性问题上,并不像一些后现代主义者所表现得那样极端。他们在反思和批判进步主义史观的同时,并没有放弃对人类历史真善美的追求,没有放弃表彰人类文化的进步性。换言之,新文化史家反对的是把历史简单化和绝对化。就此而言,新文化史家不是进步观念的终结者,而是进一步揭示了文化历史的复杂性。

三、探求历史背后的"理性"、"精神"或"意义"

文化史学尤其关注人的观念世界和精神特质,探求人群进步的"理性精神""公理公例""文化象征"以及"价值"和"意义"。这是它与以兰克为

---

① ［美］伊格尔斯:《二十世纪的历史学——从科学的客观性到后现代的挑战》,何兆武译,辽宁教育出版社 2003 年版,第 169 页。

代表的政治史学的又一区别。

兰克把确立单个事实视作史家至高无上的职责。他在《拉丁与日耳曼诸民族史》一书的序言中提出："一直以来,历史被赋予评判过去、为了未来岁月指导当今世界的任务。本研究不奢望如此崇高的功能;它只想陈述过去实际发生的事情。"①他在评析圭恰尔迪尼的《意大利史》时强调:"我们有一种不同的历史观:通过考察单个事实得到赤裸裸的、未经装饰的真相,其余的留给上帝,但不诗意化,不凭空想象。"②兰克以追求"客观性"著称,他主张史家的本分和使命只是严格地描述单个的历史事实,如实地叙述历史。他甚至不主张史家去解释历史,赋予历史以意义,在他看来,"了解和解释世界历史进程,这样的目标非人力所能及"③。兰克史学长期以来被政治史家奉作正统和标杆,追求历史的事实和真相成为政治史学的最高纲领。文化史学则不满足于此,它要求揭示历史事实之间的复杂关系,并究明复杂关系得以展开的背后因素。正如彼得·伯克所说:"可以肯定的是,文化史家的目的就是要揭示各种活动之间的联系。如果这个任务无法完成的话,那还不如把建筑留给建筑史学家去研究,把精神分析留给心理分析史家去研究等等。"④对于历史事实之间的复杂关系及其背后的因素,不同时代的文化史家有不同理解,或称为"理性精神",或称为"公理公例",或称为"因果联系""科学规律""价值""意义"等。

18 世纪的文化史家致力于从历史中探询并表现人类的理性精神。契合启蒙时代的理性主义潮流,法国许多史家认为人类具有共同的理性,人类文化的进步取决于理性的发展。他们将目光从变动不居的政治和军事事件转向相对持续稳定的社会习俗、法律制度、语言文字等文化事象,期望从中发现

---

① [德]利奥波德·冯·兰克:《拉丁与日耳曼诸民族史》,转引自[美]费利克斯·吉尔伯特:《历史学:政治还是文化》,刘耀春译,北京大学出版社 2012 年版,第 22、23 页。

② [德]利奥波德·冯·兰克:《近代史学批判》,转引自[美]费利克斯·吉尔伯特:《历史学:政治还是文化》,刘耀春译,北京大学出版社 2012 年版,第 23 页。

③ [美]费利克斯·吉尔伯特:《历史学:政治还是文化》,刘耀春译,北京大学出版社 2012 年版,第 42 页。

④ [英]彼得·伯克:《文化史的风景》,丰华琴、刘艳译,北京大学出版社 2013 年版,第 225 页。

一种内在地决定某一特定时代或民族精神生活走向的理性法则。很大程度
上说，他们的"文化史"就是"精神史"。例如伏尔泰的《论各民族的精神与风
俗以及自查理曼至路易十三的历史》（即《风俗论》）、孟德斯鸠的《论法的精
神》和孔多塞的《人类精神进步史表纲要》等，均鲜明地体现出从包罗万象的文
化历史中探究人类理性精神的主题。德国的赫尔德等人也接受了这种理念，从
历史中探求德意志民族独特的民族精神或时代精神。一些德国史家甚至把自
己所做的工作形容为书写"精神史"（Geistesgeschichte）。① 这一致思路径为后
来的文化史家布克哈特、赫伊津哈等人所继承。

19 世纪的文化史家谋求从历史中发现科学规则。众所周知，19 世纪是
科学的世纪，史学走上了专业化和科学化道路。"科学是通过探寻因果关系
获得的知识（scire est per causas cognoscere）。"②受科学观念的左右，文化史家
尝试从文化历史中寻找因果关系和科学法则。巴克尔的《英国文明史》从自
然科学的角度来理解和研究历史。他认为以往历史家的错误在于仅关注纪
年的正确与否、君主之死、战争成败、朝代更迭等基本史实，文化史家则不能
停留于此，必须进一步探询和研究人类历史背后的规则、规律和普遍性："历
史学家的责任就是显示一切民族的活动都是有规律的，只有通过揭示因果关
系，才能把历史上升为科学。"③兰普雷希特从科学的角度来论证并维护文化
史的地位。他认为历史不是某个伟大个体的产物，而是普通民众集体行为的
结果；历史研究不应局限于人物和事件，不应只看到孤立的现象。他批评兰
克学派提倡的政治史实际上是个体史，而个体史的方法缺乏科学性，限制了
对事物本质的认识。④ 在他看来，个体史（政治史）只是事实的搜集者，只描述
个别现象和偶然现象，而不能对各种个体进行系统概括和综合分析，不能探

---

① 彼得·伯克指出，"Geistesgeschichte"这一术语可翻译为"精神史"或"心灵史"，也可译作"文化
史"。参见［英］彼得·伯克：《什么是文化史》，蔡玉辉译，北京大学出版社 2009 年版，第 8 页。
② 转引自［美］唐纳德·R.凯利：《多面的历史》，陈恒、宋立宏译，生活·读书·新知三联书店
2003 年版，第 361 页。
③ 转引自谭英华：《试论博克尔的史学》，《历史研究》1980 年第 6 期。
④ 所谓个体史，即认为社会历史现象都是一次性出现而不再重复且彼此毫无联系的个体。

究其内在联系和规律。文化史则不同,一如自然科学,它关注的对象不是个体本身,而是去考察众多事物及其间的联系,运用因果关系的方法去发现规律。兰普雷希特尤其强调因果联系的重要性,提出了以历史因果性揭示历史发展规则的问题。"发展的历史写作只有在事实以科学的形式联系起来的时候才能成为可能,从古到今只有在一环套一环的情况下才能得出最后的结论。这种阐述只有通过因果方法才能够实现。"①因此,在研究方法上,他反对个体化的描述性方法,主张采用阐明一般发展规律的因果法则,把历史学方法与经济学、统计学、心理学、生理学等科学的方法结合起来。日本的文化史家持相近观点。明治后期,白河次郎和国府种德合著的《支那文明史》一书在序言中写道:"文明史是与人类学、社会学、古物学诸学科以及政治史、宗教史、文学史等关系密切,要求通过极其广泛的调查、极其精致的研究,来说明普通历史发展原因的一门学问。"②田口卯吉在总结文化史学的特点时也指出:"真正称得上是开化史的,以运用卓识来观察和研究社会的理路和规律为己任,而不是以沉湎于古纸杂书搜罗遗事逸事为乐趣。后者只会让开化史研究退步。"③

　　20世纪初中国史家所理解的文化史学,也是把考察历史事实之关系作为核心任务,要求从科学角度探索历史的"公理""公例"和"法则"。梁启超"新史学"明确提出,文化史之成立,不能仅是记载事实,"必说明其事实之关系,与其原因结果"④,"研究人群进化之现象,而求得其公理公例之所在"⑤。邓实界定"新史学",强调"天则""原理"等要素:"史学者,所以详究人群之兴亡盛衰、隆替荣枯之天则者也。是故所贵乎民史者何? 贵其能叙述一群人所以

① Luise Schorn-Schütte:*Karl Lamprecht*,*Kulturgeschichtsschreibung zwischen Wissenschaft und Politik*,转引自柏悦:《兰普莱希特的文化史编纂与理论建构》,北京师范大学 2016 年博士学位论文。
② [日]白河次郎、国府種德:《支那文明史》序,東京:博文館,明治 33 年。顺便说明,中译本未收录该序。
③ [日]田口卯吉:《社会に大理あり》,转引自黑板胜美:《鼎軒田口卯吉全集》第 1 卷"解说",東京:大島秀雄刊行,昭和 3 年,第 14 页。
④ 梁启超:《中国史叙论》,载《饮冰室合集》文集之六,中华书局 1989 年版,第 1 页。
⑤ 梁启超:《新史学》,载《饮冰室合集》文集之九,中华书局 1989 年版,第 10 页。

相触接相交通相竞争相团结之道，一面以发明既往社会政治进化之原理。"①
20 年代，梁启超著《中国历史研究法》(《中国文化史稿》第一编)依然把寻求
史实之间的因果关系作为文化史学的任务："史者何？记述人类社会赓续活
动之体相，校其总成绩，求得其因果关系，以为现代一般人活动之资鉴者
也。"②"人类活动状态其性质为整个的，为成套的，为有生命的，为有机能的，
为有方向的，故事实之叙录与考证不过以树史之骨干，而非能尽史之神理。
善为史者之驭事实也，横的方面最注意于其背景与其交光，然后甲事实与乙
事实之关系明，而整个的不至变为碎件。纵的方面最注意于其来因与其去
果，然后前事实与后事实之关系明，而成套的不至变为断幅。是故不能仅以
叙述毕乃事。必也有说明焉，有推论焉。"③三四十年代，著名文化史家柳诒徵、
钱穆等人尽管强调中国文化的独特性，但并不拒绝接受源自西方的科学观念，
他们主张治史宜以"求人群之原理""求史事之公律""为人事籀公例"为职责。④

　　概括言之，如果说 18 世纪的文化史学类似一种哲学化的史学，那么 19
世纪以来的文化史学则近于科学化的史学。二者都是要求在千变万化的特
殊历史现象中，找到一种简明可靠的普遍原则或规律。在此能明显感受到，
文化史既是研究对象，又是研究方法。具体点说，文化史研究可分为三个步
骤或层次。第一，选择和考辨历史资料，确定历史事实。彼得·伯克曾指
出，布克哈特的《意大利文艺复兴时期的文化》和赫伊津哈的《中世纪的秋
天》等经典著作，关注的是文学、艺术、哲学、科学等学科中杰出作品的"典
范"的历史，他们在各自的文化史著作中曾一再引用文学作品和逸闻趣事；
然而在兰克的追随者们看来，这不过是一种末流或业余爱好，很不严肃，因

① 邓实：《史学通论》(四)，《政艺通报》壬寅第 13 期，1902 年 9 月。
② 梁启超：《中国历史研究法》，上海古籍出版社 1998 年版，第 1 页。
③ 梁启超：《中国历史研究法》，上海古籍出版社 1998 年版，第 37、38 页。
④ 参见柳诒徵：《国史要义》，华东师范大学出版社 2000 年版，第 194 页；钱穆：《略说乾嘉清儒思
　　想》，《中国学术思想史论丛》(五)，《钱宾四先生全集》第 22 册，台北联经出版事业公司 1998
　　年版，第 14 页。

为文化史学所依据的不是档案馆里保存的国家文件,无关国家大业。① 与政治史家不同,文化史家对历史事实和史料有自己的理解。文化史家认为他们将历史上经常出现的、反复的、典型和持久的内容作为重点史料,甚至比政治史学的材料更为真实可靠。布克哈特曾宣称,确定历史事实并不是文化史家的核心任务,他研究材料是因为它们表达了以往时代的精神。因此,它们是不是准确的事实、是在撒谎或夸大其词或杜撰都有其价值,即使误导性的陈述也可能告诉我们以前某个时代的精神。② 第二,探究历史事实之间的复杂关系。文化史家认为,文化史不是按时序对历史事实的排列,也不是文学史、艺术史、语言史、道德史、宗教史、学术史等的拼盘和组合,而是探究诸文化事象之间的复杂关系:"历史事实的真实性是存在于历史的联系之中的,对事实进行孤立的考证或进行简单的时间顺序排比永远达不到确定事实的目的。"③这就要求,文化史研究须从特殊中见一般,从局部中窥整体。鲁恩·本尼迪克特指出,文化史家的最终目的是要考察一种整体的文化:"整体不是它的所有部分的总和,而是一种由部分之间独特的组合和相互联系而产生的新实体。"④雷蒙德·威廉斯也明确提出:"文化史必定大于个别历史(指文学史、艺术史、科学史、哲学史等专史——引者注)的总和,因为这些个别历史之间的关系以及整个组织的特殊形式,才是文化史尤为关注的对象。"⑤梁启超在《中国历史研究法》中说历史研究要"以收缩为扩充",把文学史、艺术史等专史分给各专门家去做,历史家以"总司令"自居,表达的也是这个意思。第三,如上所述,提炼或抽象出"理性精神""科学法则"和"公理公例"等。实现这三步,才称得上是完全意义上的文化史学。

---

① [英]彼得·伯克:《什么是文化史》,蔡玉辉译,北京大学出版社 2009 年版,第 8—10 页。
② [美]费利克斯·吉尔伯特:《历史学:政治还是文化》,刘耀春译,北京大学出版社 2012 年版,第 101、102 页。
③ 常金仓:《穷变通久——文化史学的理论与实践》,辽宁人民出版社 1998 年版,第 11 页。
④ [美]鲁思·本尼迪克特:《文化模式》,张燕、傅铿译,浙江人民出版社 1987 年版,第 45、46 页。
⑤ [英]雷蒙德·威廉斯:《漫长的革命》,倪伟译,上海人民出版社 2013 年版,第 55 页。

新文化史家继承并发展了这种理路,他们的目标是从历史中寻找文化的象征、价值和意义。我们知道,新文化史学在西方的兴起,源自对20世纪中叶处于支配地位的社会史学的反动,主张由社会的分析转向文化的解释。六七十年代,美国的文化人类学步入黄金期,1973年克利福德·格尔茨(又译吉尔兹)出版的《文化的解释》一书在史学界引起了较大的反响。该书关于文化的定义,被许多新文化史家所援引和采纳,一定程度上可以代表新文化史家的观点。克利福德·格尔茨说:"我所坚持的文化概念既不是多重所指的,也不是含混不清的:它表示的是从历史上留下来的存在于符号中的意义模式,是以符号形式表达的前后相袭的概念系统,借此人们交流、保存和发展对生命的知识和态度。"①受文化人类学影响,此后相当长的一段时间内,新文化史家致力于考察作为象征符号与意义体系的文化。"文化史学家的共同基础也许可以这样来表述:他们关注符号(the symbolic)以及对符号内涵的解释",重视人类学式的"文化的解释"而不是社会学的结构功能分析。② 在学术实践方面,达恩顿的《屠猫记》、勒华拉杜里的《蒙塔尤》提供了成功范例。③ "强调解读意义而不追求可以说明原因的法则,这是吉尔兹为文化人类学规定的中心任务,也变成了文化史的中心任务。"④林恩·亨特这句话既指出了新文化史与文化人类学之间的渊源,也道出了新文化史的共性。除了格尔茨的文化概念,布迪厄的实践概念也对新文化史产生了深远的影响,一些史家将文化看

---

① [美]克利福德·格尔茨:《文化的解释》,韩莉译,译林出版社1999年版,第109页。

② 参见[英]彼得·伯克:《什么是文化史》,蔡玉辉译,北京大学出版社2009年版,第3页。

③ 此外,法国著名历史学家莫里斯·阿居隆的《战斗的玛利亚娜:共和派的图像与象征,1789—1880》(Maurice Agulhon, *Marianne au combat: l'imagerie et la symbolique républicaines de 1789 à 1880*, Paris: Flammarion, 1979)、林恩·亨特的《法国大革命中的政治、文化和阶级》(Lynn Hunt, *Politics, Culture, and Class in the French Revolution*, University of California Press, 1984)以及凯斯·贝克尔的《发明法国大革命》(Keith Baker, *Inventing the French Revolution*, Cambridge University Press, 1990)也都是这一领域的代表作。阿居隆考察了从大革命至巴黎公社期间,作为共和化身的玛利亚娜形象是如何被展现的,其内涵发生了怎样的变化。林恩·亨特研究了革命者如何通过象征、仪式及语言重构新型的社会关系与政治文化。贝克尔通过考察旧制度末年的政治话语揭示"革命的剧本"是怎样发明出来的。

④ [美]乔伊斯·阿普尔比、林恩·亨特、玛格丽特·雅各布:《历史的真相》,刘北成、薛绚译,中央编译出版社1999年版,第200页。

作是日常的经验与实践,注重阐释实践活动背后的文化意义。① 需要指出的是,旧文化史家并非不重视对意义的阐发。以鲁滨逊为代表的美国"新史学派"认为历史解释是头等重要的事情,"其目的在于发现那些文明的变化和社会制度的起源具有何种意义"②。梁启超也说过:"历史的目的在将过去的真事实予以新意义或新价值,以供现代人活动之资鉴。"③就此而言,新文化史学不过是对文化史学既有传统的发扬衍传和逻辑展开。何况,新文化史家并没有放弃对历史事实之间关系的探索,他们既反对无视文化差异和冲突的观点,又反对碎片化的处理方式。就像伯克所说:"无论如何,在我看来,文化史家今天面临的根本问题是如何在抵制碎化的同时又不至于回到那种认为某个特定社会和特定时期是同质的错误主张中去。换言之,就是在揭示潜在的统一性(至少是潜在的联系)的同时又不否定过去的多样性。"④

四、注重启蒙民众和文化认同

文化史学含有比较浓厚的致用色彩,尤在民众启蒙和文化认同方面表现突出。这是文化史学较之政治史学的又一特色。

在以兰克为代表的政治史家们看来,历史研究的目标只是陈述过去实际发生的事情,而不是评判过去、指导未来:"历史学家的惟一任务就是要像所发生的一样讲述故事。"⑤兰克认为怀着致用的目的去认识和解释历

---

① 小威廉·休厄尔指出,20世纪六七十年代作为象征与意义体系的文化概念居支配地位,到了八九十年代作为实践的文化概念日益盛行。(见 William H.Sewell,Jr.,"the Concept(s) of Culture", in Gabrielle M.Spiegel,ed.,*Practicing History:New Directions in Historical Writing*,New York and London:Routledge,2005,p.82)

② [美]巴恩斯:《论新史学》,载詹姆斯·哈威·鲁滨逊:《新史学》,齐思和译,商务印书馆1964年版,附录第184页。

③ 梁启超:《中国历史研究法补编》,载《饮冰室合集》专集之九十九,中华书局1989年版,第5页。

④ [英]彼得·伯克:《文化史的风景》,丰华琴、刘艳译,北京大学出版社2013年版,第225页。

⑤ [美]唐纳德·R.凯利:《多面的历史》,陈恒、宋立宏译,生活·读书·新知三联书店2003年版,第80页。

史,非但没有帮助,反而会歪曲历史:"每当史学家利用过去来呈现他关于
人们应当如何行事和行动的主张时,过去的画面便开始变得歪曲和虚假。
历史学家应当恪守其任务的界限:去呈现事物的实际面目。"①与政治史家
适成对照,多数文化史家主张不仅要认识历史,而且要借助历史来理解和改
造现实世界。基佐在讲授《法国文明史》时说:"我们的目标必须远远超过
单纯获得知识;智力的发展今天不能也不应保持为一种孤独的事物;我们要
为我们国家从中得出一些文明的新的材料,为我们自己得出一种道德的新
生……这正是我在讲课中必须做的:发现真理;在我们之外的外部事实里,
为了社会的利益去实现它;使它在我们内部转变为一种能诱发我们大公无
私和道德力量的信念。"②文化史学之所以不满足于历史事实层面,要求探
索"理性精神"和"公理公例"等历史背后的因素,道理就在于此。因为,历
史只有上升到"理性精神""公理公例"层面,找出规律、通则或典型案例,给
人以推理的机会,才能谈得上致用。

　　文化史研究的兴起与启蒙运动有着密切关系。美国学者凯利观察到,
从18世纪起,"历史似乎首先成为现代性甚至是现代主义的鼓吹者和传播
者——这种现代性或现代主义通常被叫做启蒙方案,启蒙方案为科学、理
性、民族国家、世俗进步而欢呼"③。他并且特意补充说:历史可以被理解成
"对人类的教育";"教育"或新词"文化",当时它们指的是一个东西。④ 凯
利所说的"历史"其实就是文化史。揆诸历史,西欧、日本和中国近代早期
著名的文化史家大多是启蒙思想家和社会活动家。

　　在西欧,以伏尔泰、孔多塞、孟德斯鸠等为代表的一批学者正是利用文化史
来宣传他们的启蒙学说。前已述及,早在达尔文主义诞生前,文化史研究便已

---

① [美]费利克斯·吉尔伯特:《历史学:政治还是文化》,刘耀春译,北京大学出版社2012年版,
　　第41页。
② [法]基佐:《法国文明史》第1卷,沅芷、伊信译,商务印书馆1993年版,第26页。
③ [美]唐纳德·R.凯利:《多面的历史》,陈恒、宋立宏译,第生活·读书·新知三联书店2003
　　年版,517页。
④ 参见[美]唐纳德·R.凯利:《多面的历史》,陈恒、宋立宏译,第413页。

与进步观念结合在一起。这种结合被卡西尔视为启蒙哲学的基础。① 无论文化史的词根"文化"、文明史的词根"文明",他们均与"进步""理性""启蒙"等概念存在紧密关联。据布罗代尔《文明史:过去解释现时》一文,"文明"作为名词1766年在印刷物中首次出现,"最初指对知识进步、技术进步、道德进步和社会进步的一种朦胧向往,也就是'启蒙思想'"②。费弗尔也指出,civilization用以指称人的举止优雅和社会从野蛮的低级阶段演变为有教化的高级阶段,系服务于18世纪欧洲思想界的一个特殊需要:创造一个词来表达"理性不仅在宪法和政府行政领域,而且也在道德和思想领域扩散并取得支配地位情况"③。中国学者何平在系统考察了"文明"的语义在欧洲的历史演变后也认为,"文明"既是"启蒙运动历史进步观的基石,它也是18世纪晚期以后世界史和文化史编纂的理论基础"④。"文化"(Kultur)一词同样带有启蒙的内涵,刘小枫指出,在德国,"所谓'文化史'研究不过就是启蒙式'文明史'研究在德意志学界的名称"⑤。径言之,近代早期欧洲的文化史和文明史研究肩负着用过去解释现在,论证和传播启蒙理念的使命。

　　日本的文化史学也担负了启蒙民众的任务。19世纪70年代,伴随自由民权运动兴起,日本一方面翻译和出版了基佐、巴克尔等欧洲学者的文明史著作,向国民介绍和传播西方的启蒙学说;另一方面,以福泽谕吉、田口卯吉为代表的本土学者撰写和发表了大批成果,从而出现了一个文明史研究高潮。福泽谕吉是著名的启蒙思想家,田口卯吉具有社会活动家、实业家、报人和经济学家等多重身份,他们从事文明史的译介和研究带有明确的启蒙指

① 参见[德]恩斯特·卡西尔:《启蒙哲学》,顾伟铭等译,山东人民出版社2007年版。

② [法]布罗代尔:《文明史:过去解释现时》,载《资本主义论丛》,顾良、张慧君译,中央编译出版社1997年版,第125页。

③ Lucien Febvre, "*Civilisation: Evolution of a Word and a Group of Ideas*", in Peter Burke ed., *A New Kind of History: From the Writings of Febvre*, New York, 1973, p.228.转引自何平:《文化与文明史比较研究》,山东大学出版社2009年版,第46页。

④ 何平:《文化与文明史比较研究》,山东大学出版社2009年版,第46页。

⑤ 刘小枫:《布克哈特对启蒙史学的颠转》,《安徽大学学报(哲学社会科学版)》2017年第1期。

向："翻译这些书的目的不是纯粹为了从欧洲输入学问，只不过是为了当时的文明开化对欧洲有一深层的了解，为新开展的政治提供有益的知识。他们把西洋的理性主义介绍过来，选择适合一般读书人阅读的内容，显然是为了启蒙的使命。"①关于日本文明史研究与启蒙运动的关系，小泽荣一在其专著《近代日本史学史研究：明治篇——19世纪日本启蒙史学研究》中有系统论述。他在书名中醒目地使用"启蒙史学"一词来指称文明史学和文化史学，以便与当时占据学界主流的从德国传入的政治史学相区分："文明史的传入，对近世以来日本史学的性格与内容含有否定与批判性质。启蒙主义的文明开化史潮流形成以后，它们主要是以在野的史学身份存在，特名之为'启蒙史学'。"②他还专门就文化史学对启蒙的贡献作了总结："从一般人民的文化史的视野扩大了历史事象，采取自然法则的、主智的、理性主义的认识方法，发明了因果的法则，树立了进步的理念，这些都是启蒙史学的辉煌业绩。"③

中国也是如此。关于20世纪初期梁启超、邓实等人的"新史学"与思想启蒙的关系，学界已有一些研究。④ 他们的"新史学"之所以仪型欧洲和日本的文化史学，而不选择位居学院主流的政治史学，是出于改造国民和再造文明的现实需要。在他们看来，中国欲取得民族独立，实现文明化，首先就在"我国民考求他国文明所自来，而发其歆羡之心、嫉妒之心"⑤。这样，引入和译介西方的文明史著就成为他们的不二选择。他们普遍认为文明史学能发挥旧史学所不能替代的作用："既往之文明现象，惟历史能留之；未来之文明影响，惟历史能胎之"⑥；文明史能"启导未来人类光华美满之文

---

① ［日］今井登志喜：《西洋史学の本邦史学に與へたる影響》，载史学会编：《本邦史学史論叢》下卷，東京：冨山房，昭和14年，第1441页。

② ［日］小沢荣一：《近代日本史学史の研究：明治編》，東京：吉川弘文館，昭和43年，第2页。

③ ［日］小沢荣一：《近代日本史学史の研究：明治編》，東京：吉川弘文館，昭和43年，第8页。

④ 黄敏兰：《梁启超〈新史学〉的真实意义及历史学的误解》，《近代史研究》1994年第2期；《梁启超新史学从政治向学术的过渡》，《史学理论研究》2000年第1期；《梁启超〈新史学〉的政治意义》，《政治学研究》1996年第4期。

⑤ 杨度：《游学译编叙》，《游学译编》第1册，1902年12月。

⑥ 邓实：《史学通论》（四），《政艺通报》壬寅第12期，1908年8月。

明,使后之人食群之幸福,享群之公利,爱其群尤爱其群之文明,爱其群之文明,尤思继长增高其文明、孳殖铸酿其文明"①。他们甚至认为,文明史如雄鸡唱晓,能迎来光明和民主,告别君主专制的黑暗历史:"鸡既鸣而天将曙乎? 吾民幸福其来乎? 可以兴乎? 抑犹是沉迷醉梦于君主之专制史而不觉也。"②新文化运动时期,李大钊曾以欧洲的文化史著作为例明确地说:"文化的历史,就是启蒙的历史。"③胡适等人提出"整理国故,再造文明",简言之,"整理国故"即从事中国文化史研究,"再造文明"即培养中国人的民主和科学精神。④ 他们也是把编纂新式的中国文化史作为批判旧传统和宣传新文化的工具。

新文化史家继承了启蒙时代文化史家的批判精神。米歇尔·福柯被新文化史家奉为灵魂式人物,他认为启蒙这一任务远没有完成:我们还没有"成为成熟的成人,我们还没有达到那个阶段"⑤。在他看来,启蒙时代思想家们所提出的理性、科学、自由、平等等理念,是从人的角度向强权发起的斗争,极富批判性和革命性;但是,伴随现代性的成长,它们却发生了异化,形成了霸权,成为了新权威,甚至造成了对人的束缚。所以福柯说:"我一直试图强调,可以连接我们与启蒙的绳索不是忠实于某些教条,而是一种态度的永恒的复活——这种态度是一种哲学的气质,它可以被描述为对我们的历史时代的永恒的批判。"⑥而"批判的任务仍然包含对启蒙的信念。"⑦新文化史家所要

---

① 邓实:《史学通论》(四),《政艺通报》壬寅第 13 期,1902 年 9 月。
② 邓实:《史学通论》(四),《政艺通报》壬寅第 13 期,1902 年 9 月。
③ 李大钊:《孔道西(condorcet)的历史观》,载《李大钊全集》第 4 卷,人民出版社 2006 年版,第 311 页。
④ 参见罗志田:《国家与学术:清季民初关于"国学"的思想论争》,生活·读书·新知三联书店 2003 年版。
⑤ [法]米歇尔·福柯:《什么是启蒙?》,汪晖译,载汪晖、陈燕谷主编:《文化与公共性》,生活·读书·新知三联书店 1998 年版,第 441 页。
⑥ [法]米歇尔·福柯:《什么是启蒙?》,汪晖译,载汪晖、陈燕谷主编:《文化与公共性》,生活·读书·新知三联书店 1998 年版,第 433、434 页。
⑦ [法]米歇尔·福柯:《什么是启蒙?》,汪晖译,载汪晖、陈燕谷主编:《文化与公共性》,生活·读书·新知三联书店 1998 年版,第 442 页。

"复活"或者说"对接"的,正是启蒙时代的这种批判精神。不同之处在于,启蒙时代的史家是对前近代的批判,新文化史家是对现时代的反思和批判。

新文化史家的批判精神,从其敢于冲破社会史学的束缚而求解放可见一斑。如前所述,在西欧、日本和中国等地,文化史研究与启蒙运动几乎同步兴起。随着启蒙时代的谢幕,各地的文化史研究有所衰落,社会史研究则活跃起来。新文化史之"新",可视为是反思和批判包括社会史在内的现代史学的局限性后的创新。新文化史家认为,社会史过于强调社会结构和经济基础等因素,掩盖了作为社会之个体的人的能动性,排斥了理性创造意义上的主体性。他们要求把个体从社会结构中解放出来,重视个体在意义生产过程中所扮演的角色。① 为纪念爱德华·卡尔(Edward Hallett Carr)《历史是什么》发表40周年,英国史学界编辑出版了文集《现在,历史是什么?》(*What is History Now?*)。理查德·埃文斯(Richard J.Evans)在序言中指出,当年卡尔所赞同的社会史,现在"在它的位置上出现了一种新的对文化史的强调,身份、意识和心态等方面替代了社会结构、社会组织以及社会权力的经济基础。历史学中的宏大叙事和伟大目的论的崩溃,帮助个体的人恢复了在历史记录中的位置。历史学家重新开始书写人,尤其是下层的普通人、历史上的默默无闻者、历史变迁中的失败者和局外人"②。可见,新文化史学对人的个性的尊重和张扬,在精神上与启蒙时代的文化史学一以贯之。由此也可以说,新文化史学是对社会史学的反动,是向文化史学"初心"的复归。

在研究对象上,新文化史学由精英人物转移到了普通"小人物",转移到了多数人。这种对"小人物"和多数人的强调,不是把个体无名地淹没在群体中,

---

① 参见[西]米格尔·卡夫雷拉:《后社会史初探》,[美]玛丽·麦克马洪英译,李康中译,北京大学出版社2008年版,第3、4页。

② Richard J.Evans, "Prologue:*What is History? —Now*", in David Cannadine ed., *What is History Now?* New York:Palgrave Macmillan,2002,pp.8-9.

不是把多数人整体化。新文化史学对人的个体生命、权力和尊严的张扬,对弱者人格的尊重,较之启蒙时代的文化史学,是一种继续和发展,而不是背叛。新文化史家从不讳言他们的身份和立场,林恩·亨特明确说道:"我倡导和实践的是'新文化史'的研究取向,并且认为我自己的立场是反极权主义的和女性主义的。"①达恩顿的《启蒙运动的生意》一书因重点考察底层文人和书商在传播启蒙思想过程中所发挥的作用,而遭受到一些同行的误解。② 有人认为该书消解了关于启蒙的宏大叙事,体现了后现代主义的倾向。③ 实际上,达恩顿并非启蒙运动的反对者,他曾在一篇文章中表示要坚定地捍卫启蒙运动的立场。④ 在研究主题上,新文化史关注性别、种族、族群、阶级、制度、地域、语言等方面的差异和矛盾,注重对权力和社会不平等根源的挖掘,客观上继承和分享了启蒙时代文化史家的批判精神,尽管他们对不平等根源的理解与前辈有所不同。在方法论上,新文化史家提出把"实践""表象""建构""话语"等作为概念工具,从语言和文化等方面反思和重新解读历史,展现了文化启蒙和文化批判的新手段。彼得·伯克在访谈中说:"新文化史学家追求一种更大程度的人类自由,认为文化影响甚至决定政治和经济的行为,至少他们中的许多人是这样的。"他们使用文化"建构""制造"等概念,意在强调文化在形塑社会秩序和建构政治权威中的作用。⑤ 彼得·伯克的新文化史著作《制造路易十四》致力于从文化的角度解构政治权威形象,认为太阳王路易十四的公众形象是在宫廷的授意下,由国王和他的大臣、

---

① Lynn Hunt, "Forgetting and Remembering: The French Revolution Then and Now", *The American Historical Review*, Vol.100, No.4(Oct., 1995), p.1133.

② 参见[美]达恩顿:《启蒙运动的生意:〈百科全书〉出版史(1775—1800)》,叶桐、顾杭译,生活·读书·新知三联书店 2005 年版;*The Literary Underground of the Old Regime*(Harvard University Press, 1982); *Gens de lettres, gens du livre*(Paris, 1992)等著作。

③ 相关讨论参见 Haydn T. Mason ed., *The Darnton Debate: Books And Revolution In The Eighteenth Century*, Oxford: Voltaire Foundation, 1998。

④ 参见 Darnton, "George Washington's False Teeth", *New York Review of Books*, 27 March 1997, pp. 34-38;此文后载 *George Washington's False Teeth: An Unconventional Guide to the Eighteenth Century*, Norton, 2003。

⑤ 参见杨豫等:《新文化史学的兴起——与剑桥大学彼得·伯克教授座谈侧记》,《史学理论研究》2000 年第 1 期。

宫廷的画家和诗人、裁缝师、司仪等合作，有意塑造（fabrication）出来的。① 可以说，这种研究路径与启蒙思想家的"祛魅"，有异曲同工之效。简言之，敢于挑战强权和不平等，这是新旧文化史家共有的学术精神。

文化认同是文化史学所具有的又一重要功能。启蒙运动挑战传统和权威，质疑既有秩序的合理性，一定程度上造成了传统与现代的裂隙，认同问题随即产生。对于后发型现代化国家而言，外来文化的冲击和挑战，会加剧民族文化认同危机。历史上，中外史家都注重利用和发挥文化史学在增进民族文化认同中的作用。基佐对此有较深刻的认识，他在《法国文明史》中强调说："在各个国家的生命中，外部的可以看得见的统一，即名称和政府的统一，虽然重要，但并不是最重要最实在的东西，并不是真正构成一个国家的东西。有一种更深刻、更有力的统一，这种统一并不是由于同一个政府、同一个命运而造成的，而是由于社会成员的相似，由于制度设施、生活方式、思想感情和语言等的相似而造成的；这种统一寓于社会使他们联合起来的那些人们自己之中，而并不寓于他们汇合的种种形式之中；实际上，精神上的统一远远优越于政治上的统一，只有这种统一能使统一有一个坚实的基础。"②他撰写文明史，就是要增强民众对法国的文化认同感和民族自豪感。针对"西化"问题，新文化运动之后，中国学者编纂的文化史书，如柳诒徵的《中国文化史》、陈登原的《中国文化史》、陈安仁的《中国文化史全书》、钱穆的《中国文化史导论》等，极大地增强了中国人的文化认同和文化自信，对于确立中华民族的主体地位、唤起中国人的民族意识，对于抗日战争的胜利，发挥了不可替代的作用。新文化史学同样重视文化认同与身份认同问题。如黄兴涛所著的《重塑中华：近代中国"中华民族"观念研究》一书，将情感、思想形态与社会实践结合起来，展现了中华民族从"自在"到"自觉"认同的历史过程。③ 再如，在19世纪法国文化史的研究中，《资产阶级的外表与内里：19世纪的服装史》等著作从服装消费、

① 参见［英］彼得·伯克：《制造路易十四》，郝名玮译，商务印书馆2007年版。
② ［法］基佐：《法国文明史》第3卷，沅芷、伊信译，商务印书馆1995年版，第2页。
③ 黄兴涛：《重塑中华：近代中国"中华民族"观念研究》，北京师范大学出版社2017年版。

休闲活动、饲养宠物等日常生活中揭示资产阶级文化认同的形成。① 这些著作的侧重点或有所不同,但均注意揭示文化对于建构身份认同的意义。

值得指出的是,文化史学既讲启蒙,又讲认同,其实并不矛盾。启蒙与认同是一枚硬币的两面。按照塞缪尔·亨廷顿的说法,"文化认同"所要回答的是"我们是谁"。他认为不同民族的人们常用对他们来说最有意义的事物来确立自己的身份:"他们用人类曾经用来回答这个问题的传统方式来回答它,即提到对于他们来说最有意义的事物。人们用祖先、宗教、语言、历史、价值、习俗和体制来界定自己。"②简言之,"文化认同"是对本民族最有意义的事物的肯定和对其价值的认同。与种族认同、国家认同相比,文化认同所要确立的是人的精神和灵魂的归属感,因此,它具有明确的道德追求和价值判断。与启蒙一样,作为一个现代性概念,文化认同以现代性价值观念为取舍标准,所要认同的"最有意义的事物"要符合现代性规范。也就是说,认同具有主观性、能动性和时代性,而不是被动的凝固的行为。

具体言之,文化史中的文化认同可分为两个层面,即事实性认同和建构性认同。对历史的事实性认同,并不是"复古"或"还原",因为历史学不同

---

① 比如,1981 年法国学者菲利普·佩罗出版了《资产阶级的外表与内里:19 世纪的服装史》(Philippe Perrot, *Les Dessus et les Dessous de la bourgeoisie*: *Une histoire du vêtement au XIXe siècle*, Pairs: Fayard, 1981),此书于 1994 年被译为英文,书名变得更为直接明了,即《塑造资产阶级:19 世纪的服装史》。依佩罗之见,19 世纪的法国资产阶级通过装束反映了自身的价值观念,构建了资产阶级的认同。凯思琳·凯特撰写的《闺房中的动物:19 世纪巴黎的宠物饲养》(Kathleen Kete, *The Beast in the Boudoir*: *Petkeeping in Nineteenth-Century Paris*, Berkley: University of California Press, 1994)试图证明,在 19 世纪中后期随着法国工业化的深入开展,资产阶级对现代文明与现代性感到了焦虑与恐惧,饲养宠物实际上是资产阶级回应社会变迁并且化解压力的一种方式。同时,对待宠物的方式也是资产阶级身份的一种标识。道格拉斯·彼特·麦克曼的《休闲环境:现代法国的资产阶级文化、医学与矿泉疗养》(Douglas Peter Mackaman, *Leisure Settings*: *Bourgeois Culture, Medicine, and the Spa in Modern France*, Chicago: The University of Chicago Press, 1998)一书,探讨了从旧制度末年到 19 世纪后期,矿泉疗养如何成为了正在兴起的法国资产阶级时髦的休闲方式,并揭示了阶级认同与度假之间的关联。

② [美]塞缪尔·亨廷顿:《文明的冲突与世界秩序的重建》,周琪等译,新华出版社 1998 年版,第6页。

于实验科学,并不存在着一种当下可验证的实体。历史事实是历史学家从浩瀚的历史知识中根据他所认定的标准而选择出来的,不可避免地带有主观性和现实性。建构性认同,顾名思义,其中明显带有人为目的和现代性特征。综合前面的说法,文化史是文化史家在进步观念指导下编纂的以人民为主角的历史。换言之,文化史是以现代性为标准建构的历史,是史家按照进步原则将各阶段"最有意义的事物"由低到高排列起来的一个系统,是史家根据此时此地之需要而书写的历史。就像钱穆所说:"历史是可以翻新改写的,而且也需要随时翻新改写的。"①经此改写,文化史家借助文化史化解了创新与承传的矛盾,弥合了因启蒙而产生的断裂,实现了传统与现代、文化民族性认同与现代性认同的统一。② 较之政治史,这样的文化史"最有意义",无疑更能体现人们的文化认同感,发挥赓续和传承的作用。

本 章 小 结

本章借助比较的方法,历史与逻辑相结合,力图较为简约地回答文化史学是什么这一问题,并对新文化史与(旧)文化史学的关系有所说明。

以文化史学为本位,从发生学的角度看,形成了文明史—文化史—新文化史的链条。其中,文明史(广义上的文化史)是文化史学的母体,新文化史是文化史学的新枝,三者有着极其密切的关联。由于在今天的史学格局中,文明史、文化史和新文化史三者并存,处于共时态,从而造成人们多注意其间的差异性,而在一定程度上忽视了文明史与文化史、文化史与新文化史之间的一致性。再加上新文化史首倡者为西方的社会史学家,新文化史对于社会史学而言,堪称是革命性突破,故一些学者往往强调新文化史之

---

① 钱穆:《中国历史研究法》,载《钱宾四先生全集》第 31 册,台北联经出版事业公司 1998 年版,第 15 页。

② 在解决文化认同问题时,后发型现代化国家往往先是把现代性视作外在的西方的,然后经文化史的改写,才把它视作本民族文化的一部分,用"现代化"取代"西化"。

"新""异",却忘记了其"文化史"的基本属性和规定性。

从文化史学发展史的角度看,新文化史与此前的文化史固然存在差异性,但不可以夸大。对于文化史学,人们可以从研究对象,也可以从研究视角和方法来理解。相对而言,新文化史学之"新",突出表现在研究视角和方法方面,但不能就此以为:它没有相对稳定的研究对象,它所倡导的理论方法完全系其新创。新文化史学无论采取什么话语方式,但它基本上是站在弱势者、受压迫者、普通人的立场,其研究对象和主题往往聚焦在"小人物"、普通民众、大众文化生活等方面。以历史的发展的眼光看,新文化史家对下层民众和弱势群体的重点关注,不过是在落实文化史学的初心。在理论方法上,彼得·伯克等文化史家曾明确地反对将新文化史与传统(旧)的文化史割裂开来,主张超越"文化转向",甚至提出要"回归布克哈特"。①新文化史家所强调和彰显的文化象征和意义、文化主体性和能动性、文化主义和人文主义等,在此前的文化史研究中均曾不同程度地有过表达。

总之,无论新、旧文化史学,从与以兰克为代表的政治史学比较的角度看,它们表现出了一些共同属性。这些共性是我们理解文化史学的重要理论基础。文化史学书写的是人民大众的历史,而不是以政治、军事、外交及其精英人物为历史主角;在历史观念上,文化史学以表彰人类社会的进步和人性的真善美为主题,而不会以战争、灾难和人类社会的黑暗面为研究重点;在学术旨趣上,文化史学尤其关注人的观念世界和精神特质,志在探求历史背后的理性精神、公理公例、文化象征和意义;在社会功用上,文化史学不满足于科学意义上的"求真",还具有较为强烈的"致用"色彩,致力于促进民众思想启蒙和文化认同。笔者以为,合此四者,基本可以理解比较完全意义上的文化史学是什么。

① [英]彼得·伯克:《什么是文化史》,蔡玉辉译,北京大学出版社 2009 年版,第 118、119 页。

第十一章

文化史研究的三种取向

文化史学虽是"新史学",实则已不是年轻学科,即便在中国也有上百年的历史。近些年来,在"文化转向"（Cultural Turn）和"文化研究"（Cultural Study）理论的推动下,文化史不再是当年被兰克追随者所轻视的"史学末流"或"业余爱好"①,受到了前所未有的青睐。就像彼得·伯克在《什么是文化史》一书中所说:"每样东西都有它自己的文化史,包括睡梦、食品、情感、旅行、记忆、姿态、幽默、考试等等。"②"文化转向"促进了文化史的新生,但也带来了新问题。如约翰·霍尔在《文化史死了》一文中指出:文化已经渗入社会科学和人文学科的众多研究领域,它不再拥有一片独特的疆域,文化史作为一个特定知识实体在这个时代已经终结。③在霍尔等人看来,"文化转向"对历史的客观性提出了挑战,但并未就文化史的出路给出答案。④ 文化史研究该何去何从,值得认真思考。

这就关系到如何理解文化史。一种观点认为文化史是研究对象,主张把文化史作为与政治史、经济史并列的历史领域。传统的文化史（旧文

① Lionel Gossmann, *Basel in the Age of Burkhardt : A Study in Unseasonable Ideas*, Chicago : University of Chicago Press, 2000, pp.226, 254.转引自[英]彼得·伯克:《什么是文化史》,蔡玉辉译,北京大学出版社 2009 年版,第 8 页。

② [英]彼得·伯克:《什么是文化史》,蔡玉辉译,北京大学出版社 2009 年版,第 35 页。

③ 参见[英]杰拉德·德兰迪、恩靳·伊辛主编:《历史社会学手册》,李霞、李恭忠译,中国人民大学出版社 2009 年版,第 146 页。

④ 参见[英]杰拉德·德兰迪、恩靳·伊辛主编:《历史社会学手册》,李霞、李恭忠译,中国人民大学出版社 2009 年版,第 278 页。

化史)家多采取这种路径。另一种观点认为文化史仅是一种研究方法（method）、视角（view）或者范式（paradigm），反对把文化史作为一种独立的实体或领域。新文化史家多持这种观点。然而，体用一源，对象和方法不可能截然二分，在具体的学术实践和操作中，针对不同的研究对象往往会采取不同的方法。反之亦然，从特定的视角和方法出发，选取的研究对象自然也会有所区别。如此便形成了第三种观点：文化史既可作为研究对象，又可作为研究方法。

根据史家对文化史的理解及其学术实践，笔者梳理出三种研究取向〔或者说三条路径（approach）〕。其一，采取一般意义上历史学的视角——将文化史作为研究对象，而不强调其研究视角和方法论的独特性。其二，采取文化的视角——将文化史作为研究方法，而不认为文化史有着相对独立的研究领域。其三，认为文化史拥有自己的研究领域和方法，主张采用文化史的方法研究文化史。著名文化史家罗杰·夏蒂埃曾用"从社会角度的文化史学转向文化角度的社会史学"①来描述历史解释的转向和新文化史的兴起，笔者借用其中的关键词，将文化史的三种研究取向概括为："文化的社会史"、"社会的文化史"和"文化的文化史"。"文化的社会史"，即（社会）历史视角下的文化史；"社会的文化史"，即文化视角下的（社会）历史；"文化的文化史"，即文化视角下的文化史。②

---

① 英文为 from the social history of culture to the cultural history of the social。这句话如何翻译为中文，耐人琢磨。前半句是译作文化的社会史，还是社会视角下的文化史？后半句是译作社会的文化史，还是文化视角下的社会史？含义并不一样。目前，有学者译作"从文化的社会史转到社会的文化史"（参见［西］米格尔·卡夫雷拉：《后社会史初探》，［美］玛丽·麦克马洪英译，李康中译，北京大学出版社 2008 年版，第 4 页）；也有学者译作"社会文化史向文化社会史"的转变（参见［英］彼得·伯克：《什么是文化史》，蔡玉辉译，北京大学出版社 2009 年版，第 88 页）。笔者遵照杨豫等人的译法，详见《新文化史学的兴起——与剑桥大学彼得·伯克教授座谈侧记》，载《史学理论研究》2000 年第 1 期。

② 顺便指出，受彼得·伯克启发，黄兴涛在《文化史研究的省思》（《史学史研究》2007 年第 3 期）一文中也注意到"文化的社会史"与"社会的文化史"取向之不同，他认为将"新文化史"称作"社会（的）文化史"，可能有失片面。

一、"文化的社会史"：历史视角下的文化史

所谓"文化的社会史"（the social history of culture），是指把文化作为与政治、经济等并列的社会构成之一，研究历史上文化事象的产生、发展、变化及其规律。套用夏蒂埃的说法，即"社会历史视角下的文化史学"。在此，文化史主要是作为研究对象——文化被视作一种历史实在或社会实体，文化史即关于文化的历史，而不太关注和彰显文化史研究方法的独特性。换言之，采取这种取向的史家认为，无论政治史、经济史还是文化史，都是历史，都应使用一般意义上历史学常用的技术和方法——采取历史主义的路径，把文化放入社会和历史中，考察它与政治、经济等的联系及其历史变迁。根据对"社会历史"的不同理解，又可分为两种类型。

其一，"社会历史"指的是广义上的社会史，即包括政治、经济等在内的社会历史，也就是历史。采用历史学视角研究文化史，陈垣的宗教史研究具有典型性。

1920 年前后，陈垣发表了《元也里可温教考》（1918 年）、《开封一赐乐业教考》（1920 年）、《火祆教入中国考》（1923 年）、《摩尼教入中国考》（1923 年），即著名的"古教四考"。后来他又渐次扩充到回回教、佛教和道教史研究，取得了令人瞩目的学术成就，正如陈寅恪在《陈垣〈明季滇黔佛教考〉序》中所说："中国之有较完善的宗教史，实自陈援庵先生之著述始。"①

我们知道，20 世纪二三十年代，中国学者接受新史学，从事文化史研究，宗教史渐为学界重视。如 1923 年由胡适起草的北京大学《〈国学季刊〉发刊宣言》，即明确地把宗教史列为文化专史之一。值得注意的是，陈垣研究宗教史，并不取宗教学或神学角度，不注重教义之分析、宗派之传承、信仰之形成，以及宗教之社会意义等，而是把宗教作为一般意义上的历史文化事象，"只研

---

① 陈寅恪：《陈垣〈明季滇黔佛教考〉序》，载《陈寅恪集·金明馆丛稿二编》，生活·读书·新知三联书店 2001 年版，第 272 页。

究宗教的历史,研究与政治、社会的关系,研究宗教发展的情况"①。例如,
《元也里可温教考》"专以汉文史料,证明元代基督教之情形"②;《明季滇黔
佛教考》"着眼处不在佛教本身,而在佛教与士大夫遗民之关系,及佛教与地
方开辟、文化发展之关系"③。也就是说,他虽以宗教史为研究对象,但就方法
和路径而言则主要是历史学研究而非宗教学研究,"史"明显重于"教"。具体
言之,他依恃的利器是朴实的历史考证方法和扎实的文献考辨功夫。陈寅恪
评价说陈垣的《从教外典籍见明末清初之天主教》"不仅有关明清教史,实一
般研究学问之标准作品也"④,又说陈垣之宗教史成果"虽曰宗教史,未尝不
可作政治史读也"⑤。汪荣祖称"陈垣之宗教史研究,基本上是以宗教为题材
的政治史,就像德国史学名家兰克(Leopold von Ranke)的《教皇史》(History of
the Pope),基本上也是政治史"⑥。从他们的评论也可看出,陈垣研究宗教史
所运用的并非是宗教史或宗教学独具的方法,而是无论对中国传统史学还是
西方近代史学来说都是最基本的史学方法。⑦ 实际上,当时被中外史家共推

---

① 柴德赓:《陈垣先生的学识》,载陈智超编:《励耘书屋问学记——史学家陈垣的治学》(增订
　本),生活·读书·新知三联书店2006年版,第88页。

② 陈垣:《元也里可温教考》,载《明季滇黔佛教考(外宗教史论著八种)》上册,河北教育出版社
　2000年版,第3页。

③ 陈垣致陈乐素函(1940年5月3日),载陈智超编注:《陈垣来往书信集》(增订本),生活·读
　书·新知三联书店2010年版,第1113页。

④ 陈寅恪:《致陈垣》,载《陈寅恪集·书信集》,生活·读书·新知三联书店2001年版,第130页。

⑤ 陈寅恪:《陈垣〈明季滇黔佛教考〉序》,载《陈寅恪集·金明馆丛稿二编》,生活·读书·新知
　三联书店2001年版,第272—273页。

⑥ [美]汪荣祖:《陈垣史学风格》,载北京师范大学陈垣研究室编:《陈垣先生的史学研究与教育
　事业》,北京师范大学出版社2010年版,第3页。

⑦ 刘贤在其著作中多处论及该问题。她说:陈垣对宗教史的研究,代表着中国宗教研究的一种现代转
　变,即在"方法"上,从论证性的"神学"式宗教研究转向描述性的"史学"式宗教研究。陈垣的目标
　不是出于对宗教本质的探讨,而旨在阐述事情的前因后果。他的方法是以历史进路(historical ap-
　proach)为主的,是从历史背景和时间序列中审视宗教。他的主要研究对象是与宗教有关的社会现
　象,与英美学界广义上的宗教史学(history of religions)不同。宗教史学属于宗教学的范畴,承载着
　理解人类宗教行为的任务,他们把对历史背景的准确描述,看作"理解人类现象(包括宗教)的基
　础",而陈垣的研究在这方面并没有明显的自觉性,他的研究主要限于历史学领域,意在补充作为历
　史上社会构成的宗教部分,重在"补史",也就是后人所说的"填补空白",弥补薄弱环节。参见刘
　贤:《学术与信仰——宗教史家陈垣研究》,中国社会科学出版社2013年版,第129、171—173页。

为文化史专题研究的典范之作——陈垣的《元西域人华化考》，所采取的也是这种朴实的历史研究法。①

整个 20 世纪，采用历史学的视角和方法研究文化史一直居于主流。80 年代以后，文化史研究复兴，绝大多数文化史家对文化史的理解及治史的取径并无根本性变化。如李侃在界定"中国近代文化史"时说："中国近代文化史主要就是研究中国近代的社会思潮、人们的思想状态和精神面貌以及社会风尚的变化；研究诸如教育、科学、文学艺术、新闻出版、体育卫生等各项文化事业、文化设施的发展变化情况；研究和揭示这些发展变化的社会经济原因、政治原因及其客观规律。"②这一解释框架，如果把研究对象置换为政治史或经济史，也是成立和适用的。

其二，"社会历史"指的是狭义上的作为历史学分支的专史。采取狭义上的社会史视角研究文化史，兹以"社会文化史"为例予以分析。

20 世纪中期，国际历史学界出现了"社会的转向"，社会史兴起。无论是宽泛的还是狭义的理解，年鉴学派和马克思主义史学都带有社会史特征，重视从社会结构、社会分层、社会变迁等角度来审视历史。中国在 20 世纪 90 年代出现的"社会文化史"，可视作当时社会史研究影响下的产物。例如，刘志琴主持编写的多卷本《近代中国社会文化变迁录》一方面视"社会文化史"为研究对象，她在序言中明确写道："社会文化史是文化史的分支"，"以大众文化、生活方式和社会风尚的变迁为研究对象"；另一方面又借鉴和采用了狭义社会史的理论方法，带有从社会史视角来考察文化史的特点。针对此前近代文化史偏重上层文化、精英文化、意识形态和制度文化，她主张探讨下层民众在生活方式、风俗习惯、关注热点和价值观念的演变，以及精英文化的社会化。③

---

① 桑原骘藏：《陈垣氏の〈元西域人华化考〉を読む》，日本史学会《史林》第 9 卷第 4 号，1924 年 10 月。陈彬和译：《读陈垣氏之〈元西域人华化考〉》，《北京大学研究所国学门周刊》第 1 卷第 6 期，1925 年 11 月 18 日。

② 李侃：《关于中国近代文化史的几个问题》，《近代史研究》1984 年第 1 期。

③ 刘志琴：《青史有待垦天荒》（代序），载《近代中国社会文化变迁录》第 1 卷卷首，浙江人民出版社 1998 年版，第 1、2 页。

她的另一篇文章则醒目地以《从社会史领域考察中国文化的历史个性》为题,主张从服食器用、百姓日常等社会生活层面研究中国传统文化以伦理为本位的特性。① 所以,有学者认为"这一学术旨趣和定位,与社会史比较而言,并无太大的区别,甚至可将其视为是中国文化史研究者的一种社会史转向,与西方学界的'文化转向'是大有出入的";他们所说的"社会文化史","在一定程度上还是从属于社会史,有时候甚至是将其作为社会史的一个分支学科和分支领域来对待的"②。由此说,他们的研究对象可视作文化史和社会史的交集区,思维方式和理论方法近于社会史,而与后来传入的新文化史有显著不同。

"社会文化史"把文化分为上层精英与下层大众等不同的层次,这与一些学者把文化史纵剖为伦理道德史、语言文字史、宗教史等专史,分类的标准和形式有所不同,但都是把文化史作为研究对象。

以"文化的社会史"为研究取向,强调文化史是研究对象,在研究预设上,史家实际上是以追求文化的真相为预定目标,认为文化是一种客观存在物,是与政治、经济相并列的实体。这种思路比较重视文化的同质性、统一性和整体性,把文化置于社会之中,与政治、经济等相对,便于说明外史与内史、社会与文化的关系,避免了把文化史从社会历史中孤立出来的做法。如美国学者艾尔曼在《中国文化史的新方向》等文中曾引用日本学者关于戴震的研究和他关于清代今文经学的研究为例说明:"思想史家若忽略了所处理的哲学问题的社会与政治脉络,会掌握不到他们所欲描述的事件、人物和观念的重要面向";"思想史的研究与政治史、社会史的研究一旦结合起来,中国学术史研究的内容将会是何等的丰满"③。艾尔曼把"思想史和社

---

① 刘志琴:《从社会史领域考察中国文化的历史个性》,《传统文化与现代化》1993 年第 5 期。
② 张俊峰:《也论社会史与新文化史的关系——新文化史及其在中国的发展》,《史林》2013 年第 2 期。
③ [美]艾尔曼:《中国文化史的新方向——一些有待讨论的意见》,第 16 页;《序论》,第 7 页,载《经学、政治和宗族——中华帝国晚期常州今文学派研究》,赵刚译,江苏人民出版社1998 年版。

会史的重叠"称为"文化史",他所著的《从理学到朴学——中华帝国晚期思想与社会变化面面观》和《经学、政治和宗族——中华帝国晚期常州今文学派研究》,采用的就是这种研究路径。① 在历史解释上,采取这一路径的史家多倾向于从经济、政治或社会结构等文化之外的因素中寻找文化发展变化的决定性原因。马克思主义史家认为文化属于上层建筑,是受经济基础和阶级关系决定的。年鉴学派的核心人物布罗代尔则坚信"政治、社会和经济的结构左右着道德生活、精神生活和宗教生活的方向(不论是好的方向或坏的方向),缺少这样一个强有力的结构,文明也就不能存在"②。在方法论上,史家采用历史学和包括社会学在内的社会科学的方法,"以实证虚",有助于使文化史研究具体化和实证化,容易为人理解和接受。

但这种研究取向有其局限性。史家以文化史为研究对象,将文化视作客观实体,致力于摹写实状和厘清真相,而对自身的理论方法及特色存在重视不足之嫌。诚如霍尔所说:"20 世纪以迄文化转向,历史学家的文化史研究大多局限于历史主义的文化逻辑之中,尽管探讨的题材和范围非常广泛。历史学家的争论往往集中在应该讲述何种故事上,而不是挑战那些构成这类故事主题的基本的历史主义假设。"③他认为这些文化史家把文化作为研究题材,局限于历史主义的分析框架,缺乏从史学理论高度对其认知过程和理论方法予以必要的反思。再者,这种研究取向短于内在学理(或者说内史)的分析。这从学界对胡适等人的宗教史研究的争议,可窥得一斑。针对胡适以科学方法研究佛教史,唐德刚批评说:"胡先生的'科学',常常领着他去骂和尚,说'个个和尚都说谎!'""研究宗教,他过分侧重了学术上的'事实',而忘记了那批搞禅宗佛学的人,却很少是研究'思想史'或'训诂'

---

① 译本分别参见江苏人民出版社 1995、1998 年版。
② [法]费尔南·布罗代尔:《资本主义论丛》,顾良、张慧君译,中央编译出版社 1997 年版,第158 页。
③ [英]霍尔:《文化史死了》,载[英]杰拉德·德兰迪、恩斯·伊辛主编:《历史社会学手册》,李霞、李恭忠译,中国人民大学出版社 2009 年版,第 277 页。

'校勘'的人。他们所追求的往往侧重于生命的意义和情感上的满足。"①在唐德刚看来,宗教不同于"学问",胡适不从佛教的"信"和"悟"等特点入手,仅用处理"学问"的方法去处理宗教,作"史实"的考证,所得结论看似科学,实则不然。又如,汤用彤所著的《汉魏两晋南北朝佛教史》1944 年参加民国政府教育部所组织的评奖时,评审专家对该书产生了严重的意见分歧。个中原因,也必须从审查者的学术视野来解释。柳诒徵从历史学的角度对汤著予以了高度评价,主张给予一等奖励;吕澂则从佛学的角度对汤著提出了尖锐的批评,建议粗列三等,理由是:"是著取材博而不精,论断泛而寡当,仅叙次有绪,可资参考而已。"②从吕澂所列证据看,汤著的不足主要表现在佛教典籍和义理方面,也就是内在解释方面。此外,这一取径重视外在解释而短于内在分析,存在着把文化史视作政治、经济或社会史的"剩余范畴"(residual categories)、把最终解释权交给经济基础或社会结构的问题,不同程度地削弱或忽视了文化史的独立性和衍传性。正如恩格斯晚年所说:"这样做的时候为了内容方面而忽略了形式方面,即这些观念等等是由什么样的方式和方法产生的。"③

二、"社会的文化史":文化视角下的社会史

所谓"社会的文化史"(the cultural history of society),借用夏蒂埃的说法,亦可称之为"文化视角下的社会史学"。研究者强调的是文化视角和文化史方法的独特性,认为文化史与政治史、社会史等的区别主要体现在史学观念和研究方法。换言之,规定文化史特质的,不是研究对象,而是视角和

---

① 胡适:《胡适口述自传》,唐德刚整理,载《胡适全集》第 18 卷,安徽教育出版社 2003 年版,第 397、423 页。

② 吕澂、柳诒徵:《汤用彤〈汉魏两晋南北朝佛教史〉审查书》,载《汉语佛学评论》第 3 辑,上海古籍出版社 2013 年版,第 7 页。

③ 《恩格斯致弗·梅林》,载《马克思恩格斯选集》第 4 卷,人民出版社 2012 年版,第 642 页。

方法。在他们看来，一切社会现象，包括那些向来被视为政治史或经济史的研究对象，均可从文化史的角度加以理解和阐释，一切历史皆可以被看作是文化史。

较宽泛地看，中国学者自觉地采用文化的视角和方法来界定历史，始于梁启超和胡适等人。20 世纪 20 年代，梁启超发表《中国历史研究法》（1921年）、《研究文化史的几个重要问题》（1922 年）、《治国学的两条大路》（1923年）、《中国文化史——社会组织篇》（1925 年）、《中国历史研究法补编》（1926 年）等，比较系统地讲述了研治文化史的理论方法。他把文化史分为广义和狭义，广义的文化史包括政治专史、经济专史、文化专史，狭义的文化史仅指"文化专史"。《中国历史研究法补编》辟有专章阐述"文化专史及其做法"，并枚举了七种文化专史，即语言史、文字史、神话史、宗教史、学术思想史、文学史、美术史。梁启超发表这些论著的根本意图，正如他在《中学国史教本改造案并目录》中所示，"以文化史代政治史"，重写中国历史。① 他从文化史的立场和角度出发，认为历史就是文化史。值得注意的是，他的文化史构成并不排除政治、经济要素。梁启超所拟《中国文化史目录》把"政制""法律""军政""财政"列在显要位置，《中学国史教本目录》把政治、社会及经济列入六大部类，均是从文化的视角出发的。按他的说法，"文化者，人类心能所开积出来之有价值的共业也"，包含人类物质、精神两面的业种业果。② 衣、食、住及工具等物质的文化，言语、伦理、政治、学术、美感、宗教等精神的文化，都是业种产出的业果，都包含"心能"所开积出来的价值，都可以从文化史的角度加以研究。

胡适自称治中国历史的各种著作"都是围绕'方法'这一观念打转的，方法实在主宰了我四十多年所有的著述"③。胡适的《新思潮的意义》

---

① 梁启超：《中学国史教本改造案并目录》，载《饮冰室合集》文集之三十八，中华书局 1989 年版，第 26 页。

② 参见梁启超：《什么是文化》，载《饮冰室合集》文集之三十九，中华书局 1989 年版，第 98、99 页。

③ 胡适：《胡适口述自传》，唐德刚整理，载《胡适全集》第 18 卷，安徽教育出版社 2003 年版，第 250 页。

（1920年）、《研究国故的方法》（1921年）、《清代学者的治学方法》（1921年）、《〈国学季刊〉发刊宣言》（1923年）、《古史讨论的读后感》（1924年）等文所提出的"整理国故"的方法，很大程度上可视作从文化史的角度重写中国历史的方法。他宣称："国学的使命是要使大家懂得中国的过去的文化史；国学的方法是要用历史的眼光来整理一切过去文化的历史。国学的目的是要做成中国文化史。国学的系统的研究，要以此为归宿。"①国学研究以撰成系统的中国文化史为归宿，从胡适所列简目看，计有民族史、语言文字史、经济史、政治史、国际交通史、思想学术史、宗教史、文艺史、风俗史、制度史等十种专史。与梁启超相近，在他看来，历史就是文化史，都可以运用文化史的理念和方法去研究："过去种种，上自思想学术之大，下至一个字、一只山歌之细，都是历史"，都可以作为文化史的研究对象。②

21世纪初，西方的"新文化史"传入中国，推进了文化史研究理念的革新。"新文化史"一词源自1989年美国学者林恩·亨特所编的《新文化史》一书。在该书序言中，她强调从研究路径和方法而不是对象来理解和界定文化史。林恩·亨特等新文化史家主张历史研究应由社会科学的实证性研究转向文化的解释，由因果分析转向意义阐释。新文化史家不同程度地吸收了诸如文化人类学、"文化研究"和语言学等相关学科的理论方法，较普遍地接受了美国人类学家吉尔兹关于文化的新解释：文化是一个由象征有机地结合而形成的系统，是人类自己编就的意义之网；文化的意义系统寓存于任何社会范畴之中，始终是以话语的形式阐发出来的。吉尔兹把文化的解释归为话语和文本分析，反对实证主义的科学范型。"强调解读意义而不追求可以说明原因的法则，这是吉尔兹为文化人类学规定的中心任务，也变成了文化史的中心任务。"③新文化史家尝试从文化的角度理解和解读历

①　胡适：《〈国学季刊〉发刊宣言》，载《胡适文存》第2集，黄山书社1996年版，第10页。
②　参见胡适：《〈国学季刊〉发刊宣言》，载《胡适文存》第2集，黄山书社1996年版，第7页。
③　[美]乔伊斯·阿普尔比、林恩·亨特、玛格丽特·雅各布：《历史的真相》，刘北成、薛绚译，中央编译出版社1999年版，第200页。

史,"文化不再被理解为是精神阶层所专享的知识和审美的领域,倒不如说
是全民都在经历的体验生活的方式"①。文化被视作包罗广泛的意义模式
和生活方式,文化分析特别是话语分析和文本分析受到史家前所未有的重
视,"意义""话语""叙述""表象""文本""语境""实践"等成为文化史家解
读历史的工具。

　　我们知道,路径和方法在历史研究中的变化往往不是孤立发生的,而是
与史家的历史观念、价值取向以及主题选择有着紧密的联系。在历史观念
上,一些新文化史家翻转此前文化与社会之间的关系,认为不是社会存在决
定了文化,而是文化形塑了社会的真实。他们以文化相对论取代传统的历
史主义,对"表象"的历史,特别是那些过去被视作社会"事实"或"常识"的
东西,如阶级、民族、性别或疾病是如何被"建构""发明"或"想象"出来的,
表现出了浓厚兴趣。诸如本尼迪克特·安德森的《想象的共同体——民族
主义的起源与散布》、彼得·伯克的《制造路易十四》等均是这方面的代表
性著作。

　　在新文化史家看来,一切社会现象皆可作为文本来阅读,也就皆有文化
史。这样,传统意义上所谓有文化的社会和没有文化的社会之间的界限松
动了,文化史研究的范围和主题空前扩大。一些新的课题如日常生活、物质
文化、性别、身体、形象、记忆、语言、大众文化等,明显得到重视。从《香料
的历史》《香烟的历史》《粥的历史》《中国盐文化史》《尼古丁女郎:烟草的
文化史》,到《味道的历史》《茶道的历史》;从《乳房:一段自然与非自然的
历史》《孤独的性:手淫文化史》《疾病的文化史》《天国之花:瘟疫的文化
史》《智慧的痛苦:精神病文化史》,到《幸福的历史》《美的历史》《丑的历
史》《笑的历史》《情感的历史》;从《时间的社会文化史》《咖啡馆的文化史》
到《灾异的政治文化史》《民主的历史》……采用文化史的视角和方法,一切
社会现象都可作为文化史家的考察对象。至此,作为方法的文化史似乎无

---

① ［美］伊格尔斯:《二十世纪的历史学——从科学的客观性到后现代的挑战》,何兆武译,辽宁
　教育出版社 2003 年版,第 58 页。

所不能,其研究对象也无所不在,文化史的研究主题明显多样化乃至分散化了。正是针对此,约翰·霍尔声称文化史作为一个特定知识实体已经终结。

顺便指出,中西文化史家对于"文化转向"的体验和感受并不完全一致。西方的新文化史家多是原来从事社会史研究的学者,就像夏蒂埃所说:"我的研究历程表现为从以非常强烈的统计学和社会学为基础的文化社会史转向接受的历史、实践行为的历史和意义重建的历史。"①他们经历并强烈感受到了从经典的社会史研究法向文化史研究法的转变。新文化史在中国则有所不同,多数接受者为中青年学者,他们或是原来即从事文化史研究,或是在新文化史传入的过程中成长起来的一代,因此,严格意义上说并不存在所谓的"转向"。

从视角和方法界定文化史,实际上是强调人的主体性和主观性因素在历史解释中的地位。这对于那种把历史变迁归结为某种社会结构或简单的经济决定论的做法,无疑具有纠偏的意义。但需要注意的是,当文化被提升为历史变迁的首要因素后,这就对因果关系、历史的客观性等历史解释的原则问题提出了挑战,从而有陷入文化主义和观念论的危险。彼得·伯克曾以"建构"为例分析说:"很难否认在一些传统的文化研究方法中暗含着还原主义,涂尔干和马克思的研究方法概莫例外,但是这种相反的反应可能走得太远。当前对文化创造力的强调和把文化作为历史上的一种积极力量的观点,需要增加某种关于约束的认识,创造力是在这些约束下进行运作的。不是简单地用社会的文化史来替换文化的社会史,我们需要同时带着这两套观念进行研究。"②他主张辩证地考察文化与社会之间的关系,综合性地观照经济、政治和文化因素,防止矫枉过正:"文化建构的观点固然是针对经济和社会决定论而做出的一类有益的反应,并作为其中的一部分而发展

---

① [法]罗杰·夏蒂埃:《过去的表象——罗杰·夏蒂埃访谈录》,沈坚译,载李宏图、王加丰选编:《表象的叙述——新社会文化史》,上海三联书店 2003 年版,第 136 页。
② [英]彼得·伯克:《历史学与社会理论》,姚朋、周玉鹏等译,上海人民出版社 2001 年版,第 154、155 页。

起来的,但它必须防止矫枉过正。历史学家需要探究文化可塑性的限度,而这种局限有时被经济因素所决定,有时被政治因素所决定,有时被文化传统所决定。尽管这些限度可以改变,但这种改变也只能就一定的程度而言。"①彼得·伯克已认识到"社会的文化史"的局限性。

还要说明的是,新文化史与传统文化史一方面存在共性,均带有较为浓厚的文化主义色彩,比较重视人的主体性,重视人特别是普通人在历史中的价值;另一方面,它们对于文化史及其理论方法的理解又存在一定差异。20世纪前期,梁启超、胡适对实证主义和历史主义抱持坚定的信念,他们重在倡导和运用科学方法,把囫囵的中国文化历史分解为可以操作和研究的专门史和专题史。新文化史则源于对实证主义和客观主义的质疑,对因果论和大叙事的批判性反思,相对主义色彩较重。

三、"文化的文化史":文化视角下的文化史

所谓"文化的文化史"(the cultural history of culture),是说既把文化史作为研究对象,又以之为研究策略和分析工具。仅把文化史作为研究对象,不重视其理论方法的独特性,客观上降低了文化史的地位,削弱了文化史学的特色。否定文化史是研究对象,一味地强调仅是一种策略和方法,又夸大了文化的地位和作用。承认文化史既是研究对象,又是研究方法,这不仅符合文化史研究的学术实际,而且有利于提高文化史家的学术自觉。

(一) "以收缩为扩充"的文化史

文化无所不在,一切历史皆成文化史。无论是取广义的文化史,还是以之为研究方法,都会面临这样的困惑:一方面,可以研究的课题之多和问题之大,远远超出了研究者的能力,进而造成了文化史研究的空泛化;另一方

---

① 　[英]彼得·伯克:《什么是文化史》,蔡玉辉译,北京大学出版社 2009 年版,第 116 页。

面,由于"科学化"的分科和分工,研究领域持续拓展,主题趋于细密,文化史研究呈现多样化的同时,产生了分散化、"碎片化"和"见木不见林"等问题。这就远离了文化史研究的初衷。

整体性是文化和文化史的特性,也是文化史研究者所追求的价值和目标。在理论上,不仅文化与社会、政治、经济不可分离,而且文化内部的思想、道德、文学、艺术等也相互依存。换言之,理想的文化史并非是专题史和专门史的相加,也不是外部史与内部史的组合。法国学者埃德加·莫兰(Edgar Morin)在研究欧洲文化时曾指出:"形成欧洲文化个体的,并不是所谓犹太/基督、希腊/罗马四种文化的合成体,而是四者之间的对话关系,这种对话的游戏关系不仅仅是互补的,还是四种不同特定逻辑之间的竞争和对抗。"①文化史亦如此,它要研究的是一个复杂的多样性的统一体。诚如鲁恩·本尼迪克特在《文化模式》一书中所强调,文化史家的最终目标是要考察一种整体的文化,整体性研究方法不可取代:"现代科学在许多领域里都表明,整体不是它的所有部分的总和,而是一种由部分之间独特的组合和相互联系而产生的新实体。"②

如何解决理论主张与学术实践的矛盾,避免陷入空泛化和碎片化?笔者以为梁启超所提出的"以收缩为扩充"的研究策略,有一定启发意义。"以收缩为扩充"的文化史,介于广义的文化史(文明史)与狭义的文化史之间,某种程度上可以纾解广义的文化史内容无所不包带来的泛化问题,又能避免作为方法的文化史无所不能带来的碎化问题。

梁启超《中国历史研究法》论"史之改造"一章,针对旧史范围过大,"史外无学,举凡人类智识之记录,无不丛纳之于史"等问题,提出"史学范围当重新厘定,以收缩为扩充也"。他主张根据现代学术分科,把历史上关于各科之学理的记载划归天文学、音乐学、哲学、医学等相关学科,把阐述各科渊

---

① [法]埃德加·莫兰:《反思欧洲》,康征、齐小曼译,生活·读书·新知三联书店2005年版,第16页。
② [美]鲁思·本尼迪克特:《文化模式》,张燕、傅铿译,浙江人民出版社1987年版,第45、46页。

源、过程、结果及相互之影响者归入史学领域,形成天文史、音乐史、哲学史、医学史等各科的专门史。梁启超说:"治专门史者,不惟须有史学的素养,更须有各该专门学的素养。此种事业,与其责望诸史学家,毋宁责望各该专门学者。""今后史家一面宜将其旧领土——划归各科学之专门,使为自治的发展,勿侵其权限;一面则以总神经系、总政府自居,凡各活动之相,悉摄取而论列之。"也就是说,治史分为专门史与普遍史两途,专门史由各相关学科的专家分担;历史学家则"以总神经系、总政府自居",集中精力于"普遍史即一般之文化史"。值得注意的是,梁启超虽认为"专门史多数成立,则普遍史较易致力",但又强调指出,普遍史与专门史大不同,前者并非是后者的结集,而是有其独特的要求:"普遍史并非由专门史丛集而成。作普遍史者须别具一种通识,超出各专门事项之外,而贯穴乎其间。夫然后甲部分与乙部分之关系见,而整个的文化,始得而理会也。是故此种事业,又当与各种专门学异其范围,而由史学专门家任之。"[1]普遍史重视整体和贯通,在目标、任务和方法等方面与专门史均有所区别。梁启超强调"一般之文化史"不同于专史的丛集,正源自他对文化史性质特别是其整体性的理解。[2] 他曾形象地比喻说:"真史当如电影片,其本质为无数单片,人物逼真,配景完整,而复前张后张紧密衔接,成为一轴,然后射以电光,显其活态。夫舍单张外固无轴也,然轴之为物,却自成一有组织的个体,而单张不过为其成分。""惟史亦然,人类活动状态,其性质为整个的,为成套的,为有生命的,为有机能的,为有方向的……善为史者之驭事实也,横的方面最注意于其背景与其交光,然后甲事实与乙事实之关系明,而整个的不至变为碎件。纵的方面最注意于其来因与其去果,然后前事实与后事实之关系明,而成套

---

① 梁启超:《中国历史研究法》,上海古籍出版社1998年版,第38页。

② 实际上,梁启超早在1899年所撰《东籍月旦》一文中就敏锐地指出了整体性研究的重要性:"盖必能将数千年之事实,网络于胸中,食而化之,而以特别之眼光,超象外以下论断,然后为完全之文明史。"(见梁启超:《东籍月旦》,载《饮冰室合集》文集之四,中华书局1989年版,第96、97页)

的不至变为断幅。"①今天，文化史学已取得了长足进展，但笔者以为梁启超的说法仍不失其价值。

　　书写形神兼具的文化史，从文化整体性出发揭示历史文化事实纵横交织而成的复杂关系和意义网络，理应是文化史研究者的核心目标和职责所在。诚如有学者指出："历史学家之所以采取文化史学的研究策略，正是要把人类的全部历史当作文化加以整体的考察，正是这个整体性才能克服旧式叙事史的个别性和独特性，从而发现文化发展的一般原理。"②在此意义上，怀特、石田一良等著名学者提出了"以文化解释文化"、用文化的方法研究文化，主张把揭示文化要素（或亚文化、部门文化、代际文化）之间的联系作为文化史学的首要任务。③

　　个别新文化史家对该问题亦有较深刻的反省。彼得·伯克的《文化史的多样性》（中译本名为《文化史的风景》）一书在讨论文化史的统一性和多样性时明确指出："我们有充分的理由认为，在今天这个史学碎化、专门化和相对主义盛行的时代，文化史变得比以前更为必要了。"④文化史之所以变得必要，其原因之一就在于它能在专史整合、避免碎化方面发挥作用。职是之故，针对史学界的流弊，彼得·伯克一再强调从文化史的特性出发去研究文化史："可以肯定的是，文化史家的目的就是要揭示各种活动之间的联系。如果这个任务无法完成的话，那还不如把建筑留给建筑史学家去研究，把精神分析留给心理分析史家去研究……"⑤另一位著名学者雷蒙德·威廉斯也有相近的看法："文化史必定大于个别历史（指文学史、艺术史、科学史、哲学史等专史——引者注）的总和，因为这些个别历史之间的关系以及

---

①　梁启超：《中国历史研究法》，上海古籍出版社 1998 年版，第 38 页。

②　常金仓：《穷变通久——文化史学的理论与实践》，辽宁人民出版社 1998 年版，第 39 页。

③　参见[美]怀特：《文化科学——人和文明的研究》，曹锦清等译，浙江人民出版社 1988 年版，第 189、203 页；[日]石田一良：《文化史学：理论与方法》，王勇译，浙江人民出版社 1989 年版，第 105 页。

④　[英]彼得·伯克：《文化史的风景》，丰华琴、刘艳译，北京大学出版社 2013 年版，第 215 页。

⑤　[英]彼得·伯克：《文化史的风景》，丰华琴、刘艳译，北京大学出版社 2013 年版，第 225 页。

整个组织的特殊形式,才是文化史尤为关注的对象。"①他们对文化史学的看法与传统史家不乏共通之处。

从文化史的整体性出发,并不是要否定前述两种取向,而只是强调:文化史研究要不忘初心,遵从自身的学术特性和优长,有效地解决一与多的关系;文化史家以此为基础,撰写出具有"总神经、总政府"性质的、较为综合性的文化史,从而避免空疏和碎化之弊。

(二) 突破二分法的文化史

如前所述,采用"文化的社会史"的研究取向,强调文化史是研究对象,在历史解释上,主张从社会、经济等文化之外的要素中寻找文化发展变化的决定性原因,存在着把最终解释权交给经济基础或社会结构的问题,这实际上是一种客观论(或社会决定论)。一些新文化史家翻转此前文化与社会之间的关系,采用文化的视角和方法来界定历史,认为不是社会存在决定了文化,而是文化形塑了社会的真实。这又夸大了个体意识的作用,走上了主观论(或文化决定论)。有学者主张把文化与社会看作是一种辩证性的或交互性的关系,无疑看到了上述两种路径的局限,但这种论述仍未脱离新文化史学的基本框架和二分法的模式。②

近年来,在反思新文化史学的基础上,一些研究者正逐步形成一种新的取向,即不再视个体是完全自主的主体,也不再认为社会实在是完全客观的

① [英]雷蒙德·威廉斯:《漫长的革命》,倪伟译,上海人民出版社 2013 年版,第 55 页。

② 西方学者米格尔·卡夫雷拉(Miguel Cabrera)指出,新文化史学者认为社会结构与自觉行动之间的关系,属于某种交互性或辩证性的互动,"这种新的理论思路仍然保留了旧有的二元分立,并且依然认为社会背景具有因果首要性,只不过在认同的构成中,在实践与社会关系的型构中,主观领域或文化领域被赋予以积极的功能"。(见《后社会史初探》,[美]玛丽·麦克马洪英译,李康中译,北京大学出版社 2008 年版,第 7 页)易为中国学者所忽略的是,目前学界所说的"新文化史"虽以"文化史"冠名,在西方实则与社会史渊源更深,其直接源头是经典社会史。新文化史家尽管强调文化史是一种方法,但心中实伏有不言自明的研究对象——社会史。若以文化史为本位,就需要寻找突破点,重新设置自己的研究对象,而不是仅随西方的新文化史起舞,强调文化史仅是研究方法。

实体（objective reality），转而强调所谓的主体和客体都离不开作为中介的文化。关于文化与社会实在之间的关系，新文化史家和后社会史家已作了大量论述。"存在就是被感知"，他们已注意到社会实在与客体的差异，所谓客体是指蕴含意义的实在，实在若未被赋予（文化）意义和价值，就不能构成客体。径言之，离开了文化，也就无所谓客体。笔者在此重点赘述文化与主体的关系。长期以来，人们习惯于从观念形态的角度来理解文化，将文化视为一种主观的东西。值得注意的是，文化不仅是主体意识的外显和表象，不仅是主体意志的表达和实践，带有强烈的主观性，而且是一种蕴含意义的客观的实体（并反作用于主体）①，主体与文化二者之间所谓的主动和被动是相对的。人们常说的"以文化人"，就体现了人所处的外在的文化世界和意义空间对作为主体的人在发挥作用。简要地说，文化不仅是主体与客体的中介，而且保持着自身的独特性和能动性。以观念史为例，观念既是人的创造物，又是一种社会实在；但它又不全是人的理性或理智的创造物，亦非社会实在的直接呈现。同理，包括人的思想、观念和行动在内的文化，既不完全是人的理性运作的结果，亦非社会决定的产物。换言之，文化既是主观的又是客观的，既非主观的又非客观的；文化与主体意识、社会存在既有千丝万缕的联系，又保持着一定的距离，拥有自己相对独立的空间。如此一来，文化从旧有的主客二分模式下解放出来，不再从属于主体，也不再依附于客体，而是处于独特的中间地带。当我们在现实生活中使用"文化生产""文化再生产""文化媒介""文化实践"等新概念时，实际上已经承认了文化自身不仅能够传衍、创造，而且具有能动性，能对主体和客体发挥作用，改变主体和客体的现状。笔者以为，这种三分的思维方式对于文化史研究尤其是专门史研究极富启示，但并未得到重视。

---

① 老一辈文化史家的一些说法在当下仍不失其意义，如石田一良认为："文化是从人类个人和社会的活动及其成果中抽象获得的构成物，具有作为说明人类活动及其成果的概念方式的机能，然而又不仅仅是假设的构成物，即便不是象人类活动及其成果那样的实在，但作为实在成立的内在原因，确确实实存在于实在之中。"（见[日]石田一良：《文化史学：理论与方法》，王勇译，浙江人民出版社1989年版，第150页）

下面,就结合概念史研究,分析文化史研究如何突破二分法的思维框架。

研究者大都强调,概念史首先是一种研究方法。从起源上分析,它是西方学界在"文化转向"(或称"语言转向")的大背景下,从历史认识论和史学方法论层面反思既有研究而结出的果实。它挑战的对象,主要是当时居于主流的观念论和社会决定论,质疑它们的主客二分法和因果法则。[①] 概念史家认为它们对于历史的解释过于简单化和片面化,忽视了个体自觉意识与历史实在之间的中介环节,故选择作为文化分析工具的概念为突破口,用概念史来理解和解释历史。按照概念史家的逻辑,其一,概念是人们认识历史的凭借。因为历史总是沉淀为特定概念,并在概念中得到表达和阐释,所以探讨概念特别是概念语义的发展变化,揭示概念在不同地域、不同时期的生成和运用就变得关键和必要。要探讨概念及其语义,就要关注概念、文本及社会历史之间的联系,分析语义、语境与话语体系的运作和演变。其二,概念还是人们改造社会和重构历史的凭借。"没有阶级的概念,也就没有任何'阶级'。"[②]概念史家认为,人们的思想意识化为社会实践的过程中,概念是重要一环,甚至可以说,它起了形塑社会和历史的作用。就像德国概念史的领军人物莱因哈特·科泽勒克(R.Koselleck)所形容,概念不仅是社会的显示器,还是社会的推进器。[③] 这就需要重视人的自觉意识、概念运作以及二者与社会效果之间的关系。

笔者在此要提醒的是,概念具有一定的独立性。一百多年前恩格斯就曾说过:"一个事物的概念和它的现实,就像两条渐近线一样,一齐向前延伸,彼此不断接近,但是永远不会相交。两者的这种差别正好是这样一种差

---

① 前已提及,观念论史学把历史的发展变化归结为形上不变的观念(idea);社会决定论则把社会结构或经济基础作为历史的最终决定因素。

② [英]彼得·瓦格纳:《当思想史遭遇历史社会学:语言学转向之后的历史社会学》,载[英]杰拉德·德兰迪、恩斯·伊辛主编:《历史社会学手册》,李霞、李恭忠译,中国人民大学出版社2009年版,第310页。

③ 参见李宏图:《概念史与历史的选择》,《史学理论研究》2012年第1期。

别,由于这种差别,概念并不无条件地直接就是现实,而现实也不直接就是它自己的概念。"①在概念史语境下,概念是历史进程中人们的认知、思想和意识的实践体现和意义凝聚,类于量子力学所说的叠加态。一方面,它集个体性和社会性于一身,既具主体性又具客体性;另一方面,它既非人的理性或意志的独立创造,又非社会实在的决定物,相对独立。概念的相对独立性和自主性,使得探讨概念运作和实践的历史成为可能。这样,如同生产工具之于生产力和生产关系,概念史就在历史的主体与客体之间增加了一环,历史研究由二元理论图式(社会实在/主体意识)变为了三元图式(实在/概念/意识)。② 概念史研究的兴起,一定程度上降低了客体与主体在史学中的地位,历史研究的目的发生了明显变化,不再是论证主体与客体之间的因果联系,而是力求阐释社会实在如何经由概念(话语)中介而生发为意义范畴的实践过程。

不可否认,概念史是历史研究的对象,有其相对独立的研究领域。概念史以现代性概念的形成期作为主要考察时段,以概念的历史变迁作为研究主题。莱因哈特·科泽勒克主张欧洲的概念史主要研究从启蒙运动晚期到法国大革命前后(约1750—1850年)百余年的历史。他将这一段历史形象地称为"鞍型期"(Sattelzeit),喻示现代社会的过渡和形成阶段。在中国,概念史研究主要集中在晚清民国时期,也就是中国现代性概念的形成期。在空间上,与近现代世界一体化相一致,概念史往往是跨语际、跨文化的,强调概念借助共享的概念网络而相互联结,也借助概念网络而确定自身的坐标体系及特定的内涵和意义。从三分法的角度看,一些史家着力强调概念史只是视角和方法,实则夸大和偏向了概念的主体性和主观性,未脱主客二分的窠臼。

概念史对于文化史学来说,其意义不限于"正名"。就其直接效果而言,概念是对意义的聚集,在反思新、旧文化史理论方法的基础上,以民族、

---

① 《恩格斯致康·施米特》,载《马克思恩格斯选集》第4卷,人民出版社2012年版,第366页。
② 参见[西]米格尔·卡夫雷拉:《后社会史初探》第一章,[美]玛丽·麦克马洪英译,李康中译,北京大学出版社2008年版。

国家、民主、科学、革命、阶级、资本主义、社会主义等核心概念为纽带，可以重新解释文化与社会、政治的关系，重构文化历史图式。以此类推，其他各类文化专史也均可以专驭通，以文化联通主体意识与社会实在，实现文化与社会等的整合，达到整体史的效果。而且，在历史解释上，主体、文化、客体三者既你中有我，又相对独立，相互制约，有助于避免文化决定论和社会决定论。

实际上，中国传统学术中不乏类似的突破主客对立、一分为三的学术资源。孟子论孔子作《春秋》，明确区分为"其事""其文""其义"三个层次。①清代学者章学诚进而提出："史所贵者义也，而所具者事也，所凭者文也。"②如果把"义""事""文"分别比作主体意识、社会实在和文化，三分的思维方式何其相像。以字义疏证为代表的儒家经典解释学，如戴震之《原善》《孟子字义疏证》等，与概念史也有相近之处。笔者认为，突破非此即彼的思维惯习，超越时下流行的新文化史学的文化建构论和方法主义，且不固守传统文化史学的老路，是文化史研究者值得探索的路径之一。

（三）体现中国风格的文化史

文化史具有民族性。若能采取本民族的史学形式来阐述本民族文化的历史内容，自本自根，符节相契，自然相得益彰。所以，能够体现民族特点的史学形式理应受到重视。各国因史学传统不同，文化史的表现形式也各有特色，有的采取文明史方式，有的长于日常生活史，有的表现为微观史或大众文化史。中国古代史学资源极其丰富，诸如"书志""通典""学案"都可为当下的文化史研究提供源头活水，值得大力挖掘和开发，加以创新性发展。笔者在此试举"学术史"为例。

---

① 孟子曰："王者之迹熄而《诗》亡，《诗》亡然后《春秋》作。晋之《乘》，楚之《梼杌》，鲁之《春秋》，一也。其事则齐桓、晋文，其文则史。孔子曰：'其义则丘窃取之矣。'"（见《孟子·离娄下》）

② 章学诚：《史德》，载叶瑛校注：《文史通义校注》上，中华书局1994年版，第219页。

　　作为文化史学家族的一员,学术史是 20 世纪初出现的"新史学"。1902 年 3 月,梁启超在《新民丛报》所刊的长文《论中国学术思想变迁之大势》,及章太炎、刘师培等撰写的相关论著,开启了中国学术史的新模式。自兹开始,学术史一直被文化史家视作中国文化史的核心内容。20 世纪 80 年代初在讨论如何开展文化史研究时,蔡尚思明确表示:"我们的意思只是要以学术思想史为中心来研究中国文化史。思想史的范围比较狭,再大一点就是学术史,更大一点就是文化史;思想史、学术史都在文化史的范围之内。"①朱维铮也曾总结说:"如所周知,从清末以来,凡研究中国文化史,无不把思想学说的变化当作主线。"②从梁启超、钱穆到当代学者龚书铎、朱维铮等,在从事文化史研究时均重视学术史。

　　文化史家重视学术史的研究和写作,有其合理性。因为,在文化史诸专史中,学术史从内容到形式较其他专史具有优势,能较好地表现中国文化的特色。

　　学术史虽是伴随新史学而产生的史学形式,但"学术"二字含有中国古义。在中国文化史语境下,"学术"一词非现代义的"科学"(science)或"知识"(knowledge),也不同于西方义的"学术"(academic)。对此,梁启超、严复等人曾从现代科学角度明辨"学"与"术"含义之不同。梁启超辨析说:"学也者,观察事物而发明其真理也;术也者,取所发明之真理而致诸用者。"③严复指出:"学者考自然之理,立必然之例;术者据既知之理,求可成之功。学主知,术主行。"④"学者,即物而穷理,即前所谓知物也;术者,设事而知方,即前所谓问宜如何也。"⑤就此而言,源自西方的"科学"(science)、

① 蔡尚思:《论中国文化的几个重大问题》,《中国文化研究集刊》第 1 辑,复旦大学出版社 1984 年版,第 58、59 页。
② 朱维铮:《中国文化史分类试析》,《中国文化研究集刊》第 3 辑,复旦大学出版社 1986 年版,第 229 页。
③ 梁启超:《学与术》,载《饮冰室合集》文集之二十五(下),中华书局 1989 年版,第 12 页。
④ 严复:《〈原富〉按语》,载《严复集》第 4 册,中华书局 1986 年版,第 885 页。
⑤ 严复:《政治讲义》,载《严复集》第 5 册,中华书局 1986 年版,第 1248 页。

"知识"(knowledge)、"学术"(academic)等词,均指的是"学"而非"术"。即便是"学",中国和西方所指涉的对象也不同。中国传统文化中"学"之含义虽有变化,但无不含有人文精神,从未远离民生日用和人伦日常等做人道理,诚如刘师培所说:"学也者,即民生日用之事物也。"①同时,"学"与"术"的关联度在中西方也存在较大差异。中国传统文化中较缺乏西式的"为学术而学术"(academic)的科学追求和独立精神,而往往把"学"与"术"放在一起讲,即知即行,重视本体与工夫、求真与致用、理论与方法、思想与实践的统一性。

而且,"学术"在中国文化中的地位十分独特。梁启超之所以撰写《论中国学术思想变迁之大势》,即在于他敏锐地觉悟到了"学术"对于一国文化的重要性。他认为,一国之"学术思想"如同一人之精神,是一国文明程度的集中体现:"学术思想之在一国,犹人之有精神也。而政事、法律、风俗及历史上种种之现象,则其形质也。故欲觇其国文野强弱之程度如何,必于学术思想焉求之。"②在《先秦政治思想史》一文中,他在综合比较世界各大文化系统后,甚至认为学术代表了中国文化的特质:"我国文化发展之途径,与世界任何部分,皆殊其趋。故如希伯来人、印度人之超现世的热烈宗教观念,我无有也。如希腊人、日耳曼人之瞑想的形而上学,我虽有之而不昌,如近代欧洲之纯客观的科学,我益微不足道。然则中国在全人类文化史中尚能占一位置耶?曰能。中国学术,以研究人类现世生活之理法为中心,古今思想家皆集中精力于此方面之各种问题。以今语道,即人生哲学及政治哲学所包含之诸问题也。无论何时代何宗派之著述,未尝不归结于此点。坐是之故,吾国人对于此方面诸问题之解答,往往有独到之处,为世界任何部分所莫能逮。吾国人参列世界文化博览会之出品恃此。"③钱穆在具体观

---

① 刘师培:《论古学由于实验》,载《古学起原论二》,《左盦外集》卷八,《刘申叔遗书》下册,江苏古籍出版社 1997 年版,第 1476 页。
② 梁启超:《论中国学术思想变迁之大势》,载《饮冰室合集》文集之七,中华书局 1989 年版,第 1 页。
③ 梁启超:《先秦政治思想史》,载《饮冰室合集》专集之五十,中华书局 1989 年版,第 1 页。

点上与梁启超多有出入,但同样重视学术在中国文化中的作用。他多次指出:"欲考较一国家一民族之文化,上层当首注意其'学术'","非了解中国学术之独特性,亦将无以了解中国文化之独特性"。① 梁启超、钱穆是学术史研究的代表性人物,又是公认的中国文化史大家,他们的说法值得重视。

中国学术的内涵和特点决定了中国学术史的书写形式和研究方法。钱穆在《如何研究学术史》一文中指出,政治有治乱,朝代有更迭,中国全部学术史则始终以孔子及其所创始之儒家思想为主要骨干。"中国学术精神,乃以社会人群之人事问题的实际措施为其主要对象",重实际、实行和人生经验,其出发点是"人本位"主义或者说是一种人文主义,所以中国没有西式纯思辨的哲学,亦无纯思辨的思想家和哲学家。中国学术偏重人文界之人生实事,故与西方近代科学以自然界为研究对象不同,比较强调全局和会通,不易发展出专门之学。相应地,中国传统学术之所重,在通不在专。② 因中国学术偏重人文界之人生实事,自正心、诚意到修身、齐家、治国、平天下皆有规定,儒家的心性修养工夫实含一番宗教精神,所以在形式上不再另有宗教,重视心性之学与治平之学(或者说德性之学与历史之学)。中国学术以心性修养和治平实践为中心,故研究中国学术史必特别注意学者之人格,须从学者本身之实际人生来了解其学术(这与西方重学不重人的哲学和科学不同)。③ 简言之,从传统学术自身所具有之精神气质、道途格局、源渊流变来认识和研究传统学术,这是中国学术史的传统、特色和长处。从经学时代的经、传、注、疏、解到文化史时代的学术史,中国学术精神一以贯之。

梁启超、钱穆等正是在总结和继承自《庄子·天下篇》到黄宗羲《明儒学案》,包括历代史书中的儒林传、艺文志、经籍志的基础上,推陈出新,借

① 钱穆:《中国学术通义·序》,载《钱宾四先生全集》第 25 册,台北联经出版事业公司 1998 年版,第 1 页。
② 中国古代学者身兼道、学,政于一,故中国传统学术之通,不仅表现为博古通今,贯通经子,而且体现为道德、经济、学问合一,学问不离人生和社会。
③ 参见钱穆:《中国历史研究法》,载《钱宾四先生全集》第 31 册,台北联经出版事业公司 1998 年版,第 80—85 页。

鉴新史学的理念和体例,把中国学术史发展到了一个新的阶段。在范围上,学术史涵摄的对象大于部门文化史而又小于"一般之文化史",包括但又非现代义的哲学史、政治思想史、伦理道德史、语言文学史,亦非它们的组合品。在书写形式上,多采取传统的经学、史学、子学、佛学等分类方式和话语体系。例如,与"中国哲学史"相比,"哲学"是一个引进的概念,需要用西方哲学作为去取和建立中国哲学的标准,中与西之间存在较大差异和隔阂,乃至产生了中国有无哲学的争论。学术史则可以不受外来框架的限制,从史学范式及话语体系看,它能够较好表达中国传统学术的内容,做到名实相符。在方法上,强调"从学术史观点来讲学术"[1],尊重传统学术的宗旨和门径,主张不以治子的方法治经、不以治经的方法治子,尤反对以今臆古,以西律中。[2] 从建设文化史的角度,中国学术史的传统很有发扬光大之必要。当然,这对于习焉现代科学思维的学者来说,如何保持科学性与历史性的统一,切入学术肌理,寻绎内在理路,有一定难度。

简言之,学术史较好地将中国史学的传统与现代新史学融汇为一体,这一研究取径值得重视。

本 章 小 结

近些年在新文化史、后现代主义等学术思潮的冲击下,文化史研究趋于泛化和碎化,这在客观上给研究者带来了困惑和干扰,制约了学术发展。迷途知返,回顾前人走过的道路,总结和反思其利弊得失,厘清门径,

---

[1] 钱穆:《中国史学名著》,载《钱宾四先生全集》第 33 册,台北联经出版事业公司 1998 年版,第 382 页。

[2] 1923 年,《新闻报》刊载社论"《墨辨》之辨",载录章太炎、胡适书信各一通。章太炎指责胡适"未知说诸子之法与说经有异";胡适反驳说自己"是浅学的人,实在不知说诸子之法与说经有何异点"。可参见《胡适文存》第 2 集卷一所收章太炎、章士钊、胡适"论墨学"的一组文章。此外,罗志田等学者关于 1932 年清华大学入学考试对对子风波的研究(详见罗志田:《近代读书人的思想世界与治学取向》,北京大学出版社 2009 年版,第 199—222 页),亦有助于对该问题的理解。

认准方向,是文化史研究者再次出发和实现突破需要做的功课。

　　文化史研究可总结为三种取向:一是"文化的(社会)历史",即历史视角下的文化史,把文化史作为与政治史、经济史并列的研究对象。该取向客观上把文化视作一个同质的整体,侧重于外在解释,长于对文化作历史的社会的分析;而对文化内部的复杂性和矛盾性有所淡化。二是"社会的文化史",即文化视角下的社会史,把文化史作为研究历史的一种方法,研究对象扩大到各种社会历史现象,明显突破了传统文化史的范畴。该取向看到了文化内部因素的复杂性和矛盾性,尤其强调文化和个体意识在社会历史中的价值、意义和作用。三是"文化的文化史",即文化视角下的文化史,既视文化史为一种研究视角和方法,又以之为研究对象。该取向强调从文化史的特性出发来研究文化史,有助于解决广义的文化史所带来的泛化和作为方法的文化史所产生的碎化问题,以及客观论与主观论的矛盾。

　　辩证地看,上述三种研究取向在文化史研究中互不可替代。其中,"文化的(社会)历史"是基础,这是由历史学科的特点规定的。确立文化史的研究对象,弄清文化事象的来龙去脉,研究文化事象的形成、发展和变化及其规律,是开展历史研究的基本要求。"社会的文化史"是特色,这是由文化的特点规定的。文化史研究之所以不同于政治史、经济史等专史研究,其特殊性之一就在于它是采用文化的视角,甚至将文化史作为一种历史研究方法。"文化的文化史"是核心,这是由文化史家的专业分工和职责所决定的。无论是作为广义上的研究对象还是方法,若一切历史皆为文化史,意味着文化史学取消了自身的独立地位,也就不具有科学性。科学研究本无主次之分,但从学科的角度看则有中心与边缘之别,文化史家无疑要以最能体现本学科特色的领域为主攻方向。

　　历史地看,上述每一种研究取向的出现均与当时的社会历史发展阶段、文化思潮的变迁息息相关。在一个阶段,这种取向占主流;针对其流弊,下一个阶段,另一种取向可能居于优势。学以救弊,然弊亦由学生,学术研究就是一个不断取长补短、实现超越的过程。

第十二章

中国文化史学的过去与未来

1902 年,梁启超发表的《新史学》,标志着中国文化史学的诞生。文化史学从西方引入,到三四十年代形成第一次著述高峰,从六七十年代的式微再到 80 年代复兴,开展得并不顺利。即便改革开放的 40 多年,中国的文化史学在理论方法讨论和学科建设等方面,也不及同期兴起的社会史学。近些年来,中华民族文化复兴命题的提出,以及西方新文化史理论方法的输入,为中国文化史学的发展提供了动力、资源和机遇,但作为学科的文化史却面临着被消解的尴尬。[①] 中国文化史学该何去何从,这一章拟在总结历史经验基础上,有所回答。

一、新时代、新问题与文化史学的任务

钱穆《两汉经学今古文平议·自序》云:"一时代之学术,则必有其一时代之共同潮流与其共同精神,此皆出于时代之需要,而莫能自外。逮于时代变,需要衰,乃有新学术继之代兴。"[②]学术随时代而嬗变,中国文化史学的

[①] 最近就有学者尖锐地提出:"我们的文化史研究却面临着既没有确立本学科的学术规范,又没有建立起学科体系,而且随时可能被消解的尴尬境地。甚至到现在我们还说不清什么是'文化',什么是'文化史'。"(见王艺:《改革开放三十年的中国文化史研究》,载中国社会科学院历史研究所编:《改革开放三十年的中国古代史研究》,中国社会科学出版社 2010 年版,第 345 页)

[②] 钱穆:《两汉经学今古文平议》自序,载《钱宾四先生全集》第 8 册,台北联经出版事业公司 1998 年版,第 4 页。

产生和发展与时代的需要密不可分。

中国的文化史学可上溯至 20 世纪初的新史学——文明史学。在"史界革命"中,梁启超等"新史氏"之所以提倡文明史学,首先是源自追求现代文明、建设民族国家的需要。在他们看来,中国欲取得民族独立和国家富强,实现文明化,第一步需要"我国民考求他国文明所自来,而发其歆羡之心、嫉妒之心"①,而文明史学恰堪此重任。他们将文明史学视作中国摆脱"野蛮"落后、铸造文明社会的利器,故引入和译介西方的文明史著成为不二选择。

20 世纪 20 年代,胡适、梁启超等人掀起"整理国故"运动,亦有其现实考量。"整理国故"即从事中国文化史研究,用平等的眼光、科学的方法董理中国文化史。"整理国故,再造文明","整理国故"的现实目标是为了"再造文明",为中国人提供具有现代性滋养的历史知识和文化资源。梁启超在《中国历史研究法》中曾自我作答:"今日之史,其读者为何许人耶? 既以民治主义立国,人人皆以国民一分子之资格立于国中,又以人类一分子之资格立于世界;共感于过去的智识之万不可缺,然后史之需求生焉。质言之,今日所需之史,则'国民资治通鉴'或'人类资治通鉴'而已。"②他们将传统的历史学改造为现代的中国文化史学,与他们将西方的民主、科学等现代性因素引入中国两相一致。用李大钊的话说,"文化的历史,就是启蒙的历史"③,他们重视文化史学,是因为文化史蕴含着启蒙精神,可以作启蒙民众的工具。

梁启超、胡适等致力于实现中国文化史学的现代化和世界化,与国际"接轨";柳诒徵、钱穆等人则注重彰显中国文化的主体性,"明吾民独造之真际"④,同样是在解答时代课题。

---

① 杨度:《游学译编叙》,《游学译编》第 1 册,1902 年 12 月。
② 梁启超:《中国历史研究法》,载《饮冰室合集》专集之七十三,中华书局 1989 年版,第 3 页。
③ 李大钊:《孔道西(Condorcet)的历史观》,载《李大钊全集》第 4 卷,人民出版社 2006 年版,第311 页。
④ 柳诒徵:《中国文化史》绪论,上海古籍出版社 2001 年版,第 1 页。

　　新文化运动后期,西学大规模输入中国,中国文化的现代化在某种程度上变为了中国文化的西方化,一些有识者深忧:中国文化有无独立性和正统性之可言? 有感于斯,柳诒徵撰写了《中国文化史》一书。他在书中断言:中国文化缊缊相属,未尝中绝,必有其独具之特质。"试问前人所以开拓此天下,抟结此天下者,果何术乎?""试问吾国所以容纳此诸族,沟通此诸族者,果何道乎?""试问吾国所以开化甚早,历久犹存者,果何故乎?"①这些问题均具有强烈的现实针对性。

　　30 年代,中华民族陷入空前严重的危机,救亡图存乃最为紧迫的任务。从历史的高度说明中国的前途,从文化上为抗战提供精神动力,坚定抗战必胜的信念,对史家来说责无旁贷。熊子容撰文指出:"《中国文化史》的内容,其功用在激起国人的民族意识,以图民族生存,良非博闻强记之学。"②钱穆对时代的需要有清醒的认识,他在《国史大纲·引论》中写道:今日所需之新史学当"具备两条件:一者必能将我国家民族已往文化演进之真相,明白示人,为一般有志认识中国已往政治、社会、文化、思想种种演变者所必要之知识;二者应能于旧史统贯中映照出中国种种复杂难解之问题,为一般有志革新现实者所必备之参考。前者在积极的求出国家民族永久生命之泉源,为全部历史所由推动之精神所寄;后者在消极的指出国家民族最近病痛之证候,为改进当前之方案所本"③。钱穆所著的《国史大纲》《中国文化史导论》《文化与教育》等书从历史文化的角度有力地说明了一个道理:中国文化源远流长,根深蒂固,过去从未现在也绝不会凋谢,中国不会亡。陈安仁在抗战期间先后出版了《中国近世文化史》和《中国上古中古文化史》。他在书中郑重指出:文化兴则民族兴,文化衰则民族衰,"这是我们研究文化史者,得到一个不可磨灭的定律"④。他的这两部书就在于揭示中国文化

---

①　柳诒徵:《中国文化史》,上海古籍出版社 2001 年版,第 3、5 页。

②　熊子容:《〈中国文化史〉内容的商榷》,《大学》第 2 卷第 5 期,1934 年 7 月。

③　钱穆:《国史大纲·引论》,商务印书馆 2008 年版,第 8 页。

④　陈安仁:《中国上古中古文化史》,商务印书馆 1938 年版,第 8 页。

的演进形态,探寻"中国文化之本质的价值,与中国民族创造文化力量之本质的价值",为民族复兴奠立基石。[①] 抗战时期是中国文化史著述的一个高峰。这些著作,党派立场和学术风格或有不同,但无不固执民族大义,振奋了民族精神,从文化上为抗战给予了强有力的支持。

历史表明,20 世纪前期,中国的文化史学在启蒙民众、建立现代多民族统一国家、促进中华民族文化的复兴诸方面,发挥了无可替代的作用。遗憾的是,50 年代以后,中国的文化史研究被人为地削减了,时间长达 30 年。

1978 年起,中国实行改革开放,文化史学再度担负重任。改革开放 40 多年一以贯之的总目标是建设社会主义现代化,与此同行,中国文化史学从学术角度助推了中国文化的现代化。

改革开放之初的一项重要任务是拨乱反正、解放思想。以梁漱溟、季羡林、周谷城、蔡尚思、张岱年、匡亚明、庞朴、李泽厚、朱维铮等为代表的一批学者,为时代发声,他们以重新评价历史作思想革新的先导。1978 年,庞朴在《历史研究》第 8 期发表《孔子思想的再评价》。1980 年,李泽厚在《中国社会科学》第 2 期发表《孔子再评价》。1985 年,匡亚明所著的《孔子评传》由齐鲁书社出版。在他们的引领下,学界发表了一批论著,重评孔子,重估儒学,重新认识中国传统文化及其与现代化的关系。这些成果既推动了文化史研究,又引导人们破除相沿已久的僵化思维和一些政治上的错误认识。

1984 年,经济改革全面铺开。经济改革推动了包括文化史、文化比较、文化理论在内的文化研究,而文化研究反过来助推了人的现代化。以 1984 年 10 月在北京大学成立的中国文化书院为例。该书院的本旨在培养从事中国传统文化研究的学术人才,却产生了始料未及的社会效应。所办的各种中国文化讲习班、读书班、函授班和研讨班,得到了高校知识分子、政府官员和普通工人的热烈响应,客观上起了思想启蒙的作用。

[①]　陈安仁:《序言》,载《中国上古中古文化史》,商务印书馆 1938 年版。

80 年代的文化论争,其核心问题是中国走什么路。[①] 学界关于传统文化与现代化关系的讨论、中国封建社会长期延续原因的讨论、中国近代科学落后原因的讨论等,都与此密切相关。针对当时的"新启蒙""反传统"思潮,一些史家明确表达了反对意见,主张尊重文化的民族性,尊重中国的文化历史,强调实现现代化不能脱离中国的文化传统。庞朴提出:"现代化不等同于西化","只有考虑传统,才会搞出有中国特色的社会主义,搞出有中国特色的现代化"。[②] 他们的观点起了矫枉守正的作用。需要注意的是,文化史研究者从历史出发,并不是一股守旧的力量。其中一些学者从正面阐发中国文化的人文精神,与另一些学者反思和批判中国传统文化中的专制主义,殊途而同归,共同推进了当时的思想解放潮流。

1992 年以后,社会主义市场经济取得快速发展。国人的生存方式因经济的增长而得到了改善,必然需要与之相适应的道德规范和文化生活。同时,综合国力的提高与国际地位的不高,其间的反差激起了部分中国人的民族主义情绪和文化主体意识。民族主义和保守主义思潮抬头,要求回归传统的声音高涨。有关"孔学""儒学"等问题的讨论,在 80 年代还较为敏感,这一时期已堂而皇之地步入学术殿堂,而且,"国学""儒学""经学"等独具中国特质的话语进入了主流文化,甚至出现了"国学热"。无论是按照现代化理论,还是从反思现代性或民族主义的视角分析,90 年代要求回归传统,重新探寻中国文化的真相和价值,寓有不同于 80 年代的新意。如果说 80年代的文化史研究肩负着为现代化开辟道路的任务,那么 90 年代则强调在现代化潮流中寻求中国特色和文化认同。在此过程中,文化史研究者既与时代一起前行,又与"国学热"保持了一定距离,对部分人近于原教旨主义式的宣扬国学,特别是那些借国学(或儒学)之名排斥包括马克思主义在内

[①]　关于改革开放时期的中国文化研究,参见邵汉明主编:《中国文化研究 30 年》(全 3 卷),人民出版社 2009 年版;李宗桂:《40 年文化研究的反思和前景展望》,《社会科学战线》2018 年第 10 期。

[②]　庞朴:《民族性的再认识》,载《文化的民族性与时代性》,中国和平出版社 1988 年版,第140 页。

的意识形态的做法,秉持警惕和反对态度。①

2008 年北京奥运会的举办,一定意义上可视为中国崛起的标志。2010年,中国的经济总量跃居世界第二位。中国不仅要建设一个经济强国,而且要建设一个文化强国。坚定文化自信,建设中国特色、中国气派、中国风格的理论体系等提法,经常见诸各种官方文件和大小媒体。2017 年起,中国特色社会主义步入了新时代。新时代有新要求、新任务,在当今国际国内纷繁复杂的局势下,有许多重大课题需要文化史家协同攻关。

其一,如何应对全球化时代的文明冲突和文化挑战,构建人类命运共同体和国际文化新秩序。世界已步入文明多元化与一元化两种理论主张和社会势力对峙与博弈的阶段,规避和减少文明的冲突,促进人类文明的交流互鉴,无疑是最为明智的选择。为实现此目标,这就需要思考该如何应对文化霸权主义的挑战,走出二元对立、“丛林法则”和“零和思维”的陷阱。审视世界大势,中国学者应掌握话语主动权,学会利用本土丰富的历史文化资源:一方面,从中国几千年的文明史和文化史中发掘智慧,主动去化解人类社会的种种冲突和危机;另一方面,与其他文明持续开展交流与对话,达成和解与共识,推动建构“和而不同,美美与共”的共同体。

其二,如何在全球化潮流下保持中国文化的主体性,促进实现中华民族文化的伟大复兴。文化是一个民族的灵魂,文化史则是一个民族的文化赖以复兴的基石,它为民族文化的复兴提供支持。文化史研究者要有文化自觉和文化担当,从文化上为新时代中华民族的伟大复兴提供人文睿智和历史经验,持续推进中国文化的现代化;在经济全球化和世界多元的文化格局中,探寻中国文化的价值和特色,彰显中华民族的国际地位。

百余年来,中国的文化史学由追效西方文明到研寻本民族的文化认同,从谋求民族独立到推进人的现代化,其学术任务和时代课题之变换不可谓不大,但无不紧扣时代脉搏,心系民族和国家前途。

---

① 罗卜:《国粹·复古·文化——评一种值得注意的思想倾向》,《哲学研究》1994 年第 6 期。

二、新领域、新材料与文化史学的拓展

"古来新学问起,大都由于新发见。"①新领域的开拓和新材料的利用,是文化史学进步的重要标志。

(一) 新 领 域

20 世纪初期,文化史学对于中国人来说是一个迥异于传统史学的、崭新的史学领域,故有"新史学"之称。20 年代,胡适、梁启超等倡导文化史研究,极为重视扩展历史研究的对象和范围。胡适执笔的北大《〈国学季刊〉发刊宣言》,将"扩大研究的范围"和"博采参考比较的资料"作为开展文化史研究的最基本要求。胡适称:"过去种种,上自思想学术之大,下至一个字、一只山歌之细,都是历史",都属于文化史的研究范围。② 胡适等人不仅将传统的经学、子学纳入文化史的考察范围,而且主张对戏曲、小说和歌谣等予以文化史的研究。相对于旧史学的研究范围而言,这是一个质的突破。再者,胡适当时所采用的是一个广义的带有总体史性质的文化史范畴,他规划的中国文化史,包括了民族史、语言文字史、经济史、政治史、交通史、思想学术史、宗教史、文艺史、风俗史、制度史等。这些专史对当时的中国学者来说,都是有待开拓的新领域。梁启超这一时期从"研究法"入手,注意区分文化的广义与狭义,但即便其所说的狭义文化史,如语言史、文字史、神话史、宗教史、学术思想史、文学史、美术史等,也是新的学术领域。

20 年代末兴起的马克思主义史学,以社会发展史和经济史见长。1949年以后,尽管语言史、文学史、艺术史等部门史取得了一定成就,但就整体而

---

① 王国维:《最近二三十年中国新发见之学问》,载《王国维全集》第 14 卷,浙江教育出版社 2009 年版,第 239 页。
② 《发刊宣言》,《国学季刊》第 1 卷第 1 号,1923 年 1 月。

言,史家对文化的理解遵循"一定的文化(当作观念形态的文化)是一定社会的政治和经济的反映"①,将文化视作第二位的东西。马克思主义史家所写的文化史基本上是取观念形态的文化为研究对象。

八九十年代,文化史学焕发出新的活力,研究领域大为扩展。从时段上看,从先秦到民国各个时期的文化史均取得了重要进展,特别是中国近代文化史,成了改革开放 40 多年最为活跃的研究领域之一。从空间看,中国疆域内各地区的文化史都有了研究成果,长江、黄河也有了自己的文化史(如《长江文化史》《黄河文化史》)。从民族看,不仅有以汉族为主体的各种文化史,而且改善了境内各少数民族文化史的研究,出版了系列高质量、成规模的少数民族文化史论著。从阶层看,不仅有上层的精英文化史,而且有民间文化史、社会文化史和大众文化史。

2000 年以后,随着新文化史学由西方传入中国,文化史的研究领域进一步拓展。彼得·伯克在《文化史的多样性》一书中所列举的方面,如日常生活、物质文化、媒介文化、性别、身体、医疗、形象、记忆、语言、阅读等,目前皆有中国学者在从事这方面的研究。文化史的研究对象之丰富、主题之多样,达到了前所未有的程度。

也应看到,由于缺乏总体性的学科规划和布局,近些年来,研究领域的扩张带来了一些问题。其一,精英和经典的文化史研究不是加强了,而是弱化了。自梁启超、钱穆到蔡尚思、朱维铮等著名文化史家,均一再强调学术思想史是中国文化史的核心。研究者如果不重视经学史、学术史、思想史研究,甚至将他们从文化史门类中排挤出去,就难以回答中国文化的特质等重大问题。诚如顾颉刚所说:"必将经典弄清,中国文化史方能写作,否则识其外层而不能解其核心,于事仍无益也。"②其二,综合性和整体性的研究不是加强了,而是弱化了。"吾民族抟成之基本,吾文化持续之渊源,吾国家

---

① 毛泽东:《新民主主义论》,载《毛泽东选集》第 2 卷,人民出版社 1991 年版,第 663 页。
② 顾颉刚:《经学之任务》,载《读书笔记》卷四,《顾颉刚全集》第 19 卷,中华书局 2010 年版,第 350—351 页。

建立之精神,凡此种种重要大问题"①,过去曾受到梁启超、柳诒徵、钱穆等近代史家的高度重视,当下仍具重要学术价值和现实意义,需予以足够重视。

（二）　新　材　料

"新史料之发见与应用,实是史学进步的最要条件。"②20 世纪初以来,中国史学在史料开发和利用方面取得了革命性的突破,其形式和来源实现了多元化,包括各种文字资料、图像资料、电子资料以及考古资料、口述史料、田野调查资料等。这里,着重介绍地下资料的发现、域外文献的利用、电子文献和数据库的建设,及其对于文化史研究所起的推动作用。

1. 地下资料

现代考古事业在中国的兴起,给文化史研究提供了弥足珍贵的新材料。其中许多材料能弥补传世文献的不足。对此,李学勤、裘锡圭、李零等有系统的研究③,这里仅从文化史学的角度予以阐述。

19 世纪末 20 世纪初,甲骨文的发现和安阳殷墟的发掘为研究中国文化起源问题提供了强有力的证据,一些学者据此反驳西方学者所主张的中国文化外来说。甘肃敦煌文献的发现则揭开了中古文化史研究崭新的一页。莫高窟藏经洞发掘出土的文献达 5 万多卷,涵盖宗教、历史、语言、文学、艺术、民俗、政治、经济、民族、科技、法律等众多领域,内容异常丰富。这批文献不仅提供了新的研究对象和课题,而且促进了学术理念和方法的更

---

① 钱穆:《中国六十年之史学序》,载《中国学术思想史论丛》(6),《钱宾四先生全集》第 23 册,台北联经出版事业公司 1998 年版,第 297 页。

② 傅斯年:《史学方法导论》,载欧阳哲生主编:《傅斯年全集》第 2 卷,湖南教育出版社 2003 年版,第 335 页。

③ 对这一问题,可参见李学勤《简帛佚籍与学术史》(台北时报文化出版有限公司 1994 年版)、裘锡圭《中国出土古文献十讲》(复旦大学出版社 2004 年版)、李零《简帛古书与学术源流》(生活·读书·新知三联书店 2004 年版)、朱渊清《再现的文明:中国出土文献与传统学术》(华东师范大学出版社 2001 年版)以及李均明等《当代中国简帛学研究(1949—2019)》(中国社会科学出版社 2019 年版)等。

新。正是有感于斯，陈寅恪提出："一时代之学术，必有其新材料与新问题。取用此材料，以研求问题，则为此时代学术之新潮流。"①罗振玉、王国维、陈垣、陈寅恪、吴士鉴、吴承仕、陈邦怀等以此为基础，建立了中国的敦煌学。

50 年代末，甘肃武威汉墓简牍的出土，被学界视为晋汲郡魏家出土竹书以后的又一次经书大发现。其中，武威汉简《仪礼》甲、乙、丙三种，与戴德、戴圣本及刘向《别录》本、今本，均存在一定差别。武威汉简中的《丧服》，对研究《仪礼》一书的形成有重要参考价值，且为纠正后世《仪礼》传本之误提供了线索。依据这批材料，沈文倬发表了著名的《武威出土〈礼〉汉简考辨四种》（即《〈礼〉汉简异文释》《〈礼〉汉简七篇为古文或本考》《汉简〈服传〉考》《〈礼〉汉简非庆氏经本辨》）等论著，反驳康有为的"古文经为刘歆作伪"说，订正了《礼经》文本在流传过程中产生的许多讹错。

70 年代，中国考古事业取得了重大进展。1972 年，山东临沂县银雀山西汉墓发掘出土竹简近五千枚，包括《孙子兵法》《孙膑兵法》《六韬》《尉缭子》《管子》《晏子春秋》及阴阳占卜等佚书。② 这批简书为研究兵家、道家，及先秦历法、文字、书法、艺术、简册等提供了珍贵资料。1973 年，湖南长沙马王堆三号汉墓出土的帛书，达 12 万余字，包括《老子》《黄帝内经》《周易》《春秋事语》《五行》《战国纵横家书》等古书，涉及六艺、诸子、兵书、术数、方技等领域。这批考古资料直接促进了对儒家、道家、兵家、纵横家及汉代术数、方技之学的研究。

90 年代，以郭店出土战国楚墓竹简和上海博物馆购藏楚竹简最受人瞩目。1993 年，湖北荆门郭店楚墓出土了一大批战国时期的儒家和道家文献，专家汇编为《郭店楚墓竹简》（文物出版社 1998 年版）。郭店楚简的时间介于孔、孟之间，除《五行》《缁衣》等少数篇目外，其他多在秦汉以后失传，因此，这批竹简具有填补从孔子到孟子一百多年间儒学发展史之空白的

①　陈寅恪：《陈垣〈敦煌劫余录〉序》，载《陈寅恪集・金明馆丛稿二编》，生活・读书・新知三联书店 2001 年版，第 266 页。
②　文物出版社于 1985 年、2010 年分别出版了《银雀山汉墓竹简》（壹）（贰）。

意义。而且,对于研究孔子与"六经"的关系、"六经"在先秦时期的流传等重大问题,价值独具,一定程度上纠正了近代疑古派所认为的先秦没有"六经"之说。上海博物馆藏战国楚竹简于 1994 年购自香港的文物市场,是继郭店楚简之后先秦古籍的又一重大发现。这批文献包括战国楚简 1200 余枚,内容以儒家文献为主体,兼及道家、兵家、阴阳家。《上海博物馆藏战国楚竹书(一—九)》(上海古籍出版社 2001—2012 年版)的整理和出版,推进了儒学文献与早期儒学史研究。

2015 年,江西南昌西汉海昏侯墓发掘出土的简牍,内含《诗经》《论语》《礼记》等典籍。这批简牍是研究早期儒家学说及经典演变史的宝贵资料。其中,海昏侯本《诗经》提供了现今所见存字最多的《诗经》古本。海昏侯本《论语》是迄今为止发现的距今最早的《论语》抄本,它展示了《齐论》的面貌,为今人研究《论语》的形成和流传过程提供了证据。

地下资料对于包括文化史在内的中国古史研究的意义,人所共知。例如,王国维的名篇《殷周制度论》,其部分核心史料,便来自新发现的殷墟甲骨和商周金文。当代学者李学勤的《走出疑古时代》(辽宁大学出版社 1994 年版)、葛兆光的《中国思想史》第 1 卷《七世纪前中国的知识、思想与信仰世界》(复旦大学出版社 1998 年版)、李零的《中国方术考》(人民出版社 1993 年版)和《中国方术续考》(东方出版社 2001 年版)等。这些思想文化史领域的优秀著作,均长于利用出土文献和考古资料。

2. 域外文献

就书写文字而言,域外文献可分为两大类。一类是用中国的文字(如汉文、满文、蒙古文、藏文等)书写的文献,如上海古籍出版社出版的"海外珍藏善本丛书"即属此类。一类是用外国文字书写的史料,包括官方档案、报刊文章、个人著述等。众所周知,除各国外交档案中收藏有大批文化交流资料,英、法、德、美、俄、日等国家的国立图书馆,哈佛大学、耶鲁大学、哥伦比亚大学、牛津大学、柏林大学、东京大学、莫斯科大学等中国学研究重镇,也藏有丰富的中国文化历史资料。法国汉学家亨利·考狄(Henri Cordier)

所编的《西人论中国书目》(*Bibliotheca Sinica*)(中华书局 2016 年版中译本),详尽收录了西方自 16 世纪中叶至 1924 年有关中国文献的目录,包括用各种欧洲语言写成的专著和文章,甚至小启事和书评,方便了中国文化和海外汉学研究。张晓编著的《近代汉译西学书目提要:明末至 1919》(北京大学出版社 2012 年版),收录了中国明末至民国初年近 6000 种汉译西学书目。近现代史领域,仅中国社会科学院近代史所翻译室所编《近代来华外国人名辞典》(中国社会科学出版社 1981 年版),就收录有 1840—1949 年较有影响的来华外国人两千余人,涉及著作约七八百种。

域外文献的译介和利用,是 20 世纪初以来文化史学乃至整个历史学得以进步的重要因素。例如,中国的中西交通史和文化交流史之建立,就直接得益于域外文献的发掘。张星烺的《中西交通史料汇编》一书以大量爬梳中外文史料见长,书中首次翻译和使用了英国学者亨利·玉尔(Henry Yule)的《契丹路程》等一批资料。冯承钧研究交通史,翻译了法国汉学家伯希和(P.Pelliot)的《郑和下西洋考 交广印度两道考》,费琅(G.Ferrand)的《昆仑及南海古代航行考》《苏门答腊古国考》等系列作品。方豪所著的《中西交通史》引用外国文献达 300 余种,涉及英、法、俄、意、德、梵蒂冈、阿拉伯、瑞典等十余个国家的文献资料。80 年代以来,外文资料的大规模引入和翻译助推了中外文化交流史研究,知名者有中华书局出版的"中外关系史名著译丛",大象出版社出版的"西方早期汉学经典译丛""国际汉学经典译丛""中外文化交流史文献丛书",以及"国家清史编纂委员会·翻译丛刊"等。中山大学还于 2006 成立了西学东渐文献馆,系统搜集和收藏西学东渐方面的文献资料。①

外国人在华游记,由于其不同于中国人的视角,往往能弥补中文史籍之不足。以中亚学者阿里·阿克巴尔(Seid Ali Akbar Khatai)1500 年(明孝宗弘治十三年)用波斯文写成的《中国纪行》一书为例。该书源自作者来华游

---

① 梅谦立《欧洲传教士文献里的中国》一文(《文汇报》2014 年 1 月 6 日),对明清之际的西方文献有系统介绍。

历时的见闻,对中国的行政制度、城市建设、历史、地理、文化艺术、宫廷礼仪、宗教信仰、社会习俗等作了生动描写,是 13 世纪《马可·波罗游记》、14世纪《伊本·白图泰游记》至 17 世纪中叶耶稣会士的中国记录之间唯一而又全面反映中国社会文化的历史文献。鸦片战争以后,外国来华人数剧增,有关中国的记载明显增多。黄兴涛、杨念群主编的"西方的中国形象丛书"(中华书局 2006 年版),收有罗伯茨《十九世纪西方人眼中的中国》、明恩溥《中国人的气质》等十余种英美人士的作品。这些作品贴近生活,为研究近代社会文化提供了生动、具体的历史资料。国内出版的日本人游记仅有张明杰主编的"近代日本人中国游记译丛"等数种。实际上,日本所藏中国文化史方面的资料非常丰富。其中,小岛晋治监修的《幕末明治中国见闻录集成》20 卷和《大正中国见闻录集成》10 卷是研究中国近现代文化史和中日文化交流史的重要材料,令人遗憾的是,目前中国学界尚未对其予以重视。

外文史料对于中国文化史研究的重要性不用多言。傅斯年在《历史语言研究所工作之旨趣》曾提出史学进步的三条标准:"凡能直接研究材料,便进步";"凡一种学问能扩张他所研究的材料,便进步";"凡一种学问能扩充他作研究时应用的工具的,则进步"。[1] 在全球化的当代,外文已成为开阔学术视野和提高文化史研究水准的基本工具。

3. 电子文献和数据库

电子计算机技术、互联网和大数据对历史研究的影响,决不亚于古代雕版印刷术和近代古腾堡印刷术的发明。20 世纪末以来,古籍、报刊等各类大型数据库的开发和利用,极大地扩展了史料搜求的范围,提高了利用史料的效率,为文化史研究创造了前所未有的条件。

目前,中国历史典籍已基本实现文本信息的数字化,数据库的容量和规模远远超出了任何一家图书馆的纸质典藏。以"中国基本古籍库"为例。

---

[1] 《历史语言研究所工作之旨趣》,《国立中央研究院历史语言研究所集刊》第 1 本第 1 分,1928年 10 月,第 1、2、3 页。

该库收录先秦至清代(公元前11世纪至20世纪初)历代典籍和文献达1万种、16万余卷,选用版本12500个、20万余卷。每种典籍均制有数码全文,并附有所据版本及其他重要版本的影像,全库总计文字达17亿字、影像1千万页。该数据库称得上中国有史以来最大的历代典籍总汇,目前已成为古史研究最为重要的资料库。

报刊数据库以"《全国报刊索引》数据库"所收资料较为丰富。其中,"晚清期刊全文数据库(1833—1911)"收录500余种期刊,含21900余期、55万余篇全文,当时出版的各种期刊尽收其中。"民国时期期刊全文数据库(1911—1949)"目前已出版11辑,收录20189种期刊,含355562期、906万余篇文章。"近现代中国英文报纸库"(ProQuest Historical Newspapers:Chinese Newspapers Collection,1832—1953)则收录了自1832年至1953年在中国出版的《中国丛报》(The Chinese Repository,1832—1851)、《北华捷报》/《字林西报》(The North-China Herald,1850—1941)、《中国评论周报》(The China Critic,1939—1946)、《密勒士评论报》(Millard's Review/The China Weekly Review,1917—1953)等12种英文报纸。

还有一些专题性数据库,如"《文渊阁四库全书》电子版数据库""《四部丛刊》数据库""《国学宝典》数据库""中国思想与文化名家数据库""中国寺庙祠观造像数据库""中国历代人物印鉴数据库""《中国金石总录》数据库""中国共产党思想理论资源数据库"等。利用这些数据库,研究者可实现全方位、快速海量检索,高效完成校勘、标注、分类和编辑等资料搜集和整理工作。

更引人瞩目的是,大数据引发了理论方法的革新,将史学研究推进到了"数字人文"(digital humanities)阶段。"数字人文"突破了仅从技术维度去界定"数字化"的限制,它通过技术逻辑和人文研究的耦合,解决一些前人无法解决的大问题。目前,"数字人文"在古籍语义分析、字频统计、信息挖掘、智能标点以及数字化地图建设等方面,已经比较成熟。以线上共享的关系型数据库"中国历代人物传记资料库"(China Biographical Database,简称

CBDB）为例,截至 2020 年 11 月,该库已收录约 471000 人的传记资料。除提供海量的人物传记资料存储外,该库具备"数字人文"的功用——把史料中分散的与人物相关的非结构化文本数据进行结构化标注,如将人名（别名、字、号）、时间（生平、年谱）、地址（籍贯、游学、入仕地等）、职官、履历、亲属关系、社会关系、著作、财产、人物参与的重大事件等标注后,转化为结构化的数据,并大规模著录。通过该库,研究者可以方便地利用数据进行历史人物的地理空间分析、社会网络分析和数字统计分析等方面课题的研究。

计算机技术、互联网和数据库使学术研究的工具与效率发生了质的变化,并深刻地影响着文化史研究的未来。文化史研究者应重视并分享大数据所带来的福利,开发出一批"数字人文"方面的研究成果。

三、新理论、新方法与文化史学的进步

新理论、新方法促进了文化史学的进步。随着历史的演进,以下三种理论方法先后对中国文化史学影响较大。20 世纪前期,以文明论和文明史观为代表;20 世纪中期以后,历史唯物论和唯物史观占据主导地位;21 世纪以来,新文化论和新文化史学渐引人关注。

（一）文明论和文明史观

20 世纪前期,文化史学最为基础的理论是文明论和文明史观。世纪之初的"史界革命",集中表现为以文明史为核心的新史学代替以儒家伦常为指导的旧史学。概括地说,旧史学建立在农业社会的基础上,重在总结兴衰治乱的历史经验,维护儒家伦常秩序和君主集权统治,以"正史"为典范。新史学所追求的则是现代工业文明,以"民"（民众、人民、民族）为主体,以自由、平等、民主、科学、理性、进步等现代性观念为核心价值,以进化论为指导,重视社会发展的规律及人的价值,目标是撰述文明史/文化史。诚如蔡

元培所说:"新体之历史,不偏重政治,而注重于人文进化之轨辙。凡夫风俗之变迁,实业之发展,学术之盛衰,皆分治其条流,而又综论其统系,是谓文明史。"①

梁启超的《新史学》《中国历史研究法》及其《补编》,胡适执笔的《〈国学季刊〉发刊宣言》,何炳松所写的鲁滨逊《新史学》"译者导言"等,对于中国的文化史研究而言有发凡起例之功。这些论著的理论范本主要是日本和欧美文明史学著作,如日本浮田和民的《史学原论》(又译《新史学》《史学通论》)、英国博克尔的《英国文明史》、德国兰普雷希特的《近代历史学》、美国鲁滨逊的《新史学》等。"五四"以后,柳诒徵的《中国文化史》及陆懋德、陈登原等的同名作,在理论方法上均程度不同地接受了源自西方的文明论、文明史观或文化史观。对此,他们在相关著作中有比较明确的说明,兹不赘述。

值得指出的是,这一时期的文化史学不偏重政治,但不意味着将政治、经济等因素隔离出去。从梁启超、胡适、王云五等所列的中国文化史目录看,政制史、财政史、民族史等都在其考察范围之内。故从方法论的角度也可以理解为,这一时期所写的中国文化史是文明(广义上的文化)视角下的历史。

当然,这只是就其重要者而言。20世纪前期文化史所运用的理论方法并不止限于此,尤其是"五四"以后,西方各种新思潮新理论联翩涌入,包括文化学、人类学、民俗学等在内的各门社会科学在中国相继建立,在理论方法上为文化史学提供了有力支持。

(二) 唯物论和唯物史观

唯物论和唯物史观在中国已有百年的历史,在这百年中,中国学者对它们的理解和解释并不尽一致。由于其身份特殊,特别是1949年以后马克思

① 蔡元培:《历史》,载高平叔编:《蔡元培史学论集》,湖南教育出版社1987年版,第139页。

主义成为官方意识形态，它们对文化史学影响巨大。

　　"五四"时期，中国学者主要是从经济角度来理解唯物史观，把唯物史观等同于"经济史观"甚至"经济决定论"。1919 年，李大钊在《新青年》先后发表《由经济上解释中国近代思想变动的原因》和《唯物史观在现代历史学上的价值》，较为详细地介绍了马克思主义的唯物史观，并运用于思想文化史研究。李大钊接受了河上肇等日本学者的观点，将唯物史观理解为"经济史观"或"历史的经济解释"，今天看来显然有误，但从中国当时的历史环境和认知水平看，唯物史观仍不失为理论方法上的一大突破。因为在此之前，中国人习惯于用儒家的道德观念来分析和评判历史，而经济的解释在某种程度上找到了决定文化发展的"社会基址"。职是之故，唯物史观在当时受到了中国学者的欢迎。即便那些不信仰马克思主义的学者，也承认唯物史观的价值。胡适称："唯物的历史观，指出物质文明与经济组织在人类进化社会史上的重要，在史学上开一个新纪元。"①

　　30 年代以后，马克思主义经典著作被大量传播到中国，深化了中国学者对唯物史观的理解。《关于费尔巴哈的提纲》《德意志意识形态》《共产党宣言》《〈政治经济学批判〉序言》等广受重视。以生产力与生产关系、社会存在与社会意识、经济基础与上层建筑的关系为理论框架，运用阶级分析方法来研究历史，成了马克思主义史学的特色。关于"文化"的概念，文化史家普遍引用毛泽东《新民主主义论》的表述，将文化作为上层建筑的一部分。马克思主义史家所写的文化史基本上是观念形态的文化的历史，也就是狭义上的文化史。

　　唯物史观指导下的文化史研究，长于从经济、政治和社会发展的大环境看待文化，重视分析文化与社会、经济之间的内在关联。这无疑是对就文化谈文化，特别是对文明/文化决定论的超越。但长期以来，学界也存在一定的教条化、简单化倾向，总有一些学者将唯物史观等同于"经济决定论"

---

① 胡适：《四论问题与主义：论输入学理的方法》，《每周评论》第 37 号，1919 年 8 月 31 日。

"经济条件论""阶级决定论",过分强调经济在历史变迁中的作用,而对人的主体价值和能动性,对人的思想意识和精神意志的作用,对上层建筑的作用及相对独立性等估计不足。有的学者片面理解和一味强调"阶级斗争是社会发展的动力""一切过去的历史都是阶级斗争的历史"等说法。还有学者在从事文化史研究时,机械地套用历史唯物论,将历史上的思想家、政治家和学者及其思想学说公式化,贴上唯心史观或反动的统治阶级意识形态的标签;甚至不经辨析,将文明史/文化史视作没落的资产阶级史学和反动的意识形态而加以批判。这些做法无不阻碍了文化史学的正常开展。

改革开放后,学界以辩证的方法、发展的眼光较为全面地看待唯物史观,改变了对文化史的狭隘认识,中国的文化史学在理论上呈现出开放、包容、多元的特点。史家一方面继承和发展了马克思主义者此前对文化史学的理解,另一方面接续了民国时期的文化史成果,并广泛汲取海内外的相关社会科学理论,特别是现代化理论。诸如马克斯·韦伯的《新教伦理与资本主义精神》、塞缪尔·P.亨廷顿的《变化社会中的政治秩序》、罗荣渠的《现代化新论》等,均曾对这一时期的文化史研究提供了理论上的支持。完全可以说,改革开放以来文化史学的兴盛和活跃,得益于新理论、新方法的运用。

(三) 新文化论和新文化史学

新文化论体现了信息化时代对文化的理解。所谓的新文化论,可以视作西方"文化研究"、新文化史学、后现代主义、文化人类学等学术思潮激荡下的文化理论。新文化论主张破除学科界限、整合不同领域、对文化作一种整体性的而不是分科式的理解,尤其关注阶级、性别、身份、种族、民族、传媒、受众等社会文本。福柯、德里达、布尔迪厄、巴赫金、汤普森(Thompson,E.P.)等人是他们共尊的理论领袖。

学者们对"文化"的解释,以美国人类学家格尔茨的观点最具代表性。

格尔茨主张从符号学和象征性上来理解和使用"文化"的概念。他说:"所谓文化就是这样一些由人自己编织的意义之网,因此,对文化的分析不是一种寻求规律的实验科学,而是一种探求意义的解释科学。"①在他看来,文化是一种意义结构的分层等级,包括行动、象征和符号等方面,文化解释就是解开一层层的意义,对日常生活中那些对他们已经具有意义的行动和表述进行描述和再描述。

　　新文化史学以新文化论为基本理论支撑,强调通过对权力、符号、话语、表象、仪式等的文化解释,来解读历史的内涵和意义。在史观上,史家将文化因素和文化解释放在历史的首要位置,从而表异于此前的经济基础或社会结构决定论。新文化史学主张文化是一种视角和方法,故其研究对象所含甚广,不仅指上层文化,更重视下层和弱势群体的文化,而且还包括习俗、价值观和生活方式等日常文化。从形式上看,新文化史学似乎回到了广义上的文化史学或文明史学,但主题和内涵又有所变化,它尤关注物质文化史、身体史、阅读史、微观史、性别史、言语史、旅行史、收藏史、表演史等领域。新文化史学不仅更新了文化史研究的思维方式和学术主题,而且引发了对文化及其与社会、政治、经济关系的再思考,带动了一些学者尝试从文化视角研究政治史、社会史和经济史,进而促进了历史整体格局和结构的优化重组。

　　21世纪以来,一些中国学者对源自西方的新文化史学产生了浓厚的兴趣,但就现状来看,尚处于追效和模仿阶段。目前所发表的学术成果多少存在简单套用西方理论方法的现象,学术研究的原创性和本土化的问题意识有待加强。

四、展望未来之路

　　当下,实现中华民族伟大复兴和中华文化繁荣兴盛进入了一个关键期,

---

① ［美］克利福德·格尔茨:《文化的解释》,韩莉译,译林出版社1999年版,第5页。

这既为文化史研究创造了社会条件,提供了创新的动力,又对文化史研究提出了更高的要求。文化史研究者有责任调整坐标,再次出发。

（一） 以全球史的视野,重写中国文化史

近代以来,西方学者掌握史学话语权,他们在世界历史叙述中并未予中国文化以平等的地位。他们所谓的人类文明、历史经验及其评价标准,带有浓厚的西方主义。全球史很大程度上改变了以西方为中心的历史观念,它不再仅是围绕西方文明的命运来塑造和建构历史,而是主张以全人类(或者说不同文明共同体)的命运为主轴,来书写不同文化间交往和对话的历史。与西方中心主义以文明的竞争和冲突为单一指向的历史学相比,全球史注意到了不同文明间融合、协同和共生的方面,历史叙述较以前趋于全面、平衡和客观了。全球史时代的来临,与现实世界中中国崛起的步伐基本一致,一些中国学者从中感悟到:西方经验不再是历史的绝对尺度。对于长期以追赶西方为目标的中国学界来说,这堪称是一次思想大解放。中国文化史研究者需要自觉调整坐标系统,重新确立中国文化的位置,重新评判中国文化的价值。中国的研究者不能以人蔽己,也不能以己自蔽,应充分认识到:中国文化不仅是中国(“天下”)之文化,由中国内部多民族文化交流、融合和传衍而来,而且是亚洲之文化、世界之文化、全球化之文化,是中国与外部世界交流、互动和融合的产物。

全球史对于中国文化史学之价值,具体从概念史研究可见一斑。近些年兴起的概念史研究已取得一定成绩,但若想更上一层楼,除借用新文化史的理论方法外,全球史的视角不可或缺。比如在研究路径上,从近代中国的问题意识出发,循流探源,既要上溯中国古史,又要到日本历史和欧美历史中去探寻;复由古希腊经近代欧美、日本,返回中国。这就意味着,既要从求真的角度考察这些概念在西方的起源、流变及其语境和语义,又要从致用的角度分析这些概念引入中国时的困境及其调适、变容和异化,然后从求其是的角度加以断案。就此而言,研究一个概念的历史,就是研究一个概念的环球史。

反言之,全球史与全球化时代的区块链思维具有一致性,它要求不以西方为中心,当然也不能以中国主义自居。从全球史角度研究和书写中国文化史,有利于预防和规避自我中心主义。尤其在民族主义情绪浸染学界的当下,全球史对于矫正一些学者的"复古""自大"心态,的确是一剂良药。

（二）接续传统,"复古求解放"

中国文化史学之未来,取决于其本来与外来。然而,曾几何时,以创新之名,轻视传承,甚至杀鸡取卵。近年来,笔者注意到多位学贯中西、严于治学的著名学者,不约而同地呼吁年轻一代要走走回头路,补补课,重拾旧学门径。2017 年 8 月 16 日,饶宗颐在《人民日报》发表专文,着重指出:"我国在学术史上早已形成了一套行之有效、持之以恒的国学研究方法:辨伪、辑佚、目录、版本、校勘、训诂(文字、音韵)、考据、笺释等学。这些传统小学的研究方法,我看非常科学合乎学术原理,绝不可丢弃,只有老老实实经过这些貌似枯燥的程式性工作,得出来的理和论,才会让人感到踏实,才会有真正价值,才会有说服力。"①饶宗颐此言乃有感而发。据他观察,当下不少人以国学者自居,实际上大都忽略了传统国学研究最基本的方法——乾嘉朴学方法。我们知道,欲深入了解中国文化史,历史上的经典特别是儒家经典自是最为核心的文献;而欲读懂这些文献,仅靠当下的科学理论和方法,难以办到。因此,了解古人之治学门径和思维方式就变得必要。经、史皆然。张之洞在《书目答问》中曾言:"由小学入经学者,其经学可信;由经学入史学者,其史学可信。"②民国时期成长起来的学者,大都有一定的旧学训练,熟悉旧学的门径,他们倡导新学,实出于取人之长补己之短的现实需要。此后的一代又一代学者,以新学开蒙,新上求新,往往缺乏老一辈的旧学常识,更难说有多少旧学根柢,故补上旧学的短板已不容缓。就文化史学的理论建设

---

① 饶宗颐:《求真　求是　求正——寄语中华文化之学》,《人民日报》2017 年 8 月 16 日。
② 张之洞:《姓名略》,载《书目答问》卷四,《张文襄公全集》(四),中国书店 1990 年版影印本,第700 页。

而言,欲构建中国学术话语体系,《史通》《通典》《通志》《文史通义》等中国古代典籍均不同程度地含有文化史学元素,值得大力发掘,深入研究,进而阐发出时代新义。笔者以为,目前多数研究者热衷于"旁采远西",而不愿在"吾家旧物"上痛下功夫,这并不一定是缘自学术研究的内在要求,倒很可能是受"跟风"等浮躁心态的驱使。"源浚者流长,根深者叶茂。"中国文化史学的动力和前途取决于自身,尊重中国文化的历史和逻辑而不是用西学来剪裁中国文化史,这应是建设中国文化史学的基本理路,也符合新时代文化发展的要求。而且,这一理路与学习和借鉴西方的全球史学、新文化史学,并不矛盾。

(三) 植根生活实践,讲述普通人的故事

文化源自生活。如果把文化分为意义层和实践层,按发生时序,意义层在文化整体结构中居于终端或上层,而生活实践才是其产生的根源和存在的基础。近代以来,梁启超、胡适、钱穆等学术大家,都曾主张从生活方式的角度来理解文化和文化史。当代学者李泽厚曾在《历史本体论》一书中提出生活是历史的本体的命题。① 但长久以来,中国文化史研究者熟悉的是民族主义、革命史、现代化等大叙事的框架,而对个体的尊严特别是普通人的文化生活明显关注不足,未能真正将普通人视作历史的主人,去考察他/她日常生活的历史状态及不同个体的文化差异性。生活史正是弥补和充实一些文化史论著"空谈"的手段之一。

中国人对本民族的生活方式习以为常,留下的记载特别是关于普通人的记载较少,故搜集史料有一定难度。这种状况近些年来大为改善。大型历史资料数据库的建设和外国人中国游记等域外文献的传入,特别是与普通人相关的日记、书信、笔记、回忆录、日用类书、民间契约、碑刻、地方志、小说、文集、报刊等文字材料和实物材料的成批量整理、出版和数字化,为研究

---

① 针对后现代主义和新历史主义思潮,李泽厚强调,历史本体不是语言,不是文本;历史本体只是每个活生生的人(个体)的日常生活本身。(见李泽厚:《历史本体论》,生活·读书·新知三联书店 2002 年版,第 13 页)

历史上中国人的日常生活创造了史料条件。

实际上,近年来日常生活史已引起一些研究者的重视。文化史家可以借鉴社会史特别是西方新文化史和微观史学的成果。新文化史的"实践"转向,诸如阅读史、记忆史、收藏史、旅游史、身体史等,所叙述的主要是历史上普通人的日常生活。微观史学所书写的也多是普通人的故事。他们不仅有一些优秀的作品可供参考,而且可以提供理论方法上的支持。当然,虽同以生活史为研究对象,文化史学与社会史学亦会有所区别。文化视角下的生活史、生活的文化史和人的文化生活史应是文化史学的着重关注点。在探索个人安身立命之所在,揭示日常生活之常道,解读人的德性、修为和心灵世界,考察家风、家教和家训等方面,文化史学较社会史学有其优势和特色。

"人人都是他自己的历史学家。"在当今自媒体时代,这句口号在某种意义上正变成现实。新媒体不仅记录日常生活,为后人留下了生动、丰富的一手资料,而且成了普通人借以表达和传播日常生活史喜闻乐见的平台。"旧时王谢堂前燕,飞入寻常百姓家。"借助新媒体,生活史将会由古代帝王的"起居注",变为今天平民百姓文化生活的一部分。文化史研究者不仅应探讨关系民族和国家复兴的"大历史",而且应提供培养与之相适应的国民的"小历史"。笔者乐观地以为,因其讲述的是普通人的故事,生活史很有可能在今后一段时间里广受欢迎,成为文化史学的学术增长点之一。

本 章 小 结

本章是全书的终篇,可视为全书的结语。这一章分三个专题回顾了中国文化史学走过的道路,分析了中国文化史的发展趋势,希冀对当下的文化史研究有所启示。

百余年来,中国的文化史学能够取得长足进展,就在于敢于回答时代提出的重大问题,在研究主题、理论方法和学术领域等方面不断开拓创新。文化史学的任务,由寻求民族独立、思想启蒙、文明再造,更新到实现民族富强和文化复兴;研究领域,由精英文化、观念形态的文化史为主,扩展到社会文化史、大众文化史、媒介文化史、物质文化史等众多领域;研究资料,由域内传世文献扩大到域外文献、地下资料和大数据;理论方法,由文明史观发展到唯物史观,再到借鉴西方的新文化史学。

展望未来,中国的文化史学在继承传统的基础上,需要与时俱进,更新观念,积极寻求学科突破。既要顺应全球化的潮流,确保理论的先进性和开放性;又要坚持中国史学的主体地位,从古史中寻资源,"复古求解放";还要重视与政治史学、社会史学等的交流与互动,共同解决重大学术前沿问题。

主要参考文献和征引书目

一、中文部分

《译书汇编》

《学部官报》

《清议报》

《新民丛报》

《政艺通报》

《北京大学研究所国学门月刊》

《北京大学研究所国学门周刊》

《国学季刊》

《国学丛刊》

《国风》

《史地学报》

《学衡》

《中国文化》

《中国文化研究集刊》

《历史学年鉴》

B

鲍绍霖等:《西方史学的东方回响》,社会科学文献出版社 2001 年版。

柏悦:《兰普莱希特的文化史编纂与理论建构》,北京师范大学 2016 年博士学位论文。

[意]贝奈戴托·克罗齐:《历史学的理论和实际》,傅任敢译,商务印书馆 2005 年版。

[英]彼得·伯克:《什么是文化史》,蔡玉辉译,北京大学出版社 2009 年版。

[英]彼得·伯克:《文化史的风景》,丰华琴、刘艳译,北京大学出版社 2013 年版。

[英]彼得·伯克:《欧洲近代早期的大众文化》,杨豫、王海良等译,上海人民出版社 2005 年版。

[英]彼得·伯克:《历史学与社会理论》,姚朋、周玉鹏等译,上海人民出版社 2001 年版。

C

常金仓:《穷变通久——文化史学的理论与实践》,辽宁人民出版社 1998 年版。

陈安仁:《中国上古中古文化史》,商务印书馆 1938 年版。

陈安仁:《中国近世文化史》,商务印书馆 1936 年版。

陈登原:《中国文化史》,世界书局 1935 年版。

陈登原:《历史之重演》,商务印书馆 1936 年版。

陈来:《人文主义的视界》,广西教育出版社 1997 年版。

陈黻宸:《陈黻宸集》,陈德溥编,中华书局 1995 年版。

陈恒、耿相新主编:《新史学》第 4 辑,大象出版社 2005 年版。

陈垣:《陈垣全集》第 2 册,陈智超主编,安徽大学出版社 2009 年版。

陈寅恪:《陈寅恪集》,生活·读书·新知三联书店 2001 年版。

陈启云:《治史体悟——陈启云文集(一)》,广西师范大学出版社 2007 年版。

陈以爱:《中国现代学术研究机构的兴起——以北大研究所国学门为中心的探讨》,江西教育出版社 2002 年版。

陈智超编注:《陈垣来往书信集》(增订本),生活·读书·新知三联书店 2010 年版。

D

丁文江、赵丰田编:《梁启超年谱长编》,上海人民出版社 1983 年版。

杜春和等编:《胡适论学往来书信选》,河北人民出版社 1998 年版。

杜维明:《中国传统文化讲演集》,生活·读书·新知三联书店 1987 年版。

杜维运:《变动世界中的史学》,北京大学出版社 2006 年版。

杜赞奇:《从民族国家拯救历史——民族主义话语与中国现代史研究》,王宪明译,社会科学文献出版社 2003 年版。

[英]戴维·钱尼:《文化转向——当代文化史概览》,戴从容译,江苏人民出版社 2004 年版。

E

[英]E.H.卡尔:《历史是什么?》,陈恒译,商务印书馆 2007 年版。

F

范军:《中国出版文化史研究书录(1985—2006)》,河南大学出版社 2008 年版。

方维规:《概念的历史分量》,北京大学出版社 2018 年版。

冯天瑜:《明清文化史散论》,华中工学院出版社 1984 年版。

冯天瑜:《中国文化史断想》,华中理工大学出版社 1989 年版。

冯天瑜、何晓明、周积明:《中华文化史》,上海人民出版社 1990 年版。

冯天瑜主编:《东方的黎明——中国文化走向近代的历程》,巴蜀书社 1988 年版。

冯友兰:《中国哲学史》,华东师范大学出版社 2000 年版。

《复旦学报》（社会科学版）编辑部编:《断裂与继承——青年学者论传统文化与现代化》,上海人民出版社 1987 年版。

复旦大学历史系编:《中国传统文化的再估计——首届国际中国文化学术讨论会(1986)文集》,复旦大学出版社 1987 年版。

傅斯年:《傅斯年全集》,欧阳哲生主编,湖南教育出版社 2003 年版。

傅琼:《衔接与赓续:19 世纪西方文化研究研究》,上海三联书店 2011年版。

傅伟勋:《"文化中国"与中国文化》,台北东大图书公司 1988 年版。

[美]费利克斯·吉尔伯特:《历史学:政治还是文化》,刘耀春译,北京大学出版社 2012 年版。

[法]费尔南·布罗代尔:《资本主义论丛》,顾良、张慧君译,中央编译出版社 1997 年版。

[法]费尔南·布罗代尔:《文明史纲》,肖昶、冯棠、张文英、王明毅译,广西师范大学出版社 2003 年版。

[法]伏尔泰:《风俗论》,梁守锵译,商务印书馆 2006 年版。

[日]浮田和民讲述:《史学通论四种合刊》,李浩生等译,华东师范大学出版社 2007 年版。

G

葛志毅:《谭史斋论稿》,黑龙江人民出版社 2002 年版。

耿云志:《近代中国文化转型研究导论》,四川人民出版社 2008 年版。

顾颉刚:《当代中国史学》,上海古籍出版社 2002 年版。

顾颉刚:《顾颉刚全集》,中华书局 2010 年版。

顾颉刚:《顾颉刚古史论文集》,中华书局 1988 年版。

顾颉刚:《顾颉刚读书记》,台北联经出版事业公司 1990 年版。

龚书铎:《中国近代文化探索》,北京师范大学出版社 1988 年版。

龚书铎主编:《中国近代文化概论》,中华书局 1997 年版。

龚书铎主编:《中国文化发展史》,山东教育出版社 2013 年版。

[日]高桑驹吉:《中国文化史》,李继煌译述,商务印书馆 1927 年版。

H

何炳松:《通史新义》,商务印书馆 1930 年版。

何兹全:《中国文化六讲》,北京大学出版社 2008 年版。

韩复智编:《钱穆先生学术年谱》,中央编译出版社 2012 年版。

胡适:《胡适文存》,黄山书社 1996 年版。

胡适:《胡适全集》,安徽教育出版社 2003 年版(2007 年第 2 次印刷本)。

胡颂平:《胡适之先生晚年谈话录》,中国友谊出版公司 1993 年版。

胡颂平:《胡适之先生年谱长编初稿》,台北联经出版事业公司 1984 年版。

黄文山:《唯生论的历史观》,正中书局 1935 年版。

黄兴涛:《文化史的追寻》,中国人民大学出版社 2011 年版。

黄兴涛主编:《新史学》第 3 卷《文化史研究的再出发》,中华书局 2009 年版。

黄兴涛:《重塑中华——近代中国"中华民族"观念研究》,北京师范大学出版社 2017 年版。

[德]H.李凯尔特:《文化科学和自然科学》,涂纪亮译,商务印书馆 1986 年版。

J

姜义华等:《历史变迁与历史学》,上海人民出版社 2009 年版。

金毓黻:《中国史学史》,河北教育出版社 2003 年版。

[法]基佐:《法国文明史》,沅芷、伊信译,商务印书馆 1998 年版。

[法]基佐:《欧洲文明史》,程洪逵、沅芷译,商务印书馆 1998 年版。

［英］杰拉德·德兰迪、恩靳·伊辛主编:《历史社会学手册》,李霞、李恭忠译,中国人民大学出版社 2009 年版。

［英］杰弗里·巴勒克拉夫:《当代史学主要趋势》,杨豫译,上海译文出版社 1987 年版。

［法］J.勒高夫、P.诺拉等主编:《新史学》,姚蒙编译,上海译文出版社 1989 年版。

K

［英］凯斯·詹京斯:《历史的再思考》,贾士蘅译,台北麦田出版股份有限公司 1996 年版。

［德］康德:《历史理性批判文集》,何兆武译,商务印书馆 1996 年版。

［英］柯林武德:《历史的观念》,何兆武、张文杰译,商务印书馆 2007 年版。

［美］克利福德·格尔茨:《文化的解释》,韩莉译,译林出版社 1999 年版。

L

李大钊:《李大钊全集》,人民出版社 2006 年版。

李宏图选编:《表象的叙述——新社会文化史》,上海三联书店 2003 年版。

李零:《简帛古书与学术源流》,生活·读书·新知三联书店 2004 年版。

李孝迁:《西方史学在中国的传播(1882—1949)》,华东师范大学出版社 2007 年版。

李世涛主编:《知识分子立场——激进与保守之间的动荡》,时代文艺出版社 2000 年版。

李喜所主编:《梁启超与中国近代社会文化》,天津古籍出版社 2005

年版。

李泽厚:《中国近代思想史论》,人民出版社 1979 年版。

李泽厚:《中国现代思想史论》,东方出版社 1987 年版。

李中华:《中国文化概论》,中国文化书院 1987 年版。

林芊:《历史理性与理性史学——伏尔泰史学思想研究》,贵州人民出版社 2005 年版。

刘家和:《史学、经学与思想》,北京师范大学出版社 2005 年版。

刘家和:《愚庵论史——刘家和自选集》,首都师范大学出版社 2010 年版。

柳诒徵:《国史要义》,上海古籍出版社 2007 年版。

柳诒徵:《中国文化史》,上海古籍出版社 2001 年版。

柳诒徵:《中国文化史》,钟山书局 1935 年版。

柳曾符、柳定生选编:《柳诒徵史学论文集》,上海古籍出版社 1991 年版。

柳曾符、柳定生选编:《柳诒徵史学论文续集》,上海古籍出版社 1991 年版。

柳曾符、柳佳编:《劬堂学记》,上海书店出版社 2002 年版。

梁启超:《饮冰室合集》,中华书局 1989 年版。

梁启超:《清代学术概论》,上海古籍出版社 1998 年版。

梁启超:《中国历史研究法》,商务印书馆 1928 年版。

梁启超:《中国历史研究法补编》,商务印书馆 1934 年版。

[美]鲁滨逊(J. H. Robinson):《新史学》,何炳松译,商务印书馆 1923 年版。

卢毅:《整理国故运动与中国现代学术转型》,中共中央党校出版社 2008 年版。

罗志田主编:《20 世纪的中国:学术与社会》(史学卷),山东人民出版社 2001 年版。

罗志田:《国家与学术:清季民初关于"国学"的思想论争》,生活·读书·新知三联书店 2003 年版。

吕思勉:《中国通史》上下册,开明书店 1940、1946 年版。

[英]雷蒙·威廉斯:《关键词:文化与社会的词汇》,刘建基译,生活·读书·新知三联书店 2005 年版。

[英]雷蒙德·威廉斯:《漫长的革命》,倪伟译,上海人民出版社 2013 年版。

[法]朗格诺瓦、瑟诺博司:《史学原论》,李思纯译,商务印书馆 1926 年版。

M

毛泽东:《毛泽东选集》(1—4 卷),人民出版社 1991 年版。

[英]马林诺夫斯基:《文化论》,费孝通等译,中国民间文学出版社 1987 年版。

[英]马修·阿诺德:《文化与无政府状态》,韩敏中译,生活·读书·新知三联书店 2002 年版。

[西]米格尔·卡夫雷拉:《后社会史初探》,[美]玛丽·麦克马洪英译,李康中译,北京大学出版社 2008 年版。

N

[德]诺贝特·埃利亚斯:《文明的进程》第 1 卷,王佩莉译,生活·读书·新知三联书店 1998 年版。

P

庞朴:《稂莠集——中国文化与哲学论集》,上海人民出版社 1988 年版。

庞朴:《文化的民族性和时代性》,中国和平出版社 1988 年版。

庞朴:《庞朴文集》(4卷),刘贻群编,山东大学出版社2005年版。

彭明、程歗主编:《近代中国的思想历程》,中国人民大学出版社1999年版。

彭明辉:《台湾史学的中国缠结》,台北麦田出版股份有限公司2002年版。

彭明辉:《历史地理学与现代中国史学》,台北东大图书公司1995年版。

Q

钱穆:《国史大纲》(修订本),商务印书馆1994年版。

钱穆:《中国文化史导论》(修订本),商务印书馆1994年版。

钱穆:《八十忆双亲·师友杂忆》,生活·读书·新知三联书店1998年版。

钱穆:《钱宾四先生全集》,台北联经事业出版公司1998年版。

钱穆:《中国历史研究法》,生活·读书·新知三联书店2001年版。

《清华大学史料选编》第1卷,清华大学出版社1991年版。

裘锡圭:《中国出土古文献十讲》,复旦大学出版社2004年版。

瞿林东:《中国文化通志·史学志》,上海人民出版社1998年版。

[英]乔治·皮博迪·古奇:《十九世纪历史学与历史学家》,耿淡如译,商务印书馆1997年版。

[美]乔伊斯·阿普尔比、林恩·亨特、玛格丽特·雅各布:《历史的真相》,刘北成、薛绚译,中央编译出版社1999年版。

R

任建树等编:《陈独秀著作选》,上海人民出版社1993年版。

S

桑兵:《晚清民国的国学研究》,上海古籍出版社2001年版。

桑兵:《晚清民国的学人与学术》,中华书局 2008 年版。

桑兵等:《近代中国的知识与制度转型》,经济科学出版社 2013 年版。

桑兵等编:《国学的历史》,国家图书馆出版社 2010 年版。

沙健孙、龚书铎主编:《走什么路》,山东人民出版社 1997 年版。

孙永如:《柳诒徵传》,百花洲文艺出版社 2010 年版。

[美]塞缪尔·亨廷顿:《文明的冲突与世界秩序的重建》,周琪等译,新华出版社 1998 年版。

[德]塞巴斯蒂安·康拉德:《全球史是什么》,杜宪兵译,中信出版社 2018 年版。

[日]市村瓒次郎:《支那史要》,陈毅译,广智书局,光绪二十八年(1902 年)刊本。

[日]石田一良:《文化史学:理论与方法》,王勇译,浙江人民出版社 1989 年版。

[美]施耐德:《顾颉刚与中国新史学》,梅寅生译,台北华世出版社 1984 年版。

[德]施耐德:《真理与历史》,关山、李貌华译,社会科学文献出版社 2008 年版。

T

童书业:《童书业史籍考证论集》,童教英整理,中华书局 2005 年版。

[美]唐纳德·R.凯利:《多面的历史》,陈恒、宋立宏译,生活·读书·新知三联书店 2003 年版。

[日]田口卯吉:《中国文明小史》,刘陶译,广智书局 1902 年版。

[美]托马斯·库恩:《科学革命的结构》,金吾伦、胡新和译,北京大学出版社 2003 年版。

W

王德华编著:《中国文化史略》,正中书局 1936 年版。

王晴佳:《台湾史学 50 年:传承、方法、趋向》,台北麦田出版股份有限公司 2002 年版。

王晴佳、古伟瀛:《后现代与历史学:中西比较》,山东大学出版社 2003 年版。

王先明:《近代新学——中国传统学术文化的嬗变与重构》,商务印书馆 2000 年版。

王学珍、郭建荣主编:《北京大学史料》第 2 卷,北京大学出版社 2000 年版。

王云五:《编纂中国文化史之研究》,商务印书馆 1937 年版。

汪征鲁等主编:《严复全集》第 1 卷,福建教育出版社 2014 年版。

汪晖:《去政治化的政治》,生活·读书·新知三联书店 2008 年版。

魏应麒:《中国史学史》,商务印书馆 1944 年版。

吴学昭整理:《吴宓日记》,生活·读书·新知三联书店 1998 年版。

吴雁南等主编:《中国近代社会思潮》,湖南教育出版社 1998 年版。

X

夏晓虹编:《追忆梁启超》,中国广播电视出版社 1997 年版。

夏晓虹辑:《〈饮冰室合集〉集外文》,北京大学出版社 2005 年版。

肖黎主编:《中国历史学四十年(1949—1989)》,书目文献出版社 1989 年版。

萧克总主编:《中国文化通志》,上海人民出版社 1998 年版。

熊十力:《读经示要》,中国人民大学出版社 2006 年版。

许啸天辑:《国故学讨论集》,群学社 1927 年版。

徐雁平:《胡适与整理国故考论——以中国文学史研究为中心》,安徽教育出版社 2003 年版。

[日]狭间直树编:《梁启超·明治日本·西方》,社会科学文献出版社 2001 年版。

Y

严复:《严复集》,王栻主编,中华书局 1986 年版。

杨幼炯:《中国文化史》,台湾书店 1968 年版。

杨东莼:《本国文化史大纲》,北新书局 1931 年版。

于沛:《史学思潮和社会思潮——关于史学社会价值的理论思考》,北京师范大学出版社 2007 年版。

俞旦初:《爱国主义与中国近代史学》,中国社会科学出版社 1996 年版。

[瑞士]雅各布·布克哈特:《意大利文艺复兴时期的文化》,何新译,商务印书馆 2007 年版。

[美]伊格尔斯:《二十世纪的历史学》,何兆武译,辽宁教育出版社 2003 年版。

[美]余英时:《重寻胡适历程——胡适生平与思想再认识》,广西师范大学出版社 2004 年版。

[美]余英时:《钱穆与现代中国学术》,广西师范大学出版社 2006 年版。

[英]约翰·赫伊津哈:《中世纪的秋天》,何道宽译,广西师范大学出版社 2008 年版。

[英]约翰·B.汤普森:《意识形态与现代文化》,高铦等译,译林出版社 2005 年版。

Z

曾业英主编:《五十年来的中国近代史研究》,上海书店出版社 2000

年版。

曾业英主编：《当代中国近代史研究（1949—2009）》，中国社会科学出版社 2014 年版。

章太炎：《章太炎全集》（三），上海人民出版社 1983 年版。

章太炎：《章太炎全集》（四），上海人民出版社 1985 年版。

章太炎：《国故论衡》，上海古籍出版社 2003 年版。

章太炎：《国学概论》，曹聚仁整理，上海古籍出版社 1997 年版。

张荫麟：《中国史纲》，辽宁教育出版社 1998 年版。

张广智、张广勇：《史学，文化中的文化》，浙江人民出版社 1990 年版。

张海鹏主编：《中国历史学 30 年（1978—2008）》，中国社会科学出版社 2008 年版。

张昭军、孙燕京主编：《中国近代文化史》，中华书局 2012 年版。

郑师渠主编：《中国文化通史》，中共中央党校出版社 1999 年版。

郑先兴：《文化史研究的理论与实践（1900—2000）》，中央编译出版社 2004 年版。

周兵：《新文化史：历史学的"文化转向"》，复旦大学出版社 2012 年版。

周朝民、庄辉明、李向平编著：《中国史学四十年（1949—1989）》，广西人民出版社 1989 年版。

周佳荣、刘咏聪主编：《当代香港史学研究》，三联书店（香港）有限公司 1994 年版。

周予同：《周予同经学史论著选集》，朱维铮编，上海人民出版社 1983 年版。

中共中央马克思、恩格斯、列宁、斯大林著作编译局编：《马克思恩格斯选集》第 1、4 卷，人民出版社 2012 年版。

《中华近代文化史丛书》编委会编：《中国近代文化问题》，中华书局 1989 年版。

中国史学会秘书处编：《中国史学会五十年》，海燕出版社 2004 年版。

中国史学会编：《第十六届国际历史科学大会中国学者论文集》，中华书局 1985 年版。

中国社会科学院历史研究所编：《改革开放三十年的中国古代史研究》，中国社会科学出版社 2010 年版。

中国社会科学院近代史研究所中华民国史研究室编：《胡适来往书信选》，社会科学文献出版社 2013 年版。

中华学术院编：《中国文化综合研究》，台北华冈出版社 1973 年版。

"中国少年"编译：《中国四千年开化史》，成都书局 1906 年版。

朱有瓛主编：《中国近代学制史料》第 2 辑上册，华东师范大学出版社 1987 年版。

朱维铮：《中国史学史》，复旦大学出版社 2015 年版。

朱希祖：《朱希祖文存》，周文玖选编，上海古籍出版社 2006 年版。

邹兆辰、江湄、邓京力：《新时期中国史学思潮》，当代中国出版社 2001 年版。

［美］詹姆斯·哈威·鲁滨孙：《新史学》，齐思和等译，商务印书馆 1964 年版。

二、外文部分

白河次郎、国府種徳：《支那文明史》，博文館，明治 31 年。

坂本太郎：《日本の修史と史学》，至文堂，昭和 31 年。

大久保利謙：《日本近代史学史》，白扬社，昭和 15 年。

福沢諭吉：《文明論之概略》，松沢弘阳校注，岩波書店，1995 年。

福沢諭吉：《福沢諭吉全集》第 4、19、20 卷，岩波書店，昭和 44—46 年。

高山林次郎：《樗牛全集》第 5 卷，姉崎正治、笹川種郎编，博文館，昭和 5 年。

加藤周一、丸山真男编：《翻訳の思想》，岩波書店，1991 年。

家永三郎：《日本の近代史学》，日本評論新社，昭和 32 年。

史学会編:《本邦史学史論叢》,冨山房,昭和 14 年。

田口卯吉:《鼎軒田口卯吉全集》第 1 卷,大島秀雄刊行,昭和 3 年。

田口卯吉:《鼎軒田口卯吉全集》第 2 卷,大島秀雄刊行,昭和 2 年。

小沢栄一:《近代日本史学史の研究:明治篇》,吉川弘文館,昭和 43 年。

カール　ラムプレビト:《近代歴史学》,宮島肇訳,培风館,昭和 19 年。

バックル:《文明要論》,辰巳小次郎訳述,哲学書院,明治 20 年。

バックル:《校訂英国文明史》,土居光华訳,日本出版会社,明治 17 年。

ギゾー:《歐羅巴文明史》,永峰秀树訳,明治 10 年。

ギゾー:《西洋開化史》,室田充美訳,印書局,明治 8 年。

高桑駒吉:《支那文化史講話》,共進社,大正 13 年。

David Cannadine ed.,*What is History Now*? New York:Palgrave Macmillan,2002.

Henry Thomas Buckle , *History of Civilization in England* , Vol.1 , New York and Bombay:Longmans , Green and Co. , 1902.

Johan Huizinga, *Men and Ideas : History , the Middle Ages , the Renaissance* , trans.by James S.Holmes and Hans van Marle , New York:Meridian Books , 1959.

Karl J.Weintraub, *Visions of culture : Voltaire , Guizot , Burckhardt , Lamprecht , Huizinga , Ortega Y Gasset* , Chicago & London: The University of Chicago Press , 1966.

Tang xiaobing, *Global Space and the Nationalist Discourse of Modernity : The Historical Thinking of Liang Qichao* , Stanford:Stanford University Press , 1996.

附　录

一、"文化研究"理论与中国文化史研究

在中国史学界,文化史研究者对于文化理论的重视程度远远逊色于对史学理论的关注,这显然不利于文化史学科的发展。而引入和借鉴国外相关研究成果,无疑有助于改变这种状况。其中,"文化研究"理论就是值得重视的西方文化理论之一。

这里所说的"文化研究"(Cultural Studies),不能简单地理解为对于文化的研究(the study of culture)或宽泛意义上的文化研究(cultural research),而是从狭义上使用的,特指借助欧美文化研究方法,对以媒介为主的大众文化进行研究,尤其关注阶级、性别、身份、种族、民族、传媒、受众等社会文本。

尽管"文化研究"译介到国内是 20 世纪 80 年代以后的事情,但它在国外则至少已有半个世纪的历史。第二次世界大战后,英国学者雷蒙德·威廉斯(R.Williams)、霍加特(R.Hoggart)等人首先揭橥"文化研究"的旗帜,并创办了英国伯明翰当代文化研究中心,文化研究逐步在英国兴起。此后,文化研究在西方国家不断壮大,成为一个为传播学、文艺学、社会学、历史学、人类学等众多学科共同关注的领域。20 世纪 90 年代,文化研究开始引起国内文艺理论界的重视。而中国史学界对于文化研究对本学科建设的借鉴意义,至今仍缺乏足够认识。

（一）

文化研究作为目前国外学术界富有活力的学术思潮和学术理论,并不意味着就适合中国语境、适合中国历史研究的需要,但通过考察文化研究的产生根源及其对于西方史学研究和中国文学研究的影响不难看出,文化研究引入中国史学领域具有一定的可行性。

1. 20 世纪 90 年代以来中国市场经济的发展特别是大众文化的兴起,为文化研究进入中国语境提供了社会基础

关于这一点,较早涉足文化研究的中国文艺理论界已有人指出:"自 80 年代中期特别是 90 年代以来,由于市场经济的迅速发展,文化市场和文化工业突然'崛起',大众文化有如燎原大火蔓延全国,使中国的文化景观在短短几年内一下子改观,批评界和理论界对此应作什么样的反应……而文化研究对回应这一问题有一定的优越性。"①的确,面对 90 年代大众文化、商业文化以及文化市场的快速崛起,理论界原有的知识储备已远远不够。而西方的文化研究尽管流派纷呈,但无一不是植根于现代性大众文化土壤。中国市场经济的日趋成熟为文化研究提供了现实条件。

西方文化理论能否在中国产生影响,现实社会的需要是其决定性因素,这从两本著作的接受史可以看出。一本是弗·杰姆逊(F. Jameson)所著的《后现代主义与文化理论》,该书 1986 年由陕西师范大学出版社初版时,并未引起多大反响,但在 1992 年以后,学者对它的兴趣却陡然剧增。另一本是西奥多·阿多诺(Theoder Adorno)和马克斯·霍克海默(M. Horkheimer)合著的《启蒙的辩证法》,它被中国学者接受的过程也大体相仿。文化研究理论之所以在 90 年代走俏,其原因是多方面的,但毫无疑问,中国市场经济的迅速发展和大众文化的兴起是不可忽视的重要因素。

再者,从根源上看,中国改革开放特别是 90 年代以来的社会环境与西

---

① 　戴锦华:《犹在境中:戴锦华访谈录》,知识出版社 1999 年版,第 214 页。

方文化研究萌生时的政治、思想状况有着相似性。在政治上，文化研究的产生与英国新左派的形成有着较为密切的联系。新左派的目标是在英国重新确立社会主义的理论与实践，创造一种民主社会主义的政治。他们通过对斯大林主义反思后认为，不能像斯大林那样把马克思主义教条化和抽象化，把社会、政治、道德和艺术简单化约为经济和社会结构。他们要求用一种更复杂更全面的方式来处理文化与经济、文化与政治的关系。新左派与文化研究的密切关系，不仅体现在如雷蒙德·威廉斯、汤普逊(E.P.Thompson)、斯图亚特·霍尔(Stuart Hall)等文化研究的奠基人同时是新左派的核心成员，而且在于他们特别重视文化政治，强调站在下层民众的立场上，把文化而非政治或经济看作更具规定性的因素。在思想上，霍加特等人坚决站在工人阶级立场上，从普通人视角重新审视文化与社会发展特别是工人阶级自身利益的互动关系。无论是对于经济化约论、阶级决定论的反思，还是对于下层群众思想文化观念与政治之间关系的重新审视，从一定程度上说均与"文革"结束后改革开放时期的状况相类。由此看来，异域文化研究理论引入中国有适合它生存的经济、政治和思想基础。

2.西方史学界对文化研究的参与、借鉴和实践，为中国史学研究提供了经验和范例

西方在过去的几十年中，大众文化出现了戏剧性变化，从一股学术界的潜流，变现为各学科知识汇集的洪流。人类学、历史学、社会学、文化学等学科内部都出现了对忽视大众样式的原有学科原则的挑战，精英(或高雅)文化与大众(或通俗)文化之间的疆界及僵化观念被松动了。原有划分标准及价值判断的合理性遭到了质疑，新的研究重新认识普通人的日常生活，并被赋予一种政治合法性。就史学而言，传统史学以精英主义为核心，认为历史是"重大"社会、政治和文化事件的记录，史学家更多地依赖文字记载来揭示过去的历史，宏大叙事成为史学的主流。从这一传统出发，史学家只需去关注精英们的行为、价值观和思想动机，而不必理会普通民众。尽管社会文化史的兴起源于多种因素，但文化研究的影响力是不宜忽视的。史学家

开始把以精英史、上层社会史、政治史为核心的传统史学转变为研究普通人生活、下层社会文化等过去不受重视的领域,其中,大众文化研究占有相当重要的位置。

例如,研究 19 世纪和 20 世纪初期的历史学家把大众文化作为重要参考,以了解工业革命的后果,尤其是文化在工人阶级形成过程中所担当的角色、商业文化的社会影响力以及文化作为社会调控手段的新用途。研究现当代的历史学家,则转向知识考古,转向研究那些不为过去研究者所注意的、由不识字者遗留下来的文化,研究那些真正属于大众的文化。研究中世纪的学者,则跨越当时精致的宫廷文化、高深的精英文化,考察弱势群体的、下层社会的、"群众"的文化和活动。史学家以一种肯定的态度,借鉴文化研究、社会学、人类学的新方法,去研究阅读习惯、狂欢节、歌曲、玩笑、图画、舞蹈、广告,为历史上的普通人重新定位。贫民日记、纳税单、地契、手印、票据等进入了史学家的视野,成为大众文化研究的重要资料。

阅读史研究直接受到文化研究的影响。戴维斯(Natelie Davis)的《印刷与人》(*Printing and People*)是阅读史的代表作之一。通过考察不同社会阶层的人的阅读活动,以及阅读对他们可能产生的影响,她认为具有阅读能力与文明之间没有必然联系。她指出,在 16 世纪,文明有时超越了识字范围,居住在具有高度文明的城市中的边缘读者比乡村里少数的文人受文字文化的影响更深。金茨伯格(Cailo Ginzberg)的《奶酪与蛆虫》(*The Cheese and the Worms*)则考察了阅读与思维之间的关系,指出能读能写并不意味着必然会使人自动地运用文字方式思维,处在文字文化环境中的文盲则可能会显示出文字思维模式。阅读史研究给人们一个启示,对文字或文献的作用、意义的传统认识如有所突破,受益的不仅仅是文化研究领域,它也会改变文化史研究者对历史的看法。

文化研究的理论多元化和方法多样化使史学研究大为受益。拉杜里(Le Roy Ladurie)的《罗曼人的狂欢节》(*Caunival in Romans*)与达恩顿(Robert Darnton)的《屠猫记》(*The Great Cat Massacre*)分别利用了统计学方法和人类学方法,前者从缴税单和居住模式中发现了事件主要人物的社会特征,后者则通过叙述16世纪印刷作坊工人对主人家的猫施暴的故事,揭示其背后的象征意义。这二者都是将文化转变为政治抗议的例子,当研究者缺乏足够的政治对抗行动的证据时,从中却可以嗅出大众文化所蓄含的政治象征意义。

关注被人遗忘的声音,这一文化研究的特征,为历史研究注入了活力。妇女、儿童研究此前并不受史学家重视,现在家庭史、妇女史则焕发出了生机。过去处于边缘的奴隶、工人、农民、移民等弱势群体,现在走上史学舞台的中心。英国学者汤普森于1963年出版的划时代著作《英国工人阶级的形成》可以说是文化研究与历史研究有机结合的典范。该书对工人阶级思想意识的分析令人读后荡气回肠。尤引人瞩目的是,作者关于工人阶级政治与文化关系的阐释,关于工厂制度、工作守则在劳资双方利益之间所起作用的论述,关于工人阶级对自己文化传承的理解的分析等,既饶有趣味,又鞭辟入里,颇有感染力和说服力。如此描述工人阶级的声音,这在资本主义主宰的西方语境下,无疑是史学上的一大突破。

莱文(Lawrence Levine)的《莎士比亚与美国人民:文化变迁研究》(*William Shakespare and the Amerian People:A Study in Cultural Transformation*)则展示了19世纪大众文化与精英文化间一些出人意料的变化。莱文通过考察莎剧在美国的接受史,发现大众文化与高雅文化的界限取决于复杂的文化政治状况。在19世纪初,莎剧被视为一种独特的美国文化,莎剧演出不分城市和乡村,观众类别多样,就如同今天观看运动会的观众。至19世纪末,莎剧渐渐被定格为高雅艺术,才远离了大众。此外,原先不受史家重视的职业体育运动、商品展销会、百货公司、电影院、广告、夜生活等,由于采用了文化研究的视角和方法,成为史学领域富有新意的论题。

从总体上说,文化研究以其多元的理论与多维的视角,修正了此前研究中的一些错误观点,开拓出一些新的研究领域,扩展了史学的研究范围,进而推动了文化史和社会史等学科的发展。

3. 中国文论界引入文化研究理论的经验值得借鉴

中国文艺理论界多年来一直注重西方学术理论的引进,但林林总总的理论中,真正能够化为本土话语的并不多见。然而,文化研究理论是例外之一。国内文论界自 90 年代初开始关注文化研究,持续至今已有十余年。可以说,国内目前的文化研究状况,在很大程度上与文论界的重视有关。

1994 年,《读书》杂志刊登李欧梵的文章,较为全面地介绍了已成为美国热门话题的文化研究,并预测文化研究理论在中国文学研究中应用的可行性,主张革新研究范式。国内学者陆续认识到引进这一理论的重要性和必要性,《国外文学》《文学评论》《外国文学》等相继刊发文章介绍文化研究的知识脉络,探讨文化研究对于文艺理论的价值和对中国文学研究的指导意义。从此,从单篇论文到开辟专栏,从单本专著到出版丛书,从小型座谈会到大型国际会议,从个别人的研究到设立为国家重点课题,从大学选修课到开辟为新的招生专业,用渐成风潮来描述文化研究在文论界乃至语言文学界的势头并不为过。文化研究对中国文论界表现出了持久的影响力和吸引力。

综合地看,中国文论界引进文化研究理论得大于失。就其要者而言,首先表现在文艺理论研究理念的更新。文化研究对于传统学科意义上的文论形成了冲击与僭越,“首先是文学批评的对象与范围扩大了,文学与非文学的界限模糊了。许多过去传统文学批评不屑一顾的东西,如侦探小说、科幻作品、歌特式恐怖故事等等,现在都成了研究的热点。……且不说经典有时被通俗文化阐释得面目全非,就是这样与非文学平分秋色,本身对经典的价值也是一种贬损”①。方法的更新和视角的变换,带来了研究范围的扩大、研究思路和观念的解放,这是不容置疑的事实。其次表现在文化研究理论与文艺理论的良性互动上。无论是文化研究理论还是文艺理论都是开放的体系。国内文论界出于学科发展之需,一方面不断译介西方文化研究的原

---

① 周小仪:《文学研究与理论——文化研究:分裂还是融合?》,《国外文学》1995 年第 4 期。

生理论,不断吸收西方前沿研究成果;另一方面,文论界的学术研究又加快了文化研究的前进步伐,扩大了文化研究的影响力。再次表现在国内文论界开始注意把文化研究与中国语境结合起来。文化研究在文论界尽管有人抵制,有人批判,有人提倡,态度不一,但正是在这种正反双方相互辩难乃至冲突中,文化研究在国内文论界扎根并慢慢成长起来,且小心地警惕落入以中国实例印证西方理论的怪圈,如陶东风在《文化研究:西方与中国》(北京师范大学出版社 2001 年版)一书中专门就文化研究的中国语境作了深入剖析与反思。

不过在笔者看来,国内文论界的文化研究基本上还是单面展开,限于铺叙与描摹,缺乏纵向的拉深与社会深层的挖掘。而这些恰恰是国外文化研究的重要特点,如法兰克福学派倡导文化批判性、伯明翰学派强调文化政治的实践意义和文化平民意识等。国内文论界之所以出现这些问题,除去引入域外理论的时间较为短暂外,更为重要的原因恐怕在于作为多学科共同筑成的文化研究理论,仅仅凭借国内文艺学一门学科独自行动是难以胜任的,需要包括历史学在内的多门学科的共同参与。

(二)

文化研究作为对诸多学科既有基本理论和方法发起挑战并产生了影响的理论,它对中国文化史研究是否有启发意义? 具体又表现在何处呢?

1. 文化研究特别是大众文化研究的介入,有助于中国文化史研究结构和格局的优化

文化研究作为一个开放的体系,尽管没有明确划出自己固定的疆界,但并不意味着没有中心——大众文化显然是文化研究关注的中心。如果文化研究不谈大众文化,就如同缺少王子的《哈姆雷特》。

在文化研究中,各学派的大众文化研究理论与方法虽不尽一致,如来自法兰克福学派的理论家对大众文化持批判否定态度,而英国文化研究者则采取积极肯定的立场,但他们所关注的对象、所研究的区域则是大体统一

的,即文化工业生产的,以大众传播和宣传媒介为主要形式的,包括电影、电视、广告、无线电、报刊、畅销书等在内的文化产品。文化研究的对象具有明显的商业化、技术化、工业化等特点。

就中国既有文化史研究状况而言,尽管学界对文化的含义有多种理解,但主要是以精英文化、经典文化和上层文化为探讨对象。目前为数众多的文化史著作鲜见把大众文化研究纳入视野者,这说明史学界无论是对于当代日渐兴起的大众文化还是异域的文化研究理论均缺少足够的关注。

当大众文化研究进入研究者的视野后,我们看到,中国文化史的格局发生了变化。原有的以精英文化(或上层文化)与民间文化构成的文化史,拓展为精英文化、民间文化、大众文化三足鼎立。有一种观点认为,大众文化实即广大群众的文化,已包含在民间文化之中了。实际上,这是对大众文化的一种泛泛理解,把大众文化泛化为大众文化形态了。文化研究理论下的大众文化范畴,是从狭义上使用的,是现代社会的产物,与传统文化相比,具有明显的商业性与现代性。而民间文化如民间传说、民间戏曲、民间歌谣等,则不具备如此浓郁的商业气息。民间文化往往渊源于传统,强烈的历史传承性和民间性是其特点。再者,大众文化并不单独属于社会的上层、中层或下层,其都市化、市场化色彩突出。如电视文化既不为上层精英所专有,也不纯属于民间文化,而是商业色彩浓厚的为社会各阶层共同消费的文化。

随着中国社会历史的发展,现当代文化史在中国文化历史长河中的分量必然加重,大众文化在文化史格局中的重要性必将突显出来。生生不息的精英文化、传承性较强的民间文化以及诞生于现代社会具有商业气息的大众文化,拼成了中国文化史的大板块。

2. 文化研究的视角有益于中国文化史研究主题的拓展、研究领域的增长和研究重心的转移

文化研究为史学提供了新的视角。文化研究所指的文化,不是通常意义上所说的与政治、经济、军事并列的文化,也不是孤立自足的文化个体。

文化研究不是把文化与社会、政治、经济并列,或从中孤立出来,而是强调文化与政治、经济等社会领域相联系的一面。像英国文化研究的先驱理查德·霍加特、雷蒙德·威廉斯等人就一再批评把文化从社会生活中分离出来的倾向,他们看重文化的整合性,关注其他领域与文化的关系。雷蒙德·威廉斯在《文化与社会》一书中指出:把文化只理解为一种知性或想象的作品是不够的,"从本质上说,文化也是整个生活方式",文化应同时包括物质的与象征的领域,不应把其中一个置于另一个之上,赋予特权,而是要探究两者之间的关系。① 在他看来,知性与想象的作品、制度、日常生活等都是特定的文化活动——整体的文化活动的要素,不能赋予它们中的任何一种以优先性,也不能孤立地对这些要素加以研究。雷蒙德·威廉斯曾说:"我则愿意把文化理论定义为是对整体生活方式中各种因素之间的关系的研究。分析文化就是去发现作为这些关系复合体的组织的本质。"②

正是为了阐明文化与其他社会因素之间的复杂关系,才使得文化研究一再强调文化与其他社会领域尤其是政治的不可分离性,文化与经济(生产)的关联性,自觉地关注文化与权力、文化与利益、文化与意识形态霸权等的关系,并把它运用到各个经验研究领域。也就是说,文化研究不是把现存的社会文化以及由此产生的各个群体之间的等级秩序看成是自然生成的或天经地义的,而是提出质疑与挑战。

文化研究对原有社会分化与等级秩序提出挑战,意味着发展出了一种尝试重新发现与评价被忽视的边缘群体的文化实践的机制。与文化研究的这种高度参与的分析方式,或者说与这种反抗性相一致,文化研究认为,社会是不平等地建构的,不同的个体并不是生来就享有同等的教育、财富、健康等资源。同时,文化研究的伦理取向与价值立场坚决地站在最少拥有此类资源的、被压迫的边缘群体一边。"文化研究为被剥夺者辩护,代表被压

① ［英］雷蒙德·威廉斯:《文化与社会》,北京大学出版社 1991 年版,第 403 页。
② ［英］雷蒙德·威廉斯:《文化分析》,载罗钢、刘象愚主编:《文化研究读本》,中国社会科学出版社 2000 年版,第 130 页。

迫的、沉默的、被支配的个体与群体的声音,为在统治性话语中没有声音的人们以及在统治性政治与经济等级中没有地位的人们说话。"①文化研究所关注的领域注定是以往不受重视的地方。这样,文化研究不仅给人们提供了新的视角,而且使以前不受重视的边缘领域进入了研究者视野,像女性主义文化、工人阶级文化、大众传媒、文化制度、文化工业、后殖民主义文化等在此背景下成为受人重视的学术领域。而这些领域,也恰恰是中国文化史既有研究中所忽视的或研究较为薄弱的。

3. 文化研究理论有利于文化史研究者思维方式的更新

经过 50 多年的发展,文化研究理论在西方已是流派纷呈,并逐渐形成一系列较具代表性的理论主张。如德国法兰克福学派的阿多诺与霍克海默合著的《启蒙的辩证法》一书就对文化工业作出了深入阐述。他们认为,资本主义持久存在的原因之一即基于富裕和文化消费,基于现代国家较为合理的社会控制及其有渗透力的各种形式,如大众媒体和通俗文化;通过大众文化传播,民众在无意识中就与资本主义制度达成了和解,工人阶级被哄骗接受了资本主义,而文化工业正是大众文化的制造者。在他们看来,文化工业所培养的是空虚、平庸和顺从,文化工业把文化生命的个性搞成了千篇一律,正是依靠文化工业的意识形态强行输灌给人们各种关于秩序的观念,以至遵从代替了自觉。法兰克福学派并不是一个专门从事文化研究的派别,但他们关于文化生产与意识形态关系的论述不仅在文化研究领域卓有影响,而且对于文化史研究富有启迪。

我们现在的文化史研究,基本上是把文化(或文化现象)划为意识形态(上层建筑),而对文化内部自身生产及其价值实现的过程缺乏深入考察。或者说,基本上是一种外在的研究,而缺乏内在的动态把握,在某种程度上说,不仅没把文化内在的各种关系搞清楚,而且文化与社会其他领域的关系弄得也不是很明白。如果我们辩证地借鉴法兰克福学派的大众文化批判理

---

① J.D.Slary & L.A.Whitt,"Ethics and Cultural Studies",in L.Grossberg ed.,*Cultural Studies*,London: Routledge,1992,p.573.

论,而不是照搬其观点,用以分析中国文化产业的历史,可能会较目前的研究有所深入。

与文化研究关系比较密切的理论话语,如马克思主义、结构主义、符号学、精神分析、女权主义、人种主义、后结构主义、后现代主义等,他们对于文化研究理论各有贡献。如果我们能够加以认真研究和辨别,毋庸置疑,这些理论对于中国的文化史研究会起到好的借鉴和推动作用。

再者,文化研究作为一个跨学科的领域,渗透了文学、社会学、语言学、历史学、文化人类学、符号学、心理学等众多学科的知识、理论和方法,充分体现出了开放性特点,而这从一定程度上恰恰能够对文化史学科有所裨益。众所周知,随着现代学术分工的日益精密,仅就史学而言,就有文化史、社会史、政治史、经济史、军事史等众多子学科,相关领域的距离日渐拉大,客观上造成了相对的自我封闭和内卷(尽管人们主观上不想如此做)。学科交叉对于学术创新的意义已日益为人们所重视,而无论是文化研究所擅长的在学科交叉处开花结果的特点,还是它本身所兼容的多学科研究方法,对于文化史研究无疑都具有较大的借鉴价值。

还有,文化研究声称坚决地站在普通人立场上对既有权力结构、文化制度、意识形态、社会实践重新进行定位,实际上就是要用边缘颠覆中心,把文化研究的重心从上层转移到下层。这对于长期以来以精英为研究对象的中国文化史学界来说,不仅意味着对既有理论模式的冲击与挑战,而且会为中国的文化史研究赢得活力与转机,因为文化研究的这一理路恰恰合乎中外史学发展的一个趋势,即改变过去那种少数精英人物占据历史中心位置的局面,而代之以普通人为主体的历史。

总之,文化研究的整合性、多元化特征,对于文化史研究重点的转移、领域的拓展、思维方式的转化、研究方法的丰富将会起到积极作用,这不仅是由史学多元化发展趋势决定的,而且也是文化史研究的综合性与整体性特征的内在要求。

（三）

前面的讨论主要是基于中国文化与西方文化的共性、基于全球化视野下东西方社会历史的一致性而展开的,但这种共性不可以被夸大。任何一个民族的历史与文化都有自己的个性,源于西方经验的文化研究理论,当被用以研究中国问题和中国历史的时候,就必须慎重考虑中国的语境,考虑理论与中国实际的结合问题。

1. 文化研究在中国和西方面对的对象、语境、主题存有差异性

从兴起迄今,西方的文化研究一直带有"左"的色彩,其立场、起源和观点受西方马克思主义理论的影响较为明显。就总体而言,西方的文化研究是以西方资本主义现代性作为批判和反思的对象,是站在边缘立场上对于主流与中心的反抗。

中国则不同,马克思主义学说长期以来在学界居于指导地位,人们对于农民起义、工人运动、妇女解放的研究已积累了相当丰富的成果。因此,在这些问题的研究方面,中国所面临的问题与西方存有较大差异,即主要是在既有研究上如何向前推进一步,而不是意味着进入了新的领域。文化研究的借鉴价值主要体现为提供了一种新的视角,由此前对农民、工人、妇女的政治史研究,转向文化与政治的互动研究。

中国不仅社会制度与西方根本不同,而且现代化程度也与西方差别较大。在中国,文化研究与其他理论一样,首先应对的是如何回应中国历史与现实的挑战,既要加快中国社会的发展步伐,又要避免西方现代化进程中所产生的负面因素。由于社会制度不同、面临的任务不同,文化研究在中国的批评对象自然要入乡随俗,切合实际,而不能照搬照用西方理论。西方的文化研究之所以没有固定的理论疆界,就在于它的实践品格与语境取向,始终根据具体的社会文化条件与历史发展阶段确定自己具体的批判对象与理论范式,这也是文化研究的活力与创造性所在。在不同的历史语境中必然存在不同的社会关系、文化关系与权力结构。橘逾淮为枳,在一个社会中处于

强势的力量,在另一个社会可能处于弱势。在西方发达国家居于主流的支配性话语,在中国这一发展中国家可能正是被压制的边缘性话语。因此,根据中国的具体实际、具体语境要求,形成文化研究本土化的批判对象和批判主题,吸收西方文化研究的反思精神、批判精神及其方法,而不是照搬成形的理论观点与批判模式,这才是引进和借鉴西方理论的价值所在。

2. 必须谨慎对待异域理论与中国历史研究的关系

就中国的历史研究而言,研究者对文化研究理论、中国历史及史学研究的目的保持清醒的认识,格外重要。同其他异域理论一样,我们引进和借鉴文化研究必须采取客观的态度,既不顽拒也不盲从,要求为我所用,而不是为理论所役;目的是更合理更科学地解释历史,而不是以论带史,或强行把中国历史纳入文化研究理论的框架,用中国历史实践来证明文化研究理论的合理性。

从时间上看,中国大众文化的兴起远远晚于西方国家,这就决定了文化研究在中国文化史乃至整个中国历史中所占位置和适用范围,决不可夸大文化研究对于中国史学的意义。文化研究理论对于中国文化史研究在思维方式、研究视角等多方面提供理论支撑,但必须看到,它首先是以现代性的大众文化市场为自己的生成土壤,其主要价值体现在当代文化史研究方面,尤其是新时期的文化史研究方面,而在研究中国近现代文化史时要对它保持审慎态度。

还有,历史学是实证性较强的学科,以唯物史观为指导是中国史学研究者的共识,尽管文化研究理论不反对本质主义,但个别流派的理论却是与实证主义、历史主义相左的,因此,保持对文化研究理论的批判,与借鉴文化理论研究中国历史是相辅相成的。

3. 需要处理好文化史与总体史研究的关系

文化是一个复杂的整体,其中每一个层面、每一种因素都与周围其他层面、其他因素互相联系、互相制约,借助西方文化研究理论的综合性与整合性,对于推动文化诸层面、诸因素之间的联系与互动研究,无疑有所裨益。

也需看到,文化研究理论的这种整合性无论怎样重视与其他因素的关系,都是围绕文化为核心而展开的。这就提醒我们,在运用文化研究理论开展文化史研究的同时,必须超越文化研究理论,不能局限于文化史本身,而需对政治史、经济史、社会史等有一整体把握,这样才不至于过分夸大文化的作用,才能对历史做出较为合理的评价。

文化研究理论坚决地站在普通人立场上为普通人重新定位,对既有格局的边缘与中心提出了挑战,这对于长期以来不重视下层社会文化史研究的中国文化史学界来说,无疑具有启发意义。但是,作为总体的文化史,不仅包括中下层文化,而且包括上层的精英文化和经典文化,需要的是整体推进,因此在研究中需避免头痛医头、脚痛医脚的现象,需避免矫枉过正现象,把握一个合适的度。这一点,在当前社会史研究渐成风潮的情况下,中国作为一个典籍文化十分发达的大国,继续重视对精英和经典等上层文化的研究尤为必要。

综上所述,文化史研究既要关注史学理论,也要重视文化理论,而借助欧美研究方法对大众文化进行研究所形成的"文化研究"理论,对于中国的当代史学特别是文化史学科的建设,具有不可忽视的意义。"文化研究"理论的引入,有助于中国文化史研究整体结构和格局的优化,有益于中国文化史研究主题的拓展、研究领域的增长、研究重心的转移,有利于文化史研究者思维方式的更新;同时,也必须注意中西社会历史背景、文化语境的差异。

（原刊《理论学刊》2006 年第 1 期）

二、张星烺先生及其《欧化东渐史》

张星烺是中国中西交通史学科的奠基人之一,《欧化东渐史》则是该领域卓有影响的著作。学界对作者及该书虽有所关注,但尚欠专门的研究。笔者在查阅辅仁大学相关档案资料的基础上,具体结合张星烺的学术经历、

《欧化东渐史》的成书过程和学术特色,分析该书对我国中西交通史学科的贡献。

《欧化东渐史》是张星烺先生的代表作之一,1933 年 12 月被列入"新时代史地丛书",由商务印书馆出版。2015 年新版,辑入了他的著作《马哥孛罗》和论文《三百年前斐律宾群岛与中国》。

(一)

张星烺(1888—1951 年),字亮尘,江苏省桃源县(1913 年改名泗阳县)人。他的父亲张相文是中国现代地理学的先驱,中国首批地理教科书的编纂者和中国地学会的创建者,曾长期担任中国地学会会长和《地学杂志》主编。父亲为张星烺创造了良好的教育条件。1899 年春,张星烺进入上海南洋公学留学班(相当于民国时期的小学)学习。四年后,考入天津北洋大学堂。1906 年,被袁世凯选派赴美留学。1909 年,在美国哈佛大学化学系顺利毕业,转赴德国柏林大学攻读生物化学。张星烺是中国最早攻读生理化学的留学生,他在德国师从著名生理化学家埃米尔·阿布德霍尔登(Emil Abderhalden),从事多肽合成研究。出人意料,这位生化专业的留学生,后来却成了鼎鼎大名的历史学家,中国中西交通史的奠基人物。

张星烺一生与史学结伴,经历了三个不同寻常的阶段。清末海外留学期间,他以化学为课业,以史地之学为爱好。民国元年(1912 年)归国后,他以化学为职业,以史学为副业。在厦门大学、辅仁大学执教,他放弃化学,改以史学为专业。

张星烺转走治史之路,既是外在社会环境和自身健康不佳状况下迫不得已的选择,又与家学有直接渊源。受父亲影响,他自幼对史地学抱有浓厚兴趣。留学美、德时,张星烺利用业余时间撰写了多篇文章,介绍国外史地学说。如他在《地学杂志》发表的《地轴移动说》(译)、《阿加息斯氏小传》(译)、《夏期欧洲旅行记》《德国旅行记》等。同时,张星烺的留学经历和科学训练,以及熟稔的英语和德语,客观上为后来从事中西交通史研究准备了有利条件。

民国肇建,改变了张星烺的人生轨迹。他抱着"科学救国"的梦想,毅然放弃在德国优越的学习和科研条件,倾其全部积蓄购买了科学书籍和实验用品,返回祖国。1912 年 8 月,他就职于湖北汉阳兵工厂;次年,转任江苏省公署实业司技正。其间,不幸患上了严重的肺结核病。当时医疗水平很低,这对于化学工作者来说是极其沉重的打击。

1917 年,蔡元培出任北京大学校长,给予张星烺以特别关照。张星烺被聘为北京大学预科教员,兼"国史编纂处"特别纂辑员。为方便就医治病,他被派往日本调查民国史料。在东京帝国图书馆,他注意到外国学者对中西交通史深有研究,而国人对此却所知甚少。这激发了他的爱国热情和学术使命感。"本国问题且待他人为之解决,则本国固有之物,安足以抵制舶来品欤?""中国史地,西洋人且来代吾清理,吾则安得不学他人,而急欲知彼对我研究之结果何如乎?"①他在日本搜集了大量有关中西交通史的外文资料,从此走上了系统研究中西交通史的道路。

回国后,因北京大学附设"国史编纂处"被国务院收回,张星烺失去了工作。他只好赴浙江黄岩岳父王舟瑶家养病。王舟瑶系清末民初著名学者,曾任京师大学堂经史教习,后创办黄岩公学,家藏古籍万余卷。张星烺在此休养三年,充分利用岳家藏书,整理、辑录和补充了中西交通史料中的中文部分。

病愈后,他先后在长沙湖南工业学校、青岛四方机车厂从事科技工作。他白天以化学为职业,晚间继续从事中西交通史料的整理和研究。他最重要的成果《中西交通史料汇编》和译作《〈马可·波罗游记〉导言》都是1922—1926 年间在青岛利用业余时间完成的。后来他回忆当时的情形说:"为家庭盐米之故,南北奔波,挟稿以随。稍有余暇,捉笔书之。盛暑挥汗,严冬呵冻,未尝辍笔。凄风苦雨,孤灯寒月,费尽心力,始得毕业。书或容有

---

① 　张星烺:《中西交通史料汇编》自序,中华书局 2003 年版,第 7 页。

疏漏,而十余年之心力,瘁于此矣。"①从中不难想见他的不易。

他的史学研究虽是业余工作,但幸运的是,得到了陈垣、鲍润生(F. X. Biallas)等中外学者的指导和襄助。陈垣当时已经以外来宗教史和元史研究的卓越成就蜚声海内外。他的《元也里可温教考》《开封一赐乐业教考》《火祆教入中国考》《摩尼教入中国考》等,开拓了从宗教史探讨中西交通史的新领域。《陈垣往来书信集》收录的张星烺书信 17 封,多数是张星烺向陈垣请求学术上的支持。其中,他在 1925 年 8 月 28 日写给陈垣的信中,明确表示愿到即将成立的辅仁大学任教,请陈垣予以引荐。陈垣称得上张星烺学术事业的贵人。

1926 年 9 月,张星烺应厦门大学校长林文庆聘请,到该校国学研究院工作。从此,他告别化学行业,转变为一名职业史家,专心致力于中西交通史的研究和教学。

在厦大,他一度代理国学研究院主任和国文系主任职务,筹划组织了系列学术活动。他与陈万里等人到古城泉州等地进行实地调查,撰写了《泉州访古记》《中世纪泉州状况》以及《中国史书上关于马黎诺里使节之记载》等多篇在中西交通史领域有重要影响的论文。他还开设了"中外文化交通史"和"中外地理沿革"(一说"南洋史地"和"华侨史")等课程②。

1927 年,辅仁大学在北京正式开办,张星烺应邀赴该校担任历史系教授兼系主任。从这一年起,他定居北京,一直在辅仁大学任教。在辅仁,他开设课程"中西交通史",前后长达 20 年,培养了大批史学专业人才。同时,他在北京大学、清华大学、北京师范大学、燕京大学等校兼课。陈垣、张星烺等共同执教辅仁大学,使该校成为有国际影响的学术重镇。

1930 年,张星烺一生最具代表性的成果《中西交通史料汇编》(6 册)作为"辅仁大学丛书"第一种,由辅仁大学图书馆正式出版发行。此书开拓了

---

① 张星烺:《中西交通史料汇编》自序,中华书局 2003 年版,第 9、10 页。
② 参见洪峻峰:《历史学家张星烺》,《厦门大学学报(哲学社会科学版)》2002 年第 1 期;张至善:《记张星烺先生》,《史学史研究》1992 年第 4 期。

中国史学的新方向,奠定了中国中西交通史学科的基础。交通史家张维华指出,"中西交通史"学科正式名称确立,及建立中西交通史的体系,该书的问世是重要标志。① 此后,他相继出版了《马哥孛罗》和《欧化东渐史》,再加上译作《〈马哥孛罗游记〉导言》及第 1 册、《张译马哥孛罗游记》《历史之地理基础》,以及在《辅仁学志》《地学杂志》《燕京学报》《清华周刊》《南洋研究》《华裔学志》《中德学志》《中国学报》等重要学刊发表的系列论文,共同确立了他在史学界的地位。职是,他被学界尊誉为"治中西交通史之开山者""民国以来专业中西交通史研究的第一人"。②

(二)

《欧化东渐史》最早于 1933 年 12 月被收入"新时代史地丛书",由商务印书馆出版。此后,该书多次再版、重印,表现出了长久的学术生命力和影响力,史学价值经受住了历史检验。个中原因之一,即在于作者的博观约取、厚积薄发。张星烺写作该书时,已在中西交通史领域深耕多年,著述丰赡。完全可以说,没有像《中西交通史料汇编》这样的鸿篇巨制做根柢,就不会有《欧化东渐史》这本简约耐读的"小书"。

前已提到,《中西交通史料汇编》是张星烺学术生涯中最重要的著作。全书凡 6 册,120 万字,以中国为轴心,由远及近,分八个专题,探讨古代中国与欧洲、非洲、阿拉伯、亚美尼亚、犹太、伊兰(伊朗)、中亚、印度之交通,研究对象已大大超越一般意义上的中国与西方,或国与国之间的关系,实际上是大半个"全球史"。该书所辑史料"上起邃古,下迄明季,凡朝廷通聘,

---

① 张维华指出:"中西交通史"学科正式名称确立,建立中西交通史的体系,主要以 1930 年张星烺的《中西交通史料汇编》、向达的《中西交通史》两书之问世为标志。(参见《略论中西交通史的研究》,《文史哲》1983 年第 1 期)

② 柳诒徵:《中西交通史料汇编改正本序》,载《柳诒徵劬堂题跋》,台北华正书局 1996 年版,第 12 页;李东华:《怀援庵与亮尘,念觉明与杰人——略论民国以来国人的中外关系史研究》,载《方豪先生年谱》,台湾"国史馆"2000 年版,第 235 页。

商贾游客,僧侣教士之记载,东鳞西爪,可以互证者,无不爬罗剔抉"①,参考中文文献 274 种,外文文献 42 种,涉及英、德、法、日等多种外国语言。正如著名史家朱希祖所指出:"凡此皆非专攻中史之旧学者,或专攻西史之新学者所能几及。此非余一人之谀言,国内外史学家,皆当为之心服者也。"②不仅如此,中西交通史包罗广泛,无论中文、外文史料,均浩如烟海,即便今日仍令人望洋生畏,何况在中西交通史的拓荒期,没有醒目的航标,全凭一己之力摸索,因此,非有愚公移山的决心,坚韧不拔的毅力,难以完成。张星烺形容这一过程,"犹之泅海底而探珍珠。往往搜查丛书一部,耗费光阴数月,而所得仅一二条可以适用,甚至无一条可用者,亦有之也"③。可见,在《欧化东渐史》之前他在史料上下了很大的功夫。而且,在爬梳史料的过程中,他运用科学方法,对欧化东渐史中的许多问题已有深入思考和研究。例如,他钩稽、提录和考辨出的中西陆海交通路线就有:意大利人马黎诺里入华行程、安德录归国路线、鄂多立克东游行程,以及元代欧洲人入华和返欧的两条路线等。径言之,《中西交通史料汇编》在客观上已为《欧化东渐史》的写作做了大量基础性工作。

在专门领域,张星烺尤长于《马可·波罗游记》和菲律宾研究。《马可·波罗游记》在中西交通史上拥有引人瞩目的地位。张星烺是较早将《马可·波罗游记》及西方相关研究成果系统翻译和介绍到中国的学者。早在德国留学期间,他就立志把法国人亨利·考狄(Henri Cordier)修订、英国人亨利·玉尔(Henry Yule)译注的《马可·波罗游记》三大册译为中文。1924 年、1929 年,他先后译注出版了《〈马哥孛罗游记〉导言》及第 1 册。1931 年,他又著成《马哥孛罗》一书,该书是中国第一部专门研究马可·波罗的专著,被收入商务印书馆"万有文库"百科小丛书,曾多次再版。后来,他还翻译出版了《马哥孛罗游记》(贝内戴托 Benedetto 编译)普及本。在编

---

① 张星烺:《中西交通史料汇编》自序,中华书局 2003 年版,第 8 页。
② 朱希祖:《中西交通史料汇编》序,中华书局 2003 年版,第 2 页。
③ 张星烺:《中西交通史料汇编》自序,中华书局 2003 年版,第 9 页。

译校注《马可·波罗游记》过程中,张星烺详细查阅校勘相关中外文史料,做了许多考辨增补工作。编译校注《马可·波罗游记》既是张星烺从西文进入中西交通史的门径,也为他编纂《中西交通史料汇编》和研究欧化东渐史提供了核心资料和历史线索。

南洋是中西海上交通必经之地,也是欧化东渐史研究不可或缺的一环。在现代史家中,张星烺较早开展南洋史地教学和研究。他在厦门大学任教时,开始讲授"南洋史地"课程,后又长期在辅仁、北大、清华等校开设该课,并编印了完整的讲义,发表了系列重要学术成果。"南洋"是一个笼统的说法,张星烺研究的重点在英属马来半岛,荷属东印度诸岛,以及英属北婆罗洲和美属菲律宾群岛。他认为:"此三处皆有甚长期之历史,在甚早时期即与中国有交通,在今日为华侨繁殖之地。"①其中,他又以菲律宾研究成就卓著。仅 1928 年,他在《南洋研究》《清华周刊》就发表了《近三百年斐律宾华侨状况》《三百年前斐律宾群岛与中国》《三百年前之斐律宾群岛》《西班牙人在菲律宾商业文化及其宗教上之关系》《美国统治下之斐律宾》等多篇具有开创性的文章。②《欧化东渐史》有关章节对南洋地位的重视和分析,正是建立在这些先行研究之上。

在《欧化东渐史》问世之前,他还发表了《唐时非洲黑奴输入中国考》《宋初华僧往印求经的经过》《中国史书上关于马黎诺里使节之记载》《俄国第一次通使中国记》《泉州访古记》以及《里海之各种名称考》《景教牌之研究》《拂菻原音考》《"支那"名号考》《昆仑与昆仑奴》《唐代西域人组成之军队考》等数十篇富有影响的学术论文。

这些成果共同为《欧化东渐史》的完成,奠定了根柢,创造了条件。根柢深则枝叶茂,以上内容有助于深化我们对《欧化东渐史》的认识。

---

① 张星烺:《南洋史地》,辅仁大学讲义,第 1 页,大北印书局代印,北京师范大学图书馆藏。
② "斐""菲"二字原文即不统一。

（三）

《欧化东渐史》一书初版于1933年，此时，中国知识界历经多次中西文化的论战与交锋，对欧洲文化已不再陌生。关于欧化东渐的历史，他们在论战中曾有所梳理和总结，但均乏系统性。张星烺《欧化东渐史》以专书形式，集中探讨近世欧洲文化东渐的历史，这在中国现代学术史上是第一次。

顾名思义，《欧化东渐史》就是阐述欧洲文化东渐的历史。所谓"欧化"，并不是一个科学严谨的概念。20世纪初，该词由日本传入中国。1902年，《译书汇编》介绍日本的"国粹"与"欧化"之争时提到："日本有二派，一为国粹主义。国粹主义云者谓保存己国固有之精神，不肯与他国强同……一为欧化主义，欧化云者，谓文明创自欧洲，欲己国进于文明，必先去其国界，纯然以欧洲为师。"①"欧化东渐"的说法，与"欧化"相伴而生。1904年，《东方杂志》"社说"栏目有："欧化东渐一语，日本妇孺几习为口头禅。而叩诸中国人，虽大夫亦多懵然。"②因语境不同，"欧化"一词的含义或有波动。张星烺《欧化东渐史》明确提出："但凡欧洲人所创造，直接或间接传来，使中国人学之，除旧布新，在将来历史上留有纪念痕迹者，皆谓之欧化。"③此处，"欧化"可视为"欧洲文化"和"欧洲化"的合称。

《欧化东渐史》开篇阐明了他对"欧化东渐"的看法。他认为，中西文化之高下，诚不易言，但自中欧交通以来，欧洲文化敷布东土，东方固有文化，日趋式微，而代以欧洲文化，"则是西方文化，高于东方文化也"。他沿袭清末梁启超等人的提法，把文明分为有形之文明与无形之文明。他强调："尤以有形之文明，中国与欧洲相去，何啻千里。不效法他人，必致亡国灭种。"然对于无形之文明，他则持保守态度。"至若无形之思想文明，则以东西民族性不同，各国历史互异之故，行之西洋则有效，而行之中

---

① 佚名：《日本国粹主义与欧化主义之消长》，《译书汇编》第2年第5期，1902年7月25日。
② 《论中国与日本欧化速率之比例》，《东方杂志》第10期，1904年10月。
③ 张星烺：《欧化东渐史》，商务印书馆2000年版，第4页。

国则大乱。"①这种类于"中体西用"式的文化观,在当时并非个别现象。一年后,1935 年 1 月,王新命、何炳松等十教授发表了著名的《中国本位的文化建设宣言》,旨趣多有相通。

《欧化东渐史》凡三章,正文篇幅不足 7 万字,却有其独具的特色和价值。

其一,前后贯通。在时段上,该书起自明代中叶,延续至作者生活的时代。作者认为明代以后,西方文化方对中国产生实质性影响,"有形贸易与无形贸易,滔滔不可复止";而在此以前,中国文化不输于西方,"东来者人数究亦不足诱起欧化,更无高深学者足以引起中国人之敬仰心",与今代之欧化无关。② 换言之,他要书写的欧化东渐史,是立足现实,回溯和总结中国文化落后于西方文化的历史。书中尽管强调鸦片战争前后,欧化东渐存在阶段性差异,但要看到,他是把欧化东渐的历史作为一个连续过程来阐述的。这就与其他同类著作区分了开来。

30 年代初,向达著有《中西交通史》(1930 年)和《中外交通小史》(1933 年),前者以时为序,概述的是鸦片战争以前中国与欧洲诸国交涉的大事件,后者分专题勾勒中外交通的轮廓,止于乾隆时期。方豪的《中西交通史》结撰于 20 世纪 50 年代,这部集大成之作,同样以鸦片战争时期为下限。最近几十年,中西交流史研究已取得长足进展,但囿于学科划分或作者的知识结构等因素,贯通鸦片战争前后的著作仍不多见。就此而言,张星烺《欧化东渐史》虽是简本,但对于完整地认识和把握西学东渐的历史大势,仍是不可或缺的参考书。

其二,分科设学。在体例上,该书吸收了"整理国故"运动的成果,采取纵断分科的论述方式。20 年代初,胡适等人发起"整理国故"运动,主张运用西方的科学方法来研究历史。胡适《〈国学季刊〉发刊宣言》和梁启超《中

---

① 张星烺:《欧化东渐史》,商务印书馆 2000 年版,第 3 页。
② 张星烺:《欧化东渐史》,商务印书馆 2000 年版,第 4 页。

国历史研究法》等代表性著作,具体提出和摹划了研究文化历史的方法,即按照现代学术分科,纵剖为系列专门史和专题史。该书可谓是这种新史学理念的实践。作者把笼统而又错综复杂的"欧化",先是分为"有形欧化部"与"无形欧化部",每部分为五节,每节下又分出细目。如此,纲举目张,层层展开,清楚醒目。①

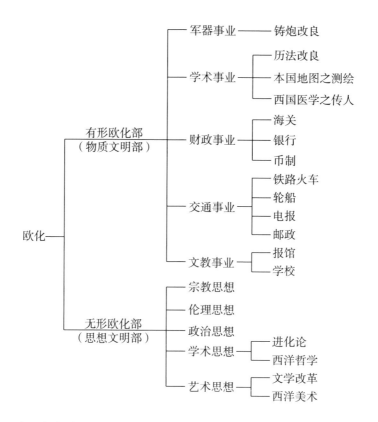

1936年,商务印书馆出版的"大型中国文化史丛书",承续了这种分科编纂的方式。与以时为序、按年代编次的方法相比,这种体例与现代科学分类相结合,有利于较好地呈现出"欧化"的骨干和脉络。

其三,媒介分析。此书最大的特色,是对于欧化东渐之媒介的重视。有专家以为,"中西交通史"之名不如"中西关系史"妥帖,甚至主张以后者取

---

① 此表参考修彩波:《近代学人与中西交通史研究》,光明日报出版社2010年版,第116页。

代前者。引人思考的是，当下许多中外关系史类的论著，往往简省或摈弃了中间环节，径直探讨中与外之间的关系，从而严重弱化了"交通史"所蕴含的空间距离问题及其渐进过程。要知道，很长一段时间里，交通和通信工具都是相当落后的。张星烺《欧化东渐史》以近半篇幅来阐述欧化东渐之媒介物，可视作对"交通史"独特内涵的具体阐释。

该书将欧化东渐之媒介物分为三种：一是由欧洲商贾、游客、专使及军队之东来；二是由宗教家之东来；三是由中国留学生之传来。这三种媒介无疑是欧化东渐之最要者，如今学界已有专门性研究成果。张星烺《欧化东渐史》的特异之处在于，他不是将这三者作为直叙的对象，而是努力揭示东渐过程的多样性和复杂性。

例如，该书论述欧洲商贾之东来时指出，明代中前期，欧洲与中国之交通，至少有四条道路可供选择，然而，1453 年土耳其人攻陷君士坦丁堡，诸道皆被阻隔，直接导致了葡萄牙人不得不另觅新道，从而才有了葡萄牙人的航海探险，有了亚欧新航线，有了占据澳门和独领中欧贸易之风骚。再如书中指出，西班牙与葡萄牙虽为邻国，但通往中国的道路却绝不相同。与葡萄牙人自西而来不同，西班牙人则自东而来。他们越大西洋，经墨西哥，渡太平洋，然后征服菲律宾群岛，以马尼拉市作为与中国交往的根据地。此种分析，已超越国与国的关系，具有全球史的视野，显然非直线对接式的中外关系史所能替代。

该书对传教士和留学生亦有精彩论述。作者在解释早期耶稣会士沙勿略等由日本入中国的原因时说：他们"抵日本后，不久得悉日本文化皆来自中国，日本人对中国甚为敬仰。因思若使中国改奉基督教，则日本亦必尾随而来矣"[1]。没有宏大叙事，轻轻几笔，就将耶稣会士的心路历程揭示了出来。近代以来，不少欧美留学生以西学正宗自居，流露出对留日学生的不屑之意。张星烺有针对性地指出，美国物质文明为世界之最，奢侈之风亦他国

---

[1]　张星烺：《欧化东渐史》，商务印书馆 2000 年版，第 19 页。

所不及。中国学生久居美国者,骤然回国,"小事不屑为,大事不能得。欲望不遂,而生愤恨。爱国之心,职任观念,随之削减"。"日本固非西洋之国,但中国留学生所学者,皆日本人自西洋贩来之西学。此间接输入之欧化,较之直接自欧美输入者为尤要。"而且,"在日留学者,无日不受日人之轻视刺激,故学生时代,爱国心较欧美留学者为切"。① 此种发人省思的评析,加入了他对现实生活的观察,与仅取材于书本者不同。不要忘记,他是清末的留学生、欧化东渐的亲历者,曾赴西求学,又东传西学。作者的阅历和学养,使他能见人所不见,故在论述欧化东渐时往往能言人所不能言。

简言之,《欧化东渐史》从欧洲物质文明和精神文明两个方面,首次较系统地阐述了近代西方文明东传中国的复杂历史过程,并简要分析了中国落后于西方的原因和学习西方的方向。较之于前人的著述,该书无论在观点、内容还是结构上都有较大突破,被认为与《中西交通史料汇编》博约相济,共同奠定了中国中西交通史学科的基础。② 较之于今人的著述,该书交织着学术拓荒期的创造力和青涩感,以及那段历史亲历者的现实关怀。当然,这部书的价值和特色不止于此,有更为丰富的内涵,等待读者去挖掘,去体味。

(原为张星烺《欧化东渐史》所撰导读,商务印书馆 2015 年版;收入中山大学西学东渐文献馆主编《西学东渐研究》第 6 辑,商务印书馆 2017 年版)

---

① 张星烺:《欧化东渐史》,商务印书馆 2000 年版,第 45、48、49 页。
② 刘绍荣:《张星烺和他的〈中西交通史料汇编〉》,载《风云录》,北京师范大学出版社 1985 年版,第 58 页。

三、龚书铎先生与中国近代文化史研究

龚书铎先生是一位历史学家,他的贡献不限于史学,在教育界和理论界均有影响。我追随先生学习和工作十六年,但于先生的业绩却不能窥得一二。值清明节,我以受业者心丧之余,谈谈"龚书铎先生的中国近代文化史",聊寄思念之情。

(一)

改革开放以来的中国近代文化史研究,是与龚书铎先生的名字联系在一起的。20世纪80年代,中国近代文化史研究兴起,先生是最重要的倡导者和组织者之一,也是我国运用马克思主义理论来研究中国近代文化史的代表人物。

改革开放以前的30年,文化史研究比较薄弱。中国通史一般仅在每一朝代后面设一节"文化史",教师不重视,甚至干脆不讲。在写法上则是分门别类,罗列哲学、文学、史学、科学技术等方面的一些成就。古代史部分还好一些,多数人讲中国近代史,认为近代没有文化,或者认为近代即便有文化也是落伍的,不重视近代文化史的研究和教学。可以说,中国近代文化史根本没有学术地位。

龚书铎先生年轻时就对中国文化历史有浓厚的兴趣。早在五六十年代,他在戏剧评论和戏剧史研究领域已取得了令人瞩目的成就。改革开放之处,他所发表的关于姚莹交游、戊戌新文化运动、五四新文化运动等近代文化方面的论文,别开生面,引起学界高度关注。1983年在长沙召开的全国历史学科"六五"规划会议,明确把文化史纳入学科规划,决定在上海、北京分别编辑出版"中国文化史丛书"和"中华近代文化史丛书",并委托他主持编纂"中华近代文化史丛书"。80年代,学界正是在"中华近代文化史丛书"编委会的组织下,在郑州、长沙分别召开了第一、第二届全国中国近代文化史学术研讨会,推动了中国近代文化史学科建设。

1985 年,他在《历史研究》上发表《近代中国文化结构的变化》等系列论文,从文化的特性而不是仅从政治标准来研究文化,受到史学界重视。1988 年,他的论文结集《中国近代文化探索》在北京师范大学出版社出版。该书有力地论证了中国近代文化史的学术地位,解决了近代文化史研究和学科建设中的系列重要问题,为中国近代文化史学科在新时期的发展作出了开拓性的贡献。第一,该书对中国近代文化史的学术地位、研究主题、历史分期等进行了总体性研究和论证。第二,该书对中国近代文化的特点、性质、结构、派别等核心问题作出了自己的分析。第三,该书就传统文化在近代中国的演变、西学的传播、中西文化关系,以及近代各时段的主要文化事象,进行了探索性论述。龚书铎先生认为,中国近代文化的成就虽然说没有古代那么突出,但并不是停滞不前。它前面继承鸦片战争以前的古代文化,后面又为现代的文化发展打下一定的基础,总体来说是前进了。在中国文化的历史发展过程中,近代文化应当有它一定的地位。对于尚处于起步阶段的中国近代文化史研究而言,他的这些带有全局性的思考,其作用不可替代。同年,还出版了他主编的论文集《近代中国与近代文化》,该书所收论文经认真甄选和精心编排,萃集了起步阶段全国各地学者的代表性成果,为研究者提供了核心参考资料。正如白寿彝先生所说:中国近代文化史的研究大不易,这些成果"将起到推动、开拓的作用"。

与此同时,在他的组织下,北京师范大学历史系中国近代史教研室调整研究方向,部分青年教师由政治史转向文化史;1984 年,正式创立了全国高校第一个中国近代文化史专门研究机构——中国近代文化史研究室;1986年,被批准设立了第一个以近代文化史为研究方向的博士点;2004 年,中国近代文化史研究团队入选北京师范大学人文社会科学创新研究群体,并扩大规模,组建了中国近代文化研究中心。北京师范大学的中国近代文化史研究在全国独树一帜,成绩斐然,被时任中国史学会会长的李文海教授誉为"全国中国近代文化史研究的一座重镇"。

90 年代,龚书铎先生主持完成了教育部博士点基金"七五"规划项目"中国近代文化史"。结项成果《中国近代文化概论》(中华书局 1997 年版)出版后,受到学界广泛关注,并入选教育部推荐的"研究生教学用书"。该书采用文化的狭义,也就是观念形态的文化,较全面地论述中国近代文化发展演变的历史。龚书铎先生在书中强调,文化不能离开诸如哲学、史学、文学等具体领域,但文化也不仅仅是各个具体领域的简单组合,文化与社会政治经济相互制约相互影响,各个具体领域也是相互影响相互渗透,具体性论述与宏观综合性研究都不可或缺。该书为近代文化史学术研究和人才培养提供了支撑。他主持编纂的"中华近代文化史丛书"先后出版了钟叔河的《走向世界——近代中国知识分子考察西方的历史》、章开沅的《开拓者的足迹——张謇传稿》、张岂之和陈国庆的《近代伦理思想的变迁》、汤志钧的《近代经学与政治》、王晓秋的《近代中日文化交流史》、郑大华的《梁漱溟与胡适——文化保守主义与西化思潮的比较》、黄兴涛的《文化怪杰辜鸿铭》等高质量的著作,起到了示范作用。值得指出的是,这些著作在出版前,大多经过他认真的审读甚至修改,浸入了他的汗水。这一时期,他还主持了北京市社会科学基金"九五"重点课题《中国文化发展史》(8 卷,300 余万字),该书对中国文化史作了全面梳理和系统总结。① 该书反映了改革开放以来中国文化史研究的综合性成就,为新时代拓宽和深化文化史研究搭建了重要平台。

进入 21 世纪,龚书铎先生将研究重点集中到学术史。2007 年,他带领学术团队完成了教育部重大项目"清代理学研究",出版了 3 卷本著作《清代理学史》。该书综合运用哲学史、思想史、学术史、社会史等的研究方法,首次系统论述了清代 200 多年间理学的历史,成为继侯外庐先生主编的《宋明理学史》之后,又一部研究理学发展史的重要著作。有学者评论说,该书

---

① 《中国文化发展史》(8 卷)已于 2013 年由山东教育出版社出版,并于 2015 年荣获中国出版协会第五届全国优秀出版物奖图书奖和教育部第七届高等学校科学优秀成果奖一等奖,2018 年荣获国家新闻出版广电总局第四届中国出版政府奖图书奖。

的意义超出了理学史本身,它从中国固有文化传统的角度为观察和研究清代以来的历史提供了坐标系。作为清代学术史研究的标志性成果,该书受到学界的高度重视,先后入选国家清史研究丛刊和国家"十一五"规划重点图书,荣获第二届中国出版政府奖图书奖、北京市第十届优秀学术成果奖、国家新闻出版总署第二届"三个一百"原创图书工程奖和第六届吴玉章人文社会科学优秀成果奖。与此同时,他进一步深化近代文化史研究,并对自己近30年来的学术成果进行提炼和总结,结集出版了《社会变革与文化趋向——中国近代文化研究》(当代中国史学家文库之一)、《求是室文集》(两卷本)等。

(二)

龚书铎先生对于近代文化史学科的又一贡献,突出表现在培养了大批高素质的专业人才。

学术研究离不开人才队伍。为满足我国文化史研究和学科建设需要,他从教学改革和课程建设入手,系统地培养中国近代文化史专业人才。在他的率领和规划下,北京师范大学中国近代史教研室形成了较为成熟的涵盖本科生、硕士生、博士生的课程体系和教学模式。从80年代开始,在全国较早为本科生开设出中国近代思想史、中国近代文化史必选课,为硕士生开设出中国近代文化研究导论、中国近代思想史、中国近代学术史、中国近代社会文化史方向课,为博士生开设近代史理论和近代文化史专题等系列课程。中国近代文化史课程改革,2004年获北京市教育教学成果一等奖,2005年获国家级优秀教学成果二等奖。

龚书铎先生执教逾60年,他挚爱教育事业,始终把教书育人放在最为重要的位置。数十年来,他从没离开过教学一线。他长期独立承担两门博士生课程的教学任务,如遇上出差或开会就及时补课,对学生绝没有敷衍。即便在重病康复期,八秩高龄的他,依然以惊人的毅力坚持每学期为博士生授课八周。他的近代史理论课,结合当时思想理论界的状况,讲述唯物史观与史学研究的关系、学术与政治的关系、创新与求真的关系、历史评价的原则问题、近代人物评价问题等,重在培养学生的历史观和方法论。他的近代文化史专题课既有宏观性评论,又深入到具体领域,把学生导入学科的最前沿。例如,他为我们这一届学生讲授的专题有:近代文化的总体估价,近代文化的演变与趋向,近代文化的民族性与时代性,晚清时期的儒学、史学和文学艺术,民国时期的保守主义、全盘西化论和马克思主义等。在讲课过程中,他常提示和引导学生,哪些问题很有进一步深入研究的必要,可尝试作为博士学位论文的选题。

龚书铎教授指导学生,严谨、认真、有法度。他高度重视学风建设和品德教育,引导学生形成正确的世界观和历史观。每年新生入学,他所讲的第一课,总是要求学生先学做人,加强思想品德修养,形成严谨的学风,遵循学术规范,戒绝浮躁,甘坐冷板凳。他始终强调:研究文化史既要胸有全局,也要林中见木,只有把综合的、宏观的论述与具体领域的、分门别类的探究相结合,才能扎实地把研究推向深入。对于龚先生来说,严格要求学生,实际上是严格要求自己,意味着要投入更多的精力,付出更多的辛劳。他经常在出差的火车、飞机上批改学生的论文,连一个标点符号也不放过。每一名学生的快速成长和进步,都浸润着他的心血和汗水。

龚书铎先生为国家培养了为数众多的高素质人才,桃李满园。经他指导的 21 名硕士生和 47 名博士研究生(包括外国留学生 5 人),许多已成长为教授、研究员,不少人还成为重点大学或科研院所的学术骨干、学科带头人。他培养的这些学生,是我国中国近代文化史研究和教学的重要力量。

实际上,对于史学人才的培养,龚书铎先生的贡献不限于北京师范大学。他长期担任中国社会科学院近代史所、北京大学、中国人民大学、清华大学、中山大学、华中师范大学等单位的博士学位论文答辩委员会主席或委员,兼任河北大学、天津师范大学、河北师范大学、福建师范大学等校的教授,为兄弟单位的人才培养作出了贡献。

（三）

我粗浅理解，龚书铎先生所取得的这些成就，与他的治学风格有密切关系。

1. 坚持唯物史观

文化史研究必然要涉及理论原则与方法论问题。他一贯主张，史学研究应该坚持马克思主义的指导地位，坚持唯物史观。他认为，任何一个史学工作者，不管他是否意识到或是否承认，其研究工作都是在一定的历史观和方法论指导下进行的。马克思主义是迄今为止最科学、最完善的理论，只有运用它的基本原理和方法去分析历史，才能够把握本质，明辨是非，使历史得到最清楚、最全面的解释。他对文化的理解和运用，就是遵照毛泽东《新民主主义论》的提法，认为一定的文化是一定社会的政治和经济的反映，又影响和作用于一定社会的政治和经济。他对近代文化史一些基本问题的论述，都是以唯物史观为指导。长期以来，文化史研究中存在一种观点，认为经济、政治都是浅层次的，只有思想文化才是深层的、触到历史的底蕴。他曾撰写过多篇文章，结合近代文化历史，说明唯物史观的科学性，剖析文化决定论和文化中心论的错误。作为一个在文化史研究领域多有建树的学者，能保持这份理论自觉，难能可贵。

2. 大局意识和通史修养

龚书铎先生治文化史，有很强的大局意识和深厚的通史修养。他经常提到白寿彝先生对他的影响。1952年，龚先生大学毕业刚留校，不知道搞哪一段历史。白先生告诉他：不忙着分段，先搞"通史"，先打"通"的底子。中国通史教学给了他很大收获。再者，龚先生是著名的近代史专家，对政治史、社会史都有较深入研究。由于胸怀全局，所以他抓的总是重点问题或关键问题。他指导学生论文选题，也要求去做有分量、有难度的题目，去啃硬骨头。他治文化史不拔高，不走偏，实事求是，也要求学生客观地看待文化和文化史。他在《我的史学观》一文中这样写道："几年来，陆续招收了一些以中国近代文化为研究方向的研究生。在教学中发现有的学生就文化谈文化，就事论事，将文化同社会分离开来，跟政治、经济割裂开来，思路上有偏颇。这样来研究中国近代文化史，不仅不可能弄清楚中国近代的文化问题，还有可能出偏差。要学好中国近代文化史，就必须了解近代中国社会，把近代中国文化放在近代中国社会中来研究。"他经常对学生说，政治是历史的脊梁，文化不能作为历史的中心。他坚持在把握近代社会现实的基础上来研究文化，将文化史的研究同社会政治经济联系在一起，正是坚持唯物史观的具体表现。

3. 严谨、求是、奉献

龚书铎先生学风严谨，治学实事求是。他有一句治学箴言，"学术研究当求是而戒趋时"。他经常提醒学生："一个人的学术观点可能发生变化，但切忌跟风，赶时髦，东风刮来了跟着东风跑，西风劲吹时便转向西行。"他对学生认真负责，绝不放松要求。在学术上，他对自己更是严格要求，身体力行。他主编《清代理学史》，提纲前后修改七遍，又专门邀请了专家提意见。该书长达120万字，他逐字逐句通读，不仅论述不准确、不精练处要改，而且还亲自核对引文，杜绝曲解史料，做到精益求精。《清代理学史》浸透了先生的心血。在主编《清代理学史》的同时，他还担任了高校思想政治课教材《中国近现代史纲要》的首席专家。为方便一线教师教学，2006年寒冬，他与一些中青年学者一起，在大兴教育部招待所住了近一个月，讨论和修改《〈中国近现代史纲要〉教师参考用书》和《疑难问题解析》两本参考书。结果，得了一场重感冒。他好像忘记了自己的健康和年龄，他所惦念的只有中国的学术和教育事业。

龚先生严谨、求是的学风，敬业、奉献的精神，深深地留在了我的心中，时刻感动着我，激励着我。作为学生，我们将沿着他所开辟的学术方向继续前进。

龚书铎先生去世后，我常常想起他的音容笑貌，想起他对我的教诲，想起他对中国史学的贡献。仿佛间我看到，他就坐在教研室的沙发上，穿着那件藏蓝色的中山装,茶几上放着一杯浓浓的铁观音,若有所思地抽着香烟,讲的还是中国近代文化史。

(原刊《文史知识》2012 年第 6 期)

索　引

后　记

"两岸猿声啼不住,轻舟已过万重山。"对我来说,这项研究是逆流而上,困难重重,全然没有诗意和惬意。

什么是历史研究? 文化史学是什么? 文化史研究意义何在,路在何方? 这些问题长期困扰着我,且越是接近它,越是感觉生疏。为解此惑,我决心从学术史切入,梳理中国文化史的研究史,并尽可能上升到理论层面予以分析,冀望能从中获得些许感悟和启发。

尽管想法萌生已久,2003 年一度着手,且于 2006 年申请到了国家社会科学基金项目,但全力投入则始于 2007 年(即《清代理学史》交稿的次年)。2012 年国家社会科学基金结项,这只是"项目"交差而已,离及格还远着呢。我深知课题难度之大与自己的浅薄,故不敢懈怠。一晃儿又是 10 年。今日交稿,犹感匆忙,诚惶诚恐,如履薄冰。起初并没有想到,本书会消耗 15 年的时间,其间的压力和孤独,明显超过了当年写作博士论文。

学术研究就是一个不断地摸索、补课和磨炼的过程。从时序看,本书写作立足中国史学,始于研究梁启超,补西方史学的课,终于研究钱穆,回到中国史学的新传统。2008 年,写出了第一篇文章《从文明史、普遍史到文化专史——梁启超"新史学"的演进理路》,并将它提交给了中山大学主办的第二届"近代中国的知识与制度转型"学术研讨会。2009—2010年,得到日本学术振兴会资助,在东京大学搜集了一批中外文资料,写了《文明史学的传入与变异》一章,提交香港中文大学主办的"19—20 世纪初翻译与东亚现代化"国际学术研讨会……2021 年春,写就钱穆史学思想一章,提交给北京大学所办的学术会议。每一章,如何做到既切近本书主题,又不是炒冷饭,重复前人的劳动,颇费心思。研究进度慢如蜗牛爬行,边学边练,平均下来,每年勉勉强强写出一章。即便如此,仍然是在赶进度,缺乏沉淀。

在研究过程中,得到了诸多师友的指导、帮助和鼓励。在此深表感谢!

首先感谢我的导师龚书铎先生和胡维革先生。从 1993 年读研究生算起,以中国近代文化史为主攻方向,马上就要 30 年了。本书算是向老师的汇报吧。

陈其泰先生在课题立项和著作出版方面予以了支持,刘家和先生对本书后面几章给出了宝贵的指导意见,庞冠群教授和柏悦博士帮助我修改完善了第 10 章《文化史学是什么》,孙燕京教授通读了全部初稿并提出了详细的修改意见,黄兴涛教授给我提出了许多中肯的意见,曾磊博士、王康博士等对我也多有帮助。2016 年在台湾大学访学期间,吴展良教授提供了诸多方便。

日本东京大学村田雄二郎教授、石井刚教授、林少阳教授、中村元哉教授,新潟国际情报大学区建英教授,一桥大学坂元弘子教授,爱知大学川尻文彦教授,东北大学朱琳准教授,东京大学小野泰教博士和商兆琦博士,早稻田大学白春岩博士等,在我访问日本期间给予了无私援助。

本书多数章节曾以论文形式提交国内外学术会议讨论,并发表于相关刊物。在书稿修改时,笔者大量吸收了论文评议人、各刊物编辑同仁以及本书责任编辑和校对人员的意见。

张文涛、林翔以及在读的研究生同学,曾协助我查找资料或校对引文。

我对人民出版社有着较深厚的感情,20 年前曾是其中的一员,与许多同事结下了友谊。我喜观学术,也喜观出版。在建社百年之际,拙著能在此出版,于我而言是一种缘份,也是一种纪念。该书出版,得到了老领导乔还田先生、陈鹏鸣副总编辑和鲁静主任的关照。

最后要说明的是,本书在写作过程中先后得到国家社会科学基金、教育部新世纪优秀人才支持计划、日本学术振兴会(JSPS)外籍聘用研究员项目、北京大学人文社会科学研究院邀访学者项目以及北京师范大学历史学院的资助,曾入选国家新闻出版总署"十二五"规划重点图书。

人生有涯,学无止境,学术研究永远在路上。路是开放的,可行的道路永远指向未来。社会发展如此,学术研究又何尝不是如此。

限于学力,不当之处在所难免,聊作抛砖引玉。诚请读者朋友批评指正,期望有更多的同仁参与讨论,共同推进中国的文化史研究。

张昭军

2021 年 8 月 30 日

责任编辑:刘松弢

图书在版编目(CIP)数据

中国文化史学的历史与理论/张昭军 著. —北京:人民出版社,2022.1
ISBN 978－7－01－023091－7

Ⅰ.①中…　Ⅱ.①张…　Ⅲ.①文化史学-中国　Ⅳ.①K203

中国版本图书馆 CIP 数据核字(2021)第 019443 号

中国文化史学的历史与理论

ZHONGGUO WENHUA SHIXUE DE LISHI YU LILUN

张昭军　著

人民出版社 出版发行
(100706　北京市东城区隆福寺街 99 号)

北京汇林印务有限公司印刷　　新华书店经销

2022 年 1 月第 1 版　2022 年 1 月北京第 1 次印刷
开本:710 毫米×1000 毫米 1/16　印张:29.5
字数:402 千字

ISBN 978－7－01－023091－7　定价:120.00 元

邮购地址 100706　北京市东城区隆福寺街 99 号
人民东方图书销售中心　电话 (010)65250042　65289539

版权所有·侵权必究
凡购买本社图书,如有印制质量问题,我社负责调换。
服务电话:(010)65250042

·